narr **STUDIENBÜCHER**

Ines Bose / Ursula Hirschfeld
Baldur Neuber / Eberhard Stock

Einführung in die Sprechwissenschaft

Phonetik, Rhetorik, Sprechkunst

Unter Mitarbeit von
Yvonne Anders, Alexandra Ebel, Martina Haase, Kati Hannken-Illjes,
Ulrike Hierse, Uwe Hollmach, Chistian Keßler, Julia Kiesler,
Volkhild Klose, Wieland Kranich, Stefanie Kurtenbach, Julia Merrill,
Dirk Meyer, Kerstin Reinke, Beate Wendt und Deborah Ziegler

Ines Bose, **Ursula Hirschfeld**, **Baldur Neuber** und **Eberhard Stock** sind Professoren für Sprechwissenschaft an der Martin-Luther-Universität Halle-Wittenberg.

Bibliografische Information der Deutschen Nationalbibliothek

Die Deutsche Nationalbibliothek verzeichnet diese Publikation in der Deutschen Nationalbibliografie; detaillierte bibliografische Daten sind im Internet über http://dnb.dnb.de abrufbar.

© 2013 · Narr Francke Attempto Verlag GmbH + Co. KG
Dischingerweg 5 · D-72070 Tübingen

Das Werk einschließlich aller seiner Teile ist urheberrechtlich geschützt. Jede Verwertung außerhalb der engen Grenzen des Urheberrechtsgesetzes ist ohne Zustimmung des Verlages unzulässig und strafbar. Das gilt insbesondere für Vervielfältigungen, Übersetzungen, Mikroverfilmungen und die Einspeicherung und Verarbeitung in elektronischen Systemen.
Gedruckt auf chlorfrei gebleichtem und säurefreiem Werkdruckpapier.

Internet: http://www.narr-studienbuecher.de
E-Mail: info@narr.de

Printed in the EU

ISSN 0941-8105
ISBN 978-3-8233-6770-3

Inhaltsverzeichnis

Vorwort		XI
A	**Grundlagen und Profil des Faches**	**1**
A.1	Konzeptionelle Grundlagen	1
A.1.1	Gegenstand und Fachverständnis der Sprechwissenschaft	1
A.1.2	Psychische Strukturen des Sprechens und Hörverstehens	2
A.1.2.1	Zum Verhältnis von Sprachpsychologie und Psycholinguistik	2
A.1.2.2	Sprachproduktion	4
A.1.2.3	Sprachrezeption	7
A.1.2.4	Sprachverwendung und Emotion	9
A.1.2.5	Soziale Einflüsse auf Sprachverwendung und Sprechkommunikation	13
A.1.2.6	Neurobiologische und neuropsychologische Grundlagen	17
A.2	Forschungsmethoden	22
A.2.1	Einführung	22
A.2.2	Empirische/nicht-empirische (theoretische) Forschung	23
B	**Sprechwissenschaftliche Phonetik**	**27**
B.1	Phonologische Grundlagen des Deutschen	27
B.1.1	Definitionen	28
B.1.2	Segmentale Phonologie und Phonetik	29
B.1.2.1	Vokal- und Konsonantensystem	29
B.1.2.2	Laut-Buchstaben-Beziehungen	32
B.1.2.3	Silbenstrukturen	35
B.1.2.4	Phonologische Prozesse	38
B.1.3	Suprasegmentale Phonologie und Phonetik	38
B.1.3.1	Merkmale und Funktionen	39
B.1.3.2	Akzentuierung	41
B.1.3.3	Nichtzusammengesetzte deutsche Wörter und Namen	41
B.1.3.4	Besonderheiten	42
B.1.3.5	Nichtzusammengesetzte fremde Wörter und Namen	42
B.1.3.6	Komposita aus deutschen und/oder fremden Wörtern	43
B.1.3.7	Akzentuierung in Wortgruppen (Akzentgruppen/rhythmische Gruppen)	44
B.1.3.8	Rhythmisierung und Gliederung	45
B.1.3.9	Melodisierung	46
B.1.4	Verhältnis suprasegmentaler und segmentaler Merkmale	47
B.2	Normphonetik – Orthoepie	47
B.2.1	Plurizentrizität und Varietäten des Deutschen	48
B.2.1.1	Begriffserläuterungen: Norm – Konvention, Standardsprache – Standardaussprache	48
B.2.1.2	Varietäten und phonetische Variation des Deutschen	49
B.2.2	Neukodifizierung der deutschen Standardaussprache	51
B.2.2.1	Grundlagen	51
B.2.2.2	Lemmatisierung	52
B.2.2.3	Transkriptionsregelung	53

B.2.2.4	Ausspracheregelungen	55
B.3	Kontrastive Phonetik	61
B.3.1	Ziele und Grenzen der kontrastiven Phonetik	61
B.3.2	Beispielanalyse Russisch – Deutsch	64
B.3.2.1	Kontrastive Analyse	64
B.3.2.2	Fehleranalyse	67
B.4	Phonetik in Deutsch als Fremd-/Zweitsprache	69
B.4.1	Zielgruppenspezifik	69
B.4.1.1	Zielgruppen	69
B.4.1.2	Lehr- und Lernziele	69
B.4.1.3	Spezifik der Zielfertigkeiten	70
B.4.2	Ursachen für Ausspracheschwierigkeiten	71
B.4.2.1	Interferenz	71
B.4.2.2	Individuelle Faktoren	72
B.4.2.3	Lehr- und Lernbedingungen	73
B.4.3	Wirkungen von Ausspracheabweichungen	73
B.4.4	Didaktische und methodische Aspekte	74
B.4.4.1	Lerninhalte und Progression	74
B.4.4.2	Integration in den Unterricht	75
B.4.4.3	Übungstypologie	75
B.4.4.4	Lehr- und Lernstrategien	77
B.4.4.5	Anforderungen an Lehrende	78
B.4.5	Analyse und Entwicklung von Lehr-/Lernmaterialien	78
B.4.5.1	Kriterien für die Auswahl und Bewertung	78
B.4.5.2	Übungs-/Materialentwicklung	79
B.4.6	Deutsch nach Englisch	80
C	**Entwicklung kindlicher Kommunikationsfähigkeit**	**81**
C.1	Entwicklung kindlicher Dialogfähigkeit	81
C.1.1	Vorsprachlicher Dialog zwischen Eltern und Säugling	81
C.1.2	Elterliches Sprach- und Sprechmuster: Motherese	83
C.1.3	Theory of Mind	84
C.2	Entwicklung kindlicher Sprechausdrucksfähigkeit	85
C.2.1	Sprechausdruck	85
C.2.2	Sprach- und Sprechspiele	86
C.2.3	Soziales Rollenspiel	87
C.3	Entwicklung kindlicher Rhetorikfähigkeit	89
C.3.1	Entwicklung der Argumentationsfähigkeit	90
C.3.1.1	Widersprechen, Kooperieren und Begründen	90
C.3.1.2	Streiten	91
C.3.1.3	Argumentieren	92
C.3.2	Entwicklung der Erzählfähigkeit	93
C.4	Förderung kindlicher Kommunikationsfähigkeit	94
C.4.1	Kommunikationsförderndes Verhalten von Erziehern	95
C.4.1.1	Kommunikationsförderung mittels Sprechausdruck	95
C.4.1.2	Kommunikationsförderndes Potential von Gesprächskreisen	97

C.4.2	Schulung des Kommunikationsverhaltens von Erziehern	98
C.4.2.1	Landesmodellprojekt „Sprache fördern"	98
C.4.2.2	Schulungseffekte	99

D Rhetorische Kommunikation ... 101

D.1	Definitionen und Grundvorstellungen	101
D.1.1	Historische und moderne Definitionen	101
D.1.2	Definitionen und Grundvorstellungen in der Sprechwissenschaft	103
D.1.3	Sprechwissenschaftlich relevante Modellvorstellungen	104
D.2	Analyse rhetorischer Ereignisse	108
D.2.1	Beobachtung, Feedback, Evaluation	108
D.2.2	Methoden systematischer Beobachtung und Bewertung	112
D.3	Gespräch	114
D.3.1	Rhetorische Gesprächsklassifikation	114
D.3.2	Gesprächsanalyse	117
D.3.3	Gesprächsoptimierung	118
D.4	Rede	121
D.4.1	Arten und Formen der Rede	121
D.4.2	Redeaufbau	123
D.4.3	Redestilistik	124
D.4.4	Redevorbereitung	124
D.5	Argumentation, Strittigkeit, Konflikt	125
D.5.1	Sprechwissenschaftliche Grundauffassungen	125
D.5.2	Klassische Argumentationstheorien	130
D.5.3	Konfliktvermeidung, exploratives Vorgehen	133
D.6	Paraverbale und nonverbale Anteile der rhetorischen Kommunikation	134
D.6.1	Rhetorizität paraverbaler Mittel	134
D.6.2	Einbindung der nonverbalen Kommunikation	138
D.7	Ethik in der Rhetorik	140
D.7.1	Klassische Ansichten	141
D.7.2	Moderne Auffassungen	144
D.8	Didaktik und Methodik in der Rhetorik	146
D.8.1	Grundüberlegungen	146
D.8.2	Einflussfaktoren rhetorischer Lehr- und Lernsituationen	146
D.8.3	Zusammenfassung	153

E Medienrhetorik ... 155

E.1	Zum Begriff ‚Medienrhetorik'	155
E.2	Zum Begriff ‚Radiorhetorik'	157
E.3	Hörverständlichkeit im Radio	159
E.3.1	Verständlichkeitsforschung fürs Radio	160
E.3.2	Sprechwissenschaftliche Forschungen zur Hörverständlichkeit von Radionachrichten	161
E.4	Stimme und Sprechausdruck im Radio	163
E.4.1	Anmutung des Radios	163

E.4.2	Sprechwissenschaftliche Forschungen zum Sprechausdruck in Radiomoderationen	164
E.4.2.1	‚Radiostimme'	165
E.4.2.2	Radiomoderation	166
E.4.2.3	Sprechausdruck in Radiomoderationen	166
E.4.2.4	Perspektive von Radiohörern und Programmverantwortlichen	168
E.5	Gesprächskompetenz von Radiomoderatoren	170
E.6	Praktische Medienrhetorik	172
E.6.1	Qualität im Radio	172
E.6.2	Radiorhetorische Fortbildung	174
F	**Sprechkunst**	**177**
F.1	Sprechkunst im Ensemble der Künste und als Teildisziplin der Sprechwissenschaft	177
F.1.1	Definition und Gegenstand der Sprechkunst	177
F.1.2	Aktuelle Berufs- und Arbeitsfelder	181
F.1.3	Ursprünge der modernen Sprechkunst	183
F.1.4	Diachrone Entwicklungsaspekte der Sprechkunst im 20. und 21. Jh.	187
F.1.5	Sprechkunst und Schauspielkunst	190
F.1.5.1	Theatrale Prozesse	193
F.1.5.2	Schauspielmethodische Grundbegriffe	197
F.1.6	Ausgewählte neuere Formen der Sprechkunst	200
F.1.6.1	Poetry Slam	200
F.1.6.2	Rap	202
F.1.6.3	Hörbuch	203
F.1.6.4	Hörspiel	205
F.1.6.5	Synchronsprechen	206
F.2	Vorstellungen von sprechkünstlerischen Prozessen	208
F.2.1	Sprecher und Text	208
F.2.2	Gestaltungsmittel, insbesondere Prosodie und Artikulation	211
F.2.3	Produzenten und Rezipienten	212
F.3	Kompetenzentwicklung: Ausgewählte Lehrmeinungen und Konzepte	214
F.3.1	Das Prinzip des gestischen Sprechens	214
F.3.1.1	Begriffsinhalt	214
F.3.1.2	Methode	216
F.3.2	Methodische Ansätze der Sprechbildung im sprechkünstlerischen Bereich	220
F.3.2.1	Die Linklater-Methode	220
F.3.2.2	Körperstimmtraining	222
F.3.2.3	Funktionale Arbeitsweise	224
F.3.3	Chorsprechen	226
F.3.3.1	Geschichte und Funktion des Chorsprechens	226
F.3.3.2	Methodische Grundlagen des Chorsprechens	227
F.3.4	Sprecherziehung für Gesangsstudierende	229
F.3.4.1	Singen und Sprechen	229
F.3.4.2	Gesangsmethodische Grundbegriffe	235

F.3.5	Sprechkunst in Lehramt und Schule	237
F.3.5.1	Bildungsstandards im Deutschunterricht	237
F.3.5.2	Das Potential des Gestischen Prinzips im Deutschunterricht	238
F.3.5.3	Hinweise zur Vermittlung sprechkünstlerischer Methoden an Lehrende	239
F.3.6	Sprechkunst im Bereich Deutsch als Fremd-/Zweitsprache	239
F.4	Forschung im Bereich Sprechkunst	240
F.4.1	Sprechkünstlerische Tendenzen im zeitgenössischen deutschsprachigen Theater	240
F.4.1.1	Fragestellung und Zielsetzung	241
F.4.1.2	Untersuchungsgegenstand und Thesenbildung	241
F.4.1.3	Methodische Vorgehensweise	242
F.4.1.4	Bedeutsamkeit der Forschungsarbeit	244
F.4.2	Phonostile – Stilisierte Alltagssprache im Theater	245
F.4.3	Aktuelle Studie zum Vergleich des Bühnensprechens von Sängern und Schauspielern	251
F.4.3.1	Ausgangsfrage	251
F.4.3.2	Temporale Parameter	252
F.4.3.3	Melodische Parameter	255
F.4.3.4	Schlussbemerkung	258
F.4.4	Beurteilungskriterien für sprechkünstlerische Leistungen	259
F.5	Perspektiven und Tendenzen	263
F.5.1	Perspektiven auf die Sprechkunst	263
F.5.2	Blick aus dem Theater auf das Theater	267
G	**Literaturverzeichnis**	**269**
H	**Rechtsnachweise**	**288**

Vorwort

Die Sprechwissenschaft befasst sich mit allen Belangen des Miteinandersprechens der Menschen. Sprechwissenschaftliche Forschung und Lehre ist praxis- und anwendungsnah. In diesem Buch wird Ihnen, liebe Leserinnen und Leser, Sprechwissenschaft als akademisches Lehrfach und als Anwendungswissenschaft vorgestellt. Schwerpunkte sind die Phonetik, Rhetorik und die Sprechkunst, sowohl in ihrer fachspezifischen Ausprägung als auch in ihrer Transdisziplinarität zu anderen Wissenschaftsgebieten.

Das Lehrbuch wendet sich an Sprechwissenschaftsstudierende und Studierende benachbarter Fächer, z.B. Germanistik, Medien- und Kommunikationswissenschaft, Psychologie, Sozialwissenschaften, Fremdsprachenphilologien, Dramaturgie und Theaterwissenschaft, aber auch an alle Kolleginnen, Kollegen und Kooperationspartner, die in Forschung, Lehre und Praxis rund um das Thema „Sprechkommunikation" aktiv sind.

Dieses hochaktuelle Lehrbuch ist ein gemeinsames Werk vieler Köpfe und Hände, das die Ressourcen unterschiedlichster Experten vereint. Wir danken daher zunächst sehr herzlich allen Autorinnen und Autoren der Fachkapitel, aber auch unseren zahlreichen „Zuarbeiterinnen" und „Zuarbeitern", die Wissen, Fähigkeiten und Fertigkeiten in dieses Projekt eingespeist haben und noch einspeisen.

Ein ganz besonderer Dank geht an Dr. Julia Merrill und Alexandra Ebel für die akkurate und schnelle technische Bearbeitung der Manuskripte. Zudem danken wir Katharina Kraus, Susanne von Medvey, Antonia Morbach und Emilia Rudolph für ihre inhaltlichen Recherchen und Vorarbeiten.

Verbunden mit diesem Lehrbuch ist zugleich eine umfassende Internetpräsenz, die u.a. ergänzende Texte, Audio- und Videobeispiele sowie laufende Aktualisierungen enthält. Sie finden die jeweils gültigen Links zu unseren Web-Ressourcen sowohl über die Verlagshomepage des Gunter Narr Verlags – www.narr.de – als auch über die Seiten unseres Fachverbands – www.mdvs.info. Zudem gibt es auch im Lehrbuch Verweise auf wichtige Erweiterungen und Veranschaulichungen, die Sie in unserer Web-Repräsentanz aufrufen können.

Wir wünschen Ihnen reiche Erträge und viel Freude mit diesem Buch und seinem multimedialen Wissensspeicher.

Halle (Saale), im September 2013

Ines Bose, Ursula Hirschfeld, Baldur Neuber, Eberhard Stock

A Grundlagen und Profil des Faches

A.1 Konzeptionelle Grundlagen

A.1.1 Gegenstand und Fachverständnis der Sprechwissenschaft

Baldur Neuber

Sprechwissenschaft befasst sich mit der Analyse, Beschreibung und didaktischen bzw. therapeutischen Beeinflussung ausgewählter Bereiche der Sprechkommunikation. Ausgangspunkt hierfür ist ein Verständnis der *Sprechsituation*, das die miteinander kommunizierenden Menschen („Wer mit Wem"), den Kommunikationsgegenstand (Worüber?), den Kommunikationsinhalt (Was?) sowie die Modalitäten (Wie?) als gleichrangige Faktoren betrachtet. Hinzu kommen Anlass und Ziel sowie zeitlich-räumliche Einflussfaktoren des Kommunikationsprozesses.

Eine weitere Besonderheit der Sprechwissenschaft ist die *integrative* Betrachtungsweise menschlicher Kommunikation. Alle Sprech- und Hörverstehensprozesse werden grundsätzlich als bio-psychosoziales Gesamtgeschehen betrachtet. Um diesen Ansatz zu sichern, setzt die Sprechwissenschaft auf paradigmenübergreifendes transdisziplinäres Vorgehen mit „traditionell" verbundenen Nachbardisziplinen, wie der Germanistischen Linguistik, Medien- und Kommunikationswissenschaft, Sprachsoziologie und -psychologie sowie zahlreichen weiteren Fächern; je nach Fragestellung: Medizin, Akustik, Psychoakustik oder auch zur Informatik und Wirtschaftsinformatik sind hier exemplarisch zu nennen.

Teildisziplinen der Sprechwissenschaft sind Sprech- und Stimmbildung, Phonetik und Phonologie, Rhetorische Kommunikation, Sprechkünstlerische Kommunikation, Störungen des Sprechprozesses. Die Herausbildung gerade dieser Fächerkombination ist v.a. historisch zu erklären, da die Sprechwissenschaft in ihrer Entwicklung immer wieder auf Desiderate in der Anwendungsforschung in unterschiedlichsten Gesellschaftsbereichen reagiert hat.

Alle Teilgebiete besitzen jeweils eigene Schwerpunkte in Lehre, Forschung und Anwendung. Zugleich sind sie durch den gemeinsamen Fachgegenstand – interpersonelle Sprechkommunikation sowie Betrachtung der miteinander redenden Menschen – eng miteinander verknüpft. Darüber hinaus ergeben sich fast immer transdisziplinäre Forschungs- und Anwendungsszenarien. Versteht man das Sprechen und Hörverstehen grundsätzlich als „Komplexphänomen", so ist die Berücksichtigung der physischen, physikalischen, linguistischen, psychosozialen, physiologischen, sozialen sowie kultur- und gesellschaftsgeschichtlichen Gesichtspunkte ausnahmslos unverzichtbar; je nach Aufgabenstellung entweder eher latent oder auch ganz explizit.

Konkrete sprechwissenschaftliche Forschungen thematisieren spezifische Theorie- und Anwendungsszenarien, z.B. phonetische Regelsysteme, gesprächsrhetorische Abläufe, sprechkünstlerische Ereignisse u.a., wobei v.a. zumeist Details über die Sprechvorgänge und Sprechplanungsprozesse sowie die Hör- und Verstehenstätigkeit im Fokus stehen. Prinzipiell sind jedoch alle Faktoren der *Sprechsituation* von Interesse.

Methodologisch betrachtet versteht sich die Sprechwissenschaft vorwiegend als empirisch-theoretisch arbeitende Disziplin. Sie stützt sich somit insbesondere auf die Analyse von Daten aus der Sprech- und Hörverstehensrealität. Zudem entwickelt sie aber auch Theorien zur Klärung von Zusammenhängen, die empirisch nicht oder nur sehr bedingt erfassbar sind. Hierzu gehören z.B. ethische Aspekte der Sprechkommunikation.

Die verwendeten Forschungsmethoden weisen eine erhebliche Bandbreite auf und reichen von ausschließlicher Theoriebildung bis hin zu qualitativer und quantitativer Empirie. Typisch sind jedoch Methodenkombinationen und – für Außenbeobachter oftmals recht unkonventionell anmutende – paradigmenübergreifende Ansätze.

Sprechwissenschaft versucht u.a., die Faktoren der Kompetenz und Performanz miteinander sprechender Menschen zu erklären und Aussagen über die Effizienz bzw. den Grad an „Störungsfreiheit" bzw. „Gestörtheit" von Kommunikation und/oder Kommunikationsfähigkeiten zu bestimmen. Zugleich aber sucht sie nach Handlungsmodellen für optimale Sprechkommunikation sowie nach Verfahren für die Herausbildung entsprechender Fähigkeiten. Diese Bemühungen reichen von der therapeutischen Wiederherstellung elementarer Sprech- bzw. Verstehensleistungen für den Kommunikationsalltag bis hin zur Entwicklung künstlerischer Perfektion professioneller (d.h. beruflich ausgeübter) sprecherischer Aktivitäten.

Die langfristige Lehr- und Forschungsstrategie richtet sich deshalb sowohl auf die Beantwortung wissenschaftlicher Fragestellungen als auch auf die Planung und Umsetzung von Lehr- und Versorgungsleistungen im Feld sprecherischer Handlungskompetenz.

A.1.2 Psychische Strukturen des Sprechens und Hörverstehens

Baldur Neuber, Eberhard Stock

Psychische Strukturen des Sprechens und Hörverstehens gehören zum Gegenstand der Sprachpsychologie/Psycholinguistik, deren Arbeitsbereich aber auch Sprache-Denken, Schreiben-Lesen, Spracherwerb (Sprachontogenese), Mehrsprachigkeit und Sprachstörungen umfasst (s. z.B. Dietrich 2002). Manche Autoren zählen außerdem verschiedene Anwendungsfelder hinzu wie Fremdsprachenunterricht, Übersetzen, Forensik, Werbung (s. z.B. Langenmayr 1997). Im Folgenden werden neben der Produktion und Rezeption von gesprochener Sprache nur die Emotion in der Sprachverwendung, die sozialen Einflüsse auf die Kommunikation und die neurobiologischen Grundlagen skizziert. Weitere Hinweise auf psychologische Implikationen finden sich in den entsprechenden Kapiteln.

A.1.2.1 Zum Verhältnis von Sprachpsychologie und Psycholinguistik

Für die Untersuchung der psychischen Infrastruktur des Sprechens und Hörverstehens waren in der zweiten Hälfte des vorigen Jahrhunderts zwei Traditionslinien bestimmend (für das Folgende vgl. Grimm/Engelkamp 1981 und Städtler 1998, jeweils die entsprechenden Artikel; ferner Rickheit et al. 2007, 14ff.): Die erste entwickelte sich in Anlehnung an die Arbeiten älterer deutscher Forscher (Wilhelm Wundt 1832–1920, Hermann Paul 1846–1921, Karl Bühler 1879–1963, Hans Hörmann 1924–1983) und war die der *Sprachpsychologie*; die zweite, seit 1953 in den USA als *Psycho-*

linguistik deklariert, entstand als Folge der Auseinandersetzung mit dem dort lange vorherrschenden Behaviorismus. In den folgenden Jahrzehnten fand sie auch in Europa zunehmend Anhänger.

Die *Psycholinguistik* wurde in den 1960er Jahren durch den hernach weltweit bekannten US-amerikanischen Linguisten **Noam Chomsky** (geb. 1928) geprägt. Mit seiner „Generativen Grammatik" (vorgestellt u.a. in *Aspects of a Theory of Syntax*, 1965; genauer z.B. in Skibitzki/Vater 2009, 285ff.) setzte er sich vom amerikanischen Strukturalismus ab und ordnete die Linguistik einer Kognitiven Psychologie zu. Deren Gegenstand sollte die *menschliche Sprachkompetenz* sein, verstanden als ein System mentaler Wissensstrukturen. Die Theorie der Kompetenz ist der Inhalt der Grammatik. Nach Chomsky (1965) steht der *Kompetenz* die *Performanz* (= Sprachgebrauch) gegenüber. Sie hat die Kompetenz als Grundlage, ist aber von sozialen, physischen und psychischen Faktoren (z.B. Sprechsituation, Ermüdung des Sprechers) abhängig.

Die Generative Grammatik beruht auf der Konstruktion eines idealen, nichtsituierten Sprecher-Hörers, der auf Grund der *psychologischen Realität* linguistischer Konstrukte wohlgeformte Sätze erzeugen und verstehen kann. Sie ist keine empirische Theorie. Demzufolge blieben Emotionen unbeachtet oder wurden auf kognitive Prozesse reduziert; auch Motorik und Verhaltenssteuerung wurden ausgeblendet (Städtler 1998, 562).

In den 1970er Jahren vollzog die Psycholinguistik eine *kognitive Wende*, indem sie statt der Strukturen isolierter Sätze zunehmend das Verstehen von Texten untersuchte. Sie legte dabei die These zugrunde, dass dieser Prozess vom individuellen Weltwissen abhängig ist und über den jeweiligen Text hinausgreift. Es rückten Konnotationen (= wertende, emotionale, assoziative Nebenbedeutungen) und auch Emotionen in das Blickfeld, womit nach und nach die Situiertheit des Gesprochenen thematisiert wurde. In der weiteren Entwicklung schließlich orientierte sich die Psycholinguistik verstärkt auf die Kommunikation; sie erhob den Anspruch, die Sprachverarbeitung in ihrer Komplexität zu erfassen und dabei der Lebensrealität nahezukommen.

Die heutige Psycholinguistik (vgl. z.B. Dietrich 2002; Rickheit et al. 2007; Höhle 2010) vertritt damit weitgehend ähnliche Positionen wie die auf Wundt und Bühler aufbauende Sprachpsychologie, ist aber auf die Kognitionswissenschaft (= Zusammenschluss von Informatik, Linguistik, Philosophie, Neurowissenschaft, Anthropologie und Psychologie) orientiert. Die Sprachpsychologie dagegen, so **Theo Herrmann** (geb. 1929, ehemals Univ. Mannheim), einer ihrer profiliertesten Vertreter, ist in die *Allgemeine Psychologie* zu integrieren, die das menschliche Handeln/Verhalten und Erleben mitsamt seinen Bedingungen und Konsequenzen untersucht. Herrmanns Analyse (1994; 2005) geht vom Gesamtzusammenhang des Sprechens aus und hat handlungstheoretische Grundlagen (menschliches Handeln = durch Planen, Rückkopplung, hierarchisch-sequentielle Organisation und Interaktionismus gekennzeichnete Aktivität; s. Städtler 1998, 431f.). Eine solche Abgrenzung wird jedoch nicht von allen Autoren vorgenommen. Für Sprechwissenschaftler empfiehlt es sich, die Publikationen beider Strömungen zur Kenntnis zu nehmen. Im Folgenden kann nur auf einige im Vordergrund stehende Probleme hingewiesen werden.

A.1.2.2 Sprachproduktion

Der psychische Prozess der Sprachproduktion (hier nur der Produktion des Sprechens) besteht aus einer Reihe von Repräsentationen, von denen jede aus der jeweils vorausgehenden erwächst. Grob betrachtet verläuft der Prozess auf vier Ebenen (Rickheit et al 2007, 79f.):

1. *Pragmatische Ebene*: Der Anfang ist eine Intention als Reaktion auf Ereignisse der Umwelt oder Innenwelt. Bewusst oder unbewusst bildet sich die Absicht heraus, einem Anderen etwas mitzuteilen. Zu diesem Zweck muss sich der Sprecher auf den Hörer und die Umstände einstellen, d.h., er muss sich in der Situation „verankern" und einen Plan entwickeln. Diese Planung wird als *Konzeptualisierung* bezeichnet; ihr Ergebnis ist eine „Message", ein gedankliches präverbales (= sprachfreies) Konzept.
2. *Semantische Ebene*: Das Konzept wird sprachlich gestützt. Der Sprecher muss aus seinem Wissen Ausschnitte auswählen, die grob der Thematik entsprechen (Makroplanung) und diese mit kognitiven Schemata (= mental abgebildete Umweltkonstellationen, Handlungsfolgen u.ä.) und Propositionen (= abstrakte sprachlich ungebundene Wissenseinheiten) untersetzen (Mikroplanung).
3. *Morphosyntaktische Ebene*: Die Äußerung wird formuliert. Hierzu wählt der Sprecher Wörter aus, mit denen er den Inhalt übermitteln kann. Er bestimmt mit der grammatischen Funktion dieser Wörter ihre Form (z.B. Wahl der Flexionssuffixe) und legt schließlich ihre Reihenfolge fest, so dass die inhaltliche Beziehung zwischen ihnen fixiert ist.
4. *Realisationsebene*: Die geplante mentale Struktur wird mit Hilfe eines Artikulationsmoduls in ein akustisches Ereignis umgesetzt.

Zu dieser Abfolge gibt es in der einschlägigen Literatur zahlreiche voneinander abweichende Darstellungen. Eine sehr detaillierte und vieldiskutierte Theorie hat **Willem J. M. Levelt** (geb. 1938, MPI für Psycholinguistik, Nijmegen) ausgearbeitet und 1989 publiziert. Rickheit et al. (2007) geben sie mit folgendem Modell wieder:

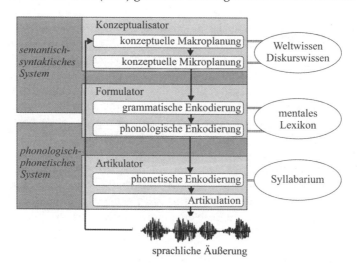

Abb. A.1.1: Modell der Sprachproduktion nach W.J.M. Levelt (Rickheit et al. 2007, 89)

Konzeptionelle Grundlagen

Folgende Erläuterungen bzw. Ergänzungen sind erforderlich:

- Die drei zum System der Sprachproduktion gehörenden Subsysteme (= Module) *Konzeptualisator*, *Formulator* und *Artikulator* werden in der Leveltschen Theorie als **autonom** betrachtet, d.h., es wird vorausgesetzt, dass sie unabhängig voneinander arbeiten und die Information nur vom oberen zum jeweils unteren Subsystem fließt. Man spricht deshalb von einer *autonomen Theorie*.
- Die Subsysteme arbeiten *inkrementell* (schrittweise parallel), d.h., während von einem Teil der Äußerung im Formulator die Äußerungspartitur erstellt und an den Artikulator weitergeleitet wird, arbeitet der Konzeptualisator bereits am folgenden Teil der zu produzierenden Äußerung.
- Das Modell weist zwei Rückmeldeschleifen als Kontroll- und Korrekturmöglichkeit aus: (1) die Äußerungspartitur, also das Ergebnis der grammatischen und phonologischen Enkodierung, wird überprüft; (2) die produzierte Äußerung wird als akustisches Ereignis wahrgenommen und damit ebenfalls vom Konzeptualisator kontrolliert. Diese Rückmeldung wurde erst in einer zweiten Version der Theorie vorgesehen.
- Die Versprecher-Forschung, mit deren Hilfe man sich den kognitiven Prozessen der Sprachproduktion nähern kann (ausführlich z.B. Grimm/Engelkamp 1981), belegt, dass die Übersetzung der phonologischen in die phonetische Struktur ein hochkomplexer Vorgang ist, der eine davon unabhängige Repräsentationsebene der Silbenstruktur und eine der lautlichen Merkmale vermuten lässt. Bei vielen fehlerhaft produzierten Wörtern bleiben nämlich Silbenstruktur und Akzentstelle unabhängig von ihrer Ausfüllung erhalten und oft werden nur Laute mit ähnlichen Merkmalen vertauscht.

Exkurs

Auch dieses Modell vereinfacht seiner Natur gemäß und lässt viele Fragen unbeantwortet. Beispielsweise ist strittig, mit welchen Einheiten der Formulator (s.o.) arbeitet. So rechnete der bekannte Leipziger Germanist Wolfgang Fleischer (1922–1999) auch mit sog. *vorgeformten Konstruktionen*. Nach seiner Auffassung handelt es sich dabei um lexikalisierte Strukturen, um „Wörter" in der Form von Wortverbindungen, die „als ‚rekurrente' Wortschatzeinheiten nicht aus ihren Bestandteilen nach produktiven Regeln in der Äußerung ‚produziert', sondern als ‚fertiger' Komplex ‚reproduziert'" werden (2001, 108). Seine Begründung:

„Man darf heute wohl von der Erkenntnis ausgehen, dass nicht nur lexikalische Einheiten im engeren Sinn bei einer Äußerung ‚reproduziert' werden, sondern ‚vorgeformte' Satzstücke, Sätze, Satzkomplexe, je nach dem Grad der Entwicklung individueller sprachlich-kommunikativer Fähigkeiten und Fertigkeiten, in Abhängigkeit natürlich auch von den Zielen und Aufgaben des jeweiligen Kommunikationsereignisses und der Kommunikationssituation. (...) wie sollte festgestellt werden, was ‚produziert' und was ‚reproduziert' wird – angesichts starker individueller Unterschiede und angesichts der Tatsache, dass kein Wörterbuch einer entsprechenden Kodifizierungsaufgabe auch nur annähernd gerecht werden könnte? Und wie steht es mit den Sprichwörtern; werden sie nicht auch ‚fertig' reproduziert?" (Fleischer 1982, 68).

> Zum Kriterium der Reproduzierbarkeit bei der Bewertung linguistischer Fakten hat sich u.a. auch Annelies Buhofer (1982, 170ff.) geäußert. Untersuchungen zeigen nach ihrer Auffassung, dass es keine Übereinstimmung von linguistischer Sprachbeschreibung und realer Sprachproduktion bzw. realem Sprachverstehen geben kann. Buhofer zieht A. A. Leont'ev heran, der in seinen bekannten „Psycholinguistischen Einheiten..." (1975) die Auffassung vertritt, dass Linguisten mit Charakteristika arbeiten, die zu den Charakteristika des realen redeerzeugenden Apparats keine Beziehung haben.
>
> „Im Prinzip gibt es keine Beweise dafür, dass (linguistisch) ein und dieselbe (nicht mehrdeutige) sprachliche Äußerung unbedingt auf ein und dieselbe Art erzeugt werden muß. (...) der Linguist [ist] organisch nicht fähig, in der Terminologie von Prozessen zu denken: Er operiert nur mit Einheiten und deren Eigenschaften" (Leont'ev 1975, 117f.).

Den u.a. von Levelt (s.o.) vertretenen *autonomen Theorien der Sprachproduktion* stehen *interaktive Theorien* gegenüber, die auf der Annahme fußen, dass die beteiligten Subsysteme miteinander interagieren und auch untere Ebenen die höheren beeinflussen können. Zu diesen interaktiven Theorien zählt die von **Theo Herrmann** und **Joachim Grabowski** (1994) entwickelte *Regulationstheorie des Sprechens*. Anders als Levelt vertritt Herrmann (2005, 208ff.) in einer sehr detailreichen Beschreibung u.a. folgende Positionen:

- Sprechen ist grundsätzlich situationsbezogen. Infolgedessen müssen diejenigen Prozesse im Vordergrund stehen, die diese Situiertheit sichern. Dazu zählen insbesondere die *konzeptuelle Äußerungsplanung* (nach Anlass, Bedingungen, Ziel der Äußerung) und die *interne Regulation* (= Kontrolle und Korrektur/Reparatur) aller Teilprozesse während der Äußerungsgenerierung.
- Bei der Erzeugung des Konzepts der Äußerung, der nichtsprachlichen gedanklichen Struktur (= Message), werden aus dem Wissensspeicher diejenigen Inhalte ausgewählt und linearisiert, über die unter den gegebenen Umständen geredet werden soll. Mit Hilfe einer Struktur von Hilfssystemen werden sie so formatiert, dass sie eindeutig sind und vom Enkodiermechanismus in eine einzelsprachliche Formulierung übersetzt werden können.
- Zu den Hilfssystemen zählen: (1) ein *Generator für grammatische Vorgaben* (Satzart, Tempus, Modus), (2) ein *Transformationsgenerator*, der für die Abstimmung der zu produzierenden Äußerung mit der Situation und dem bisher Gesprochenen sorgt, (3) ein *Kohärenzgenerator*, der die situationsadäquate Kohärenz (= das Zusammenhängen) und Konsistenz (= Widerspruchslosigkeit) der Äußerung sichert, (4) ein *Emphasengenerator*, der mit einzelsprachlichen Mitteln Nachdruck bzw. Eindringlichkeit vorgibt, um so die Aufmerksamkeit des Partners zu steuern, (5) ein *mentales Kommunikationsprotokoll*, das kurze Zeit den Wortlaut der aktuellen Kommunikation und längerfristig die Bedeutungsstruktur des bis dahin Gesagten/Gemeinten enthält.
- Die Generatoren arbeiten parallel und interaktiv. Jeder Generator muss die ihn betreffenden Werte aus der Message jenen Werten angleichen, die ihm das Gesamtsystem auf Grund des Interagierens aller Teilsysteme vorgibt. Dabei ist

das Ergebnis jeder Operation eines Generators eine relevante Einflussgröße für die Werte aller anderen Generatoren.
- Die experimentell gestützte Annahme einer *internen Regulation* des Sprachproduktionssystems bedeutet, dass die Ergebnisse einzelner Teilprozesse vor Abschluss des Gesamtprozesses kontrolliert und korrigiert werden können.
- Folgende Regulationsebenen können angesetzt werden: (1) *Generelle Handlungsregulation* = Überwachung des sprachlichen Handelns nach „personrelevanten Kriterien" (Selbstbild, Beziehungspflege, Übereinstimmung mit ethischen oder ökonomischen Grundsätzen usw.); (2) *situationsbezogene Regulation* = laufende Berücksichtigung der Reaktionen des Partners; (3) *Regulation nach dem mentalen Kommunikationsprotokoll* (s.o.) = Überwachung der Sprachproduktion mit dem Ziel, sich nicht zu wiederholen, sich nicht zu widersprechen usw.; (4) *Regulation in Bezug auf das Kommunikationsziel* = es wird geprüft, ob die Message in der erzeugten Äußerung situationsgemäß und wirkungsvoll realisiert wird; (5) *Regulation elementarer Fehler* = lexikalische, grammatische, phonetische Fehler werden korrigiert.

A.1.2.3 Sprachrezeption

Von der Psycholinguistik wird die Sprachrezeption gewöhnlich als das serielle (= nacheinander erfolgende) Erkennen bzw. Verstehen von Phonemen, Morphemen, Wörtern, Sätzen und Texten beschrieben. Der kognitive Prozess verläuft somit, wie das folgende Modell (Abb. A.1.2) zeigt, auf den gleichen Ebenen wie bei der Sprachproduktion, jedoch in umgekehrter Richtung.

Nach diesem Modell sind die einzelnen Verarbeitungsschritte in der Produktion wie in der Rezeption seriell angeordnet. **Angela D. Friederici** (geb. 1952, Neuropsychologin am MPI für Kognitions- und Neurowissenschaften Leipzig) erklärt dazu, dass nach den vorliegenden Verhaltensdaten bisher nicht gesagt werden kann, ob serielle (autonome) oder interaktive Prozesse ablaufen. Neuere physiologische Daten weisen nach ihrer Darstellung darauf hin, dass einzelne Komponenten in der ersten Verarbeitungsphase zunächst autonom arbeiten und erst in einer späteren Phase miteinander interagieren (Friederici 2006, 346ff.).

Ein besonderes Problem ist das Identifizieren der Phoneme, weil deren Realisationen artikulatorisch und akustisch stark variieren und oft nicht segmentierbar sind. Offenbar bestehen keine ein-eindeutigen Beziehungen zwischen Signalmerkmalen und Wahrnehmung. Theorien/Modelle müssten folglich erklären, wie es trotzdem möglich ist, dass auch Phoneme zumeist ohne Schwierigkeit erkannt werden können (Herrmann 2005, 283ff.; Höhle 2010, 39ff.).

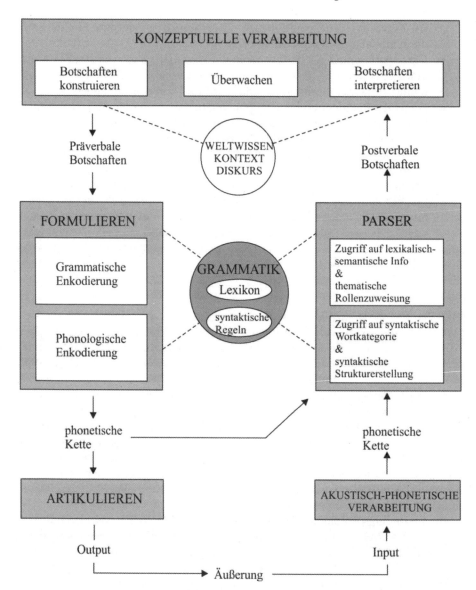

Abb. A.1.2: Sprachverarbeitungsmodell nach Friederici (2012, 347)

Herrmann (2005, 251ff.) geht nach dem Top-down-Ansatz vor. Anders als die Psycholinguistik aber sieht er im Sprachrezeptionsprozess nicht die Tätigkeit eines spezialisierten, abgekapselten, stets in Höchstform arbeitenden Apparats. Im Rahmen des Gesamtzusammenhangs des menschlichen Handelns und Erlebens ist für ihn die Sprachrezeption vielmehr *"eine situationsspezifisch variierende Modifikation des mentalen Gesamtsystems"*, die sporadisch auftritt und zu anderen Modifikationen hinzukommt (ebd. 251). Er erklärt hierzu: Im Wachzustand wird unser Bewusstsein – angestoßen durch Wahrnehmungen aus der Innen- und Außenwelt – fortwährend durch wechselnde Kognitionen, Emotionen, Volitionen, Erinnerungen, aktivierte Wissensche-

Konzeptionelle Grundlagen

mata usw. durchflutet und modifiziert (deshalb die Metapher „Bewusstseinsstrom"). Solche Modifikationen werden auch durch gesprochene Sprache ausgelöst, die im Laufe des Tages hin und wieder an unser Ohr gelangt, aber unterschiedlich bedeutsam ist und folglich unterschiedlich genau aufgegriffen wird. Diese unterschiedliche Bedeutsamkeit erfasst Herrmann mit sieben Modifikationsstufen, auf denen sich die Rezeptionsintensität schrittweise steigert, und zwar von Stufe 1: *„Der Rezipierende nimmt nur wahr, dass irgendwo gesprochen wird"*, bis Stufe 7: *„Er rekonstruiert das Verhältnis von Gesagtem und Gemeintem"*. Aus dieser Perspektive diskutiert Herrmann (1994; 2005 und öfter) eingehend die psycholinguistischen Überlegungen zum Erkennen von Wörtern, Sätzen usw.

Diese Stufung ist auch für die Sprechwissenschaft relevant. Die Rhetorik wird sich im Normalfall nur für die höchste Stufe interessieren, Übungsbehandlung und Phonetikunterricht müssen aber nicht selten das Erkennen und Nachahmen von Lauten und Prosodieformen fokussieren, und in der Sprechkunst kommt es mitunter auch darauf an, dass allein die momentane Einstellung des Sprechers erfasst wird, nicht aber die Formulierung der Äußerung usw. Folglich läuft nicht bei jeder Rezeption das komplette Verarbeitungsprogramm ab. Nicht selten sind einzelne Teilprozesse verzichtbar oder kompensierbar. Bei der Sprachproduktion müssen dagegen alle Ebenen nacheinander abgearbeitet werden.

A.1.2.4 Sprachverwendung und Emotion

Die *Emotion* zählt nach einem in Psychologie und Philosophie tradierten Modell neben der *Kognition* und der *Volition* (= von der Personalität des Individuums bestimmter Wille, abgehoben von Triebkraft und instinktmäßiger Energie) zu den drei grundlegenden Kräften der menschlichen Psyche (Städtler 1998, 227). Durch Selbstbeobachtung erfahren wir in vielen Situationen, wie stark Emotionen unsere Wahrnehmung, unser Denken, Bewusstsein und Handeln beeinflussen.

In linguistischen und psycholinguistischen Publikationen (s. z.B. Fiehler et al. 2004; Höhle 2010) werden Emotionen bislang nicht oder nur am Rande behandelt. Die „kognitive Wende" in der Psycholinguistik hatte erkennbar zur Folge, dass neben der Kognition als einem vorgeblich völlig autonomen Prozess zwar das Bewusstsein fokussiert wurde, emotionales Erleben der personinternen Prozesse und der Person-Umwelt-Beziehung blieb aber nach wie vor unbeachtet. Emotionen wurden als belanglose Nebeneffekte angesehen; ihre Wirkung auf die Kommunikation wurde in manchen Publikationen als desorganisierend bewertet. Nur um Äußerungsbedeutungen von Sprechakten benennen zu können, führten einige Autoren die Emotion als Beschreibungskategorie ein. Die umfangreiche Diskussion, die in den 1980er-Jahren von Psychologen zum Status der Emotion und ihrer Interaktion mit der Kognition geführt wurde (s. z.B. Zajonc 1980; Mandl/Huber 1983; Lantermann 1983; Eckensberger/Lantermann 1985), blieb in der Linguistik und Psycholinguistik weitgehend unbeachtet. Allerdings gab es in letzter Zeit mehrere, auch kontrastiv angelegte Untersuchungen zum Emotionsvokabular (z.B. Wierzbicka 1999) und zur Funktion der Emotion in Gesprächen (z.B. Weigand 2004).

Eine Konzeptualisierung, die die psychischen Prozesse der Sprechkommunikation allein als kognitive Leistungen erklärt, ist für unsere Sichtweise wenig hilfreich. Der Sprechwissenschaftler muss davon ausgehen, dass Sprechen mehr ist als die Generierung von sprachlichen Formulierungen, dass es vielmehr ein Prozess ist, in dem der

Sprechende (intentionsgerecht, aber möglicherweise wie beim Schauspielen maskiert) sein gesamtes psychisches Geschehen entäußert und hierfür alle verfügbaren Ausdrucksmittel (verbale, paraverbale und nonverbale) situationsabhängig mit wechselndem Gewicht und unterschiedlicher Kombination einsetzt. Da bereits die Alltagserfahrung zeigt, dass infolgedessen alles Geäußerte emotionale Information übermittelt, gilt unser Interesse dem Zusammenwirken von Kognition und Emotion. Für uns ist es wissenswert, wie die emotionspsychologischen Aspekte (vgl. z.B. Scherer 1990; Städtler 1998; Ulich/Mayring 2003; Mees 2006) in die Lösung sprechkommunikativer Probleme eingearbeitet werden können.

Die Bezeichnung *Emotion* steht für ein hypothetisches Konstrukt, das in besonderem Maße kontrovers diskutiert wird und viele konzeptuelle Probleme aufgeworfen hat. Seit Darwin begriff man Emotionen zumeist als instinktähnliche Anpassungsmechanismen, die, so schon **René Descartes** (1596–1650, französischer Philosoph und Naturwissenschaftler, begründete mit Spinoza, Leibniz und anderen den neuzeitlichen Rationalismus), für das Überleben und die Handlungsregulation sorgen und deshalb von vielen Psychologen mit Motiv und Motivation gleichgesetzt werden (Ulich et al. 1996, 115). Für K.R. Scherer (1981, 309) sind sie ein Mechanismus, der im Laufe der Evolution starre reflexartige Reaktionsmuster bzw. instinktmäßige angeborene Auslösemechanismen ersetzte und bei wachsenden Verhaltensinventaren eine adäquatere Anpassung des Verhaltens ermöglichte.

Bei uneinheitlicher, zum Teil verwirrender Terminologie gibt es zahlreiche Emotionstheorien, die **Dieter Ulich** (geb. 1940, Entwicklungspsychologe, ehemals Universität Augsburg) nach ihrer konzeptuellen Orientierung unterscheidet:

- *Psychophysiologische Theorien* = Emotionen werden weitgehend mit Erregungsveränderungen im Nervensystem, in Drüsen, Gefäßen, Muskeln u.ä. gleichgesetzt; ein bewusstes Erleben wird negiert.
- *Psychoanalytische Theorien* = Emotionen sind triebgesteuerte Erlebniszustände; sie variieren zwischen Lust und Unlust und dienen dem Aufbau sozialer Objektbeziehungen.
- *Behavioristisch-lerntheoretische Vorstellungen* = Emotionen sind angeborene reflexhafte Reaktionen zunächst auf drei angeborene Auslöser: (1) laute Geräusche > Furcht, (2) eingeschränkte Bewegungsfreiheit > Wut/Zorn, (3) sanftes Streicheln > Zuneigung/Liebe. Durch Lernvorgänge werden im Laufe der Entwicklung weitere Reiz-Reaktions-Verknüpfungen aufgebaut.
- *Emotionsbezogene Mehrebenen- und Prozess-Komponenten-Modelle* = Nach K. R. Scherer (1990) z.B. sind bei emotionalen Prozessen fünf Subsysteme beteiligt: (1) Informationsverarbeitung (Bewertung des Reizes durch Gedächtnis, Vorhersage usw.), (2) Versorgung (durch Regulation der neuroendokrinen, somatischen und autonomen Zustände), (3) Steuerung (Wahl eines der Motive und Vorausplanung der Aktion), (4) Aktion (motorischer Ausdruck und dessen Kontrolle), (5) Monitor (Aufmerksamkeitskontrolle über die gegenwärtigen Zustände und Feedback an die anderen Subsysteme). Entscheidend ist das informationsverarbeitende Subsystem; es stellt mit mehreren Checks fest, a) ob sich innere oder äußere Reize verändert haben und ob sie vertraut und vorhersagbar sind, b) ob sie angenehm oder unangenehm sind und ob sich folglich Annäherung oder Vermeidung empfehlen, c) ob das auslösende Ereignis den Zielen der Person entspricht und d) ob sie glaubt, es kontrollieren zu können,

e) ob das Ereignis den inneren und äußeren Standards/Normen entspricht. Die Ergebnisse dieser Prüfung wirken auf die anderen Subsysteme ein (Ulich et al. 1996, 118f).

Für die sprechwissenschaftliche Forschung können u.a. folgende Konzeptualisierungen interessant sein:

(1) **Dieter Ulich** geht bei seiner Emotionsbestimmung phänomenologisch vor. Für ihn sind Emotionen psychische Zustände mit folgenden Kennzeichen: (1) Sie sind *eine Seite des einheitlichen psychischen Geschehens*, in dem wir Kognitionen erkennen, wenn es um Gedanken und Wissen geht, Motive, wenn nach Beweggründen gefragt wird, Emotionen (= Gefühle, Stimmungen), wenn unsere Aufmerksamkeit auf die subjektive Befindlichkeit (das „Zustandsbewusstsein" nach W. Wundt) gerichtet ist. (2) Sie entstehen, indem „individuumspezifische Wertbindungen" bei personrelevanten Ereignissen zu einem *Berührtsein* führen. (3) Sie treten oft spontan und willkürlich auf; die Person *erlebt* sie als etwas, was ihr ohne eigene Aktivität widerfährt. (4) Sie sind *durch sich selbst bestimmte* Phänomene, die nicht durch ihre mögliche Rolle als Handlungsregulatoren oder Überlebensgaranten zu klassifizieren sind. (5) Als Reaktionen auf ein Ereignis erfolgen sie nach einem *emotionalen Schema*, durch das sich die Person der emotionalen Bedeutung eines Ereignisses bewusst wird (Ulich/Mayring 2003, 45ff.).

(2) Für **Theo Herrmann** (1994, 177ff.) treten Emotionen im Kommunikationsprozess als emotionale Bewertungen auf. Danach hat jede Sprach- und die mit ihr stets verbundene Personenwahrnehmung *Bewertungsoperationen* zur Folge, die sich auf die Umgebungskonstellation, das aktualisierte Wissen, das Partnermodell, die Selbstrepräsentation u.a. beziehen und in verschiedenen Kategorien erfolgen (z.B. falschrichtig, gut-schlecht, fröhlich-traurig, erlaubt-verboten). Es werden immer paraverbal-prosodische und nonverbal-visuelle Informationen mitverarbeitet. Die Bewertungen können z.B. als Eindruck oder Konstatierung von *Gefallen, Missbehagen, Sympathie, Bedrohlichkeit, Freude, Traurigkeit, Langeweile* usw. charakterisiert werden. Sie lösen unterschiedliche Operationen aus; stimmt beispielsweise eine Äußerung nicht mit dem Partnermodell überein, so sind „Beseitigungsoperationen" erforderlich, die etwa in einer Neubewertung des Partners bestehen können.

(3) **Monika Schwarz-Friesel** (geb. 1961, Kognitionswissenschaftlerin an der TU Berlin), ehemals Verfechterin einer autonomen Kognition, wendet sich in ihrem Buch „Sprache und Emotion" (2007) konsequent gegen Konzeptualisierungen, die die Emotion bei der Erklärung kognitiver Prozesse ignorieren. Nach der vorherrschenden Auffassung in der Psycholinguistik besteht *kognitives Verhalten* aus den mentalen Repräsentationen modular organisierter Kenntnissysteme (hierzu gehören z.B. das sprachliche, perzeptuelle, motorische, olfaktorische System), die selektiv, fokussiert oder latent, bewusst oder unbewusst aktiviert werden können. Schwarz-Friesel beschreibt dagegen einen auf neueren Erkenntnissen der Neurowissenschaften (s. u.a. Damasio 2002; Salovey et al. 2004) aufbauenden integrativen Ansatz, wonach „Kognition und Emotion als zwei mentale Systeme interagieren und sowohl repräsentational als auch prozedural relevante Schnittstellen haben" (Schwarz-Friesel 2008, 277).

Für die Autorin zeichnet sich seit einiger Zeit besonders in den Neurowissenschaften eine „emotionale Wende" ab. Untersuchungen zeigten, dass das limbische System (zuständig für die emotionale Verarbeitung von Informationen) und die kortikalen

Areale des Gehirns „wesentlich stärker miteinander interagieren" als bisher angenommen wurde. Emotionen werden deshalb „in den meisten psychologischen Theorien als konstitutive bzw. determinierende Bestandteile kognitiver Zustände und Prozesse betrachtet" (ebd. 282). Ähnlich wie Herrmann nimmt Schwarz-Friesel an, dass Emotionen „mentale Kenntnis- und Bewertungssysteme" sind. Diese Grundannahme paraphrasiert sie folgendermaßen:

> „Gehen wir davon aus, dass der menschliche Organismus ein komplexes System darstellt, das bestimmte Mechanismen besitzt, die für sein Überleben und sein Wohlbefinden wichtig sind, dann gehören Emotionen zu den internen Bewertungsinstanzen dieses Systems, die wesentlich für die Regulation dieser Mechanismen sind. Emotionen stellen permanent verankerte, interne Kenntniszustände im menschlichen Organismus dar, die repräsentationale und prozedurale Aspekte involvieren und die als Bewertungsinstanzen sowohl auf die eigene Ich-Befindlichkeit, als auch auf externe Befindlichkeiten im Gesamtkomplex menschlichen Lebens und Erlebens bezogen sind. (...) sie können regulativ bewusst oder unbewusst auf den Menschen einwirken."

Dazu die Anmerkung:

> „Emotionen artikulieren sich (...) über (...) körperliche Zustände (Blutdruck, Schwitzen, Zittern), non-verbale Ausdrucksmanifestationen (Mimik und Gestik), paraverbale Aspekte (wie Prosodie) und verbale Repräsentationen auf Wort-, Satz- und Textebene" (ebd. 284).

In ihrem Buch (2007, 89ff.) führt Schwarz-Friesel zahlreiche empirische Untersuchungen an, die zeigen, dass Emotion und Kognition bei der Informationsverarbeitung aufeinander einwirken und Emotionen bei kognitiven Prozessen (z.B. Kategorisierungen, Schlussfolgerungen, Organisation der Informationsverarbeitung, Lernprozesse, Problemlöseprozesse, Gedächtnisleistungen, Aktivierung von Wissensbeständen, Steuerung von spontanen Entscheidungsprozessen) eine wichtige Rolle spielen. Sie erleichtern oder erschweren, beschleunigen oder hemmen, optimieren oder blockieren die Kognition. „Emotionale Informationen können Denkprozesse initiieren oder durch kognitive Prozesse ausgelöst werden. Zudem werden kognitive Aktivitäten oft (metakognitiv) von bewertenden emotionalen Prozessen begleitet" (Schwarz-Friesel 2008, 291).

Weiterführend unterscheidet die Autorin konzeptuell und terminologisch zwischen *Emotion* und *Gefühl* sowie zwischen *Kognition* und *Gedanken*. „Gefühle sind kognitiv erfahrbare Emotionen". Sie sind bewusst und sprachlich mitteilbar (ebd. 286f.). Wenn also Emotionszustände subjektiv erfasst werden (= *sich ins Bewusstsein drängen*), werden sie in der Form konzeptualisierter, also durch Sprache und Kultur definierter kognitiv beeinflusster Gefühle bewusst. Sie werden auf diese Weise erlebt und können mit Gefühlsbezeichnungen (z.B. *„Freude"*, *„Ärger"*) an Andere vermittelt werden. In ähnlicher Weise wird auch der Gedanke gegenüber der Kognition konzeptualisiert. Der Gedanke ist „eine kognitive, bewusst erfahrbare Informationsrepräsentation, also ein mentaler Bewusstseinsinhalt, der mittels sprachlicher Symbolstrukturen kodiert wird" (ebd. 292). Gedanke und Gefühl haben einiges gemeinsam. Beide sind an kognitive Bewusstseinszustände gebunden und so erfahrbar und reflektierbar (z.B. als Quelle der Selbsterkenntnis und als Anstoß zu Reaktionen). Ferner sind sie sprachlich kodiert und damit kategorisiert, sie lassen sich analysieren und semantisch

Konzeptionelle Grundlagen

beschreiben. Im Gegensatz zu Gedanken können Gefühle jedoch nicht (oder jedenfalls nur schwer) intentional evoziert werden.

Dieser Versuch einer begrifflichen Klärung kommt sprechwissenschaftlichem Denken ebenso entgegen wie die These, dass kognitive und besonders sprachliche Repräsentationen in der Regel emotional gesteuerte Bewertungen enthalten (ebd. 285). Schwarz-Friesel führt hierzu eine Äußerung des renommierten Neurowissenschaftlers **Ernst Pöppel** (geb. 1940, ehemals Universität München) an:

> „Jedes Erlebnis, jeder Bewusstseinsinhalt ist von vornherein immer auch angenehm, oder unangenehm, interessant oder langweilig, erfreulich oder unerfreulich, mit anderen Worten: durch unsere Gefühle gefärbt" (ebd. 288).

Im Kontakt mit Anderen bestimmen diese Bewertungen den Kommunikationsverlauf. Da sie immer auch paraverbal übermittelt werden, sind z.B. Gesprächsanalysen ohne Beschreibungen der prosodischen Form-Funktions-Relationen aus sprechwissenschaftlicher Sicht unvollständig. Die Modellierung dieser Zusammenhänge ist daher unerlässlich.

A.1.2.5 Soziale Einflüsse auf Sprachverwendung und Sprechkommunikation

Dem Einfluss sozialer Faktoren auf die Sprechkommunikation ist von Sprechwissenschaftlern in folgenden Themenbereichen nachgegangen worden: (1) Kontrastive Phonetik und Phonologie/Interkulturelle Kommunikation (s. Hirschfeld/Stock 2010), (2) Sprechwirkungsforschung (s. Krech et al. 1991), (3) Soziophonetische Grundlagen für die Neukodifizierung der deutschländischen Standardaussprache (s. Hollmach 2007), (4) Geschlechtstypisches Kommunikationsverhalten und dessen gesellschaftliche Bewertung (s. Heilmann 2002; 2004), (5) Erwerb und Ausdifferenzierung des Sprechausdrucks als Bestandteil kindlicher Kommunikationskompetenz (s. Bose 2003). Darüber hinaus gibt es zahlreiche Ansätze, aus sprechwissenschaftlicher Sicht gruppenkonstituierendes Kommunizieren zu beschreiben. Breit angelegte empirische Untersuchungen liegen jedoch nicht vor; es fehlen systematische Erhebungen zu Ursache-Folge-Abhängigkeiten oder auch nur zu Beziehungen gleichzeitigen Vorkommens. Ein Blick auf sozialwissenschaftlich orientierte Forschungen in der Linguistik zeigt die Weite des Problemfeldes.

Innerhalb dieser Disziplin bildeten sich auf der Grundlage psycholinguistischer Überlegungen seit den 1950er-Jahren in den USA und im folgenden Jahrzehnt in Europa Forschungsrichtungen heraus, die den Zusammenhang von Sprache und Gesellschaft thematisierten und mit dem Sammelbegriff **Soziolinguistik** bezeichnet wurden. Ihre Protagonisten setzten sich von der bis dahin dominierenden Systemlinguistik ab, indem sie sowohl deren *Homogenitätsannahme* (= eine Sprache ist grundsätzlich homogen, d.h., alle ihre Sprecher nutzen die gleichen sprachlichen Oppositionen) als auch die *funktionalistische Statikannahme* (= eine Sprache ist in ihrem Verbreitungsgebiet nicht nur überall gleich, sondern sie bleibt auch gleich; s. Schlieben-Lange 1991, 28ff.) bestritten. Sie vertraten vielmehr die Auffassung, (1) dass ein Sprachsystem ebenso wie seine Verwendungsprodukte als ein Gemisch von Subsystemen und sprachlichen Varianten aufgefasst werden muss, (2) dass sich dieses Gemisch laufend verändert und (3) dass es nicht nur innersprachlich, sondern auch außersprachlich bestimmt wird.

Der Komplexität des Gegenstandes entsprach es, dass die immer zahlreicher werdenden empirischen Untersuchungen je nach Interessenlage und gesellschaftlichen Erfordernissen von verschiedenen Seiten aus zugriffen. Es entstanden in der Kooperation mit unterschiedlichen Nachbardisziplinen mehrere soziolinguistische Strömungen, die der Deutschschweizer **Heinrich Löffler** (geb. 1938, Prof. für Deutsche Philologie in Basel, längere Zeit in leitenden Funktionen am IDS Mannheim) wie folgt charakterisiert:

1. *Philosophisch-anthropologische Soziolinguistik* – Sprache, Kultur, Weltsicht, Gesellschaft sind in einem sich gegenseitig bedingenden Kräfteverhältnis eingebunden. Hierzu können kultur- und sprachvergleichende Beobachtungen global oder kleinräumlich angesetzt werden.
2. *Psycho-kognitive Soziolinguistik* – Sprachpsychologische Sachverhalte (z.B. Spracherwerb, Spracherziehung, Interdependenzen zwischen Sprechen und Erkennen, zwischen Sprachvermögen und Begabung, Einstellungen zu Sprache und Sprachträgern) werden auf sozial unterschiedliche Gruppen, Sozialisationstypen und sozialpsychische Konstellationen (Studium von sprachlich vermittelten Gruppenprozessen und sozialen Interaktionen) bezogen und untersucht.
3. *Soziologisch-gesellschaftswissenschaftliche Soziolinguistik* – Gefragt wird nach den sprachlichen (und sprechkommunikativen) Strukturen, die den Schichten, Ethnien, Minderheiten, Randgruppen in einer Gesellschaft zuzuordnen sind und als *gruppenbildendes* Element fungieren. Im Fokus steht die Strukturierung der Gesellschaft.
4. *Interaktionistisch-kommunikationstheoretische Soziolinguistik* – Sprache wird eingebettet in den übergeordneten Zusammenhang des Miteinanderhandelns. Sprachliche Handlungsmuster gehören zu den Inventaren von Handlungseinheiten, mittels derer die Kommunizierenden ihre Dispositionen und Intentionen zur Geltung bringen. Sie sind einer von mehreren „Codes", die schichtenspezifisch ausgeprägt sind und zum Entstehen von sozialen *Barrieren* beitragen. Hauptsächlich werden Gespräche als verbale Interaktionen untersucht.
5. *Linguistische Soziolinguistik* – Unterschiede zwischen sprachlichen Systemen, Subsystemen, Varianten werden in einem Äußerungskorpus analysiert, grammatisch identifiziert und mit extralinguistischen Gegebenheiten, vor allem mit sozialen Merkmalen der Sprachbenutzer erklärt. Es wird nach Ursachen- oder Bestimmungs- oder Vorkommensverhältnissen gesucht. Systemhafte Abweichungen von Äußerungen und Regeln werden als *diastratische Differenz* oder *soziolektale Varietät* beschrieben. Die Frage ist, welche personalen, sozialen oder situativen Merkmale führen dazu, dass manche Leute unter vergleichbaren Bedingungen anders als andere sprechen oder schreiben.
6. *Germanistische Soziolinguistik* – Sie wendet die bisher genannten Soziolinguistiken auf das Deutsche an. Ihr Gegenstand sind (1) die Modellierung des Deutschen und seiner Varianten (Dialekte, Gruppen- und mediale Varianten, Funktionsvarianten wie Alltagssprache, Literatursprache usw., Interaktionsvarianten wie Texttypen, Stile usw.), (2) Kommunikationsmöglichkeiten und -schwierigkeiten (Probleme des Sprachkontakts bei Diglossie und Multilingualismus, sprachliche Differenzen und Defizite, Dialekte als Barrieren, Sprachnorm und -normierung, Sprachpflege, Mikro-Sprachwandel), (3) Ein-

Konzeptionelle Grundlagen

flüsse der historisch-gesellschaftlichen Bedingungen auf das sprachliche Handeln in sozialen Situationen, auf das Sprachsystem und die Integration von Sprachsystem und Verwendung (s. Löffler 2010, 22ff.).

In der Bundesrepublik setzte die Soziolinguistik – bildungspolitisch motiviert – mit der *Sprachbarrieren-Forschung* ein. Ihr Ausgangspunkt war die Theorie des Briten **Basil Bernstein** (1924–2000), der langjährig an der London School of Linguistics tätig war und dort mit der Psycholinguistin Frieda Goldman-Eisler (bekannt durch ihre Untersuchungen zu den temporalen Variablen spontanen Sprechens) zusammenarbeitete. Von der Psycholinguistik, vor allem von der Sozialisations- und Intelligenzforschung herkommend unterschied Bernstein seit den 1960er-Jahren zwei Formen des Sprachgebrauchs: den *elaborierten Code* der Mittelschicht und den *restringierten Code* der Unterschicht. Beide sind wie folgt zu charakterisieren:

- *Elaborierter Code* – komplexe Satzkonstruktionen mit zahlreichen Konjunktionen und einer differenzierten Auswahl von Adjektiven und Adverbien; die Äußerungen sind wenig vorhersagbar, sie werden ständig neu und hochindividualisiert strukturiert; es können lange Satzpausen entstehen.
- *Restringierter Code* – kurze, oft unvollständige, nebensatz- und konjunktionsarme Konstruktionen mit wenigen ständig wiederholten Adjektiven und Adverbien; die Äußerungen sind stärker vorhersagbar, sie sind stark vorstrukturiert und werden schnell und mit wenig Pausen produziert.

Nach Bernsteins Auffassung erwerben Kinder der Unterschicht während ihrer Sozialisation mit der Sozialstruktur die ihrer Herkunft eigene Sprechweise. Diese prägt ihr Denken, so dass sie nur die durch den jeweiligen Code vermittelten Orientierungen reproduzieren können. Damit entsteht eine *Barriere*, d.h., diesen Kindern fehlen die Voraussetzungen, um sich in einer fremden sozialen Situation sprachlich zu behaupten. Kinder der Mittelschicht können dagegen beide Codes erlernen (s. Schlieben-Lange 1991, 46ff.; Veith 2002, 59, 102ff.)

Diese Theorie wurde in der Bundesrepublik erstmals Ende der 1960-Jahre rezipiert, durch Untersuchungen zwar tendenziell bestätigt, aber für die deutschen Verhältnisse konkretisiert (s. Veith 2002, 115ff.). Es kam zu einer heftigen bildungspolitischen Debatte, in der eine kompensatorische/emanzipatorische Spracherziehung für Kinder/Angehörige der Unterschicht gefordert wurde. Grundlage waren, so Schlieben-Lange (1991, 68f.), folgende Thesen:

1. Sprachliche Fähigkeiten determinieren kognitive Fähigkeiten, insbesondere logische Operationen über grammatische Strukturen und Möglichkeiten der Wirklichkeitserfassung über lexikalische Strukturen.
2. Der Zugang zu gesellschaftlichen Tätigkeiten hängt von den sprachlichen Fertigkeiten ab. Es gibt normative Zwänge (vor allem Beherrschung des Standards) und objektiv bestimmte sprachliche Erfordernisse (z.B. situationsadäquates Sprechen, Formulieren und Verstehen von Texten, Beschreibung von Situationen, Planungsstrategien, Widersprüchen).
3. Sprachliche Unterschiede sind mit gesamtgesellschaftlichen Zusammenhängen (Arbeitsform, Wertungssysteme, Familienstruktur) verbunden. Kompensatorische Spracherziehung hängt vom Ausbildungssystem und von den Formen des Unterrichts ab.

Dieser Themenkomplex ist in Deutschland, das eine starke soziale Gliederung mit großen Migrantengruppen aufweist und weltweit kultur- bzw. bildungspolitische Aufgaben wahrnimmt, auch heute aktuell, doch setzte sich bereits Ende der 1970er-Jahre die Auffassung durch, dass sprachliche Ungleichheit letztlich nur durch gesellschaftliche Veränderungen und Veränderungen in der Arbeitswelt beseitigt werden kann. Verfechter soziolinguistischen Denkens fokussierten daher statt der Sprachbarrieren- die *Varietätenproblematik*. Eine sprachliche Varietät ist eine kohärente Sprachform, ein Subsystem der Sprache, das in einen Komplex solcher Systeme eingebunden ist. Varietäten unterscheiden sich durch sprachliche Merkmale, sie werden aber mit Hilfe außersprachlicher Merkmale (soziologische, areale, situative) klassifiziert. Jede Sprache weist viele unterschiedlich bestimmte Varietäten auf, die in der Kommunikation miteinander konkurrieren und infolgedessen linguale und/oder soziale Konflikte hervorrufen können (s. Veith 2002, 24f.). Heinrich Löffler listet die Vielfalt der Varietäten in einem „Sprachwirklichkeitsmodell" wie folgt auf:

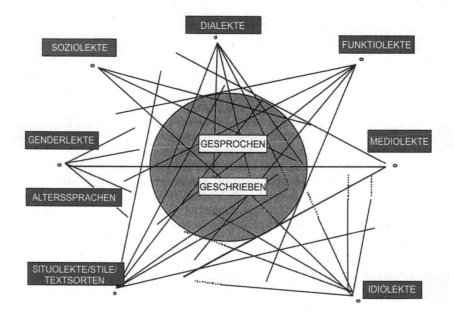

Abb. A.1.3: Soziolinguistisches Varietäten-Modell (Löffler 2010, 79)

Zur Erklärung:
- Die scheinbare Unübersichtlichkeit des Bildes resultiert aus der Komplexität jedes Einteilungsversuchs. Kreis, Striche und punktierte Linien deuten an, dass die Sprachwirklichkeit ein übergangsloses Kontinuum ist und sich folglich die Unterscheidungskategorien überlappen. Jeder Klassifizierungsversuch weist daher Mängel auf.
- Die äußeren 7 Ecken sind sprachliche Großbereiche (= Lekte, aus gr. *légein* = lesen, sprechen, etwas Bedeutendes sagen), die mit Varietäten gleichgesetzt werden. Von jeder Ecke gehen mehrere, unterschiedlich weitreichende Strahlen aus, die die unterschiedliche Weite des Geltungsbereichs andeuten, den Lekt

Konzeptionelle Grundlagen

unterteilen und sich mit den Strahlen (= der Unterteilung) anderer Lekte überschneiden.
- Die Lekte umfassen z.B.: *Mediolekte* = gesprochene und geschriebene Sprache; *Funktiolekte/Funktionalstile* = Alltags-, Literatur-, Fach-, Instruktions-, Zeitungssprache; *Genderlekte* = Frauen- und Männersprache; *Alterssprachen* = Kinder-, Jugend-, Erwachsenen-, Seniorensprache; *Soziolekte* = transitorische (Kinder-, Schüler-, Jugendsprache usw.), temporäre (Gefängnis-, Freizeit-, Sportsprache usw.) und habituelle (Fremdsprache, Gaunersprache, Jiddisch usw.) Sondersprachen/nichtberufsbedingte Gruppensprachen.

Das von Löffler aufgestellte Modell gibt der Forschung einen Themenkatalog vor, der bisher nur partiell abgearbeitet worden ist. Beispielsweise hat Anette Huesmann (1998) mit den Ergebnissen einer Befragung an rund 1300 Personen das Varietätenspektrum des Deutschen beleuchtet und den Einfluss von Alter und Geschlecht, von Bildung und beruflichem Tätigkeitsfeld, von Ortsloyalität und Aufstiegsorientiertheit sowie von regionsensitiven Faktoren (Wohnort, Lebensraum der Eltern usw.) auf die Verwendung von Standard und Dialekt und auf die Einstellung zu beidem ermittelt. Fragestellung und Methode derartiger Studien stimulieren in jedem Fall die sprechwissenschaftliche Diskussion, wobei jedoch disziplinspezifische Fragen auch spezielle Methoden erfordern.

A.1.2.6 Neurobiologische und neuropsychologische Grundlagen

Sprechproduktion und Hörverstehen sind hochkomplexe höhere Hirnleistungen. Das Gehirn (s. Abb. A.1.4) gehört zusammen mit dem Rückenmark zum zentralen Nervensystem (s. für das Folgende z.B. Wartenburger 2010, 191ff.). Es besteht aus der rechten und linken Hemisphäre, die durch Faserbündel, den Balken (= Corpus callosum), verbunden sind. Die Hirnrinde (Kortex) ist grau, stark gefaltet und von Furchen durchzogen. Unter dem Kortex liegt die weiße Substanz; in der Mitte des Gehirns befinden sich die Basalganglien (beteiligt an der Selektion und Prozessierung von motorischen und integrativen Handlungsmustern wie Spontaneität, Affekt, Initiative usw.), das limbische System (Funktionseinheit für die Verarbeitung von Emotionen und die Entstehung von Triebverhalten, gebildet aus phylogenetisch alten Anteilen der Großhirnrinde und subkortikalen Strukturen) und das Zwischenhirn mit Zentren u.a. für Riechen, Sehen, Hören.

Seit der Entdeckung des „motorischen Sprachzentrums" (meist im linken Stirnhirn liegend) durch den französischen Chirurgen **Paul Broca** (1861) und des in der dominanten Hemisphäre etwas weiter hinten liegenden „sensorischen Sprachzentrums" durch den deutschen Psychiater **Carl Wernicke** (1874) haben sich Neurologen und Psychiater lange Zeit vor allem mit der Frage befasst, in welchen Hirnarealen sprachliche Leistungen lokalisiert sind. Diese Problemsicht resultierte vor allem aus der Tatsache, dass mangels nichtinvasiver Verfahren nur die Leistungsausfälle bei hirnverletzten Personen untersucht werden konnten.

Seit Ende der 1980er-Jahre konnte jedoch das neurobiologische Wissen enorm erweitert werden, und zwar durch die Einführung vor allem folgender Untersuchungsverfahren:

- PET (Positronen-Emissions-Tomographie) und fMRT (= Funktionelle Magnetresonanztomographie oder Funktionelle Kernspintomographie) – beide Verfahren reagieren auf den erhöhten Stoffwechsel in aktiven Nervenzellen und liefern scharf abgegrenzte, genau lokalisierbare Bilder aktivierter neuronaler Netzwerke (Stadie et al. 2010, 33ff.; Rijntjes et al. 2010, 82).
- „Online"-Messung der EKP (= Ereigniskorrelierte Potentiale) mit Elektroenzephalographie (EEG) oder Magnetenzephalographie (MEG) – durch Ableitung von der Schädeldecke wird im Millisekunden-Bereich gemessen, wie sich die Aktionspotentiale vor, während und nach einem sensorischen, motorischen oder mentalen Ereignis verhalten. Damit kann sehr genau die zeitliche Struktur der Sprachverarbeitung erfasst werden (Friederici 2006, 347ff.).

Aus neurobiologischer Sicht wird für die Sprachverarbeitung Folgendes angenommen: Innerhalb der neuronalen Netzwerke entwickeln sich die sprachlichen Prozesse, indem die durch die Nervenzellen und ihre Fasern laufenden elektrischen Impulse Informationen zwischen den einzubeziehenden Funktionseinheiten transportieren. Am Übergang von einer Nervenfaser zur nächsten müssen diese Impulse Synapsen (= Kontaktstellen) überqueren, an denen als Schalter fungierende Neurotransmitter (= chemische Trägerstoffe) die Weiterleitung der Informationen beeinflussen. Wie Ampelanlagen steuern sie vor allem durch Hemmprozesse den Informationsfluss und damit die Ausbreitung der Erregung (Metapher: „Grüne Welle" im Verkehr). Die chemische Steuerung sichert aber nicht nur die richtigen Wege für die elektrischen Impulse, sie sorgt auch dafür, dass diese genügend stark aktiviert sind und über den für die Sprachverarbeitung erforderlichen Schwellenwerten liegen. Der Grad der Aktivierung scheint durch *körperliche Vorgänge* (Blutdruck, Hormone usw.), durch *psychische Reaktionen* (Angst, Freude, Stress usw.) und auch durch *sprachliche Ausdrucksabsichten* (Akzentuierung z.B.) beeinflusst zu werden. Neben *Hemmung* und *Aktivierung* spielt die *gleichzeitige parallele Steuerung* eine große Rolle. Riesige neuronale Netzwerke können nebeneinander erregt und kontrolliert werden (z.B. Sprechproduktion und überwachendes Hörverstehen).

Neurowissenschaftler gehen heute von der Vorstellung aus, dass Sprache durch die Interaktion einer immensen Zahl von neuronalen Netzwerken – manche Neurologen sprechen von Milliarden gekoppelter Computer – erzeugt und verarbeitet wird. Diese Netzwerke erstrecken sich vermutlich über das gesamte Gehirn, wobei gewisse Schwerpunkte (siehe die folgende Abb. A.1.4) in der linken Hemisphäre liegen.

Konzeptionelle Grundlagen

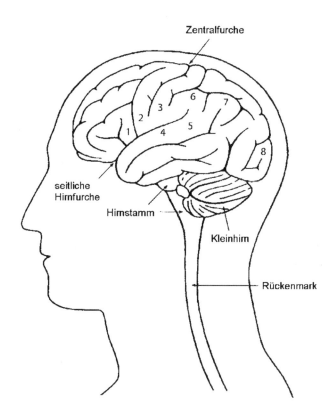

Abb. A.1.4: Schaltzentren für die Spracherzeugung und -verarbeitung (Lutz 2010, 16)

Erläuterung:

1. Broca-Areal – vordere Sprachregion, Schaltstelle für die Sprachmotorik, Lautbildung, Lautanalyse, Artikulation;
2. motorische Sprechregion, vernetzt vor allem mit dem Broca-Areal;
3. somatosensorische Region – zentrale Verarbeitung von Berührungs-, Druck-, Vibrations-. Temperatur- und Schmerzempfindungen, zusammen mit dem Wernicke-Areal, der Hörregion, der motorischen Sprechregion und anderen Arealen am Sprechen beteiligt;
4. Hörregion – verarbeitet Informationen aus der gleich- und gegenseitigen Innenohrschnecke, vernetzt vor allem mit dem Wernicke-Areal;
5. Wernicke Areal – hintere Sprachregion, zuständig für Sprachverständnis, verarbeitet u.a. auditorische Informationen rational und leitet sie zu anderen kortikalen Assoziationsfeldern weiter, wo sie weiter integriert werden; enge Verbindung zur motorischen Sprechregion;
6. Gyrus supramarginalis – wird als tertiäre Hörrinde klassifiziert und steht in Verbindung mit dem Wernicke-Areal;

7. Gyrus angularis – gehört zu den höheren Assoziationsarealen, vernetzt höhere Seh- und Hör-Zentren mit höheren sensorischen und motorischen Arealen; Schriftsprachzentrum;
8. Sehregion – verarbeitet und integriert zusammen mit anderen Rindenfeldern Impulse aus der Netzhaut.

Mit den bildgebenden Verfahren sind zahlreiche Untersuchungen zu den Grundlagen nicht nur der Sprache, des Sprechens und ihrer Störungen, sondern auch der Zahlenverarbeitung, der Musikwahrnehmung, der Gedächtnisfunktionen, der Affektivität, der Aufmerksamkeit usw. durchgeführt worden. Einen auch für Nichtmediziner zugänglichen Überblick geben Karnath/Thier 2006. In diesem Buch hat der Neurologe **Hermann Ackermann** die neurobiologischen Grundlagen des Artikulierens behandelt. Er hat ein Modell für die zerebrale Kontrolle der etwa 100 Muskeln entwickelt, die an der Sprechproduktion beteiligt sind, und dieses Modell mit den Befunden bildgebender Verfahren gestützt (2006, 333ff.). Außerdem hat die Neuropsychologin **Angela D. Friederici** einen Überblick über die neurobiologischen Grundlagen der Sprache gegeben. Sie ist dabei auf die zeitliche Struktur und die Topographie der Sprachverarbeitung eingegangen und hat jeweils nach phonologischen, semantischen und syntaktischen Prozessen getrennt (2006, 346ff.; s. auch Wartenburger 2010, 189ff.).

Die erhobenen Daten ermöglichten ein über Lokalisierungstheorien hinausführendes Verständnis des psychischen Geschehens. Das lange Zeit dominierende Konzept der *Hemisphärendominanz* (= Sprache und rechte Hand werden bei Rechtshändern durch die linke Hemisphäre gesteuert, die damit dominant ist) wurde durch das der *Hemisphärenspezialisierung* ersetzt. Danach arbeiten bei allen höheren Hirnleistungen immer beide Hemisphären zusammen, es besteht aber eine funktionelle Asymmetrie, d.h., jede Hemisphäre erfüllt bei der Sprachverarbeitung besondere Aufgaben. Die linke Hemisphäre (bei 95% der Rechtshänder und 56% der Linkshänder) ist auf Analyse und Sequenzierung sowie die Bereitstellung der Sprache spezialisiert, die rechte auf ganzheitliche sprachliche Operationen (Erfassen von Wörtern und Redewendungen) sowie auf die Bereitstellung von Gefühlsanteilen und Sprechmelodien (s. Lutz 2010, 17ff.). Friederici hat die Zusammenhänge mit folgendem Modell visualisiert:

Konzeptionelle Grundlagen

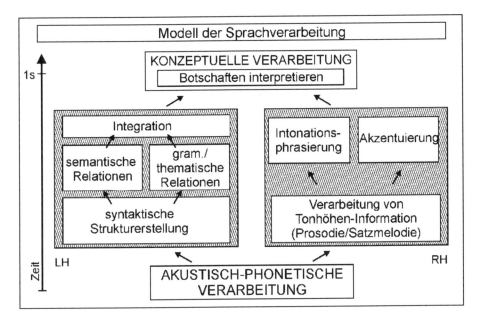

Abb. A.1.5: Sprachverarbeitung in der linken (LH) und der rechten Hemisphäre (RH) des Gehirns (Friederici 2008, 56)

Folgendes wird zur Erklärung angegeben (ebd. 56ff.):

- Nach dem ersten Verarbeitungsschritt wird – so die Annahme – in unabhängigen neuronalen Netzwerken der linken Hemisphäre zunächst eine lokale syntaktische Struktur erstellt, wobei es zwei Subnetzwerke gibt, das eine für die lokale Phrasenstruktur, das andere für hierarchische Strukturen. Sodann werden semantische Relationen und grammatisch-thematische Relationen festgelegt, woraufhin es zu einer Interpretation kommen kann. Diese Informationen werden in einem dritten Schritt integriert.
- Bei der akustischen Sprachverarbeitung werden parallel dazu in der rechten Hemisphäre die prosodischen Informationen verarbeitet und Akzentstellen sowie Intonationsphrasengrenzen identifiziert.
- Über das Corpus callosum erfolgt die Interaktion von syntaktischer und prosodischer Information. Die Erarbeitung der syntaktischen Struktur muss von Anfang an die prosodische Information einbeziehen.

In den beiden letzten Jahrzehnten sind mehrere Publikationen zur Neurorehabilitation vorgelegt worden (z.B. Prigatano 2004; Lutz 2010). Deren Kenntnis ist für Klinische Sprechwissenschaftler, die mit Sprach- und Schluckstörungen auf Grund von Hirnläsionen befasst sind, unverzichtbar. Neurobiologisches und neuropsychologisches Basiswissen ist aber auch für diejenigen von uns erforderlich, die Trainings- bzw. Lernprozesse wie in der Stimmbildung oder im Phonetikunterricht anleiten.

A.2 Forschungsmethoden

Ines Bose, Eberhard Stock

A.2.1 Einführung

Das Wesen wissenschaftlicher Arbeit wird nicht zuerst durch die Thematik, die Objekte, die Ergebnisse bestimmt, sondern durch die Forschungsmethoden, die intersubjektiv nachvollziehbar sein müssen. Über die Methodik der Forschung ist deshalb viel publiziert und gestritten worden. Diese Auseinandersetzungen haben das Problembewusstsein geschärft und eine umfangreiche Literatur zur Folge gehabt.

Für unseren Gegenstandsbereich begreifen wir – angelehnt an Theo Herrmann (1999, 34ff.) – *Forschungsmethoden* als Systeme von Handlungsregeln für das zielgerichtete Lösen von wissenschaftlich zugängigen Problemen. Zur genaueren Beschreibung Folgendes:

- Forschungsmethoden sind mitteilbar und lehrbar. Sie sind gewöhnlich erprobt und von Anwendern diskutiert worden. Da sie richtig oder falsch eingesetzt und richtig oder falsch gehandhabt werden können, sollte ihre Anwendung geübt werden.
- Forschungsmethoden können in individuelle Handlungspläne umgesetzt werden und so den konkreten Problemlöseprozess steuern. Die Schrittfolge eines solchen Plans befreit von Ad-hoc-Entscheidungen und dient der Situationskontrolle.
- Forschungsmethoden sind in unterschiedlichem Maße standardisiert. Zumeist aber können sie flexibel angewandt und an den Gegenstand angepasst werden.
- Im Arbeitsprozess führen Forschungsmethoden zu einer methodenspezifischen Strukturierung und Reduktion des Problems. Es besteht die Gefahr, dass eine einmal gewählte Forschungsmethode mit ihrer immanenten Zielorientierung den Zugriff auf andere Möglichkeiten der Problemlösung versperrt und das Problem allein auf jenen Teil verkürzt, der sich mit der gewählten Methode erforschen lässt. Am Ende jedes Forschungsprozesses müssen deshalb Gültigkeit und Erklärungspotential der Ergebnisse sorgfältig eingeschätzt werden.

Forschung ist ein planvoller, anwendungsorientierter und auf Erkenntnisgewinn zielender Arbeitsprozess. Er verläuft stets gegenstandsbezogen, d.h., der Ablauf und die Methoden einer Untersuchung sollten so gewählt werden, dass sie im Hinblick auf das auslösende Erkenntnisdefizit und das zu untersuchende Phänomen möglichst effizient sind. Da in der Sprechwissenschaft mit ihrer Orientierung auf die Sprechkommunikation physikalische, biologische, psychologische, soziale, historische und ästhetische Gegenstände/Fragestellungen mit je besonderen Methoden zu bearbeiten sind, weisen die Forschungsberichte unserer Disziplin eine Vielzahl von Verfahrensweisen und Forschungsstrategien aus, die nur schwerpunktmäßig dargestellt werden können.

In der Anfangsphase der Sprechwissenschaft (etwa von 1900 bis 1950) ging es den Fachvertretern, die an deutschen Universitäten als Lektoren für Sprechkunde oder Rhetorik oder Vortragskunst begannen, vordringlich darum, ihr Wissen über die Praxis der Sprechkommunikation systematisch in Begriffe zu fassen und mit Anleihen aus den Nachbardisziplinen zu stützen. Erst in der nachfolgenden Phase entwickelte sich langsam eine zielgerichtete Forschungstätigkeit und mit ihr die Diskussion über gegenstandsangemessene Forschungsmethoden (s. Stock 2006). Abhängig von Problem und Zielbestimmung wurde entweder mit planmäßigen *Beobachtungen* der Realität *empirisch* oder mit *Nachdenken* über Fiktionen bzw. Aussagen zur Realität *nichtempirisch* (= *„theoretisch")* gearbeitet.

A.2.2 Empirische/nicht-empirische (theoretische) Forschung

Eine strikte Gegenüberstellung von Empirie (= im Labor oder Feld systematisch erfasste Daten; aus gr. *empeiría* = Erfahrung, Erfahrungswissen) und Theorie (= Modelle der Realität, Aussagensysteme; aus gr. *theōria* = Betrachtung) ist problematisch. Zwischen beiden lässt sich weder in der wissenschaftlichen Arbeit noch im alltäglichen Erleben eine klare Grenze ziehen. Dennoch gibt es Wissensgebiete wie z.B. die Mathematik und die Logik, in denen Erkenntnisse theoretisch (ohne unmittelbaren Rückgriff auf Beobachtungsdaten) gewonnen werden. In unserem Gegenstandsbereich können z.B. historische Untersuchungen und die in der Sprechkunst erforderliche Interpretation der Sprachkunstwerke als nicht-empirische (theoretische) Arbeit bewertet werden.

Die überwiegende Mehrzahl der sprechwissenschaftlichen Forschungsarbeiten ist empirisch angelegt. Grundlegend für alle Untersuchungen sind folgende Untersuchungsschritte (zusätzliche Erklärungen im Anschluss):

- *Identifizieren und Definieren des Forschungsproblems* – Erkennen einer Wissenslücke und Bilanzieren der Folgen für Theorie und Praxis;
- *Recherchen zum Stand der Diskussion* – Durchsicht der einschlägigen Literatur und Befragung von Experten; im Bedarfsfall Durchführung von Erkundungsuntersuchungen (Pilotstudien);
- *Konzeptualisierung des Forschungsproblems* – aus vorhandenen Theorien Ableitung eines theoretischen Konstrukts mit vernünftigen/plausiblen Annahmen/Vermutungen über den Zusammenhang des Problems mit angrenzenden Phänomenen, über Wenn-dann-Beziehungen, Je-desto-Beziehungen, korrelative Beziehungen usw., über abhängige und unabhängige Variablen; genaue Definition der Begriffe; Entwicklung von Hypothesen, sofern hypothesenprüfende Untersuchungen möglich sind und nicht erst erkundet werden muss, welche Annahmen zur Lösung des Problems beitragen würden;
- *Entwicklung des Untersuchungsplans* – (1) Wahl des Herangehens (qualitativ oder quantitativ, Labor, Feld oder Experiment, Längsschnitt oder Querschnitt), (2) Wahl der Methode (bei akustischen Analysen Wahl des Analyseprogramms): offene oder verdeckte Beobachtung, Analyse von Probandenberichten, Interview, Befragung mit Fragebogen, Messung emotionaler Reaktionen auf Gesprochenes usw., (3) Operationalisierung des Konstrukts mit Anpassung der Messverfahren, und zwar der Erhebungsmethoden (Verhaltensregistrierung, Interview, Fragebogenerhebung usw.), der Erhebungsinstrumente (Standardisierung des Fragebogens, Zusammenstellung von Testaufnahmen für Abhörversuche usw.) und der Auswertungsverfahren (Auswahl statistischer Verfahren mit Sicherung von Signifikanzprüfungen); (4) Kriterien für die Auswahl der Versuchspersonen;

- *Durchführung der Untersuchung* – Kontrolle von möglichen Störvariablen, insbesondere von Einflüssen durch den Versuchsleiter;
- *Statistische Auswertung*;
- *Prüfung der Hypothesen* – auf der Grundlage der Untersuchungsergebnisse Verifikation oder Falsifikation;
- *Evaluierung der Untersuchung* – Begründung und gleichzeitig Relativierung der getroffenen Aussagen, bei Experimenten Abschätzung der internen und externen Validität (= Gültigkeit); intern valid sind die Ergebnisse, wenn die Veränderung der abhängigen Variablen allein auf den Einfluss der manipulierten unabhängigen Variablen zurückgeführt werden kann; extern valid sind sie, wenn sie generalisierbar sind, d.h. auf andere Stichproben und andere Situationsbedingungen übertragen werden können; Benennung ungelöster Probleme (Stock 1991, 9ff.).

Erklärungen:
Variable = veränderliche, entweder unabhängige oder abhängige Größe (= Eigenschaft, Merkmal); in Untersuchungen ist die unabhängige Variable die „Stellgröße", sie wird gezielt verändert (manipuliert), sodann wird die Auswirkung dieser Manipulation auf die abhängige Variable, die „Messgröße", ermittelt.

Qualitative Untersuchungen = detaillierte, ganzheitliche, komplexe Beschreibungen und Interpretationen besonders herausragender oder typischer Einzelfälle; sinnvoll für Bereiche, zu denen nur wenig Erkenntnisstrukturen (Zusammenhangsvermutungen) vorhanden sind, und für komplexe Bereiche, in denen einzelne Variablen nicht sinnvoll isoliert werden können. VORTEILE: Es eröffnen sich erste Einblicke in mögliche Beziehungen zwischen Konstrukten; handlungsleitende Muster und Werte, die den analysierten Fällen möglicherweise zugrunde liegen, können rekonstruiert werden; Theorieansätze und Hypothesen können entwickelt und dann auch quantitativ geprüft werden. NACHTEILE: Ein weitreichender Blick über den Einzelfall hinaus ist nicht möglich; es ergibt sich ein hoher Interpretationsanteil; die Ergebnisse haben nur einen beschränkten Geltungsanspruch.

Quantitative Untersuchungen = Beobachtungen an einer möglichst repräsentativen Stichprobe; sinnvoll für Erkenntnisbereiche, zu denen bereits begründete Zusammenhangsvermutungen vorhanden sind. VORTEILE: Sie sind meist nicht so komplex und facettenreich wie qualitative Untersuchungen, dafür werden aber repräsentative Aussagen und generalisierbare Ergebnisse erlangt. NACHTEILE: Bei geringer kontextueller Einbindung der untersuchten Phänomene haben die Ergebnisse wenig Aussagekraft und der Neuheitswert ist gering, weil in die Hypothesenbildung nur vorhandenes Wissen einfließt oder Bekanntes erneut bestätigt wird.

Laboruntersuchung = Untersuchung in einer künstlichen/speziell geschaffenen Umwelt. VORTEILE: Die unabhängigen Variablen können leicht manipuliert, die Störvariablen gut kontrolliert werden; die Beobachtungsbedingungen sind optimierbar. NACHTEILE: Die ungewohnte Umgebung kann das Verhalten der Versuchspersonen, die wissen, dass sie beobachtet werden, verändern (Warming-up erforderlich!); die Generalisierbarkeit der Ergebnisse auf Situationen außerhalb des Labors ist problematisch (s. Roth/Holling 1999, 129).

Felduntersuchung = Untersuchung in der natürlichen Umwelt. VORTEILE: Die Ergebnisse lassen sich problemloser auf das alltägliche Verhalten unter ähnlichen Bedingungen generalisieren; es kann u.U. beobachtet werden, ohne dass die Versuchspersonen davon wissen (dabei sind moralisch-rechtliche Fragen zu beachten!). NACHTEILE: Die unabhängigen Variablen lassen sich nicht ohne weiteres manipulieren; bei natürlichen Veränderungen können Störvariable nicht kontrolliert werden; manche Verhaltensweisen sind nicht zugängig; die Bedingungen für den Beobachter sind nicht optimal (s. Roth/Holling 1999, 130).

Experiment = in den Sozialwissenschaften verbreitete naturwissenschaftliche Vorgehensweise, die vorwiegend im Labor, aber auch im Feld angewandt wird. Geprüft wird eine Kausalhypothese über den Zusammenhang zweier Faktoren/Variablen in verschiedenen Situationen bei völliger Kontrolle aller anderen Faktoren. Hauptkennzeichen ist der manipulative Eingriff bei isolierender Bedingungsvariation (s. Roth/Holling 1999, 230ff.).

Hinsichtlich konkreter Methoden orientiert sich die empirische Forschung in der Sprechwissenschaft hauptsächlich auf die Sozialwissenschaften, die Medizin und die Akustik, die nicht-empirische (theoretische) Forschung dagegen auf die Kunst-, Literatur-, Sprach- und Geschichtswissenschaften. Beide Vorgehensweisen erfordern eine gesonderte Beschreibung.

B Sprechwissenschaftliche Phonetik

Phonologische und phonetische Merkmale und Strukturen sind Gegenstand zahlreicher sprachwissenschaftlicher und technischer Wissenschaftsgebiete, z.B. der Sprechwissenschaft, der Linguistik, der Gesprächsforschung, der Emotionsforschung, der forensischen Phonetik, der automatischen Spracherkennung und der Sprachsynthese. Dies ist die Ursache für die vorhandene „terminologische Vielfalt": die Verwendung gleicher Termini für die Bezeichnung unterschiedlicher Phänomene bzw. verschiedener Termini zur Bezeichnung desselben Phänomens. Im Folgenden geht es um die Grundlagen der sprechwissenschaftlichen Phonetik. Sie befasst sich in Forschung und Lehre mit phonologischen und phonetischen Aspekten mündlicher Kommunikation in allen Teilbereichen der Sprechwissenschaft, d.h. in Rhetorik, Sprechkunst, Sprechbildung und Therapie. Das Spektrum reicht von den phonologischen und linguistischen Grundlagen bis zu Lehrinhalten und Forschungsfragen/-methoden verschiedener phonetischer Richtungen, u.a. der physiologischen Phonetik, der Normphonetik und der kontrastiven Phonetik. In diesem Rahmen fokussiert die sprechwissenschaftliche Phonetik die Ausbildung diesbezüglicher situationsabhängiger Erwartungsnormen und die Wirkung von Sprechausdrucksformen unter verschiedenen Kommunikationsbedingungen.

B.1 Phonologische Grundlagen des Deutschen
Ursula Hirschfeld, Eberhard Stock

Die Phonologie ist in der Sprachwissenschaft als grundlegend neue Betrachtungsweise vor allem durch den russischen Linguisten N. S. Trubetzkoy (1890–1938) durchgesetzt worden. In seinem Werk „Grundzüge der Phonologie" (1939) entwickelte er eine funktionsorientierte „Sprachgebildelautlehre", die er der „Sprechaktlautlehre", der tradierten Phonetik, gegenüberstellte. Beide Gebiete sind jedoch miteinander verbunden und bedingen sich gegenseitig – in diesem Kapitel werden deshalb auch phonetische Phänomene aufgegriffen. Es gibt unterschiedliche Beschreibungen der phonologischen Grundlagen des Deutschen, da sich verschiedene Schulen und Lehrmeinungen herausgebildet haben, auf die hier jedoch nicht näher eingegangen werden kann. Verwiesen sei u.a. auf die Publikationen von Ternes (2012), Hall (2011), Wiese (2011), Staffeldt (2010), Ramers (2001) und Maas (2006). Die folgende Darstellung hat ihren Ursprung in der Prager Schule, der Trubetzkoy angehörte und die von bedeutungsunterscheidenden Oppositionen und deren distinktiven Merkmalen ausgeht. Sie lehnt sich an die „Phonologie" von Meinhold/Stock (1981) an und wurde in verschiedenen Publikationen des halleschen Instituts für Sprechwissenschaft und Phonetik weiterentwickelt, u.a. im DAWB (Krech et al. 2009).

B.1.1 Definitionen

Die **Phonologie** (auch als Phonemik, Phonematik, Phonemtheorie, funktionale Phonetik bezeichnet) ist eine linguistische Teildisziplin, die sich mit der Funktion von segmentalen und suprasegmentalen Merkmalen und Einheiten im Sprachsystem beschäftigt. Im segmentalen Bereich beschreibt sie

- das Phoneminventar einer Sprache, hier: des Deutschen,
- die Systeme der Vokal- und Konsonantenphoneme,
- Statistik und Auftretenswahrscheinlichkeit der Phoneme,
- die Phonotaktik und Distribution (Kombinationsmöglichkeiten und Verteilung der Vokal- und Konsonantenphoneme) und die aus ihr resultierenden Silbenstrukturen als Bauelemente von Wörtern,
- Phonemrealisierungen (Allophone) und deren situative sowie kontextabhängige Variation,
- Phonem-Graphem-Beziehungen.

Grundlage phonologischer Beschreibung und Klassifizierung sind die distinktiven Oppositionen mit den **Phonemen** als ihren Gliedern. Ein Phonem (= der „Phonemgehalt") ist die minimale Menge an *distinktiven* Merkmalen, durch die es zu allen anderen Phonemen der jeweiligen Sprache in Opposition tritt und dadurch wort-/bedeutungsunterscheidend wirken kann. Im Minimalpaar *Hand – Rand* z.B. haben die beiden Anfangskonsonanten Phonemwert, weil sie beide Wörter unterscheiden. Würde in *Rand* einmal Zungenspitzen-R und danach Zäpfchen-R artikuliert werden, würde man keinen Bedeutungsunterschied registrieren – die beiden Laute hätten folglich den gleichen Phonemwert. Analysiert man Phoneme genauer, kann man feststellen, dass bereits einzelne distinktive Merkmale eine bedeutungsunterscheidende Funktion haben, z.B. unterscheiden sich /iː/ und /uː/ nur in der Richtung der Zungenhebung (bei /iː/ vorn, bei /uː/ hinten), die anderen Merkmale (lang, gespannt, hoher Zungenhebungsgrad) sind gleich und in diesem Beispiel somit nicht distinktiv. Durch das Klassifizieren von Distinktionen können Phoneme bestimmt und in einen systematischen Zusammenhang zueinander gebracht werden.

Die Phonologie beschränkt sich nicht auf den segmentalen Bereich, sie betrachtet gleichermaßen die Suprasegmentalia und untersucht die Funktion phonemübergreifender prosodischer Merkmale wie Melodie, Lautstärke, Dauer, Sprechgeschwindigkeit und Sprechspannung sowie deren Kombination in Akzentuierung, Rhythmisierung und Gliederung.

Die **Phonetik** ist eine eigenständige Disziplin mit zahlreichen interdisziplinär angelegten Anwendungsbereichen zwischen Linguistik, Biologie, Akustik, Sprachtechnologie, Neurowissenschaften und Medizin. Die **sprechwissenschaftliche Phonetik** befasst sich nicht mit strukturellen Eigenschaften und Funktionen, sondern mit der Hervorbringung (artikulatorische, physiologische Phonetik), der Wahrnehmung (auditive, perzeptive Phonetik) und der Schallsignalstruktur (akustische Phonetik) segmentaler und suprasegmentaler Merkmale gesprochener Sprache unter Berücksichtigung der zugrundeliegenden physikalischen, physiologischen und psychischen Prozesse. Zu unterscheiden sind a) die mit geisteswissenschaftlichen Methoden arbeitende deskriptive Phonetik, die sich mit der Analyse auditiv wahrnehmbarer phonetischer Ereignisse beschäftigt, und b) die experimentelle oder akustische Phonetik, die

Phonologische Grundlagen des Deutschen

sich naturwissenschaftlicher Methoden bedient und konkrete, einmalige, d.h. nicht identisch wiederholbare lautsprachliche Äußerungen mit verschiedenen Messverfahren analysiert.

Einheiten der Phonetik sind **Laute** (Phone). Ein Laut (Vokal oder Konsonant) ist die kleinste artikulatorisch, auditiv und akustisch analysierbare Einheit gesprochener Äußerungen. Realisierungen eines Phonems werden als Allophone bezeichnet; z.B. ist ein Zungenspitzen-R, gesprochen in dem Wort *Rand*, eine konkrete Realisierung des Phonems /ʀ/. Allophone sind Phonemvarianten im Sinne von Lautklassen, sie sind nicht bedeutungsunterscheidend. Es gibt freie/fakultative (z.B. Zungenspitzen-, Reibe- und Zäpfchen-r) und kombinatorische, von der Lautumgebung abhängige Varianten, wie z.B. vokalische und konsonantische R-Varianten. Darüber hinaus befasst sich auch die Phonetik wie die Phonologie mit lautübergreifenden suprasegmentalen (prosodischen) Merkmalen wie Melodie, Lautstärke, Dauer, Sprechgeschwindigkeit, Sprechspannung und Stimmklang.

B.1.2   Segmentale Phonologie und Phonetik

Zur Phonemanalyse wird die Methode der Oppositionspaar- bzw. Minimalpaarbildung angewendet, um Phoneme oder einzelne distinktive Merkmale bestimmen zu können. Daraus ergibt sich eine geordnete Menge von Vokalen und Konsonanten, die nach ihren distinktiven Merkmalen in Übersichten klassifiziert werden können.

B.1.2.1   Vokal- und Konsonantensystem

B.1.2.1.1 Vokale

Das Deutsche verfügt über eine relativ große Zahl von Vokalen. Phonologisch gesehen handelt es sich um ein differenziertes Vokalsystem mit 16 Vokalphonemen, die bei wechselseitigem Austausch neue Wörter ergeben und somit bedeutungsunterscheidend wirken. Aus /an/ (*an*) wird beispielsweise /ɪn/ (*in*), wenn /a/ durch /ɪ/ ersetzt wird. Jeder Vokal kann, wie aus Tab. B.1.1 hervorgeht, durch die spezifische Kombination seiner phonetischen Merkmale von allen anderen Vokalen abgegrenzt werden. Distinktive Merkmale der deutschen Vokale sind:

1. Quantität: kurz – lang
2. Qualität (Spannung): ungespannt (offen) – gespannt (geschlossen)
3. Grad der Zungenhebung: hoch – mittelhoch – flach
4. Richtung der Zungenhebung: vorn – zentral – hinten
5. Lippenrundung: gerundet – ungerundet

Die beiden erstgenannten Merkmale – Qualität und Quantität – sind im Deutschen miteinander verbunden. Die Kurzvokale werden ungespannt, d.h. mit weniger Spannung, größerer Mundöffnung (deshalb auch die Bezeichnung „offen" unter 2. in der obigen Merkmalsliste), geringerer Lippenbeteiligung und geringerer Zungenaufwölbung gebildet; die Langvokale sind dagegen gespannt. Deutlich wird dies an den unterschiedlichen Transkriptionszeichen: /iː/ – /ɪ/, /eː/ – /ɛ/, /yː/ – /ʏ/, /øː/ – /œ/, /uː/ – /ʊ/, /oː/ – /ɔ/. Eine Ausnahme bilden die A-Vokale, sie unterscheiden sich nur in der Länge, was wiederum in den Transkriptionszeichen deutlich wird: /aː/ und /a/. Eine weitere

Ausnahme bilden die E-Vokale: Neben dem langen gespannten /eː/ und dem kurzen ungespannten /ɛ/ gibt es ein langes ungespanntes /ɛː/.

Tab. B.1.1: Vokale des Deutschen nach ihren distinktiven Merkmalen (Merkmale in Klammern sind nicht distinktiv, [ɐ] ist kein Phonem)

Quantität + Qualität	Artikulationsstelle (Richtung der Zungenhebung)			Grad der Zungen-hebung
	vorn	zentral	hinten	
kurz + ungespannt lang + gespannt	ɪ iː	Y yː		ʊ uː	hoch
kurz + ungespannt lang + gespannt lang + ungespannt	ɛ eː ɛː	œ øː		ɔ oː	mittel-hoch
ungespannt (reduziert/nichtakz.)			ə [ɐ]		
kurz lang			a aː		flach
	unge-rundet	gerundet	(ungerundet)	(gerun-det)	
	Lippenrundung				

In der Tabelle B.1.1 befindet sich das vokalische Allophon [ɐ] des Konsonantenphonems /ʁ/, da in dieser Darstellung aus anwendungsorientierten Gründen nicht streng phonologisch vorgegangen wird. In fremden (eingedeutschten) Wörtern können außerdem kurze gespannte Vokale sowie nasalierte Vokale auftreten, die nicht zum ursprünglichen deutschen Vokalsystem gehören.

Vokale können zu Diphthongen kombiniert werden. Diphthonge sind einsilbige Vokalverbindungen; sie werden als biphonematisch angesehen. Im Deutschen gibt es vier Diphthonge; es sind, da die Intensität abnimmt, fallende Diphthonge:

- [ae̯] z.B. in *zwei, Mai,*
- [ao̯] z.B. in *aus, Frau,*
- [ɔœ̯] z.B. in *häufig, Leute*
- und – in einigen Ausrufen – [ʊi̯], z.B. in *pfui, hui.*

Verbindungen von Vokal + Vokal, wie z.B. in *bearbeiten,* bilden keine Diphthonge. Hier liegt zwischen beiden Vokalen eine Silbengrenze. Auch die Lautfolge langer Vokal + vokalisiertes R in Wörtern wie *Meer, Ohr, Uhr* wird phonologisch nicht als Diphthong bewertet, weil dem vokalischen Allophon des R ein Konsonant zugrunde liegt, der bei Flexion auch wieder konsonantisch realisiert wird, z.B. [uːɐ] (*Uhr*), aber [ˈuːʁən] (*Uhren*). Phonetisch jedoch sind langer Vokal + vokalisiertes R als Diphthong zu betrachten.

Phonologische Grundlagen des Deutschen

B.1.2.1.2 Konsonanten

Das Deutsche hat 20 Konsonantenphoneme, die bedeutungsunterscheidend sind. Wird im Wort Kanne beispielsweise /k/ durch /v/, /t/, /p/ oder /h/ ersetzt, so entstehen neue Wörter/Bedeutungen, nämlich *Wanne, Tanne, Panne* und *Hanne*. Distinktive Merkmale der deutschen Konsonanten sind

1. Artikulationsstelle: labial – ... – glottal (s. Tab. B.1.2)
2. Artikulationsart oder -modus: plosiv, frikativ, nasal (Nasalöffnung), lateral (Lateralenge)
3. Spannung (Fortis-Lenis-Korrelation): fortis, lenis

Tab. B.1.2: Konsonanten des Deutschen nach ihren distinktiven Merkmalen

Artikulationsart	Artikulationsstelle					
	labial	alveolar	präpalatal	palatal	velar	glottal
frikativ						
fortis	f	s	ʃ	ç	x	h
lenis	v	z	ʒ	j	ʁ	
plosiv						
fortis	p	t			k	
lenis	b	d			g	
nasal	m	n			ŋ	
lateral		l				

Gegenüber anderen Darstellungen weist Tabelle B.1.2 einige Besonderheiten auf:

- Anstelle der Korrelation stimmlos – stimmhaft wird fortis – lenis angegeben. Das lässt sich darauf zurückführen, dass in der Standardaussprache die Spannung als stabiles, die Stimmbeteiligung als instabiles Merkmal auftritt. Beide Merkmale sind aber miteinander verbunden:
    - fortis + stimmlos, z.B. *reißen, er reist,*
    - lenis + stimmhaft, z.B. *reisen, wir singen,*
    - lenis + stimmlos, z.B. *mitsingen* (Stimmlosigkeitsassimilation).
- Der Konsonant /ʁ/ wird häufig als Vibrant, als Schwing- oder Zitterlaut beschrieben. In der Standardaussprache (der Bundesrepublik) wird jedoch vor akzentuiertem Vokal meist ein Frikativ, ein Reibe-R realisiert. Zungenspitzen- oder Zäpfchen-R sind seltenere Allophone. Er unterscheidet sich phonologisch vom Fortis-Frikativ /x/ nur durch das Merkmal lenis. Die IPA-Tafel verwendet dafür das Zeichen /ɣ/, hier wird wegen der graphischen Nähe zu <R> das Zeichen /ʁ/ verwendet. Ein weiteres Allophon von /ʁ/ ist das vokalisch realisierte [ɐ], das nach langen Vokalen (außer [aː]) vorkommt, z.B. in *er* [eːɐ]. Es ver-

schmilzt in den nicht akzentuierten Affixen <er-, her-, ver-, zer-, -er> meist mit dem Vokal zum Silbenkern [ɐ], z.B. in *eher* ['eːɐ].

- [ç] und [x] werden meist als Allophone eines Phonems angesehen, weil sie sich kontextbedingt gegenseitig ausschließen: [x] tritt nur nach [a], [aː], [u], [uː] und [aǫ] auf, [ç] in allen anderen Positionen. Aus sprechwissenschaftlicher Sicht können /ç/ und /x/ auch als eigenständige Phoneme betrachtet werden, weil diese phonologische Identifizierung den Parallelismus des Systems durch Ausbau der Fortis-Korrelation verstärkt, was der Tendenz zur immer ökonomischeren Ausnutzung der artikulatorischen Mittel entspricht. Es gibt zudem einige wenige Minimalpaare durch selten gebrauchte Wörter mit der Diminutivendung [çən] wie *Kuhchen* und *Tauchen* (*ein kleines Tau*) vs. *Kuchen* und *Tauchen*: [kˈuːçən] vs. [kˈuːxən], [tˈaǫçən] vs. [tˈaɔxən].
- In der Tabelle fehlen die als Affrikaten bezeichneten Verbindungen /pf/ und /ts/, die wie andere Plosiv-Frikativ-Verbindungen (z.B. [ks ps]) als Zusammensetzungen und somit biphonematisch betrachtet werden.
- Es fehlt ebenfalls der an der Glottis gebildete Plosiv (Zeichen: [ʔ]), der hier als Bestandteil wort- und silbeninitial auftretender Vokale und Diphthonge, nicht als eigenständiges Phonem betrachtet wird.

B.1.2.2 Laut-Buchstaben-Beziehungen

Die Laut-Buchstaben-Beziehungen sind in vielen Sprachen nicht ein-eindeutig, so auch im Deutschen auf Grund der historischen Entwicklung und wegen der Einflüsse aus anderen Sprachen. Durch diese Polyrelationalität steht/stehen

- ein Buchstabe für nur einen Laut, z.B. <h> für [h] (*Hut*),
- ein Buchstabe für verschiedene Laute, z.B. <s> für [s] und [z] (*Eis, Eisen*),
- ein Buchstabe für eine Lautverbindung, z.B. <x> für [ks] (*Max*),
- eine Buchstabenverbindung für nur einen Laut, z.B. <sch> für [ʃ] (*Schuh*),
- eine Buchstabenverbindung für mehrere Laute, z.B. <ch> für [ç], [x], [k] (*ich, nach, Chor*),
- eine Buchstabenverbindung für eine Lautverbindung, z.B. <chs> für [ks] (*sechs*),
- verschiedene Buchstaben oder Buchstabenverbindungen für nur einen Laut, z.B. <i, ie, ieh> für [iː] (*wir, sie, Vieh*).

Trotz dieser Zuordnungsvielfalt ist das phonetische oder Lautprinzip das Hauptprinzip der deutschen Rechtschreibung. Da auch andere Prinzipien (das etymologische, das historische, das semantische u.a.) wirken, sind Veränderungen in den Laut-Buchstaben-Beziehungen (Rechtschreibreformen) schwierig. Im Folgenden wird ein Überblick über wesentliche Laut-Buchstaben-Beziehungen in Wörtern gegeben, die deutscher Herkunft sind oder vor längerem entlehnt wurden:

Tab. B.1.3: Laut-Buchstaben-Beziehungen im Deutschen (Auswahl, nach Krech et al. 2009, 27ff.)

aː	a, aa, ah, ae	*baden, Staat, Bahn, Baesweiler*
a	a	*Klasse*

iː	i, ie, ih, ieh, y	*wir, sieben, ihm, Vieh, Schwyz*
i	i (in akzentloser offener Silbe)	*Idol*
ɪ	i	*Bitte*
eː	e, ee, eh, é	*leben, Beere, Reh, Doublé*
e	e (in akzentloser offener Silbe)	*Republik*
ɛ	e, ä	*stellen, kräftig*
ɛː	ä, äh, ai (vor \<r\> in akzentuierter Silbe)	*Käse, lähmen, Pair*
ə	e	*Gabe*
yː	ü, üh, ui, y	*Schüler, früh, Duisburg, Typ*
y	ü, y (in akzentloser offener Silbe)	*Büfett, Typologie*
ʏ	ü, y	*Glück, Ägypten*
øː	ö, öh, oe, oey, eu	*lösen, Höhle, Goethe, Oeynhausen, Amateur*
ø	ö (in akzentloser offener Silbe)	*Böotien*
œ	ö	*Löffel*
uː	u, uh, ue, ou	*Buch, Stuhl, Hueber, Jour*
u	u (in akzentloser offener Silbe)	*Hubertus*
ʊ	u	*Gruppe*
oː	o, oo, oh, oe, oi, eau	*Boden, Boot, wohnen, Soest, Voigt, Niveau*
o	o (in akzentloser offener Silbe)	*porös*
ɔ	o, au	*voll, Chauffeur*
aɛ̯	ei, ai, ey, ay	*Wein, Mai, Norderney, Bayern*
aɔ̯	au	*Auge*
ɔœ̯	eu, äu	*heute, träumen*
f	f, ff, v, ph	*Feld, hoffen, Vater, Phonetik*
v	w, v	*Welt, Vase, Jever*
v̥	w, v	*abwarten, Glasvase*
s	s, ß, ss, c	*was, reißen, Tasse, Facette*
z	s	*Reisen*
z̥	s	*wegsehen*

ʃ	sch, s, ch	*Schule, spielen, Sketch*
ʒ	j, g	*Journal, Etage*
ʒ̊	j, g	*Sportjournal, Kirschgelee*
ç	ch	*Licht*
j	j, y	*Jacke, Yoga*
j̊	j, y	*Schaltjahr, Holzyacht*
x	ch, cch	*Buch, Bacchus*
ʁ	r, rr, rh	*rot, Herr, Rhein*
ʁ̊	r, rh	*abreisen, Herzrhythmus*
h	h	*Hut*
p	p, pp	*Oper, doppelt*
b	b, bb	*Ober, Ebbe*
b̥	b	*Hausbau*
t	t, tt, dt, th, tth	*Tür, bitte, Stadt, Thomas, Matthias*
d	d, dd	*reden, paddeln*
d̥	d	*ausdenken*
k	k, ck, c, ch, qu, cch	*können, Zucker, Coburg, Chor, Kommuniqué, Zucchini*
g	g, gg, gh	*liegen, Egge, Ghana*
g̊	g, gh	*mitgehen, Westghana*
l	l, ll	*Lampe, hell*
m	m, mm	*Mann, kommen*
n	n, nn	*Name, Mann*
ŋ	ng, n	*singen, Bank*
pf	pf	*Pfennig*
ts	z, tz, c, zz	*Zahl, Platz, Penicilin, Pizza*
ts	t vor i + Vokal	*Pretiosen, partiell*
ks	x, chs, ks, cks,	*Text, wachsen, links, Klecks*
kv̥	qu	*Quelle, bequem*
tʃ	c, cc	*Cellist, Cembalo, Gucci*

Phonologische Grundlagen des Deutschen

Aus der Orthografie lassen sich Regeln für die Aussprache ableiten. Für die Signalisierung der **Vokaldauer** in Simplizia gilt z.B.:

- Doppelt geschriebene Konsonanten kennzeichnen den vorausgehenden Vokal als kurz (für <kk> steht meist <ck>, für <zz> steht meist <tz>), z.B. *Kamm, Ecke, Katze*.
- Lange akzentuierte /aː/, /eː/ und /oː/ können durch Doppelschreibung angezeigt werden, z.B. *Saal, Beet, Boot*.
- Ein Dehnungs-h (= <h> nach Vokal innerhalb des Morphems) signalisiert ebenfalls Vokallänge, z.B. *lahm, sehr, ihm, Kohl, Ruhm, kühl*.
- <e> und <eh> nach dem Vokal <i> kennzeichnen diesen als lang, z.B. *Sieg, Vieh*.
- Der Vokal vor <ß> ist lang, vor <ss> kurz. <ß> wird auch nach Diphthong geschrieben, z.B. *Maß, Masse, außen*.

Für die **Konsonanten** gilt u.a.:

- <b, d, g, s, v> werden am Wort- und Silbenende wie [p t k s f] realisiert (Auslautverhärtung):

gelb	[p]	*aber*	gelbe	[b]
Rad	[t]		Räder	[d]
Tag	[k]		Tage	[g]
Haus	[s]		Häuser	[z]
intensiv	[f]		intensive	[v]

- R ist am Anfang eines Wortes/einer Silbe vor Vokal ein Konsonant (z.B. *Reise, Büro, Brot, sprechen*); nach langen Vokalen wird es vokalisiert (z.B. *Meer, ihr, Uhr*); in den nichtakzentuierten Vorsilben <er-, her-, ver-, zer-> und der Endung <-er> wird R zusammen mit dem Vokal als Hinterzungenvokal [ɐ] artikuliert (z.B. *erzählen, hervor, verstehen, zerbrechen, Vater*).
- <ch> wird realisiert: als Ach-Laut [x] nach < a, o, u, au> (z.B. *Fach, noch, Buch, auch*); als Ich-Laut [ç] nach allen anderen Vokalen und Diphthongen, nach <l, n, r> und in <-chen> (z.B. *Fächer, nicht, Löcher, Bücher, weich, euch; Kelch, manchmal, durch, Mädchen*); als [k] am Wortanfang (z.B. *Chemnitz, Christoph, Chronologie*) und in der Verbindung <chs> (z.B. *wachsen*). Vor <e, i> wird <ch> auch als [ç] gesprochen (z.B. *Chemie, China*). In Süddeutschland, Österreich und der Schweiz ist in diesen Positionen [k] gebräuchlich.

B.1.2.3 Silbenstrukturen

B.1.2.3.1 Silbenstrukturen und Distribution

Die Silbe ist die kleinste, suprasegmentale Merkmale tragende Einheit der gesprochenen Sprache. Silben bestehen aus dem Silbenkern und aus den beiden Randbereichen, dem Silbenanlaut (auch: Silbenkopf, Ansatz, Onset, Head, linker Silbenrand) vor dem Kern (auch: Gipfel, Nukleus) und dem Silbenauslaut (auch: Silbenschwanz, Koda, Endrand) nach dem Kern. Beide Randbereiche sind fakultativ. Kern und Auslaut bilden den Silbenreim, An- und Auslaut die Silbenschale. Der Kern ist das Segment mit der höchsten Prominenz (= **Sonorität**, d.h. höchstmögliche Stimmhaftigkeit). Er ist obligatorisch und meist ein Vokal oder Diphthong; als Realisation der Endungen *-en* und *-el* kann es sich aber auch um einen silbischen Nasal oder ein silbisches /l/ handeln, z.B. in *haben* [h'aːbm̩], *Esel* ['eːzl̩].

Silbenan- und -auslaut bestehen aus Konsonanten(verbindungen), wobei die Sonorität vom Kern zum Rand hin stufenweise abnimmt. In Tabelle B.1.4 hat der Vokal als Kern die Stufe 4, Nasale und [l] die Stufe 3, Lenisplosive und -frikative die Stufe 2 (diese kommen wegen der Auslautverhärtung im Auslaut bis auf [ʁ] nicht vor), Fortisplosive und -frikative die Stufe 1:

Tab. B.1.4: Beispiele für Silbenstrukturen und Sonoritätsstufen (K = Konsonant, V = Vokal/Diphthong)

		Silbenanlaut			Kern	Silbenauslaut		
		1	2	3	4	3	2	1
ein	VK				ae̯	n		
du	KV		d		uː			
Tag	KVK	t			aː			k
voll	KVK	f			ɔ	l		
Schnee	KKV	ʃ		n	eː			
Pfeil	KKVK	pf			ae̯	l		
Wachs	KVKK	v			a			ks
Zwerg	KKKVKK	ts	v̥		ɛ		ʁ	k
schwimmst	KKVKKK	ʃ	v̥		ɪ	m		st
sprichst	KKKVKKK	ʃp	ʁ̥		ɪ			çst

Die Kombinations- oder Bindungsfähigkeit der einzelnen Konsonanten bestimmt ihre Verteilung in der Silbe, dies wird als **Distribution** bezeichnet. Einzeln finden sich nahezu alle konsonantischen Phoneme vor und nach dem Kern, allerdings treten im Silbenauslaut wegen der Auslautverhärtung Lenis-Phoneme als Fortes-Realisationen auf, z.B. *Tag, Zwerg*. Außerdem gelten folgende distributionelle Beschränkungen, bezogen auf Silben- und/oder Wortpositionen:

- /s/ tritt nicht wortinitial, aber silbeninitial und -final auf, z.B. *rei-ßen, Haus*;
- /ç/ ist nur selten wortinitial (z.B. *Chemie*), aber silbeninitial (z.B. *Häus-chen*) und silbenfinal nach Vorderzungenvokalen, [ae̯], [ɔœ̯] und [l n ʁ], z.B. *sprich, reich, euch, Milch, manch, durch*;
- /x/ kommt nicht wortinitial, nur silbeninitial (z.B. *rau-chen*) und silbenfinal nach Hinterzungenvokalen (z.B. *hoch, doch, Buch, Bucht*), nach [aː a] (z.B. *nach, Nacht*) und nach [ao̯] (z.B. *auch*) vor;
- /j/ tritt nur wort- und silbeninitial vor Vokal auf, z.B. *ja, ver-jüngen*;
- /h/ kommt nur wort- und silbeninitial vor Vokal vor, z.B. *hell, er-halten*;
- /ŋ/ erscheint nicht wortinitial und silbenfinal nur nach Kurzvokalen, z.B. *lang*.

Phonologische Grundlagen des Deutschen

Für Konsonantenverbindungen gibt es weitere distributionelle Beschränkungen, u.a.:

- In anlautenden zweigliedrigen Konsonantenverbindungen kommt als erstes Glied häufig /ʃ k g p/ vor; weniger häufig sind /f/ und die anderen Plosive. Als zweites Glied ist /ʁ/ am häufigsten, ihm folgen /l n v m p t f s/, z.B. *groß, klein, Schnee, Schwamm, Schmerz, spitz, Stein, Pfeil, Zeit*.
- In anlautenden dreigliedrigen Konsonantenverbindungen sind /ts/ und /pf/ sowie /ʃp/ und /ʃt/ mit einem weiteren Konsonanten verbunden, und zwar mit /ʁ l v/, z.B. *Zwerg, Pfropf, sprichst, Streich*.
- Im Silbenauslaut können sich bis zu fünf Konsonanten miteinander verbinden. Als erstes Glied treten dabei überwiegend /ʁ/ und /l/ sowie die Nasale auf. Folgeglieder sind Fortis-Konsonanten, dabei spielt oft die Flexion eine Rolle, z.B. *läuft, schwimmst, schimpfst*. Die Zahl der betreffenden Verbindungen ist beträchtlich: Es gibt etwa 40 zweigliedrige (z.B. *halt*), 60 dreigliedrige (z.B. *Pelz*), 30 viergliedrige (z.B. *kämpft*) und einige wenige fünfgliedrige Verbindungen (z.B. *schimpfst*).
- Es gibt auch Einschränkungen hinsichtlich der Position einer Silbe im Wort, z.B. kann [zuː] am Silbenanfang vorkommen, wie in *Su-che*, die Silbe [xə] kann aber nicht am Wortanfang stehen.

Wie an den Beispielen deutlich wird, fallen Silben und Morpheme nicht generell zusammen, d.h., Silben- und Morphemgrenzen stimmen nicht immer überein; z.B. besteht *Suche* aus den Silben *Su + che* und aus den Morphemen *Such + e*. In Komposita sowie in Wörtern mit angefügten (gebundenen) Morphemen sind die Morphem- in der Regel zugleich die Silbengrenzen, z.B. *Schreib + tisch, an-statt*. In Simplizia treten verschiedene Fälle auf, Silben-und Morphemgrenzen sind hier unterschiedlich: Bei zwei Konsonanten nach Vokal und vor weiterem Vokal liegt die Silbengrenze nach dem ersten Konsonanten, z.B. *hal-be, Kas-ten*. Bei drei und mehr Konsonanten tritt meist nur der letzte Konsonant zur folgenden Silbe, z.B. *Künst-ler, Ärz-te*, jedoch können auch zwei Konsonanten zur folgenden Silbe treten, z.B. *schim-pfen*. Einen Sonderfall bilden ambisilbische Konsonanten, die zu beiden Silben gehören, weil die Silbengrenze im Konsonanten liegt, z.B. *Tasche, kennen, Falle*. Ein weiterer Sonderfall ist die Silbengrenze bei Konsonantenverbindungen aus Plosiven/Frikativen und Nasal, z.B. in Wörtern und Namen wie *Handlung, Redner, Löbner, unsre, Wagner*. Die Silbengrenze liegt hier nicht nach, sondern vor dem Plosiv bzw. Frikativ, so dass es keine Auslautverhärtung gibt, also *Han-dlung, Re-dner, Lö-bner, un-sre, Wa-gner*.

B.1.2.3.2 Silbenstrukturen und Vokalquantität

Im Deutschen gibt es einen Zusammenhang zwischen Vokalquantität und Silbenstruktur:

- Der Vokal ist kurz und ungespannt, wenn die Silbe auf einen Konsonanten endet, der nicht durch Flexion zum Silbenanlaut werden kann, oder wenn sie auf mehrere Konsonanten endet (= geschlossene Silbe), z.B. *ab, Sucht, Strumpf*.
- Der Vokal ist lang und gespannt, wenn die Silbe ohne Konsonant endet (= offene Silbe) z.B. *See, Ho-se, fra-gen*.
- Der Vokal ist ebenfalls lang und gespannt, wenn die Silbe potentiell offen ist, d.h. bei Flexion zur offenen Silbe wird, z.B. *Weg – We-ge, (er) sucht – su-chen,*

lebst – le-ben. Anders gesagt: Es besteht meist **Stammmorphem-Konstanz**, d.h., in Wortfamilien bleibt die Vokalquantität im Allgemeinen auch dann erhalten, wenn in Ableitungen bzw. bei Flexion eine offene Silbe zur geschlossen wird, z.B. *wa-gen – Wag-nis, prü-fen – prüfst*.

- In vielen Fällen, insbesondere wenn eine Flexion nicht möglich ist, kann der Vokal lang oder kurz sein, z.B. *wen – wenn, nach – Nach(bar)*.

B.1.2.4 Phonologische Prozesse

Als phonologische Prozesse werden Veränderungen bezeichnet, denen die Phoneme einer Sprache bei ihrer Verknüpfung zu Phonemsequenzen unterworfen sind. Diese Veränderungen sind regelhaft, d.h., sie können mit phonologischen Regeln beschrieben werden. Als phonetische Erscheinungen werden sie produziert/artikuliert und wahrgenommen. Sie betreffen auch die suprasegmentale Ebene, z.B. die Strukturierung phonologischer Verbindungen oder Akzent- und Rhythmusänderungen durch Elision oder Hinzufügen von Vokalen/Silben. Phonologische Prozesse lassen sich in vielen Bereichen beobachten, u.a. in der Entwicklung einer Sprache über längere Zeiträume, bei der Übernahme fremder Wörter, in der Sprachentwicklung eines Kindes, beim Zweit- oder Fremdsprachenerwerb, in der Umgangssprache, bei Versprechern. Wichtige phonologische Prozesse sind:

- Assimilation: artikulatorische (und hörbare) Angleichung an Segmentumgebung (partiell – total, progressiv – regressiv, Kontakt – Distanz),
- Dissimilation: Abstoßung/Auseinanderentwicklung von Segmenten,
- Elision: Tilgung/Wegfall von Segmenten,
- Insertion/Pro-, Epenthese: Einschub/Hinzufügung von Segmenten,
- Kontraktion: Verschmelzung von Segmenten,
- Metathese/Inversion: Vertauschung/Umstellung von Segmenten,
- Neutralisation: Aufhebung einer phonologischen Opposition,
- Phonemersatz: Ersatz von Segmenten.

B.1.3 Suprasegmentale Phonologie und Phonetik

Beim Sprechen werden Laute, Silben oder Wörter nicht aneinandergereiht, sondern durch die Verwendung suprasegmentaler Merkmale zu rhythmisch-melodischen Einheiten zusammengefügt. Die suprasegmentalen Merkmale strukturieren gesprochene Äußerungen und sichern die Verständigung. Sie werden durch semantische und situative Gegebenheiten bestimmt und variabel an diese angepasst.

In der Literatur werden die Begriffe *Suprasegmentalia, Prosodie* und *Intonation* teilweise synonym gebraucht, teilweise voneinander unterschieden. In der Sprechwissenschaft werden aktuell Suprasegmentalia und Prosodie verwendet, weil Intonation im engeren (als Sprechmelodie) und weiteren Sinne (übergeordnet, als Synonym zu den beiden anderen Begriffen) verstanden werden kann. Folgende sprechwissenschaftliche Definition gilt für Suprasegmentalia bzw. Prosodie (vgl. Hirschfeld/Neuber 2010; Neuber 2001, 99; 2002, 51f.): Zu den suprasegmentalen Merkmalen gehören Sprechmelodie, Lautheit, Dauer, Sprechgeschwindigkeit, Sprechspannung, Pausen sowie (indexikalisch bedingte) Stimmqualität und Stimmausdruck (Timbre) und deren jeweilige Variation. Diese Merkmale tragen einzeln oder in Kombination

Phonologische Grundlagen des Deutschen

(als Akzentuierung, Gliederungssignale oder rhythmische Muster) bestimmte Funktionen in gesprochenen Äußerungen.

B.1.3.1 Merkmale und Funktionen

Merkmale und Funktionen der Suprasegmentalia bzw. der Prosodie sind sowohl Gegenstand der Phonologie (als Teil des Sprachsystems) als auch der Phonetik (als konkrete Realisationsformen). Im Folgenden sollen zunächst die Merkmale beschrieben werden:

a) Die **Sprechmelodie** (akustisch: Grundfrequenz) ist der beim Sprechen erzeugte gestalthafte Tonhöhenverlauf; ihre Lage innerhalb des Frequenzbereichs der menschlichen Stimme ist physiologisch und kulturell bedingt sowie individuell unterschiedlich. Sie dient der Hervorhebung (Akzentuierung) in Wort, Wortgruppe und Äußerung, der Rhythmisierung, der Grenzsignalisierung bei der Bildung von Teiläußerungen sowie dem Abschluss von Äußerungen.

b) Die **Lautheit** (akustisch: Dynamik, Schalldruck/-intensität) ist die subjektiv empfundene Lautstärke des Gesprochenen. Die Lautstärke hängt vom Atemdruck und der damit verbundenen Sprechspannung ab. Modifikationen der Lautstärke dienen der Hervorhebung (Akzentuierung) in Wort, Wortgruppe und Äußerung. Sie beeinflussen auch die Artikulationspräzision und damit die Zahl der Elisionen (Lautausfälle) und den Umfang der Assimilationen (Lautangleichungen).

c) Die **Dauer** (akustisch: gemessene zeitliche Länge von Signalabschnitten) ist die subjektiv bewertete Sprechzeit, d.h. die Zeit, die gebraucht wird, um einen Laut, eine Silbe usw. zu erzeugen. Sie hängt von der Sprechgeschwindigkeit ab, aber auch von der Wortlänge. Im Deutschen wird sie nicht nur als ein distinktives Merkmal der Vokale gebraucht (Quantitätsdistinktion lang – kurz, wie in *Staat – Stadt*), sondern sie dient auch lautübergreifend der Hervorhebung (Akzentuierung) in Wort, Wortgruppe und Äußerung.

d) Die **Sprechgeschwindigkeit** (akustisch: Häufigkeit von Signalabschnitten pro Zeiteinheit) wird als Silben- und Phonrate (Phon = Allophone und Sprosslaute) perzipiert. Sie wird vor allem bei Retardationen und Akzelerationen auffällig. Erhöhte Sprechgeschwindigkeit verstärkt die Tendenz zu Elisionen (Lautausfälle) und Assimilationen (Lautangleichungen).

e) Die **Pause** (akustisch: Schallabwesenheit) ist ein wichtiges Gliederungs- und damit Strukturierungssignal, das semantische und gleichzeitig rhythmisch-melodische Einheiten voneinander abgrenzt. Pausen können gefüllt sein (Atmung, Gestik/Mimik, Füllwörter wie „äh", „hm"), sie werden in der Regel durch andere Merkmale begleitet, die auch ohne Schallabwesenheit als Grenzsignal fungieren können.

f) Die **Stimmqualität** bzw. der Stimmausdruck (akustisch: Teiltonstruktur) ist ein stark individuell geprägtes Merkmal; es wird vom Hörer/Gesprächspartner als Signal bzw. Teilsignal für den Ausdruck modaler und emotionaler Befindlichkeiten (= pathognomischer Ausdruck) und Persönlichkeitseigenschaften (vermutetes Alter, psychophysischer Zustand u.a. = physiognomischer Ausdruck) bewertet.

Die suprasegmentalen Merkmale treten stets kombiniert auf und dienen der Akzentuierung, Gliederung und Rhythmisierung gesprochener Sprache sowie dem pathognomischen und physiognomischen Ausdruck. Die Verwendung dieser Merkmale ist situationsabhängig und individuell unterschiedlich, dies jedoch innerhalb bestimmter Regelbereiche bzw. Erwartungsnormen. Dabei muss zwischen frei Gesprochenem (dazu gehört spontanes Sprechen in Alltagssituationen ebenso wie Vortrag, Diskussionsbeitrag usw. in öffentlichen Situationen) und Reproduziertem (Vorgelesenem, Memoriertem) unterschieden werden, weil jeweils unterschiedlich strukturierte rhythmisch-melodische Gestalten entstehen. Sie sind gekennzeichnet durch

a) die Akzentuierung im Wort und in der Wortgruppe (Akzentgruppe),
b) die Abgrenzung solcher Gruppen mittels Pausen und anderer Grenzsignale,
c) die Melodisierung der rhythmischen Gruppen.

Daraus ergeben sich die Grundfunktionen suprasegmentaler/prosodischer Gestaltung, die in der folgenden Systematisierung für Lehrzwecke getrennt dargestellt werden (in Rede und Gespräch sind sie immer miteinander verbunden):

1. **kommunikative Funktion**: Hervorhebung wichtiger Informationen zur Verdeutlichung der Informationsintentionen des Sprechers und Steuerung der Aufmerksamkeits- und Verstehensprozesse des Hörers;
2. **strukturierende Funktion**: Teilung längerer Äußerungen durch Gliederungssignale (einschließlich Pausen) in inhaltlich zusammenhängende Akzent- und rhythmische Gruppen; dadurch werden Strukturen verdeutlicht und die Verstehensprozesse beim Hörer erleichtert; Akzentgruppen sind nach Stock (1996a, 71) Bausteine der rhythmischen Gruppen, in denen akzentlose Wörter und Silben durch einen Wortgruppenakzent zusammengeschlossen sind; eine rhythmische Gruppe besteht aus wenigstens einer Akzentgruppe; rhythmische Gruppen werden beim Sprechen als Einheit hervorgebracht und sind durch Pausen voneinander abgegrenzt (vgl. ebd., 33);
3. **syntaktische bzw. phonologische Funktion**: Bedeutungsunterscheidung durch suprasegmentale Merkmale, die in der Regel an syntaktische Strukturen gebunden sind (beim freien Sprechen sind diese Strukturen oft aufgelöst und inhaltliche bzw. im Sprechplanungsprozess entstandene Einheiten vorherrschend), z.B.
    - Melodisierung, d.h. terminale, interrogative bzw. progrediente Melodie am Ende einer (Teil-)Äußerung: *Sie arbeiten noch./?/!/, ...*
    - Gliederung/Pausierung: *Paula will Paul nicht?/Paula will, Paul nicht?/ Paula will Paul, nicht?/Paula, will Paul nicht?*
    - Hervorhebungen: *umbauen – umbauen; Heute so, morgen so./Heute so, morgen so.*
    - Sprechweise insgesamt: *Auftrag vergessen? Sehr gut!*
4. **gesprächsorganisierende Funktion:** Steuerung des Gesprächsverlaufs durch die suprasegmentale Gestaltung der Sprechbeiträge (Turns), d.h. der Intervention(sversuche), des Sprecherwechsels (Turnübernahme) oder des Behaltens der Sprecherrolle (Turnfortsetzung); in der Verwendung der suprasegmentalen Mittel zeigt sich das Verhältnis der am Gespräch Beteiligten;

5. **expressive, affektive Funktion:** Ausdruck von emotionaler bzw. modaler Sprechweise durch suprasegmentale (paraverbale) Mittel, in der Regel begleitet durch verbale (sprachliche) und nonverbale (Gestik, Mimik, Aktion) Mittel.

B.1.3.2 Akzentuierung

Akzentuierung entsteht durch die Hervorhebung von Silben und innerhalb der Silben von Vokalen mittels suprasegmentaler Merkmale. Typisch für das Deutsche ist eine starke, zentralisierende Akzentuierung. Dadurch entsteht eine rhythmische Kontur, die als Schwer-Leicht-Struktur wahrgenommen wird und sich beim Sprechen als unregelmäßiger, aber nicht regelloser Wechsel von akzentuierten und akzentlosen Silben zeigt. Wie in vielen Wörterbüchern üblich, werden die Akzentvokale im Folgenden mit Fettdruck und/oder mit Strich (= lang) oder Punkt (= kurz) markiert, z.B. *staatlich – stattlich*.

B.1.3.2.1 Mittel der Akzentuierung

Akzentuierte Silben sind meist gedehnt, sie werden bei verlangsamtem Sprechtempo lauter und präziser artikuliert und durch Tonhöhenkontraste markiert. Sie wechseln beim Sprechen in unregelmäßiger – aber nicht regelloser – Folge mit akzentlosen Silben ab, die schneller und mit geringerer Lautheit gesprochen werden und von Reduktionen betroffen sind. Dies gilt für zwei- und mehrsilbige Wörter sowie für Wort-/Akzentgruppen. Die Vokallänge ist im Deutschen kein Akzentuierungsmittel. In der Akzentposition sowie in neben- oder nichtakzentuierten Positionen müssen daher lange und kurze Vokale voneinander unterschieden werden, wobei es in den neben- und nichtakzentuierten Positionen zur Kürzung langer Vokale kommen kann, ohne dass sie jedoch zu kurzen Vokale werden, z.B. das [a:] in *Maler* und *Malerei*.

B.1.3.2.2 Wortakzentuierung

Die Position des Wortakzents liegt für jedes Wort fest; dafür gibt es unterschiedliche (morphologische, semantische und syntaktische) Regeln. Die Akzentposition wird in begrenztem Maße für Wortunterscheidungen genutzt, z.B. bei trennbar und untrennbar zusammengesetzten Wörtern wie *umbauen – umbauen* oder einzelnen Wortpaaren wie *August – August*. Bei der Wortakzentuierung sind einfache Wörter und Namen deutscher und fremder Herkunft (Simplizia) und zusammengesetzte Wörter (Komposita) zu unterscheiden. Bei fremden Wörtern und Namen behalten jüngere Entlehnungen in der Regel ihre Akzentposition, während ältere Entlehnungen tendenziell auf der letzten langen Silbe akzentuiert werden.

B.1.3.3 Nichtzusammengesetzte deutsche Wörter und Namen

Zu den nichtzusammengesetzten Wörtern gehören auch solche mit Affixen; der Akzent liegt in der Regel:

a) auf der Stammsilbe (unabhängig von Flexion und Wortbildungsveränderungen), bei zweisilbigem Stamm auf der ersten Silbe, z.B. *bauen, erbauen, Bebauung; antworten, Beantwortung; Goethe, Hegel, Schiller*;
b) auf den Affixen *ur-, -ei, -ieren*, z.B. *Urwald, Malerei, probieren, probiert*;
c) auf den Präfixen *miss-* und *wider-*
   - in Substantiven, z.B. *Misserfolg, Misstrauen; Widerruf, Widerstand*;

- in Adjektiven, z.B. *misstrauisch, missverständlich; widerrechtlich, widerwillig;*
- in Verben, wenn nicht unmittelbar auf das Präfix das Stammmorphem folgt, z.B. *missgestalten, missverstehen,* aber: *misstrauen, widerrufen* (Präfix vor Stammmorphem);

d) auf dem Präfix *un-*, wenn es sich um die Abwandlung eines existierenden Wortes handelt, z.B. *Untiefe, Untreue, ungekocht,* aber: *unaussprechlich, unsäglich,* („*sprechlich*" und „*säglich*" werden als Wörter nicht verwendet); in emotional hervorgehobenen Wörtern kann sich die Akzentuierung verschieben, z.B. *unmöglich, unheimlich* oder *unaussprechlich, unsäglich;*

e) auf Präfixen, mit denen Verben eine unfeste Verbindung eingehen (trennbare Verben), z.B. *ablaufen (es läuft ab), nachgeben (ich gebe nach);* dies gilt auch dann, wenn einem trennbaren Verb oder einer Ableitung *wieder-* vorangestellt wird, z.B. *wiederaufbauen, wiederherstellen, Wiedergutmachung.*

B.1.3.4 Besonderheiten

a) Bei trennbar und untrennbar zusammengesetzten Verben mit gleichen Präfixen, z.B. *übersetzen (ich übersetze das Buch) – übersetzen (ich setze mit dem Boot über), umbauen (man umbaut den Platz) – umbauen (man baut den Platz um)* hat der Akzent eine bedeutungsunterscheidende Funktion. Auch bei anderen Wortarten gibt es solche Minimalpaare, z.B. *August* (Personenname) und *August* (Monatsname), *blutarm* (arm an Blut) und *blutarm* (sehr arm).

b) Akzentveränderungen können entstehen
- bei hinweisender Akzentuierung, z.B. *Daran (musst du dich gewöhnen.) – (Du musst dich) daran (gewöhnen.),*
- bei kontrastierender Akzentuierung, z.B. *An- und Abreise,*
- bei emotionaler Sprechweise, hier kann es zu Akzentverschiebungen kommen, die den Regeln widersprechen.

c) In zweisilbigen Kurzwörtern wird meist die erste Silbe akzentuiert, z.B. *Kripo, Bafög, Zivi;* in dreisilbigen häufig die zweite Silbe, z.B. *UNESCO, Azubi.*

B.1.3.5 Nichtzusammengesetzte fremde Wörter und Namen

Herkunftssprache und Eindeutschungsbiographie eines fremden Wortes oder Namens bestimmen die jeweilige Akzentposition, es gibt deshalb zahlreiche Regeln und Ausnahmen. Dies betrifft insbesondere Namen und Wörter, die erst in den letzten Jahrzehnten übernommen worden sind: Sie behalten zunächst den fremden Wortakzent, später kann es zu Verschiebungen kommen, z.B. *Gorbatschow – Gorbatschow.* Ältere Entlehnungen tendieren häufig zur Endakzentuierung, oft ist dies an Suffixe wie *-al, -ie, -ität, -är, -ös* usw. gebunden, z.B. *legal, Philatelie, Universität, konträr, generös.* Weiter gilt:

a) Bei der Verbindung mit einem deutschen Suffix, wie z.B. *-isch, -ig, -haft, -keit, -reich, -voll, -ung* wird die vorletzte Silbe akzentuiert, z.B. *perspektivisch, phantomhaft, energievoll.*

b) Nicht akzentuiert werden fremde Suffixe, wie *-um, -us, -os, -ak, -as, -ans, -iker,* z.B. *Museum, Pathos, Informatiker.*

c) Nicht akzentuiert wird das Suffix *-or* im Singular, in Pluralformen ist *-or(en)* zu akzentuieren, z.B. *Doktor – Doktoren.*

d) In Wörtern ab fünf Silben und Endakzentuierung erscheint rhythmisch bedingt ein Nebenakzent am Wortanfang, z.B. *Falsifikation, Kosmetologie.*

Es ist die Tendenz zu beobachten, bei fremden Wörtern den Akzent auf die erste Silbe zu verlagern, die bedeutungsstärker ist als die häufig auftretende Endung *-ierung*, z.B. *Globalisierung* statt *Globalisierung*. Dabei kann auch ein kontrastiver Aspekt eine Rolle spielen, wenn beispielsweise in *Optimismus* wegen des mitgedachten Gegensatzes zu *Pessimismus* die erste Silbe, also *Optimismus* akzentuiert wird, weil diese Silbe den Bedeutungsunterschied zwischen beiden Wörtern ausmacht.

B.1.3.6 Komposita aus deutschen und/oder fremden Wörtern

Komposita setzen sich aus zwei oder mehreren selbstständigen Wörtern (Nomen) zusammen. Dadurch kommt es zu einer Abstufung ursprünglicher Wortakzente, d.h. zu Haupt- und Nebenakzenten. Zu unterscheiden sind Determinativ- und Kopulativkomposita. Folgende Regeln bestimmen die Verteilung der Haupt- und Nebenakzente:

a) In **zweigliedrigen Determinativkomposita** wird ein Grundwort durch ein meist vorangestelltes Bestimmungswort determiniert; der Akzent des Grundwortes wird zum Nebenakzent, der Akzent des determinierenden Wortes wird zum Hauptakzent des Kompositums, z.B. *Meer* determiniert *Wasser* → *Meerwasser.*

b) In **zweigliedrigen Kopulativkomposita** (oft mit Bindestrich geschrieben) sind beide Teile gleichwertig, sie bestimmen einander nicht. Der Akzent des ersten Wortes wird zum Nebenakzent reduziert, der Akzent des zweiten Wortes wird zum Hauptakzent des Kompositums, z.B. *schwarzweiß, Nordrhein-Westfalen, Meyer-Eppler.*

c) In **dreigliedrigen Komposita** sind gewöhnlich zwei der Wörter bereits als Kompositum verbunden. Es sind folgende Strukturen möglich:
- **a+(b+c, determinativ)**: Hauptakzent auf (b), Nebenakzente auf (a) und (c) → *Tageshöchsttemparatur, Dateienunterverzeichnis,*
  Ausnahme: Hauptakzent auf (a), Nebenakzente auf (b) und (c), wenn (b) und (c) immer als Kompositum verwendet werden (feste Verbindung, eigener Lexikoneintrag): → *Reiseaktentasche, Kinderbettwäsche;*
- **(a+b, determinativ)+c**: Hauptakzent auf (a), Nebenakzente auf (b) und (c) → *Badewannenhalterung, Kugelschreibermine;*
- **(a+b, kopulativ)+c**: Hauptakzent auf (b), Nebenakzente auf (a) und (c) → *Schwarzweiß-Malerei, Analog-digital-Wandler, Theodor-Fontane-Platz;*
- **(a+b+c, kopulativ)**: Hauptakzent auf (c), Nebenakzente auf (a) und (b) → *Schwarz-Rot-Gold.*
  Ausnahme: In Wörtern wie *Betriebssportgemeinschaft* oder *Unfallversicherungsträger* können die Strukturbeziehungen aber unterschiedlich interpretiert werden, so dass der Hauptakzent auf dem ersten oder zweiten Wort liegen kann.

d) In **vier- und mehrgliedrigen Komposita** ist die Akzentuierung ebenfalls von der Struktur abhängig, es können aber auch Rhythmisierungsaspekte eine Rolle spielen, so dass die Position des Hauptakzents wechseln kann. Beispielsweise liegt in *Regenwassersammelbecken* die Struktur (a+b)+(c+d) vor, d.h., das erste zweigliedrige Kompositum determiniert das zweite zweigliedrige Kompositum. Der Hauptakzent müsste folglich auf (a) liegen und Nebenakzente erhielten (b), (c), (d). Hinweisend oder kontrastierend könnte aber auch (c) den Hauptakzent erhalten.

e) Einen Sonderfall bilden **Buchstabenwörter**, die in der Regel auf dem letzten Teil akzentuiert werden, z.B. *DAAD, GmbH*.

Folgen die Akzentsilben zweier Konstituenten unmittelbar aufeinander, so kommt es häufig zu einer **Akzentverschiebung**, z.B. *Verdiensturkunde* (eigentlich: *...urkunde*), *Musikhochschule* (eigentlich: *...hochschule*), *herausarbeiten* (eigentlich: *...arbeiten*). In Wortgruppen lässt sich das gleiche Phänomen beobachten, z.B. *Fotos aus aller Welt ausstellen* (eigentlich: *...ausstellen*).

B.1.3.7 Akzentuierung in Wortgruppen (Akzentgruppen/rhythmische Gruppen)

Akzentuierte Wörter wirken gruppenbildend. Sie ziehen akzentlose Wörter an sich heran und bilden sog. **Akzentgruppen,** z.B.:

a) Nomen und vorausgehende Pronomen, Artikel, Konjunktionen Präpositionen, z.B. *(du sprichst), (der Berg), (und auf dem Dach)* usw.
b) Nomen und nachfolgende Pronomen, Hilfsverben an der Stelle von Verben, sonstige akzentlose Wörter, z.B. *(und so sprach er), (in den Bach fallen), (auf Deck sein)*.

Meist gehören zwei, drei oder mehr Akzentgruppen beim Sprechen inhaltlich zusammen und bilden **rhythmische Gruppen**, die durch Pausen oder andere Gliederungssignale voneinander getrennt werden. Zu einer abgeschlossenen Äußerung gehört wenigstens eine rhythmische Gruppe; meist aber sind es zwei und mehr, die als Teiläußerungen realisiert werden. Die Grenze zwischen zwei (Teil-)Äußerungen ist nicht immer eine Pause, die anderen suprasegmentalen Mittel werden ebenso verwendet, z.B. Melodie-, Spannungs-, Geschwindigkeits-, Lautstärkebrüche. Ein Äußerungsende wird nicht nur melodisch markiert, sondern auch durch verlangsamtes Sprechtempo, verminderte Spannung und Lautheit und ggf. eine nachfolgende Pause.

Eine regelhafte Verteilung von Gliederungsstellen tritt nur beim reproduzierenden Sprechen auf; potentielle Pausenstellen liegen an der Grenze von Akzentgruppen und sind von der Sprechgeschwindigkeit abhängig: Je langsamer gesprochen wird, desto mehr Pausenstellen werden realisiert. Beim freien Sprechen sind Pausen entweder syntaktisch bedingt oder gewollt oder es sind Zögerungspausen, die durch die zeitlich versetzten Sprechplanungsprozesse entstehen. Solche Zögerungspausen und Spontanakzentuierungen haben keine Regeln.

Auch in rhythmischen Gruppen werden die Akzente der Einzelwörter zu Wortgruppen-Haupt- bzw. Nebenakzenten abgestuft, Nebenakzente sind dabei prinzipiell rhythmisch bestimmt, d.h., es gibt je nach Sprechtempo und Nachdruck des Sprechens eine stärker hervorgehobene Haupt- und mehrere Nebenakzentsilben, zwischen denen nichtakzentuierte Silben liegen. Wird ohne hinweisende oder kontrastierende Absicht gesprochen, können autosemantische Wörter einer Gruppe mit einem Haupt-/Wortgruppenakzent hervorgehoben werden, synsemantische Wörter dagegen nicht. Dafür gelten folgende Regeln (erstes Beispiel ist jeweils eine feste, zweites Beispiel eine unfeste Wortgruppe):

a) Jede Wortgruppe hat einen Gruppen-Hauptakzent, alle anderen autosemantischen Wörter (Substantive, Adjektive, Adverbien, Verben, Hilfsverben an der Stelle von Verben) **können** einen Gruppen-Nebenakzent erhalten, z.B. *wieder auf dem Damm sein; ein Buch aus der Bibliothek.*
b) Wird ein Verb durch Objekte, Adverbien usw. ergänzt, so liegt der Gruppen-Hauptakzent auf der (letzten) Ergänzung, z.B. *die Dinge beim Namen nennen, ich werde morgen meinen Vater besuchen.* Aber: *Er begrüßt den Gast* (von dem, wie der bestimmte Artikel zeigt, schon gesprochen wurde).
c) Wird ein Substantiv durch Objekte, Adjektive usw. ergänzt, so liegt der Gruppen-Hauptakzent auf dem letzten akzentuierbaren Wort: *ein weißer Fleck auf der Landkarte, eine Menge bunter Kugeln.*
d) In Aufzählungen erhält das letzte Glied den Gruppen-Hauptakzent: *Blut und Wasser; Eier, Milch und Mehl.*

B.1.3.8 Rhythmisierung und Gliederung

Der Sprechrhythmus ist Teil der prosodischen Gestaltung, er beschreibt die Zeitstruktur von Ereignisfolgen. Zum Rhythmus gehören (vgl. Stock/Veličkova 2002, 14f.)

- die Gliederung des Gesprochenen in rhythmische Gruppen,
- die Positionierung von Akzenten in Wörtern und größeren Einheiten,
- die phonetische Realisierung der Akzente,
- die zeitlich-dynamische Strukturierung von Äußerungen.

Sprachtypologisch interessant ist die Unterscheidung von Sprachen mit silbenzählendem bzw. akzentzählendem Rhythmus. Auer/Uhmann (1988) haben einen Merkmalskatalog zur Unterscheidung prototypischer silbenzählender und akzentzählender Sprachen erstellt, der u.a. folgende Merkmale enthält:

Tab. B.1.5: Silben- und akzentzählende Sprachen

Silbenzählende Sprachen z.B. Französisch, Ungarisch, Chinesisch	**Akzentzählende Sprachen** z.B. Deutsch, Englisch, Russisch
Isochronie (Zeitgleichheit) der Silbe	Isochronie der Akzente
einheitliche Silbenstrukturen (Struktur Konsonant-Vokal vorherrschend)	vielfältige Silbenstrukturen
keine Reduktionen in unbetonten Teilen	starke Reduktionen in unbetonten Teilen
feste Wortakzentposition	unfeste Wortakzentposition

Auch wenn die Bezeichnung silben-/akzentzählend und der Bezug zur Isochronie umstritten sind (vgl. Benkwitz 2004), ist es dennoch der Rhythmus, der die suprasegmentalen Mittel in besonderer Weise sprachspezifisch bündelt. Das Deutsche hat als akzentzählende Sprache einen zentralisierenden Rhythmus: Akzent- oder rhythmische Gruppen haben sehr prominente akzentuierte Silben, während in akzentlosen Silben Lautreduktionen und Assimilationen auftreten.

B.1.3.9 Melodisierung

Grundlage der Melodisierung ist die Akzentverteilung in den rhythmischen Gruppen. Jede Gruppe hat einen oder mehrere Wortgruppenakzente, die als Stützen des Melodieverlaufs fungieren. Der Melodieverlauf an der Spitze einer rhythmischen Gruppe hängt vom Vorhandensein akzentuierter oder akzentloser Silben ab. Handelt es sich um akzentlose Silben, so beginnt der Verlauf im unteren Drittel des Sprechstimmumfangs. Er hat dann fallende Tendenz und steigt zur ersten akzentuierten Silbe auf. Wenn dagegen akzentlose Silben fehlen, setzt er mittelhoch ein, und die folgenden Akzentsilben liegen etwas tiefer, so dass eine „fallende Treppe" entsteht.

Aus phonologischer Sicht ist insbesondere der Melodieverlauf am Ende einer rhythmischen Einheit interessant, weil sich hier entscheidet, ob eine Äußerung als abgeschlossen markiert oder fortgesetzt (= progredient) wird. Abgeschlossene Äußerungen werden durch fallend-steigende (= interrogative) bzw. steigend-fallende (= terminale) Melodieverläufe gekennzeichnet. Durch den Endlauf wird angezeigt, ob eine abgeschlossene Gruppe entweder als Aussage bzw. Aufforderung oder als Frage zu verstehen ist. Schließlich wird auch die Haltung der Sprechenden gegenüber den Hörenden deutlich, ob nämlich kontaktbetont, freundlich oder sachlich, distanzierend gesprochen wird.

Der Endlauf hat vier Grundformen:

a) Die Melodie fällt in oder von der letzten Akzentsilbe an in einem kleinen Intervall bis an die untere Grenze des Stimmumfangs; die Akzentsilbe liegt nur wenig höher oder tiefer als die vorausgehende Silbe. Dieser Endlauf signalisiert Abgeschlossenheit bei Aussagen, Ausrufen, Befehlen und Fragen mit Fragewort (= Ergänzungsfragen, z.B. *Wer war das?*). Er wirkt sachlich/informationsbetont und kann auch bei Entscheidungsfragen (= Fragen, die Ja oder Nein als Antwort verlangen, z.B. *Kommst du?*) verwendet werden, wenn diese als solche ausreichend gekennzeichnet sind.

b) Die Melodie fällt in oder von der letzten Akzentsilbe an in einem großen Intervall bis an die untere Grenze des Stimmumfangs; die Akzentsilbe liegt beträchtlich höher als die vorausgehende Silbe. Mit diesem Endlauf wird Abgeschlossenheit angezeigt, wenn mit großer Erregung oder sehr gefühlvoll gesprochen wird. Er tritt vor allem bei emphatischer Akzentuierung und bei Kontrastakzentuierung auf.

c) Die Melodie steigt in oder von der letzten Akzentsilbe an in einem großen Intervall bis in das obere Drittel des Sprechstimmumfangs; die Melodie in der Akzentsilbe ist anfangs tiefer als in der vorausgehenden Silbe. Dieser Melodieverlauf ist für freundliche Entscheidungsfragen kennzeichnend. Er wirkt kontaktbetont und wird deshalb auch bei Ergänzungsfragen, bei (meist kurzen) Aussagen und Anreden (z.B. *Hallo! Seid gegrüßt!*), bei Höflichkeit und Sehnsucht genutzt. Er kann aber auch in warnenden und drohenden Äußerungen auftreten.

d) Die Melodie steigt oder fällt in oder von der letzten Akzentsilbe an in einem kleinen Intervall; die Akzentsilbe liegt höher als die vorausgehende Silbe. Dieser Endlauf signalisiert Nichtabgeschlossenheit. Er wirkt in Äußerungen, die nicht durch Pausen unterteilt sind, unentschlossen und unsicher.

B.1.4 Verhältnis suprasegmentaler und segmentaler Merkmale

Suprasegmentale und segmentale Merkmale beeinflussen sich gegenseitig. Insbesondere ändert sich die Artikulationspräzision in akzentuierten gegenüber nichtakzentuierten Wortteilen deutlich. Verminderungen der Artikulationspräzision betreffen Vokale und Konsonanten und reichen von Lautschwächungen (Reduktionen), über Lautangleichungen (Assimilationen) bis zum Lautausfall (Elisionen). Dies setzt sich auf der Ebene der Wortgruppenakzentuierung fort. Andererseits ist der erforderliche starke Kontrast zwischen akzentuierten und nichtakzentuierten Silben nur möglich, wenn es diese Unterschiede in der Artikulationspräzision gibt. Dies ist text- und situationsabhängig und trägt somit zur phonostilistischen Differenzierung bei (vgl. Krech et al. 2009, 98ff.):

- Eine hohe Artikulationspräzision ist vor allem beim reproduzierenden Sprechen, z.B. beim Vortragen von Gedichten oder bei Vorträgen in einem großen Saal zu beobachten; im DaF-Unterricht ist sie bei der Einführung neuen Wortschatzes und bei ersten Sprechversuchen notwendig.
- Eine mittlere Artikulationspräzision wird ebenfalls vor allem beim reproduzierenden Sprechen angewendet, z.B. beim Vorlesen von Nachrichten in Funk und Fernsehen; im DaF-Unterricht wird diese Präzisionsstufe sehr häufig verwendet, z.B. beim Vorlesen, bei Grammatik- und Wortschatzübungen.
- Eine verminderte Artikulationspräzision tritt vor allem beim freien Sprechen auf, z.B. bei öffentlich geführten Gesprächen in Funk und Fernsehen; im DaF-Unterricht wird sie bei flüssigem freien Sprechen verwendet.

Ein auffälliges Merkmal dieser drei Präzisionsstufen ist die Aussprache der Endung *-en*. Sie bleibt in der hohen Präzisionsstufe meist erhalten, in der mittleren fällt der Vokal (Schwa) aus und der Nasal gleicht sich an den vorangegangenen Konsonanten an und wird silbisch, z.B. wird aus *-en* in *bitten* → [n̩], in *legen* → [ŋ̍], in *lieben* → [m̩]. Beim freien Sprechen mit niedriger Artikulationspräzision kann es zur Totalassimilation kommen, d.h., die Endung löst sich im Stamm auf, es bleibt nur eine Silbe übrig, wie z.B. in *kommen* [kɔm], *können* [kœn]. Im Satzkontext finden beim Vorlesen ein Vokalausfall und eine Assimilation statt, beim freien Sprechen eine Totalassimilation (wenn das Sprechtempo hoch genug ist).

B.2 Normphonetik – Orthoepie

Ursula Hirschfeld, Eberhard Stock

Der Gegenstand der Normphonetik sind die regelbasierte Beschreibung gesprochener Standardsprache, die Aussprachestandards des Deutschen, ihre geschichtliche Entwicklung, ihr Verhältnis zu anderen kohärenten Ausspracheformen und insbesondere ihre aktuellen Kodifikationen mit Regelsystemen und phonostilistischen Variationen.

Aussprachestandards sind Externalisierungen von Normen sprachlichen Verhaltens. Die hallesche Sprechwissenschaft hat in der Bundesrepublik mit umfangreichen soziophonetischen Experimenten und erneuten phonetischen Analysen solche Normen untersucht und auf den Ergebnissen aufbauend eine Neukodifizierung der bundesdeutschen Standardaussprache vorgenommen. Sie wurde 2009/2010 in der Publikation „Deutsches Aussprachewörterbuch" (DAWB, Krech et al. 2009) vorgestellt. In ihr wurden auch die Standardaussprachen des Deutschen in Österreich und der Schweiz beschrieben. Das Folgende greift auf das DAWB zurück und kommentiert bzw. problematisiert ausgewählte Fragestellungen.

B.2.1 Plurizentrizität und Varietäten des Deutschen

B.2.1.1 Begriffserläuterungen: Norm – Konvention, Standardsprache – Standardaussprache

Die Bezeichnung *Norm* findet sich mit unterschiedlichem Inhalt in vielen Lebensbereichen. In der Linguistik wird der Normbegriff zumeist handlungstheoretisch konzeptualisiert und mit *Regeln* und *Konventionen* in Verbindung gebracht (s. Zillig 2003, 184ff.; dort auch grundlegende Literatur), wie folgende Prämissen deutlich machen:

- Die sprachliche Norm wird als die Gesamtheit der Regeln (kommunikative, grammatische, lexikalische, phonetisch-phonologische, stilistische usw.) betrachtet, die die Sprachverwendung in einer sozialen Gruppe bestimmen und ein als korrekt akzeptierbares, situativ angemessenes und rollenkonformes sprachliches Verhalten erzeugen. Der linguistische Regelbegriff ist mehrdeutig; er wird im Folgenden verstanden als Handlungsanweisung in Form eines Merksatzes, der Regelmäßigkeiten im Sprachgebrauch beschreibt.
- Sprachnormen beruhen auf einem Konsens. Sie sind wie Konventionen historisch gewachsen, wobei zu unterstellen ist, dass sich die Gruppenmitglieder unter dem Einfluss außersprachlicher Faktoren auch auf eine andere, gleichen Nutzen bringende Sprachform hätten einigen können.
- Sprachnormen können sich spontan herausbilden. Ihr Entstehen lässt sich aber meist damit erklären, dass eine politisch und/oder wirtschaftlich und/oder kulturell dominierende Teilgruppe (z.B. Autokratie, Elite, Oberschicht) ihr Verhalten auf den Rest der Gemeinschaft übertragen hat.
- Abweichungen von der Norm erschweren die Kommunikation und führen zu Prestigeverlusten. Ob der Einzelne dennoch gegen die Norm verstößt, hängt davon ab, a) ob er ihre Berechtigung generell anerkennt, b) ob er ausreichend fähig ist, sie anzuwenden, c) ob er in der gegebenen Situation ihre Einhaltung für erforderlich hält, und d) ob er bei abweichendem Verhalten mit Sanktionen rechnen muss.
- Sprachnormen sind zunächst *implizit* (= unreflektiert, unausgesprochen, durch Imitation angeeignet). Sie können aber mit wissenschaftlichen Methoden (z.B. Kommunikationsexperimente, statistische Aufarbeitung von Beobachtungsdaten) aus der Regelhaftigkeit des Sprachgebrauchs erschlossen werden. Sie werden *explizit*, indem die erkannten Regeln mit ihren Ausnahmen formuliert werden (z.B. in Grammatiken, Wörterbüchern, Sprachlehrbüchern) und zu einem präskriptiv oder deskriptiv angelegten System gefügt werden. Diesen Vorgang nennt man Kodifizierung, das entstandene Regelwerk Kodex. Eine explizite Norm wirkt immer auf die implizite Norm zurück.
- Orthographische Normen beruhen auf innerstaatlichen Vorschriften und, wie im deutschen Sprachbereich, auf zwischenstaatlichen Abkommen. Sie sind *präskriptiv*, Verstöße sind mit Sanktionen verbunden (z.B. schlechte Noten bei Dik-

taten in der Schule). Die orthoepische Norm hat empfehlenden Charakter, sie ist *deskriptiv*. Unter bestimmten Bedingungen (Sprechkunst, Medien) kann sie auch präskriptiv werden. Sie umfasst die Gesamtheit der phonetischen Regeln, nach denen Angehörige einer Sprachgemeinschaft eine bestimmte Varietät ihrer Sprache mit Prestigegewinn **phonetisch** realisieren können bzw. sollten. Sie ist einer der Bezugspunkte, an dem sich das sprachliche Handeln orientieren kann.

Der Terminus *Standardsprache* hat in Deutschland seit den 1970er-Jahren die problematischen und partiell unzutreffenden Bezeichnungen *Hochsprache, Landessprache, Literatursprache, Nationalsprache, Schriftsprache*, usw. ersetzt. Die *Standardsprache* ist eine überregionale Varietät, die neben den Dialekten als öffentliches Verständigungsmittel für das Schreiben etabliert wurde und besonders von den gebildeten Schichten auch für die Sprechkommunikation genutzt wird. Sie lässt sich wie folgt charakterisieren: Durch ihre Entwicklung ist sie historisch legitimiert; ihre Grammatik, Lexik, Stilistik und Schreibung sind weitgehend explizit geregelt/kodifiziert. Diese Regelungen werden durch öffentliche Institutionen wie das Bildungssystem und die Medien vermittelt und kontrolliert. Alle sprachdidaktischen Bemühungen, auch im Fremdsprachunterricht, zielen auf die Beherrschung der Standardsprache.

Der Terminus *Standard**aus**sprache* ist ebenfalls erst im letzten Viertel des vergangenen Jahrhunderts eingeführt worden und hat Bezeichnungen wie *Aussprache des Schriftdeutschen, Bühnenaussprache, Hochlautung/allgemeine deutsche Hochlautung* usw. zurückgedrängt. Die *Standardaussprache* oder *Orthoepie* (gr. *ortho-épeia* = richtige Aussprache), auch *Orthophonie, Rechtlautung, Standardlautung*, ist diejenige Ausspracheform, die beim Sprechen der Standardsprache in der Öffentlichkeit, vor allem in den Medien und in der Sprechkunst, erwartet wird. Zu ihren Alleinstellungsmerkmalen gehören u.a. überregionale Geltung, Prestigegewinn, stilistische Differenzierung, Kodifizierung (Krech et al. 2009, 6f.). Der Begriff *Hochlautung* ist auch insofern nicht tragbar, weil er sich ausschließlich auf die Lautung/Lautbildung bezieht, die Aussprache aber immer auf einer Kombination von segmentalen und suprasegmentalen Merkmalen beruht; außerdem kann man „Hoch-" sowohl mit bildungsschichtenspezifischen als auch mit dialektgeografischen Aspekten in Verbindung bringen.

B.2.1.2 Varietäten und phonetische Variation des Deutschen

Das Deutsche ist eine plurizentrische Sprache, d.h., es wird – mit nationalen Besonderheiten – in der Bundesrepublik Deutschland, in Österreich, der Schweiz, Luxemburg, Liechtenstein und einigen anderen Ländern verwendet, und zwar als alleinige oder als regionale/nationale Amtssprache. Außerdem gibt es vor allem in Osteuropa und Amerika größere Bevölkerungsgruppen, in denen verschiedene Varietäten des Deutschen als erste oder zweite Muttersprache gesprochen werden.

In der **Schreibkommunikation** wird das Deutsche trotz dieser großen Verbreitung fast überall mit einer weitgehend einheitlichen *Grammatik* und *Orthographie* eingesetzt, so dass die Bezeichnung „übergreifende Standardsprache" nicht falsch ist. Von einer im gesamten Sprachgebiet als Standard zu beurteilenden *Lexik* kann jedoch nur mit Vorbehalt gesprochen werden, denn beträchtliche Teile des Allgemeinwortschatzes, oft Wörter mit hohem Gebrauchswert, stimmen in den einzelnen Ländern nicht überein, d.h., es gibt zahlreiche nur national geltende Signifikanten für die gleichen oder ähnlichen Signifikate (s. z.B. das Variantenwörterbuch von Ammon et al. 2004). Unterschiede in der Lexik gibt es aber auch zwischen Nord- und Süddeutschland.

In der **Sprechkommunikation** werden neben der *Grammatik, Lexik* und *Phonetik* der Standardsprache auch die der zahlreichen Dialekte, der Umgangssprachen und etlicher Sondersprachen (= Varietäten mit spezifischen, nach Alter, Geschlecht oder Profession ausgelegten Besonderheiten) genutzt. Die *Dialekte* (= *Mundarten*) des Deutschen sind genetisch alte, regional begrenzte Varietäten. Sie gliederten sich etwa vom 5. bis 8. Jh. aus dem Westgermanischen aus, indem schubweise verlaufende phonologische Prozesse zahlreiche diskriminierende Lautveränderungen erzeugten. Beispielsweise wurden urgermanische /p t k/ positionsabhängig zu /pf ts ks/ verschoben (z.B. germ. *to* > dt. *zu*). Diese Veränderungen breiteten sich regional ungleichmäßig aus, wobei territoriale Gegebenheiten (Flussläufe, Gebirgszüge usw.) und politische Grenzen Einfluss nahmen. So entstanden innerhalb des Deutschen zahlreiche in oberdeutsch und niederdeutsch gruppierte Dialekte, die durch Siedlerwanderungen, vor allem die Ostkolonialisation vom 9.-14. Jh., u.a. in die Gebiete östlich von Saale und Elbe getragen wurden. Über die Ursachen dieser Lautveränderungen gibt es bis heute unterschiedliche Auffassungen. *Umgangssprachen* haben sich seit dem Mittelalter oft auf der Basis verwandter Dialekte oder der Anlehnung an die Sprachform eines zentralen, politisch beherrschenden Ortes als überregionale, zur Standardsprache tendierende Großgruppensprachen herausgebildet. Die Bezeichnung *Umgangssprache* ist jedoch mehrdeutig. Sie meint mindestens (1) die Verwendung der Standardsprache in einer Stilschicht, die im privaten, nichtöffentlichen Verkehr angemessen ist und situationsbedingte lexikalisch-grammatische Eigentümlichkeiten aufweist, und (2) eine Ausgleichsvarietät zwischen Standardsprache und Dialekt, mit deutlicher regionaler Färbung, aber ohne auffällige Dialektismen (Bichel 1973, 275ff.). Hier wird *Umgangssprache* im letzteren Sinne verstanden. Dialekte, Umgangssprachen und Standardsprachen haben im deutschen Sprachbereich, wie die folgende Aufstellung zeigt, keine übereinstimmende Funktionsspezifik:

- In der *Schweiz* wird eine Standardvarietät nur in der Schule (als Schriftsprache), in offiziellen Situationen und in der Sprechkunst verwendet, und zwar die **schweizerdeutsche Standardaussprache**. Überall sonst sprechen alle Deutschschweizer alemannische Dialekte, auch als Schweizerdeutsch bezeichnet. Regional gefärbte Umgangssprachen gibt es nicht (s. Krech et al. 2009, 259f.).
- In *Österreich* wird wie in Deutschland von Mediensprechern und Vertretern der Sprechkunst die **österreichische Standardaussprache** erwartet. In den Medien werden aber zwei unterschiedliche *Register* (= bereichs- bzw. situationsgerechte Artikulationsweise) eingesetzt: ein hohes Register mit prononcierterer Artikulation und ein weniger hohes Register mit schwächer ausgeprägter Artikulation (nach Peter Wiesinger, in Krech et al. 2009, 234; für den deutschländischen Standard werden solche Register unter „Phonostilistische Differenzierungen der Standardaussprache", ebd. 98ff., ausgewiesen). Im privaten Verkehr wird der Dialekt häufiger gebraucht als in Deutschland. Statistische Erhebungen über Selbsteinschätzungen (1984/85 und 1991/92) ergaben, dass 50% der Befragten insgesamt und 35% in der Oberschicht den Dialekt als bevorzugte Alltagssprache verwenden. In Gesprächen mit dem Arzt, dem Vorgesetzten, dem Lehrer u.ä. werden aber nur Umgangs- und Standardsprache verwendet.

- In *Deutschland* wird die deutschländische Varietät der Standardsprache nicht nur in allen öffentlichen Kommunikationsbereichen, sondern – durchsetzt mit umgangssprachlicher Lexik – weitgehend auch informell im Alltag angewandt. Die Dialekte sind, vor allem in Nord- und Mitteldeutschland, zurückgedrängt worden. Die Phonetik der Alltagsrede ist weitgehend regional geprägt, aber mit Tendenz zur Überregionalität in Institutionen von Bildung und Kultur. Bei der *regionalen Prägung* der *Standardaussprache* unterscheiden Ammon und Mitarbeiter (2004, XLIVff.) sechs große Regionen: Nord, Mitte, Süd, und hier jeweils West und Ost. Die überregionale „reine Hochlautung" (= Bezeichnung in der 19. Aufl. des *Siebs* für die ursprüngliche Siebs-Norm) ist hiernach „weitgehend beschränkt auf Berufssprecher" (ebd. XLVII). Ähnlich Eisenberg (2006, 54); für ihn umfasst die *Standardlautung* „einen breiten Bereich von insbesondere regionaler Variation". Die wortphonologische Bezugsgröße für solche Variationen ist eine *Explizitlautung*, die der „reinen Hochlautung" von Siebs entspricht. Die im DAWB kodifizierte **deutschländische Standardaussprache** sieht dagegen, von der phonostilistischen Variation abgesehen, vielfältige Assimilationen/Reduktionen vor, die **überregional** gebraucht werden. Regional zu bewertende Reduktionen würden wir nach unserer Terminologie der Umgangssprache/Umgangslautung zuordnen, wobei die Übergänge fließend sind.

B.2.2 Neukodifizierung der deutschen Standardaussprache

Das DAWB ist eine Fortentwicklung des GWDA (= „Großes Wörterbuch der deutschen Aussprache", Krech et al. 1982), basierend auf mehrjährigen intensiven soziophonetischen und phonetischen Untersuchungen. Neu daran ist: (1) die Beschreibung von drei nationalen Standardaussprachen und ihrer Phonostilistik auf der Grundlage aktueller Forschungsergebnisse, (2) der systematische Bezug der Kodifizierungen auf Phonologie und reformierte Orthographie, (3) die Erweiterung und Aktualisierung des Wortschatzes, (4) die Neukodifizierung der deutschländischen Standardaussprache insbesondere hinsichtlich der Regelung von Zusammensetzungen und der Eindeutschung fremder Namen und Wörter. Folgende Schwerpunkte sind zu beachten.

B.2.2.1 Grundlagen

Neben der Fortführung der in Halle seit den 1950er-Jahren laufenden phonetischen Analysen zu ausgewählten Schwerpunkten, insbesondere zu äußerungs- und akzentbedingten Assimilationen, wurden vor allem soziophonetische Zusammenhänge untersucht. Mit Befragungen sollte ermittelt werden, durch welche Modellsprecher der vorgesehene Geltungsbereich der Kodifizierung vertreten werden kann (s. Stock/Hollmach 1996). Hallesche Sprechwissenschaftler hatten bereits nach 1970 soziophonetische Untersuchungen zur Orthoepie durchgeführt. Dabei wurden Befragungen mit dem Abhören von Sprachaufnahmen kombiniert (Zusammenfassung in Krech et al. 1991, 79ff.). Auf gleiche Weise verfuhr Sylvia Moosmüller (1991) bei ihren „soziophonologischen" Untersuchungen zur Abgrenzung von Hochsprache und Dialekt in Österreich. Eine weitere soziophonetische Studie stammt von Hideaki Takahashi (1996, 181ff.), der 1993 über 300 Personen in der Bundesrepublik, in Österreich und der Schweiz zu Einstellungen gegenüber der Standardaussprache des Deutschen, ihrer Variation und ihrer Kodifizierung befragte.

Die hallesche Untersuchung erfasste rund 1700 Personen aus allen Sprachlandschaften der Bundesrepublik (Kontrolluntersuchung durch Jochmann 2000; Datenanalyse und zusammenfassender Bericht durch Hollmach 2007). Dabei wurden im Haupttest TV-Ausschnitte aus Nachrichtensendungen, Talk-Shows, Interviews usw. von insgesamt 43 Sprechern mit unterschiedlichen Ausspracheweisen vorgeführt. Die Versuchspersonen (u.a. Lehrlinge, Studenten, Facharbeiter, Lehrer) wurden um Gefallensurteile zu diesen Ausschnitten gebeten und anschließend nach ihren Auffassungen zur Standardaussprache befragt. Es zeigte sich, dass die Anforderungen an die Aussprache von Situation zu Situation verschieden sind. Von Nachrichtensprechern wurde tendenziell erwartet, dass die Aussprache frei von regionalen Merkmalen ist. Diese Forderung wurde fast unabhängig von der landschaftlichen Herkunft der Befragten erhoben. Bei Vertretern anderer Sprecher- bzw. Berufsgruppen wurde die Aussprache dagegen auch dann gut geheißen, wenn sie mehr oder weniger regiolektale Merkmale aufwies. In der Rangfolge *Nachrichtensprecher, Moderatoren, Manager, Lehrer, Politiker* waren die Angaben für Politiker am großzügigsten; bei ihnen wurde noch am ehesten eine deutliche regiolektale Prägung der Aussprache akzeptiert. Bei den Aussagen zu den letzten drei Sprechergruppen hing das Urteil auch stärker vom Beruf und insbesondere von der landschaftlichen Herkunft, also praktisch vom Regiolekt der Befragten ab. Trotzdem bestand immer noch eine bemerkenswerte Übereinstimmung im Urteilsverhalten, unabhängig von Herkunft, Alter und Beruf. Die in diesen Tests erlangten Angaben gestatteten es, bei der Neukodifizierung Aussagen zur phonetischen Form des deutschländischen Standards und zur Akzeptanz von standardnahen und standardfernen Aussprachevarianten in Nord und Süd sowie in verschiedenen Sprechsituationen zu formulieren.

B.2.2.2 Lemmatisierung

Für das DAWB wurde der Wortschatz neu zusammengestellt. Neben dem Grundwortschatz und aktuellen Wörtern und Namen deutscher und fremder Herkunft wurden – abweichend von der bisherigen Praxis deutscher Aussprachewörterbücher – auch Zusammensetzungen (Komposita, Präfix- und Suffixbildungen, Bindestrichwörter) gemäß ihrer usuellen Frequenz aufgenommen, weil sich die phonetische Realisierung solcher Konstruktionen nicht ausreichend aus den phonetischen Gegebenheiten ihrer Konstituenten erklären lässt (Krech et al. 2009, 23).

Zählungen von Ortner/Müller-Bollhagen (1991, 3ff.) zum „Innsbrucker Korpus", einer umfangreichen Zusammenstellung von verschiedenen Sorten geschriebener Texte, ergaben, dass der deutsche Wortschatz zu etwa zwei Drittel aus Nominalkomposita besteht. Ihre usuelle Frequenz beträgt abhängig von der Textsorte 5–15%. Komposita bestehen aus zwei oder mehr potenziell selbstständigen Wörtern, die ihrerseits Komposita sein können: *Schreib + tisch, schwarz + rot + gold, Atom-waffen + moratorium* (z.B. Wellmann 1998, 408ff.; Barz/Schröder 2001, 197). Das DAWB enthält substantivische, adjektivische und verbale Komposita; adverbiale Komposita sind gewöhnlich idiomatisiert und werden in dieser Form als Lemmata behandelt. Folgendes zur Erläuterung (alle Frequenzangaben nach Ortner/Müller-Bollhagen 1991):

1. **Substantivkomposita**: Die meisten Wörter des Deutschen sind Substantive; sie bilden auch die meisten Komposita und weisen die meisten Wortbildungstypen auf. Allein 83,6% der Nominalkomposita sind Substantivkomposita. Unter

ihnen dominieren Komposita aus zwei Substantiven. Nur 11,8% aller Substantivkomposita haben eine komplexere Struktur. In derartigen Konstruktionen können neben einem Substantiv auch alle anderen Wortarten und selbst Phrasen und Kurzwörter als erste Konstituente auftreten, z.B. *Höchst* + *leistung*, *Gute-Nacht* + *Kuss*. Sie sind auch die einzige Konstruktion, die bei unterschiedlicher Verzweigung mehr als drei Konstituenten mit koordinierenden oder subordinierenden Beziehungen aufweisen kann: z.B. *Straßen-bahn* + *halte-stelle*, *KFZ* + *haft-pflicht-versicherung*.

2. **Adjektivische Komposita**: Adjektive bilden im Wortschatz des Deutschen mit einem Anteil von 15% die drittgrößte Wortart, obwohl es nur etwa 300 einfache (primäre) Adjektive gibt. Der Hauptanteil besteht aus adjektivischen Komposita, zu denen auch Komposita mit Partizip I (*wärmedämmend*) und Partizip II (*braungetönt*) gehören. Die Menge der Nominalkomposita des Innsbrucker Korpus enthält insgesamt 16,4% adjektivische Komposita, darunter 5% mit Partizip II und 2,8% mit Partizip I.

3. **Verbale Komposita:** Barz/Schröder (2001, 212) beschreiben verbale Komposita als „Univerbierung syntaktisch benachbarter Glieder". Dabei bleibt die Grenze zwischen komplexem Verb und Phrase fließend, weil die Differenzierungsmerkmale (Akzent und semantische Verschmelzung) vor allem bei substantivischer erster Konstituente keine eindeutige Entscheidung über den Wortstatus ermöglichen: z.B. *Radfahren* oder *Rad fahren*. Solche zweigliedrigen trennbaren Verben überwiegen bei den verbalen Komposita, wobei deren erste Konstituente meist Adverbien sind: *zurückgeben, weglaufen*.

Der außerordentlich hohen lexikalischen Frequenz dieser Konstruktionen entspricht es, dass sie in der Alltags- wie in der Schrift- bzw. Literatursprache oft auch okkasionell (durch Neuschöpfungen aus einer Spiellaune heraus) angewandt werden. Es ist daher angebracht, dass ein Aussprachekodex unter Berücksichtigung der Gebrauchsfrequenz die wichtigsten Typen der Komposita mit ihren Akzentuierungsmustern enthält und darüber hinaus demonstriert, welche weiteren phonetischen Besonderheiten segmental und suprasegmental bei der Verwendung solcher Wortformen auftreten können.

B.2.2.3 Transkriptionsregelung

Für die teils phonologisch weite, teils phonetisch enge Transkription der deutschländischen Standardaussprache wird im DAWB die aktuelle Tafel des Internationalen Phonetischen Alphabets verwendet.

a) Beispiele für eine phonologische (weite) Transkription
- Plosive: ohne Angabe von Behauchung oder Art der Verschlusslösung, also [p t k],
- Quantität der Vokale: nur lang und kurz, nicht halblang.

b) Beispiele für eine phonetische (enge) Transkription
- Assimilationen und Elisionen in den Endungen *-en, -el, -em,*
- ausgewählte Assimilationserscheinungen bei den Konsonanten (Entstimmlichung),
- Auslautverhärtung,

- R-Allophone,
- Glottisplosiv.

Die Ergebnisse der phonetischen Untersuchungen und der konsequentere Bezug zur Phonologie führten zu veränderten Transkriptionsregelungen. Für den segmentalen Bereich sind u.a. folgende Regelungen eingeführt worden:

1. Die Transkription von Qualität und Quantität der Vokale wird von Silbenstruktur und Akzentuierung abhängig gemacht; Vokale sind:
    - lang und gespannt in akzentuierten offenen Silben und im Auslaut, z.B. *Oma* ᴅ['oːmaː],
    - kurz und gespannt in nichtakzentuierten offenen Silben eingedeutschter Formen, z.B. ital. *Livorno* ᴅ[liv'ɔˣnoː],
    - kurz und ungespannt in akzentuierten und nichtakzentuierten geschlossenen Silben, z.B. *Senta* [z'ɛntaː]
2. Lange Vokale können in nichtakzentuierter Position stark verkürzt werden, das diakritische Zeichen [ː] wird jedoch beibehalten, unabhängig von der Akzentposition und von möglichen Kürzungen, z.B. *Malerei* [maləʁ'aɛ̯].
3. Bei den a-Lauten wird von nur einer Qualität ausgegangen aber langes und kurzes A unterschieden, z.B. *Staat – Stadt* ([ʃtaːt ʃtat]).
4. Diphthonge werden aus zwei kurzen ungespannten Vokalen gebildet, wobei der zweite unsilbisch ist [aɛ̯ ao̯ ɔœ̯], z.B. *Mai* [maɛ̯], *Zaun* [tsao̯n], *heute* [h'ɔœtə].
5. Der Glottisplosiv/Glottisschlag wird im absoluten vokalischen Wortanlaut nicht transkribiert, z.B. *Abend* ['aːbm̩t], aber im vokalischen Silbenanlaut nach Präfixen sowie innerhalb von Zusammensetzungen und Wortgruppen angegeben, z.B. *beantworten* [bəˀ'antyɔˣtn̩], *Sonnabend* [z'ɔnˀaːbm̩t], *am Abend* [am ˀ'aːbm̩t].
6. Für den velaren Frikativ (Reibe-R) wird prävokalisch – wegen der optischen Nähe zum Schriftzeichen <R> – das Zeichen [ʁ] verwendet (statt [ɣ]); nach Fortis-Konsonanten wird das Reibe-R entstimmlicht, z.B. *froh* [fʁ̥oː]. Nach kurzem Vokal sowie [aː] wird [ʁ] transkribiert, z.B. *Bar* [b'aːʁ], nach langem Vokal, außer [aː] wird [ɐ] transkribiert, z.B. *Ohr* [oːɐ].
7. Ein hochgestelltes Transkriptionszeichen signalisiert eine Abschwächung der Artikulation.
8. Bei artikulatorisch eng miteinander verbundenen gleichen Konsonanten an Wort- und Silbengrenzen in Wortgruppen oder Komposita wird nur ein gelängter Konsonant gesprochen, es werden aber zwei transkribiert, z.B. *annehmen* ['anneːmən].

Durch die Aufnahme von Zusammensetzungen und Wortgruppen in das Wörterverzeichnis entsteht außerdem das Problem, wie genau die Akzentabstufungen solcher Konstruktionen zu transkribieren sind. Diese Frage spielte in der bisherigen Kodifizierung der deutschen Standardaussprachen keine Rolle, gewöhnlich wurde (im Aussprache-Duden auch in Wortgruppen) nur **eine** Akzentstufe notiert. Eine Feinabstufung der Schweren, wie sie z.B. Christian Winkler (1954) mit einer Fünfergraduierung (vier Akzentstufen plus Akzentlosigkeit) für die Textnotation und Wolfgang U. Wurzel (1980) sowie Peter Eisenberg (1991) mit einer Viererabstufung für die Wortakzentuierung vorschlugen, blieb in der orthoepischen Diskussion unbeachtet. Im GWDA (Krech et al. 1982, 111f.) wurden jedoch im Abschnitt „Wortakzent" systematisch Nebenakzente bei überwiegend substantivischen Komposita angegeben.

Normphonetik – Orthoepie

Diese Transkriptionsweise ist beibehalten worden und folgt weitgehend den Regelungen im GWDA für deutsche Namen und Wörter. Dabei wird das Akzentzeichen *vor den akzentuierten Vokal*, nicht – wie bisher und sonst üblich – vor die Akzentsilbe gesetzt, weil der Akzentvokal in der Transkription immer eindeutig gekennzeichnet werden kann, nicht aber der Anfang einer Silbe. Dieser liegt *innerhalb* eines gesprochenen ambisyllabischen Konsonanten, der nach kurzem Vokal eine Silbe schließt und gleichzeitig die Folgesilbe öffnet, z.B. in *kassieren, Neuruppin*. Da sich das in der Transkription nicht anzeigen lässt, wird [kas'iːʀən], [nɔɐ̯ʀʊp'iːn] notiert.

Bei eingedeutschten Formen wird die Wortakzentuierung in der Regel unverändert übernommen, wobei es hier zu Ausnahmen kommen kann (vgl. Krech et al. 2009, 122f.):

1. In stark eingedeutschten und häufig gebrauchten Wörtern kann es zu einer Akzentverschiebung kommen, z.B. in *Bonbon* ᴅ[b'ɔŋbɔn] (ꜰ[bõb'õ]).
2. Namen und Wörter aus Sprachen, in denen mehrere gleichstarke Akzente auftreten (z.B. Chinesisch), werden nach den deutschen Regeln akzentuiert.
3. In mehrteiligen Stichwörtern wird einer der Wortakzente als Hauptakzent realisiert, alle weiteren autosemantischen Wörter können einen Nebenakzent erhalten, z.B. engl. *Stop-and-go-Verkehr* ᴅ[stɔp ɛnt g̊'oː fɛk̑ˌeːᵄ] oder *Sir Winston Churchill* ᴅ[sœᵄ vˌɪnstn̩ tʃ'œːᵄtʃɪl]. Hier kann es auch zu Veränderungen in der Reihenfolge von Haupt- und Nebenakzenten kommen, wie z.B. in engl. [m'eɪk ˌʌp], ᴅ[mˌeːk ꞌˀap].
4. Beim Zusammenstoß zweier Akzente in Komposita, Bindestrichwörtern und Wortgruppen wird der Nebenakzent häufig auf die nächste akzentuierbare Silbe verschoben, z.B. *Amateurfußball* ᴅ[amatˌøːᵄfuːsb̥al].

Neu ist auch die gelegentliche Angabe der Sprechsilbengrenze, insbesondere in eingedeutschten Namen. Damit ist z.B. eine ausbleibende Auslautverhärtung (z.B. russ. *Susdal* ᴅ[s'uː.zdal] oder lange Vokale vor doppelt geschriebenen Konsonanten (z.B. russ. *Afanassi* ᴅ[afan'aː.siː]) zu erklären.

B.2.2.4 Aussprachregelungen

Die grundlegenden Regeln für die Phonemrealisation, die Akzentuierung und Melodisierung sind im vorausgegangenen Kapitel B.1 bereits unter orthoepischem Aspekt dargestellt worden. Hier werden zunächst Koartikulation und Assimilation thematisiert; sie sind für jede Kodifizierung Stolpersteine und bereiten speziell im Phonetikunterricht für deutschlernende Ausländer Schwierigkeiten. In den folgenden Abschnitten werden sodann Probleme der Phonostilistik und Eindeutschung behandelt.

B.2.2.4.1 Koartikulation und Assimilation

Auch in der Standardaussprache beeinflussen sich benachbarte Laute in Abhängigkeit von Akzentuierung, Sprechspannung und -tempo. Es kommt dabei zu folgenden Erscheinungen:

- **Koartikulation:** Die Artikulationsbewegungen aufeinanderfolgender Laute beeinflussen sich gegenseitig. Beim Aussprechen der Silbenfolge *ka, ke, ki, ko, ku* kann man beobachten, dass Lippenform, Kieferöffnung und Zungenposition schon vor der Artikulation des Konsonanten die jeweiligen Merkmale des

Vokals übernehmen. Koartikulationserscheinungen sind auditiv kaum wahrnehmbar und betreffen sowohl vorangehende als auch nachfolgende Nachbarlaute.
- **Assimilation:** Durch Koartikulation kommt es zu auditiv wahrnehmbaren Angleichungen einzelner segmentaler phonetischer Merkmale (partielle Assimilation) oder ganzer Laute (totale Assimilation).
- **Elision (Lautausfall):** Geringe *Sprechspannung* führt zum Lautausfall, der häufig mit Assimilationen verbunden ist.

Assimilationserscheinungen fanden im Rahmen der Neukodifizierung der Standardaussprache besondere Berücksichtigung (vgl. Krech et al. 2009, 49ff.); auf ihre Klassifikation soll kurz eingegangen werden:

a) Kontaktassimilation vs. Fernassimilation: Benachbarte oder voneinander entfernte Laute gleichen sich aneinander an. Kontaktassimilationen sind häufiger und regelhaft in der gesprochenen Sprache. Fernassimilationen sind vor allem in der Sprachentwicklung und bei Versprechern zu beobachten.
b) Progressive Assimilation vs. regressive Assimilation: Progressiv ist die Assimilation, wenn ein Laut seine Merkmale auf den folgenden Laut überträgt; bei regressiver Assimilation werden dessen Merkmale auf den vorangehenden Laut übertragen. Assimilationen, die beide Richtungen gleichzeitig betreffen, werden reziprok genannt.
c) Assimilation der Artikulationsstelle und des artikulierenden Organs: Sie ist
    - progressiv, bei Ausfall des [ə] erfolgt eine Assimilation des Nasals an den vorausgehenden Plosiv im Suffix [ən] nach [p], [b], [k], [g] z.B. *haben* [hˈaːbm̩], *legen* [lˈeːgŋ̩]
    - regressiv (Nasalitäts-Assimilation), es erfolgt eine Assimilation des Nasals an den folgenden Plosiv, z.B. *Angela* [aŋgˈeːlaː], *in Köln* [ɪŋ kˈœln].
d) Regressive Assimilation der Verschlusslösung: Bei Plosiven wird der Verschluss vor Nasalen nasal (z.B. *abmachen*), vor Lateralen lateral (z.B. *ablösen*) und bei aufeinanderfolgenden inhomogenen Plosiven nur einmal gelöst (z.B. *Markt* [maʁkt], *Abt* [apt]). Dies wird in der Transkription nicht angezeigt.
e) Progressive Assimilation der Stimmbeteiligung: Typisch für das Deutsche ist der Stimmhaftigkeitsverlust (Entsonorisierung) von Lenis-Konsonanten nach Fortis-Konsonanten, z.B. *Festsaal* [fˈɛstz̥aːl].

B.2.2.4.2 Phonostilistik

Phonostilistische Variationen der Standardaussprache gehören zur Sprecherkompetenz, sie sind wichtig für eine sprechsituative Angemessenheit, für die Markierung der aktuellen sozialen Rolle und für die Signalisierung der Zugehörigkeit zu einer Sprechergemeinschaft.

Bereits 1973 unterschied Gottfried Meinhold unterschiedliche (phono)stilistische Ebenen. Darauf aufbauend beschrieb das GWDA (Krech et al. 1982, 73ff.) drei Ebenen des reproduzierenden und freien, öffentlichen und medienvermittelten Sprechens: Rezitation/feierlicher Vortrag – Reproduzieren im Funk – sachliches Gespräch. Eine vierte Ebene ist die private lässige Unterhaltungssprache, die aber nicht als Register/Substandard der Standardaussprache gewertet wurde. Beate Rues (1993; 2005) diskriminierte mit ihren Analysen ebenfalls drei Ebenen, jedoch mit anderer

Normphonetik – Orthoepie

Abstufung: (1) gehobene Stilebene (z.B. Nachrichten, Sprechen klassischer Dichtung), (2) gehobene Stilebene des Gesprächs (z.B. dialogisch gehaltener Vortrag, öffentliches Gespräch), (3) Stilebene des lässigen Gesprächs (familiäres Gespräch).

Diesen Aussprachevariationen liegen nicht oder wenig bewusste Vorstellungsmuster der Sprachbenutzer zugrunde. Muttersprachler haben normalerweise gelernt, sich in verschiedenen sozialen Rollen (z.B. als Vortragende oder als Familienangehörige) unterschiedlich zu äußern. Dies betrifft neben Wortwahl und Grammatik, auch die Aussprache bzw. die sprecherischen Mittel insgesamt. Es gibt hierbei zahlreiche Variationsmöglichkeiten der Artikulation und der Prosodie. Im DAWB (Krech et al. 2009, 98ff.) werden innerhalb der Standardaussprache drei Grade der Ausprägung von Sprechspannung und Artikulationspräzision unterschieden: (1) sehr hohe Artikulationspräzision (z.B. beim feierlichen Vortrag), (2) hohe bis mittlere Artikulationspräzision (z.B. beim Vorlesen von Nachrichtentexten in Funk und TV) – das ist die im DAWB beschriebene Form, (3) verminderte Artikulationspräzision (z.B. bei öffentlich geführten Gesprächen in Funk und TV). Die folgende Tabelle B.2.1 zeigt ausgewählte phonetische Merkmale dieser Präzisionsstufen (vgl. Krech et al. 2009, 110ff.):

Tab. B.2.1: Phonetische Merkmale der Präzisionsstufen

Quantität und Qualität der Vokale	*Präzisionsstufen*
meist lange gespannte Vokale in Synsemantika, auch wenn sie in Zusammensetzungen nicht akzentuiert sind, z.B. *ihm* [iːm], *da* [daː], *zu* [tsuː], *zurück* [tsuːʁˈʏk]	(1) und (2)
meist Kürzung der Vokallänge und Veränderung der Vokalqualität (gespannt → ungespannt), bes. bei Synsemantika sowie im Wortauslaut, z.B. *ihm* [iːm] → [im] → [ɪm], *da* [daː] → [da], *zu* [tsuː] → [tsu] → [tsʊ], *zurück* [tsuːʁˈʏk] → [tsuʁˈʏk] → [tsʊʁˈʏk]	(3)
Glottisplosiv	*Präzisionsstufen*
sehr häufig vor Vokal im Stamm- und Präfixanlaut	(1) und (2)
verringerte Häufigkeit	(3)
Schwa-Laut [ə] in den Endungen <-en>, <-em>, <-el>	*Präzisionsstufen*
meist keine Elision, z.B. *lesen* [lˈeːzən], *bieten* [bˈiːtən]	(1)
meist Elision nach Plosiven, Frikativen; keine Elision nach Vokal, Nasal, [ʁ] und [j], z.B. *bauen* [baʔən], *kommen* [kˈɔmən], *hören* [hˈøːʁən], *ausbojen* [ˈaʔsbÓjən]	(2)
Elision nahezu in allen Positionen, auch nach Vokal, Nasal und R-Laut, z.B. *bauen* [bˈaʔən] → [baʔn], *kommen* [kˈɔmən] → [kɔmː] → [kɔm], *hören* [hˈøːʁən] → [høːᵊn]	(3)
[p] [t] [k] im Inlaut	*Präzisionsstufen*
meist Realisation als Fortis-Plosive, z.B. *Suppe* [zˈʊpə], *Watte* [vˈatə], *erste* [ˈeːᵊstə], *Spinne* [ʃpˈɪnə], *Stuhl* [ʃtuːl], *links* [lɪŋks], *Sumpf* [zʊmpf]	(1) + (2)

Fortis-Plosive → stimmlose Lenis-Plosive: z.B. *Suppe* [zˈʊpə] → [zˈʊb̥ə], *Watte* [vˈatə] → [vˈad̥ə], *erste* [ˈeːɐ̯stə] → [ˈeːɐ̯sd̥ə], *Spinne* [ʃpˈɪnə] → [ʃb̥ˈɪnə] , *Stuhl* [ʃtuːl] → [ʃd̥uːl]; Totalassimilation: z.B. *links* [lɪŋks] → [lɪŋs], *Sumpf* [zʊmpf] → [zʊmf]	(3)
Aspiration der Fortisplosive	*Präzisionsstufen*
vor bzw. nach stark akzentuiertem Vokal [p] [t] [k] meist aspiriert	(1) + (2)
Häufigkeit und Ausprägung der Aspiration nehmen ab	(3)

Die aufgelisteten Assimilationen, Reduktionen, Elisionen treten vor allem in der Realisierung der Synsemantika (Artikel, Personalpronomen, Konjunktionen, Präpositionen, Hilfsverben, Adverbien) hervor. Sie sind in der Regel nicht akzentuiert, werden relativ schnell gesprochen und schließen sich rhythmisch an vorangehende oder folgende akzentuierte bzw. bedeutungstragende Wörter an (Enklise oder Proklise). Die folgende Liste (Tab. B.2.2) führt einige Beispiele für reduzierte (schwache) Formen an (s. Krech et al. 2009, 114f.):

Tab. B.2.2: Beispiele für schwache Formen

Beispiele	**volle (starke) Formen**	**reduzierte (schwache) Formen**		
der	[deːɐ̯]	→ [deɐ̯]	→ [dɛɐ̯]	→ [dɐ]
die	[diː]	→ [di]	→ [dɪ]	
einen	[ˈaɛ̯nən]	→ [aɛ̯nː]	→ [aɛ̯n]	
ihren	[ˈiːʁən]	→ [iɐ̯n]	→ [ɪɐ̯n]	
ihnen	[ˈiːnən]	→ [inː]	→ [in]	→ [ɪn]
und	[ʊnt]	→ [ʊn]		
aber	[ˈaːbɐ]	→ [ˈabɐ]	→ [ˈaβa]	
über	[ˈyːbɐ]	→ [ˈybɐ]	→ [ˈɣbɐ]	→ [ˈɣβɐ]
haben	[hˈaːbən]	→ [hˈaːbm̩]	→ [haːm]	→ [ham]
werden	[vˈeːɐ̯dən]	→ [vˈeːɐ̯dn̩]	→ [veːn]	→ [veɐ̯n]
ist	[ɪst]	→ [ɪs]		
sind	[zɪnt]	→ [zɪn]		
nicht	[nɪçt]	→ [nɪç]		
schon	[ʃoːn]	→ [ʃon]	→ [ʃɔn]	

Normphonetik – Orthoepie

B.2.2.4.3 Eindeutschung

Die Entlehnung von Wörtern und Namen aus fremden Sprachen ist ein Prozess, der fortwährend mit der Anpassung dieser Einheiten an die grammatischen und orthoepischen Normen unserer Sprache verbunden ist. Für viele, besonders bedeutungsvolle Orts- und Personennamen sind so Eindeutschungen, sog. Exonyme, entstanden, die inzwischen allgemein gebräuchlich sind und sinnvollerweise nicht verändert werden sollten (z.B. *Prag, Warschau, Rom, Paris*). Die ungeregelte, in der Alltagssprache stattfindende Anpassung hängt von der Bekanntheit der Herkunftssprache und von deren Prestige sowie einigen weiteren Aspekten ab, u.a. sind das:

- das Vorhandensein von Mittlersprachen,
- das Vorhandensein einer Transliteration,
- der Zeitpunkt der Übernahme ins Deutsche,
- die Wortart (z.B. Eigenname),
- die Gebrauchshäufigkeit.

Beim Englischen, das sich in den letzten Jahrzehnten als internationale Verkehrssprache durchgesetzt hat, ist es vielfach üblich, dass auch in einem deutschsprachigen Kontext Einheiten dieser Sprache artikulatorisch und prosodisch mehr oder weniger originalnah realisiert werden, andererseits werden häufig gebrauchte Formen so stark an das Deutsche angeglichen, dass man die Herkunft nicht mehr erkennt, z.B. *Keks* (von *cake*). Bei Sprachen, die uns wenig vertraut sind, wird zumeist das Schriftbild zugrunde gelegt und nach den Regeln der deutschen Buchstaben-Laut-Beziehungen realisiert; die Akzentuierung bleibt dabei oft dem Zufall überlassen. In vielen Fällen sind Schriftbilder jedoch von der Transliteration und/oder der Mittlersprache abhängig. Für das Chinesische beispielsweise gibt es mehrere Transliterationssysteme, so dass etwa für „*Gelber Fluss*" die Schreibweisen *Hwangho, Huangho, Hoangho* oder *Huang He* auftreten können. Mittlersprachen dagegen (z.B. das Englische für arabische und indische Sprachen, das Russische für Tadshikisch und Georgisch) modifizieren bzw. verfremden die Herkunftssprachen sowohl prosodisch als auch artikulatorisch.

Aussprachewörterbücher und -datenbanken vertreten im Hinblick auf die Eindeutschung unterschiedliche Positionen. Während das Duden-Aussprachewörterbuch und die ARD-Aussprachedatenbank stark am Original bleiben, geht das DAWB von einer stärkeren Anpassung an das Deutsche aus. Bei der Aussprache eingedeutschter Namen in den Medien wird der Grad der Eindeutschung unabhängig von der Normierungsgrundlage auch vom Fachkontext, der Sprechsituation und dem Sprachbeherrschungsgrad der Sprecher bestimmt. Ein Aussprachewörterbuch kann tradierte Eindeutschungen nicht übergehen; es muss aber mit einem möglichst transparenten und praktikablen Regelsystem dafür sorgen, dass eine ungerechtfertigte, die Rezeption behindernde Vielfalt von Ausspracheformen zurückgedrängt/unterbunden wird. Für das DAWB sind folgende Grundregeln entwickelt worden (vgl. Krech et al. 2009, 122ff.):

a) prinzipielle Regeln:
- Der originale Wortakzent wird übernommen.
- Fremde Laute werden weitgehend durch Laute des Deutschen ersetzt (Ausnahmen sind ggf. in fremdsprachigen Schreibkonventionen begründet, z.B. Markierungen von Vokalquantitäten).

- Die Distributionsregeln des Deutschen werden weitgehend beibehalten (Ausnahmen sind möglich, z.B. [s] im Wortanlaut).
- Töne und andere suprasegmentale Merkmale verschiedener Sprachen werden vernachlässigt.

b) Vokale: Vokalqualität und -quantität werden in Bezug auf Akzent- und Silbenstruktur festgelegt, eingedeutschte Vokale sind:
- lang + gespannt in akzentuierten (potenziell) offenen Silben z.B. ital. *Roma* ᴅ[ʁˈoːmaː], türk. *Kemal* ᴅ[kˈeːmaːl],
- kurz + gespannt in nichtakzentuierten offenen Silben, z.B. z.B. franz. *Simon* ᴅ[simˈõː], ital. *Livorno* ᴅ[livˈɔˠnoː],
- kurz + ungespannt in akzentuierten und nichtakzentuierten geschlossenen Silben, engl. *Backslash* ᴅ[bˈɛkslɛʃ], franz. *Laffitte* ᴅ[lafˈɪt], ital. *Brenta* ᴅ[bʁˈɛntaː]

c) Konsonanten
- Bei den Plosiven und Frikativen werden Fortis- und Lenis-Laute unterschieden, auch in Positionen, in denen sie im Deutschen nicht auftreten, z.B. [s] in franz. *Sou, Marseille*. Die einem Fortis-Konsonanten folgenden Lenis-Plosive und -Frikative werden entstimmlicht, z.B. engl. *Breakdance* ᴅ[bʁˈeːkd̥eːns].
- Am Wort- und Silbenende kommt es bei /v z b d g/ zur Auslautverhärtung, z.B. franz. *Toulouse* ᴅ[tulˈuːs]. Innerhalb des Wortes wird in einigen Sprachen keine Auslautverhärtung angegeben, weil der betreffende Konsonant zur Folgesilbe gehört; das wird in der Regel durch die Markierung der Silbengrenze angezeigt, z.B. poln. *Wąbrzeźno* ᴅ[vɔmbʒˈɛ.ʒnɔː].
- Bei den R-Lauten werden folgende Positionen unterschieden:
  - Prävokalisch, auch nach Lenis-Plosiven und -Frikativen, wird ein Reibe-r realisiert, z.B. franz. *Roulett* ᴅ[ʁulˈɛt], russ. *Brodski(j)* ᴅ[bʁˈɔtskiː]; nach Fortis-Konsonanten wird das Reibe-r entstimmlicht, z.B. norw. *Frithjof* ᴅ[fʁ̥ˈɪtjɔf].
  - Nach kurzem Vokal sowie [aː] wird [ˠ] realisiert, z.B. norw. *Kærby* ᴅ[kˈɛˠbyː], russ. *Barsow* ᴅ[bˈaːˠsɔf].
  - Nach langem Vokal, außer [aː], wird [ᵄ] realisiert, z.B. engl. *Sir* ᴅ[sœːᵄ].
  - Für <er> in nichtakzentuierten Affixen wird [ɐ] realisiert, z.B. engl. *Cluster* ᴅ[klˈastɐ].

Dieses Regelsystem ist auf die Eindeutschung von Wörtern und Namen aus 19 ausgewählten Herkunftssprachen angewandt worden. Die Bearbeitung wurde anders als im GWDA phonetisch erfahrenen Linguisten übertragen, die der jeweiligen Sprache sowie des Deutschen mächtig waren, die Probleme des Fremdsprachenunterrichts Deutsch kannten und eine Eindeutschung nach einheitlichen Prinzipien bejahten. Die eindeutschenden Transkriptionen des DAWB weichen daher vielfach von denen des GWDA, aber auch von denen des Aussprache-Dudens ab.

B.3 Kontrastive Phonetik

Phonologische und phonetische Merkmale verschiedener Sprachen zu erfassen, zu beschreiben, zu bewerten, sie in Regeln zu fassen und sie lehr- und lernbar zu machen, findet seit Jahrhunderten die Aufmerksamkeit von Sprachwissenschaftlern und Sprachlehrern. Seit den 1970er Jahren bis in die Gegenwart war und ist die kontrastive Phonetik ein Forschungsschwerpunkt der halleschen Sprechwissenschaft, zeitweise in enger Zusammenarbeit mit dem Herder-Institut der Universität Leipzig, den Universitäten Jena, Woronesh und Moskau. Seit dieser Zeit entstanden und entstehen zahlreiche Diplomarbeiten, Dissertationen und Publikationen zu kontrastiven Themen (s. z.B. Blattner 1991, Vladimirova 1986, Stock/Veličkova 2002, Benkwitz 2004, Nossok 2009). Kontrastive Studien werden in der Regel durch Fehleranalysen ergänzt, die es ermöglichen, die Vorhersage potenzieller Fehler für ausgewählte Zielgruppen zu konkretisieren (s. www.phonetik-international.de).

B.3.1 Ziele und Grenzen der kontrastiven Phonetik
Ursula Hirschfeld, Eberhard Stock

Frühe kontrastive Analysen im Bereich der Phonologie und Phonetik wurden meist aus linguistischem Interesse vorgenommen (Sprachtypologie, Universalienforschung, s. Delattre 1965). Diese Untersuchungen sollten phonologische Gemeinsamkeiten, Ähnlichkeiten und Unterschiede zwischen Sprachen herauszufinden und beschreiben – auch um Einzelsprachen genauer charakterisieren zu können. Spätere kontrastive Arbeiten wurden und werden vor allem im Hinblick auf den Unterricht Deutsch als Fremdsprache und die interkulturelle Kommunikation in der Zielsprache Deutsch vorgenommen. Das Wissen um unterschiedliche und gemeinsame Strukturen, Regeln und Merkmale von Ausgangs- und Zielsprache(n) soll den Unterricht in mehrfacher Hinsicht besser fundieren: Im Unterricht, aber auch in Lehr- und Lernprogrammen sowie Lehrwerken soll die Konzentration auf Schwerpunkte ermöglicht werden, die sich aus kontrastiven Analysen ergeben. Die interferenzbedingten Ursachen für Hör- und Ausspracheschwierigkeiten sollen aufgedeckt werden, damit gezielte Korrekturen vorgenommen werden können. Ähnlichkeiten und Gemeinsamkeiten zwischen Mutter- und Fremdsprache sollen zudem für die Bewusstmachung und das Erlernen neuer Ausspracheformen genutzt werden. Probleme ergeben sich jedoch aus den für eine kontrastive Untersuchung zur Verfügung stehenden Beschreibungen der zu vergleichenden Einzelsprachen und hinsichtlich der Übertragbarkeit auf den Fremdsprachenunterricht. Hier kann die kontrastive Phonetik schnell an Grenzen stoßen.

Anders als in Grammatik und Wortschatz gibt es in der Aussprache eine Vielzahl von Varietäten und Varianten. Neben den (kodifizierten) Standardaussprachen, die die Grundlage phonologischer und phonetischer Beschreibungen bilden – wobei z.B. für das Deutsche von mehreren Aussprachestandards auszugehen ist (dem nord- und dem süddeutschen Standard in Deutschland sowie der österreichischen und der schweizerdeutschen Standardaussprache) – gibt es eine Vielfalt situativer (phonostilistischer), emotionaler, regionaler und natürlich auch individueller Varianten, die sich nicht nur im phonologischen System, sondern auch in den phonetischen Realisierungen zum Teil erheblich voneinander unterscheiden. Wenn es beim Sprachvergleich also nicht nur um das Erfassen linguistisch relevanter Strukturen und Merkmale geht, sondern um Grundlagen für das Lehren und Lernen einer Fremdsprache, dann kann man sich nicht auf das Phonemsystem beschränken. Dann geht es auch um diese für den Sprachgebrauch wichtigen Varianten.

Die für eine kontrastive Analyse zur Verfügung stehenden Beschreibungen der zu vergleichenden Einzelsprachen können verschiedene Schwierigkeiten verursachen, weil die Darstellungen oft lückenhaft sind – entsprechende Untersuchungen stehen aus, in manchen Sprachen gibt es keinen definierten Aussprachestandard. Oft werden auch lediglich Vokal- und Konsonantensystem beschrieben, der prosodische Bereich – bis auf die Wortakzentuierung – ist generell weniger gut untersucht und oft nicht ausreichend dargestellt, von phonostilistischen, emotionalen oder regionalen Varianten und deren phonetischen Merkmalen ganz abgesehen. Schließlich sind die theoretischen Grundlagen (Beschreibungsweisen, Terminologie, Transkription) häufig sehr verschieden, dies – das fehlende *Tertium Comparationis* – erschwert den Vergleich von Sprachen. Auch bei relativ gut untersuchten Sprachen wie z.B. dem Russischen und dem Deutschen gibt es oft widersprüchliche Beschreibungen und somit elementare Schwierigkeiten, phonologische und phonetische Strukturen und Merkmale zu vergleichen, weil eine wichtige Voraussetzung – die Vergleichbarkeit – nicht gewährleistet ist. Dies kann folgende Bereiche betreffen:

- die Fragestellungen in der phonetischen und phonologischen Forschung,
- die Untersuchungsmethoden und die experimentelle Basis (Komplexität der Fragestellungen, Art und Umfang des Untersuchungsmaterials, Versuchspersonen, subjektive oder objektive, quantitative oder qualitative Verfahren),
- die Beschreibungsweisen (wissenschaftstheoretische Ansätze, Terminologie),
- die Bewertungen (hinsichtlich der funktionellen Relevanz),
- die Transkriptionskonventionen.

Kontrastive Darstellungen für Deutsch als Fremdsprache, die Lehrenden einen Einblick in die Besonderheiten der Ausgangssprachen ihrer Lernenden geben können, sind teilweise schwer zugänglich, teilweise stilistisch und terminologisch nicht ohne Weiteres erschließbar (z.B. die zahlreichen kontrastiven Beiträge der internationalen Phonetikkongresse). Lehrende im Bereich Deutsch als Fremdsprache sind meist nur unzureichend phonetisch vorgebildet, d.h. nicht in der Lage, Ergebnisse kontrastiver Analysen für eine konkrete Lerngruppe methodisch angemessen umzusetzen. Davon abgesehen ergeben sich schon aus den kontrastiven Analysen selbst enge Grenzen. Auf die Unvollständigkeit und die Schwierigkeiten mit der Vergleichbarkeit der Beschreibung von Einzelsprachen wurde oben hingewiesen. Für die Anwendbarkeit der Ergebnisse im Fremdsprachenunterricht lassen sich weitere Einschränkungen nennen: In kontrastiven phonologisch-phonetischen Analysen wird die sprachliche Ausgangsbasis von Deutschlernenden nur zum Teil erfasst, nicht berücksichtigt werden die tatsächlich gesprochene (regionale, soziale) Varietät der Ausgangssprache sowie bisher erlernte Fremdsprachen. Gerade dieser letzte Aspekt wird bisher generell wenig beachtet, obwohl Deutsch in der Regel nicht die erste Fremdsprache ist. Außerdem treten die prognostizierten Probleme bei Lernenden der gleichen Ausgangssprache nicht in gleichem Umfang und in gleicher Stärke auf. Es ist deshalb für den Fremdsprachenunterricht unerlässlich, ergänzende Tonaufnahmen für die Fehler-

Kontrastive Phonetik

analyse sowie Hörtests heranzuziehen, wenn die konkreten Hör- und Aussprache-schwierigkeiten erfasst werden sollen.

Phonetiker und Fremdsprachendidaktiker des Herder-Instituts der Universität Leipzig, des Sprachlernzentrums der Universität Bonn und des Instituts für Sprechwissenschaft und Phonetik der Universität Halle haben unter Einbeziehung von Kolleginnen und Kollegen anderer Institutionen das Projekt „Phonetik international" bearbeitet (vgl. Hirschfeld et al. 2003ff.), in dem ca. 50 Sprachen mit dem Deutschen verglichen, Fehleranalysen von Deutschlernenden mit diesen Muttersprachen angefertigt und Unterrichtsempfehlungen gegeben wurden. Auf der Grundlage dieser Analysen lässt sich eine Reihe von phonetischen Merkmalen bzw. deren Kombinationen erkennen, die das Deutsche von anderen Sprachen unterscheidet. Die folgende Übersicht (Tab. B.3.1) zeigt einige dieser Schwerpunkte für Englisch, Chinesisch und Russisch im Vergleich zum Deutschen (vgl. Hirschfeld et al. 2003ff.):

Tab. B.3.1: Phonetische Merkmale im Vergleich

	Dt.	Chin.	Engl.	Russ.
1. Tonsprache	−	+	−	−
2. Rhythmus: akzentzählend	+	−	+	+
3. Wortakzent distinktiv	+	−	+	+
4. Wortakzent beweglich	+	−	+	+
5. Silbenbau kompliziert	+	−	−	+
6. vokalreich (Zahl der Phoneme)	+	+	−	−
7. Vokallänge distinktiv	+	−	+	−
8. Ö- und Ü-Laute	+	−	−	−
9. Vokalneueinsatz	+	−	−	−
10. konsonantenreich (Zahl der Phoneme)	+	−	+	+
11. Auslautverhärtung	+	−	−	+
12. progressive Assimilation	+	−	−	−

Diese Übersicht ist zwar sehr anschaulich und ermöglicht z.B. Deutschlehrenden eine erste Orientierung für den Unterricht mit sprachlich heterogenen Gruppen. Sieht man sich die Analysen genauer an, so lassen sich jedoch auch bei scheinbaren Gemeinsamkeiten Unterschiede erkennen. Die Übersicht wurde für den Vergleich aller im Projekt „Phonetik international" enthaltenen Sprachen entwickelt, für den Vergleich einer konkreten Sprache mit dem Deutschen lässt sich dieser Merkmalskatalog erweitern. Dies wird in B.3.2 für das Russische genauer dargestellt.

B.3.2 Beispielanalyse Russisch – Deutsch

Alexandra Ebel

B.3.2.1 Kontrastive Analyse

B.3.2.1.1 Segmentalia

Um Fehlerprognosen für russische Deutschlernende auf segmentaler Ebene aufstellen zu können, werden die Vokal- und Konsonantensysteme beider Sprachen verglichen.

Tab. B.3.2: Übersicht über russische und deutsche Vokale und Diphthonge (ohne Klammern: Phoneme; in eckigen Klammern: kombinatorische Allophone)

Grad der Zungenhebung	Richtung der Zungenhebung	vorn				Mitte		hinten	
		ungerundet		gerundet		ungerundet		gerundet	
		D	R	D	R	D	R	D	R
hoch	gespannt	iː	i	yː			[ɨ]	uː	
	ungespannt	ɪ	[ɪ]	ʏ			[ɨ]	ʊ	ʊ
mittelhoch	gespannt	eː	[e]	øː				oː	
	ungespannt	ɛ ɛː	ɛ	œ		ə [ɐ]	[ə] [ɐ]	ɔ	ɔ
flach						a aː	a		

Der Vergleich der russischen und deutschen Vokalphoneme und -allophone zeigt im Hinblick auf das Russische folgende Besonderheiten:

- keine gerundeten Vorderzungenvokale,
- keine gespannten Hinterzungenvokale [oː] und [uː],
- ungespannte Vokale oft nur als kombinatorische Varianten,
- Vokalquantität ist nicht distinktiv,
- [ə] und [ɐ] nur als Allophone von /ɔ/ und /a/ vorhanden,
- keine Diphthonge,
- Vokalneueinsatz an Wort- oder Silbengrenzen ohne Glottisschlag.

Aus dem Vergleich der Konsonanten beider Sprachen ergeben sich für das Russische folgende Besonderheiten:

- Vorliegen vieler Konsonanten als Paarung hart/weich (bzw. nicht palatalisiert/palatalisiert),

- nicht vorhanden sind /ç ʁ ŋ h/,
- weniger komplexe Konsonantenverbindungen als im Deutschen.

Tab. B.3.3: Übersicht über russische und deutsche Konsonanten (innerhalb der Spalten stehen links die stimmlosen und rechts die stimmhaften Phoneme, bzw. links die Fortes und rechts die Lenes)

Artikulationsstelle / Artikulationsmodus		labial		alveolar		prä-palatal		palatal		velar		glottal	
		D	R	D	R	D	R	D	R	D	R	D	R
Plosive		p b	p b	t d	t d					k g	k g		
	palat.		pʲ bʲ		tʲ dʲ								
Frikative		f v	f v	s z	s z	ʃ ʒ	ʃ ʒ	ç j	j	x ʁ	x	h	
	palat.		fʲ vʲ		sʲ zʲ		ʃʲ: ʒʲ:						
Affrikaten				t͡s									
	palat.						t͡ʃʲ						
Nasale		m	m	n	n					ŋ			
	palat.		mʲ		nʲ								
Liquide				l	ɫ		r						
	palat.				lʲ		rʲ						

Hinzu kommen weitere Unterschiede im Konsonantismus beider Sprachen. So werden wort- und silbenfinale Lenisplosive und -frikative im Deutschen fortisiert. Diese Auslautverhärtung bedingt wiederum einen weiteren phonologischen Prozess: Die Stimmlosigkeit des auslautenden Fortis ist so stark, dass sie sich auf mögliche nachfolgende Lenes auswirkt. Durch diese progressive Stimmlosigkeitsassimilation, die sowohl an Silben- als auch an Wortgrenzen auftreten kann, verliert der betroffene Lenisplosiv oder -frikativ seine Stimmhaftigkeit, ändert aber seine Artikulationsspannung nicht, so dass ein entstimmlichter Lenislaut entsteht, z.B. *Abgabe* [ˈapg̊aːbə]. Aus dem Beispiel wird ersichtlich, dass im Deutschen die Stimmhaftigkeit nicht an die Spannung gekoppelt ist, sondern dass auch stimmlose Lenes vorliegen können. Daher werden deutsche Konsonanten nicht hinsichtlich ihrer Stimmhaftigkeit in *stimmhaft – stimmlos* unterschieden, sondern anhand des Merkmals Spannung in *fortis – lenis*. Im Gegensatz dazu ist im Russischen die Stimmhaftigkeit das stärkere Element, welches sich an Silben- und Wortgrenzen regressiv auf den vorangehenden Laut übertragen kann. Es ist zu erwarten, dass russische Deutschlernende Probleme damit haben werden, die deutsche progressive Stimmlosigkeitsassimilation umzusetzen und stattdessen die für sie gewohnte regressive Stimmhaftigkeitsassimilation realisieren.

Auf segmentaler Ebene lassen sich aus dem phonologisch-phonetischen Sprachvergleich die folgenden Ausspracheprobleme ableiten, deren Auftreten bei russischen Deutschlernenden wahrscheinlich ist. Im Bereich der Vokale sind das:

- der Ersatz der gerundeten Vorderzungenvokale durch ungerundete,
- Abweichungen bei der Vokalquantität, verbunden mit Abweichungen in der Qualität,
- positionsbedingte Schwierigkeiten bei der Realisation der Reduktionsvokale,
- Schwierigkeiten bei der Bildung der Diphthonge sowie
- Realisation des Vokalneueinsatzes ohne Glottisschlag.

Im Bereich der Konsonanten sind potenzielle Fehler:

- Ersatz von /ç/ und /h/ durch /x/,
- Ersatz von /ŋ/ in <ng> oder <nk> durch /ng/ bzw. /nk/,
- Ersatz der R-Laute [ʁ ʀ ɐ ɐ̯] durch /r/,
- koartikulatorisch und distributiv bedingte Palatalisierung von Konsonanten,
- Schwierigkeiten bei der Aussprache von Konsonantenverbindungen,
- Nichtrealisierung der Auslautverhärtung,
- Interferenz der russischen regressiven Stimmhaftigkeitsassimilation.

B.3.2.1.2 Suprasegmentalia

Weder Deutsch noch Russisch sind Tonsprachen, es werden jedoch verschieden große melodische Intervalle genutzt (im Russischen größere), auch die Melodieverläufe innerhalb und am Ende von Äußerungen unterscheiden sich deutlich. Beide Sprachen haben einen akzentzählenden Rhythmus, der sich insbesondere durch starke Kontraste zwischen akzentuierten und nichtakzentuierten Silben und damit verbundene Reduktionen in den unbetonten Silben auszeichnet. Dennoch wird der Rhythmus, insbesondere wegen der jeweiligen melodischen und dynamischen Besonderheiten, im Russischen als „legato", im Deutschen als „staccato" charakterisiert.

Trotz der Gemeinsamkeiten in der Wortakzentuierung (bedeutungsunterscheidende Funktion, Veränderbarkeit der Akzentposition im Wort) haben russischsprachige Deutschlernende damit Schwierigkeiten, und zwar nicht nur, weil es unterschiedliche Akzentregeln gibt, sondern auch wegen der phonetischen Mittel, die für die Hervorhebung genutzt werden. Im Deutschen wird die akzentuierte Silbe dynamisch-melodisch-temporal hervorgehoben und die nichtakzentuierten Silben werden schneller und reduziert gesprochen, jedoch nicht in ihrer vokalischen Qualität verändert. Die typische Struktur des russischen Wortrhythmus enthält eine zentrale dominierende Silbe mit umgebenden Silben, die mit zunehmender Entfernung von der zentralen Akzentsilbe stärker reduziert werden. (Stock/Veličkova 2002, 124). Durch diesen auch als zentralisierend charakterisierten Wortakzent ergibt sich für das Russische ein Wortrhythmusmodell, welches (in idealisierter Form) anzeigt, welche Silbe in einem Wort wie lang ausgesprochen wird, wobei die Akzentsilbe fett hervorgehoben ist (vgl. Noll/Wenk 2003, 13): 1 – 1 – 2 – **4** – 1 – 1.

Es zeigt sich, dass nur die akzentuierte Silbe lang gesprochen wird, alle weiteren halblang bzw. kurz. Wird dieses Schema nun auf das Deutsche übertragen, führt dies dazu, dass die im Deutschen bedeutungsunterscheidenden Merkmale Vokalquantität und -qualität ignoriert werden. Wörter wie beispielsweise *annähernd*, in denen der

Kontrastive Phonetik 67

Akzentvokal kurz, ein nichtakzentuierter Vokal hingegen lang gesprochen wird, würden unter den russischen Akzentuierungsgewohnheiten mit gedehnter Akzentsilbe und reduziertem Langvokal realisiert. Typisch für russische Deutschlernende ist zudem die stärkere melodische Absetzung der akzentuierten Silben.

B.3.2.2 Fehleranalyse

Die auditive Analyse und Transkription eines Beispieltexts *(Schneeflöckchen, Weißröckchen)* eines russischen Deutschlernenden weist alle im vorhergehenden Kapitel aus dem Sprachvergleich hergeleiteten Ausspracheabweichungen auf. Dabei treten diese Abweichungen aber nicht konsequent auf, was darauf hindeutet, dass der Sprecher bereits im fortgeschrittenen Lernerstadium ist.

Text	schneeflÖckchen	weißrÖckchen	wAnn	kommst
Transkription segmental	ʃneːflˈœˑkxʲən	vaɛ̯sʁˈœˑkxʲən	vaːn	kʼɔːmz
Transkription suprasegmental	↑ ↓ |	↑ ↓ |	↑	↓

du	gesSCHNEIT	du	wOhnst	in	der	WOLke	dein	wEg	ist so
dʊ	gəʃnˈaɛ̯tʼ	du	vɔˑnz	ʔɪn	der	vˈɔˑlkɛ	daɛ̯n	veˑk	ʔɪz̥ zo
↑	‖ ↓	↑ |	↓			↘ ‖	↓	↑	|

WEIT	kOmm	SETZ	dich	ans	fEnster	du	lIEblicher	STERN
vaɛ̯tʼ	kʼɔːm	zeˑts	dɪx	ans	fˈɛˑnstər	dʊ	lˈiːbˈlɪxeʳ	ʃtɛ̃ˑʳn
↓ ‖	╲ |	↑	↓ |		↑ ↓ |		↑ ↓ |	↘ ‖

malst	blUmen	und	BLÄTter	wir	hAben	dich	GERN	schneeflÖckchen
maˑlz	blʲuːmən	ʊn	blˈɛˑtəʁ	vɪʁ	xˈaːbən	dɪx	geʁn	ʃneːflˈœʁkɪn
↑ ↓ |		↑ ↓ ‖	↑ ↓ |		↑ ‖	↑ ↓ |

weißRÖCKchen	dEck	die	blÜmelein	ZU	dann	SCHLAfen
vaɛ̯sʁˈœʁkɪn	deˑk̬	di	blˈʊmələɛ̯n	tsuː	dan	ʃlˈaːfən
↑ ↓ ‖	↑⁓	╲ |	╲	↓ ‖		↑ ↓ |

sie	sIcher	in	sEliger	RUH
ziː	zˈiːxər	ʔɪn	zˈɛːlɪɡəx	ʁuː
↑ ↓ ‖		↑ ↓ |	↑ ‖

Abb. B.3.1: Analyse und Transkription eines gelesenen Beispieltexts *(„Schneeflöckchen Weißröckchen")* eines russischen Deutschlernenden

In der Textzeile zeigt ein Großbuchstabe innerhalb einer Silbe, dass diese den Wortakzent trägt; eine komplett groß geschriebene Silbe trägt den Wortgruppenakzent.

Im Bereich der Vokale konnten folgende Fehlerannahmen bestätigt werden: Abweichungen in der Vokalquantität, verbunden mit Abweichungen in der Qualität treten im Analysebeispiel häufig auf. Teilweise wird statt des langen gespannten Vokals der kurze ungespannte Partner realisiert, wie in *der* – hier wird [dɛr] anstelle von [deːʁ] gesprochen. Oft werden aber auch ungespannte Vokale gelängt, wie in *wann*, welches als [vaːn] realisiert wurde. Erklären lässt sich das häufige Auftreten solcher Abweichungen mit den russischen Akzentuierungsgewohnheiten, nach denen akzentuierte Vokale automatisch gedehnt werden. Auch die angenommenen positionsbedingten Schwierigkeiten bei der Realisation der Reduktionsvokale [ɐ] und [ə] zeigen sich in der Beispielaufnahme. Das Fehlen von [ɐ] für die Graphemverbindung <-er> ist hauptsächlich damit zu erklären, dass im Russischen einzig das Zungenspitzen-R auftritt, und zwar in allen Positionen. Die nicht vorhandene Schwa-Elision in der Endung <-en> nach Plosiven und Frikativen lässt sich hingegen wahrscheinlich auf fehlende Kenntnis der deutschen Reduktionsgewohnheiten zurückführen, ebenso die Realisation von auslautendem [ɛ] in *Wolke* anstelle von [ə]. Nicht im analysierten Beispiel aufgetreten sind die folgenden prognostizierten Aussprachschwierigkeiten:

- Gerundete Vorderzungenvokale wurden nicht durch ungerundete ersetzt, lediglich in *Blümelein* wurde [y:] durch [ʊ] ersetzt.
- Schwierigkeiten bei der Bildung der Diphthonge waren nicht zu hören.
- Die Realisation des Vokalneueinsatzes erfolgte normgerecht mittels Glottisschlag.

Im Bereich der Konsonanten haben sich folgende Annahmen über Aussprachschwierigkeiten bestätigt:

- Ersatz von /ç/ und /h/ durch [x] zeigt sich nahezu durchgängig, teilweise wird auch durch den postpalatalen Frikativ [xʲ] substituiert, der sich artikulatorisch zwischen [ç] und [x] befindet, z.B. im ersten *Schneeflöckchen*.
- Der vorhergesagte Ersatz der deutschen R-Allophone [ʁ ʁ ɐ ɐ] durch /r/, hat sich teilweise gezeigt. Besonders die vokalischen Varianten [ɐ] und [ɐ] wurden vom Sprecher nicht gebildet, jedoch wurde neben dem Zungenspitzen-R auch das im Deutschen gebräuchlichere Reibe-R realisiert.
- Koartikulatorisch und distributiv bedingte Palatalisierung von Konsonanten konnte beispielsweise bei [x] festgestellt werden, das im ersten Auftreten der Wörter *Schneeflöckchen* und *Weißröckchen* palatalisiert wurde. Beim zweiten Auftreten ebendieser Wörter im Beispieltext wurden die erwarteten Schwierigkeiten bei der Aussprache von Konsonantenverbindungen deutlich. Die Verbindung [kç] wurde darin als [ʁk] bzw. [ʁk] realisiert.
- Über den theoretisch angenommenen Ersatz von /ŋ/ in den Graphemverbindungen <ng> oder <nk> durch [ng] bzw. [nk] kann keine Aussage getroffen werden, da diese Verbindungen im Beispieltext nicht vorkamen.
- Das Ausbleiben der Auslautverhärtung und der progressiven Stimmlosigkeitsassimilation konnte durch die Analyseaufnahme teilweise bestätigt werden. An der Wortgrenze von *kommst du* elidiert der Sprecher das [t] und spricht lenis-[z] und -[d]. Die Stimmhaftigkeit des anlautenden Plosivs wurde also nach russischen Gewohnheiten auf den vorangehenden Frikativ (der auslautende Plosiv wurde elidiert) übertragen. Ebenso sprach der Sprecher auch die Wortverbindungen *ist so*, *malst Blumen*.
- Auffällig ist auch die fehlende Aspiration von Fortisplosiven, wie beispielsweise in finaler Position von *geschneit* [gəʃnˈaɐ̯t̚] oder silbenauslautend in *lieblicher* [ˈliːb̚lɪxɛʳ], wo zusätzlich die Stimmhaftigkeit von [l] auf [b] assimiliert wurde, das nach deutschen Ausspracheregeln zum [p] hätte fortisiert werden müssen.

Im suprasegmentalen Bereich hat sich bestätigt, dass der Sprecher nahezu alle akzentuierten Vokale dehnt, auch wenn es sich dabei um kurze ungespannte Vokale handelt, und sie zusätzlich melodisch hervorhebt, was den russischen Akzentuierungsgewohnheiten entspricht. Dadurch dass der Sprecher sehr viele Akzente und diese außerdem auf die gleiche Art und Weise setzt, entsteht ein stockender Rhythmus mit einer sich gleichförmig auf und ab bewegenden Melodie.

B.4 Phonetik in Deutsch als Fremd-/Zweitsprache

Ursula Hirschfeld, Kerstin Reinke

Der Begriff Phonetik erfährt im Bereich Deutsch als Fremd-/Zweitsprache eine Erweiterung (vgl. Barkowski/Krumm 2010, 248), er ist hier Synonym für Aussprache bzw. Ausspracheübungen und umfasst die phonetischen und phonologischen Grundlagen, Perzeption und Produktion, Segmentalia und Suprasegmentalia sowie didaktische und methodische Aspekte des Ausprachelehrens- und -lernens.

B.4.1 Zielgruppenspezifik

B.4.1.1 Zielgruppen

Das Hör- und Aussprachetraining muss sich an der Zielgruppe, d.h. der konkreten Lerngruppe orientieren, damit der Aufwand an Zeit und Ausdauer optimiert werden kann. Die Lerngruppe bestimmt neben Zielen und Teilzielen sowohl das inhaltliche als auch das methodische Vorgehen im Unterricht. Zur Gruppenspezifik gehören vor allem die Ausgangssprache(n), früher gelernte Fremdsprachen, Sprach- bzw. Lernstand (Anfänger, Mittelstufe, Fortgeschrittene – gemäß den Richtlinien des *Gemeinsamen europäischen Referenzrahmens für Sprachen* A1 bis C2 bzw. Schüler, Studenten, Aussiedler, Erwachsenenkurse, Lehramtsausbildung, Studium Deutsch als Fremd-/Zweitsprache), das Lernalter, verfügbare Lernstrategien und Lerntraditionen sowie die aktuelle Gruppensituation – wie Gruppengröße, ausgangssprachliche Zusammensetzung, Atmosphäre in der Gruppe, Verhältnis Lehrende – Lernende.

B.4.1.2 Lehr- und Lernziele

Im didaktischen Prozess sind stets beide Seiten – sowohl Lehr- als auch Lernziele – zu berücksichtigen. Sie werden in Kursprogrammen und Empfehlungen für den Unterricht beschrieben, sind häufig diffus und reichen von „vollkommener Beherrschung der Aussprache" bis zu „Verständlichkeit". Ein Versuch der Konkretisierung und Vereinheitlichung – wenn auch terminologisch anfechtbar – findet sich im vom Europarat (2001) herausgegebenen *Gemeinsamen europäischen Referenzrahmen für Sprachen*, dessen zentrale Themen Mehrsprachigkeit und interkulturelle Kompetenz sind und der Phonetik und Kommunikationsfähigkeit unter verschiedenen Aspekten einbezieht. Hinsichtlich der „Beherrschung der Aussprache und Intonation" (ebd. 117) wird eine Skala für die verschiedenen Lernstufen vorgegeben; phonetische Fertigkeiten werden als Grundlage für die „kommunikativen Sprachprozesse" – das Sprechen und Hören – betrachtet. Im Abschnitt *Phonologische Kompetenz* (ebd.) werden „Kenntnisse und Fertigkeiten der Wahrnehmung und der Produktion" benannt, die im

Fremdsprachenunterricht erlernt bzw. entwickelt werden sollen; dazu gehören lautliche Einheiten (Phoneme) und ihre Realisierung in bestimmten Kontexten (Allophone); phonetische (distinktive) Merkmale, z.B. stimmhaft, gerundet, nasal, plosiv; die phonetische Zusammensetzung von Wörtern, u.a. Silbenstruktur, Wortakzent; Satzphonetik (Prosodie): Satzakzent und Satzrhythmus, Intonation; phonetische Reduktion: Vokalabschwächung, starke und schwache Formen, Assimilation, Elision.

Zudem werden Ziele für die einzelnen Sprachniveaustufen angesetzt, die den Beherrschungsgrad der Aussprache markieren sollen, z.B. gilt für Lernende am Ende der Grundstufe (A1): „Die Aussprache [...] kann mit einiger Mühe von Muttersprachlern verstanden werden [...]" und für weit Fortgeschrittene (C1/C2): „Kann die Intonation variieren und so betonen, dass Bedeutungsnuancen zum Ausdruck kommen." (ebd. 117). Die für die Sprachniveaustufen formulierten Ziele sind allgemein, vage und wenig hilfreich. Es ist daher unbedingt erforderlich, gruppenspezifische und individuell realisierbare Ziele und Teilziele festzulegen, um den Lehr- und Lernprozess zu strukturieren und Überforderungen zu vermeiden. Wie weit im Unterricht Vorgaben wie den oben genannten zu folgen ist, hängt sowohl von der Zielgruppe als auch vom individuellen Anspruchsniveau der Lernenden ab. Für die meisten Lerngruppen – von künftigen Lehrern, Dolmetschern usw. abgesehen – ist es nicht erforderlich, die deutsche Standardaussprache vollkommen zu beherrschen. Wichtiges Teilziel ist für sie eine sog. „komfortable Verständlichkeit". Dazu gehören eine flüssige Sprechweise, korrekte Gliederung und Akzentuierung, das Umsetzen wesentlicher lautlicher Korrelationen (wie *lang/kurz* bei den Vokalen, *gespannt/ungespannt* bei den Konsonanten). Diese Merkmale entsprechen den Hörgewohnheiten und Erwartungen deutscher Muttersprachler, sie sind für die Kommunikation wichtig und sollten möglichst korrekt realisiert werden.

B.4.1.3 Spezifik der Zielfertigkeiten

Bei der Festlegung der Lern- und Lehrziele muss, wie unter B.4.1.2 angegeben, zwischen Kompetenzen im perzeptiven und produktiven Bereich unterschieden werden. Die Kompetenzen im perzeptiven Bereich überschreiten die produktiven auf allen Lernstufen: Während die produktiven Aussprachekompetenzen analog zu Wortschatz- und Grammatikerwerb in Abhängigkeit vom übergeordneten Lernziel festzulegen sind (hohe Kompetenzen bei zukünftigen Deutschlehrern oder Dolmetschern, niedrigere bei Teilnehmern eines Sprachkurses für Touristen), hier also tatsächlich sinnvolle Graduierungen vorgenommen werden können, sind alle Deutschlernenden perzeptiv von Anfang an vor hohe Anforderungen gestellt. Zwar ist auch die Bestimmung der Lernziele für den produktiven Bereich nicht einfach, im rezeptiven Bereich ist darüber hinaus jedoch unterschiedlichen kommunikativen Erfordernissen Rechnung zu tragen. Die Kommunikationspraxis verlangt oft schon zu Beginn der Begegnung mit der Fremdsprache die rezeptive Bewältigung auditiv weit voneinander entfernter situativer, stilistischer, emotionaler, regionaler und individueller Aussprachevarianten. Außerdem sind auch Abweichungen von den Aussprachenormen (vgl. die Auflistung von Kelz 1976, 35) zu erfassen und zu interpretieren. In der Fremdsprache laufen zudem die in der Muttersprache entwickelten, hoch automatisierten Hör- und Sprachverarbeitungsprozesse zunächst wie in der Muttersprache ab, so dass es zu Problemen in der Wahrnehmung und Bewertung neuer Laute, Lautverbindungen und prosodischer Formen kommt: Das für das Verstehen notwendige

Abstrahieren und Bewerten von lautlichen und prosodischen Merkmalen muss also erst Schritt für Schritt aufgebaut werden.

Für den produktiven Bereich ist es empfehlenswert, sich zunächst an einer normierten Standardaussprache (Standardvarietät) zu orientieren, für die eindeutige Ausspracheregeln formuliert sind. Prinzipiell besteht die Wahl zwischen den drei Standardvarietäten des Deutschen, die in Österreich, der deutschsprachigen Schweiz und in der Bundesrepublik Deutschland gesprochen werden. Der weitaus überwiegende Anteil an Aussprachelernmaterialien und -übungen bezieht sich dabei auf die letztgenannte Varietät (die zudem gut in Aussprachewörterbüchern kodifiziert ist, vgl. Krech et al. 2009; Mangold 2005), so dass die Entscheidung oft zu deren Gunsten ausfällt. Von Beginn an sollten Lernende ermuntert werden, die unterschiedlichen auditiv erfassten Aussprachevarianten auch selbst produktiv auszuprobieren – dies gilt insbesondere für kommunikativ bedeutsame situative, stilistische und emotionale Varianten – immer in Verbindung mit intensiver Eigen- und Fremdreflexion in Bezug auf Sprechwirkung und persönliche Einstellungen.

B.4.2 Ursachen für Ausspracheschwierigkeiten

B.4.2.1 Interferenz

Unter Interferenz wird der Prozess und das Ergebnis des Einflusses der Muttersprache bzw. früher gelernter Fremdsprachen auf die neu zu erlernende Sprache verstanden. Solche sprachlichen Faktoren üben hinsichtlich des Ausspracheerwerbs einen außerordentlich großen Einfluss aus: Die Muttersprache führt auf Grund von Systeminterferenzen zu erwartbaren Ausspracheschwierigkeiten im Deutschen. So ist selbst bei Fortgeschrittenen häufig noch ein deutlicher fremder Akzent erkennbar. Unter dem Begriff „fremder Akzent" werden durch die Muttersprache hervorgerufene suprasegmentale und segmentale Ausspracheabweichungen bezeichnet. Auch Sprachwissen, Sprachbewusstheit und Sprachsensibilisierung für die bisher erworbenen Sprachen werden beim Deutschlernen wirksam, so u.a. die Kenntnis der Laut-Buchstaben-Beziehungen, der distinktiven (bedeutungsunterscheidenden) Merkmale und der artikulatorischen Bildungsmerkmale von Vokalen und Konsonanten sowie der Wortakzentregeln.

Die aus der Interferenz herrührenden Ausspracheabweichungen in der Fremdsprache Deutsch im segmentalen Bereich lassen sich traditionell als phonologische Prozesse beschreiben:

- Ersatz von Segmenten (Substitution), z.B. /ʁ/ durch /l/ oder ein Reibe-R durch ein Zungenspitzen-R,
- Tilgung von Segmenten (Elision), z.B. Ausfall von Endkonsonanten (*schrei* statt *schreib*),
- Hinzufügen von Segmenten (Insertion), z.B. Sprossvokale (*bereit* statt *breit*),
- Umstellung von Segmenten (Metathese), z.B. aufeinanderfolgende Konsonanten (*bereist* statt *bereits*),
- Veränderung von Segmenten in ihren Merkmalen, z.B. Stimmhaftigkeitsassimilationen (*das Buch* – [z b̥]).

Im suprasegmentalen Bereich sind Interferenzen häufig schwieriger zu benennen, zu beschreiben, zu kategorisieren und ihren jeweiligen Ursachen zuzuordnen. Das liegt nicht zuletzt an der Multifunktionalität suprasegmentaler Mittel. So können gleiche Parameter (z.B. Tonhöhenanstieg am Ende von Äußerungen) sowohl als Fragemarkierung als auch als Höflichkeitssignal verstanden werden (zur Funktion der Prosodie vgl. Hirschfeld/Neuber 2010). Das bedeutet, dass Interferenzen im suprasegmentalen Bereich i.d.R. und vor allem bei längeren syntaktischen/rhythmischen Struktureinheiten nur im Zusammenhang mit der Funktion des jeweiligen suprasegmentalen Merkmals zu erklären sind. Zudem sind die suprasegmentalen Parameter auf vielfältige Weise in Äußerungen miteinander kombiniert und ergeben in dieser Kombination den für eine Sprache typischen Rhythmus, der traditionell für das Deutsche als besonders staccatoartig (v.a. durch intensive Hervorhebung der Akzentsilben) beschrieben wird. Da der Sprechrhythmus sehr früh während des Erstspracherwerbs erworben und automatisiert wird, ist er ganz besonders für den durch Interferenzen geprägten fremden Akzent verantwortlich (vgl. Schröder/Höhle 2011) und erfordert hinsichtlich seiner Korrektur hohe Aufmerksamkeit und viel Mühe. Folgende Interferenzen sind z.B. möglich:

- fehlerhafte Wortakzentuierung (Akzentuierungsregeln werden nicht beachtet – Akzentuierung liegt auf der falschen Silbe; Akzentsilbe wird nicht genügend oder mit den unangemessenen Mitteln markiert; in mehrsilbigen Wörtern werden zu viele Silben akzentuiert), fehlerhafte Wortgruppenakzentuierung (Akzentsetzung widerspricht grammatischen Regeln, kontextuellen Erfordernissen, der Intention der Sprecherperson; Akzentsilben werden nicht genügend oder mit den falschen Mitteln markiert; zu viele Wörter werden akzentuiert),
- fehlerhafte Gliederung von längeren Äußerungen in rhythmische Gruppen (zu viele, zu wenige, zu lange bzw. falsch positionierte Pausen werden gesetzt),
- fehlerhafte Tonhöhenverläufe an den Gliederungsgrenzen oder am Ende rhythmischer Einheiten (Melodieverläufe sind in linguistischer und/oder pragmatischer Hinsicht unpassend; Lösungstiefe wird bei terminalem Melodieverlauf nicht erreicht),
- insgesamt abweichender Sprechrhythmus (durch Kombination aller o.g. Abweichungen).

B.4.2.2 Individuelle Faktoren

Auch bei Lernenden mit der gleichen Muttersprache zeigt sich in der Fremd- bzw. Zweitsprache Deutsch von Anfang an, dass Fortschritte im Hör- und Aussprachetraining von den unterschiedlichen Voraussetzungen der Lernenden abhängen; zu nennen sind insbesondere:

- Gedächtnisleistungen,
- Hörfertigkeiten,
- Sensibilität für phonetische Merkmale,
- motorische (artikulatorische) Fertigkeiten,
- Musikalität,
- Motivation,
- Persönlichkeitsstruktur (z.B. emotionale Faktoren, Lerntyp usw.),
- Einstellung zur (Aus-)Sprache,

- Lernstrategien,
- Alter.

Sie beeinflussen die Entwicklung neuer Hörmuster, die Interpretation voneinander abweichender Aussprachevarianten, den Aufbau neuer Sprechbewegungen, das Bewusstwerden von Klangmerkmalen, das Überwinden von eventuellen Voreingenommenheiten gegenüber der fremden Sprache sowie von Hemmungen. Den individuellen Möglichkeiten, produktive und perzeptive Kompetenzen zu entwickeln, stehen häufig hohe Ansprüche an die eigene Aussprache gegenüber. Auch manche Jugendliche zeigen schon einen Hang zum Perfektionismus; bei erwachsenen Lernenden ist dies sehr häufig anzutreffen.

B.4.2.3 Lehr- und Lernbedingungen

Im Hinblick auf die Aussprache wäre ein zeitlich flexibler, auf die Ausgangssprache und auf die individuellen Schwierigkeiten und Lernziele bezogener Einzel- bzw. Kleingruppenunterricht durch gut ausgebildete Lehrende mit speziell dafür entwickelten Materialien und Methoden die beste Option. In der Realität sind die Lernbedingungen aber oft nicht optimal: Die Gruppen sind zu groß, Lehrende sind nicht gut qualifiziert, gute Materialien stehen nicht zur Verfügung, es ist keine Zeit für Ausspracheübungen vorgesehen. Auch Lerntraditionen können das Aussprachelernen befördern oder stören – förderlich wäre ein traditionell kommunikativ angelegter Fremdsprachenunterricht, in dem Mündlichkeit im Vordergrund steht und Lernende viel und gern sprechen; weniger förderlich ist der Fremdsprachenunterricht, wenn in der Muttersprache unterrichtet und vorwiegend übersetzt und Grammatik gelernt wird.

B.4.3   Wirkungen von Ausspracheabweichungen

Die Aussprache ist eine wichtige Komponente kommunikativer Kompetenz. Die segmentalen und suprasegmentalen phonetischen Merkmale ermöglichen und unterstützen die Verständigung in der mündlichen Kommunikation. Über die Aussprache werden Informationen und Emotionen übermittelt, sie signalisiert und bestimmt das Verhältnis der Kommunikationspartner zueinander. Eine gute Aussprache ist als Indikator der Kommunikationsfähigkeit zugleich mit einer positiven Bewertung des Sprechenden verbunden, d.h. mit einer höheren sozialen Einstufung und mit einer besseren Einschätzung des Intelligenzgrades und des Bildungsstandes (zu einigen Forschungsergebnissen im Rahmen der interkulturellen Kommunikation vgl. Hirschfeld/Stock 2010; Reinke 2008; 2011; zur rhetorischen Wirkung in der interkulturellen Kommunikation vgl. Neuber 2006; Reinke 2012).

Die bei Deutschlernenden häufig zu beobachtenden suprasegmentalen und segmentalen Abweichungen und die damit verbundenen Probleme in der auditiven Differenzierung und Identifizierung können die Verständigung erschweren, Missverständnisse hervorrufen oder vorgesehene Gesprächsverläufe verändern (z.B. durch Nachfragen, Unterbrechungen oder emotionale Reaktionen). Sie können das Verhältnis zwischen den Gesprächspartnern negativ beeinflussen. Sie können außerdem bei Lernenden zu Sprechhemmungen und Lernbarrieren führen, wenn sie Äußerungen nicht verstehen bzw. selbst nicht verstanden werden oder wenn sie im Unterricht trotz ihrer Bemühungen ständig korrigiert werden. Hieraus resultieren möglicherweise sogar berufliche Sanktionen, wenn die Lernenden später in bestimmten Bereichen wie z.B. in der Lehreraus- und -fortbildung, als Dolmetscher oder Journalisten arbeiten wollen.

B.4.4 Didaktische und methodische Aspekte

B.4.4.1 Lerninhalte und Progression

Die Lerninhalte ergeben sich einmal aus der phonologischen/phonetischen Systematik der deutschen Standardaussprache, zum anderen spielen kontrastive Aspekte eine große Rolle. Je nachdem, ob die Lerngruppe sprachlich heterogen oder homogen zusammengesetzt ist, dominiert die eine oder die andere Herangehensweise. Aus zahlreichen kontrastiven Studien und Fehleranalysen (Hirschfeld et al. 2003ff.) lassen sich folgende Merkmale fremder Akzente bzw. Ausspracheabweichungen bei einem Großteil der Deutschlernenden unterschiedlicher sprachlicher Herkunft feststellen, die potenzielle Unterrichtsschwerpunkte bilden:

a) suprasegmental: Wort- und Wortgruppenakzentuierung, Rhythmus und Gliederung, Sprechmelodie.
b) segmental:
   - Vokallänge (und -spannung),
   - Ö- und Ü-Laute,
   - Vokalneueinsatz,
   - Konsonantenspannung und Stimmbeteiligung (fortis/stimmlos – lenis/stimmhaft oder lenis/stimmlos in stimmloser Umgebung),
   - Ich- und Ach-Laut, Hauchlaut [h] – auch im Kontrast zum Vokalneueinsatz,
   - R-Laute (frikativ – vokalisiert),
   - Assimilationen (z.B. progressiv in der Endung -en und im Angleichen der Stimmbeteiligung bei aufeinanderfolgenden Fortis- und Lenis-Konsonanten).
c) Zu beachten sind weiter die Folgen der Schriftinterferenz, d.h. die Übernahme von Regeln zu den Laut-Buchstaben-Beziehungen aus der Muttersprache oder aus früher gelernten Fremdsprachen. Sie haben nichts mit den auditiven und artikulationsmotorischen Schwierigkeiten zu tun, die beim Ausspracheerlernen auftreten, können aber mit ihnen zusammenfallen (z.B. das „stumme" <h> in den romanischen Sprachen und die Schwierigkeit, [h] zu artikulieren).

Eine Progression im herkömmlichen Sinne lässt sich für den Aussprachebereich nicht festlegen, weil alle segmentalen und suprasegmentalen Elemente von der ersten Äußerung an in der Fremdsprache gebraucht werden, dennoch gibt es Aspekte, die eine bestimmte Aufeinanderfolge von phonetischen Schwerpunkten empfehlen. Prinzipiell gilt, dass die Suprasegmentalia Vorrang haben sollen, weil sie regulierend auf die Segmentalia einwirken, z.B. was die Spannung und Quantität der Segmente betrifft. Sie sind für deutschsprachige Hörer auch elementar für die Verständlichkeit; dies betrifft insbesondere die Akzentpositionen auf der Wort- und Wortgruppenebene. Weitere Prinzipien sind das Vorgehen vom „Leichteren" zum „Schwierigeren" sowie vom Bekannten zum Unbekannten – hier sind nicht nur die ausgangssprachlichen, sondern auch die individuellen Voraussetzungen zu berücksichtigen. Für eine sprachlich heterogene Lerngruppe sind als Einstiegsthemen zu empfehlen: 1. Wortakzentposition, 2. Quantität der akzentuierten Vokale, 3. Ich-Laut (für ein schnelles Erfolgserlebnis, durch Ableitung von [j]). Eine weitere Möglichkeit für Progression bieten die steigenden Anforderungen durch Aufgabenstellungen innerhalb der Übungstypologie (vgl. Kap. B.4.5.3), welche zu Beginn einfach sind (z.B. Hören und Nachsprechen) und schließlich in die komplexe Anwendung des Erlernten münden (z.B. durch szenisches Gestalten eines Sprechstückes).

B.4.4.2 Integration in den Unterricht

Neben abgeschlossenen phonetischen Übungssequenzen zu festgelegten Schwerpunkten sollte die Phonetik prinzipiell in den Unterricht integriert werden – früher wurde von „Phonetik als Unterrichtsprinzip" gesprochen (vgl. Dieling/Hirschfeld 2000, 22ff.). Es sollte also bei verschiedenen Gelegenheiten (Diktate, Wortschatzarbeit, Textarbeit, Grammatikübungen usw.) auf die Aussprache eingegangen werden; dazu gehören z.B. die phonetischen Veränderungen bei Flexion, Wortbildung usw. So werden die engen Zusammenhänge zwischen den Sprachebenen deutlich, und verschiedene Kenntnisse und Fertigkeiten werden kombiniert. Wichtig ist, dass die Aussprachekompetenz mit allen anderen Sprachkompetenzen (linguistische, soziolinguistische und pragmatische Kompetenz) in enger Vernetzung vermittelt wird, da phonetische Mittel in hohem Maße an der Bewältigung kommunikativer Aufgaben in Bezug auf Hören, Sprechen sowie ebenfalls Lesen und Schreiben beteiligt sind (vgl. auch Hirschfeld 2011b; Hirschfeld/Reinke 2012). Die Lernenden werden zusätzlich motiviert, wenn sie merken, dass phonetische Merkmale für den Sprachgebrauch wichtig und phonetische Veränderungen mit grammatischen und lexikalischen eng verbunden sind. Gleichzeitig sorgen kombinierte Aussprache-Grammatik- oder Aussprache-Wortschatz-Übungen für inhaltliche und methodische Abwechslung.

Integrierte Ausspracheschulung folgt zudem teilweise den zu vermittelnden anderen basalen sprachlichen Kompetenzbereichen. Dies wirkt sich besonders auf die suprasegmentalen Schwerpunkte aus. Zunehmend komplexere syntaktische Strukturen stellen so z.B. auch höhere Anforderungen an die Bewältigung von Rhythmus und Gliederung. Zu vermittelnde Diskurskompetenzen auf höheren Sprachniveaustufen erfordern einen souveränen Umgang mit prosodischen (suprasegmentalen) Mitteln, um entsprechende Wirkungen zu erzielen.

B.4.4.3 Übungstypologie

Im Gruppenunterricht muss eine Übungstypologie und -schrittfolge gefunden werden, die für möglichst viele Lernenden geeignet ist. Zu empfehlen ist ein Ablauf, der sich in vielen Unterrichtssituationen bewährt hat:

- Einführung in die phonetische Thematik, z.B. mit einem Hörtext;
- Hörkontrolle – Differenzieren, Identifizieren von segmentalen und suprasegmentalen Merkmalen;
- Imitationsversuche, auch im Chor, um ein „anonymes" Ausprobieren zu ermöglichen;
- Korrektur von Abweichungen, Bewusstmachung phonetischer Merkmale, der Laut-Buchstaben-Beziehungen usw.;
- erneute Hörkontrolle und weitere Imitationsversuche mit Korrekturhilfen;

- Automatisierung durch Nachsprechen, Lesen, Variieren;
- Anwendung: Übertragung des Gelernten auf neue Inhalte.

Darüber hinaus lassen sich differenziertere Übungstypologien erstellen, und zwar jeweils für den perzeptiven und den produktiven Bereich (Dieling/Hirschfeld 2000, 47 ff.). Beim Hörtraining geht es zunächst nicht um das verstehende Hören, das darauf gerichtet ist, inhaltliche Zusammenhänge aufzufassen, sondern um Vorstufen: um das phonologische und das phonetische Hören. Beim phonologischen Hören werden bedeutungsunterscheidende Einheiten differenziert und identifiziert (z.B. *leise – Reise, Hüte – Hütte, ein FACH – EINfach, Ja? – Ja!*). Auch wenn solche Übungen als veraltet gelten oder als für das verstehende Hören irrelevant, ist das phonologische Hören die Basis für den Aufbau des fremdsprachigen Phonemsystems, das für die Verarbeitung und Interpretation gesprochener Äußerungen notwendig ist. Wie die Beispiele zeigen, sollten möglichst Minimalpaare verwendet werden, damit der Lautkontext nicht vom wesentlichen Merkmal ablenkt. Insofern ist das Minimalpaar *Hüte – Hütte* dem Wortpaar *fünf – Gemüse* vorzuziehen, auch wenn in beiden Wortpaaren Ü-Laute enthalten sind – aber beim zweiten Paar eben jeweils in unterschiedlicher Wort- und Silbenstruktur, Akzentposition und Lautumgebung. Bei Anfängern kann man, wenn der Wortschatz noch keine Minimalpaare enthält, Namen verwenden (*Mühler – Müller*), dies ist auch bei Fortgeschrittenen möglich und insofern günstig, als man einen situativen oder kommunikativen Übungskontext („Namen erkennen und richtig aussprechen") herstellen kann.

Die nächste Stufe, das phonetische Hören, geht über die reine Bedeutungsunterscheidung hinaus; es werden phonetische Varianten wahrgenommen, die im sprachlichen Alltag häufig vorkommen und den Sprachklang prägen (z.B. der R-Laut in *Rand* als Reibe-, Zäpfchen- oder Zungenspitzen-r). Da korrektes Hören Voraussetzung für richtiges (Aus-)Sprechen ist, empfiehlt sich ein Hörtraining, bei dem phonologische und phonetische Formen voneinander unterschieden (diskriminiert) bzw. herausgehört, also erkannt (identifiziert) werden. Die oft im Unterricht zu beobachtende Praxis, Hörbeispiele zu geben und die Lernenden aufzufordern „genau hinzuhören", ist unzureichend. Die Lernenden müssen stattdessen auf das konkrete phonetische bzw. phonologische Merkmal hingewiesen werden (z.B. vokalisierter R-Laut), d.h., der Fokus muss auf den entsprechenden formalen Aspekt gelenkt werden. Lehrende und Lernende sollten genau wissen, wo Schwierigkeiten auftreten – dies ist nur möglich, wenn das Hören kontrolliert wird. Die Kontrollformen sind vielseitig (vom Markieren bis zum Transkribieren), für eine schnelle Rückkopplung empfiehlt es sich, mit Handzeichen (z.B. als Signal für einen kurzen oder langen Vokal) zu arbeiten. Hör- und Aussprechübungen sollten immer miteinander verbunden werden, indem das Material der Hörübungen zum Nachsprechen, Vorlesen, Kombinieren und Variieren genutzt wird. (Aus-)Sprechübungen können folgende Formen haben:

- einfache Nachsprechübungen (reproduzierendes Sprechen, z.B. Material der Hörübungen);
- produktive (Aus-)Sprechübungen, in die auch grammatische oder lexikalische Formen einbezogen werden: z.B. etwas ergänzen (Plural, Antonyme usw.), vorgegebene Muster verändern, variieren, auf Fragen antworten;
- angewandte (Aus)Sprechübungen: vorlesen, vortragen, frei sprechen, szenisches Gestalten.

Phonetik in Deutsch als Fremd-/Zweitsprache

Kontext, Kommunikativität und Situativität sollten dabei immer berücksichtigt werden. Wichtig ist auch, dass verschiedene Lernstrategien angesprochen werden, dass nicht immer wieder die gleichen Übungsaufgaben, die gleichen Übungsbeispiele eingesetzt werden. Sie sollten variieren, die Anforderungen sollten gesteigert werden. Automatisierungsübungen sollten von größeren (rhythmisch-melodischen) Spracheinheiten ausgehen; das Üben von Einzellauten und aneinander gereihten Einzelwörtern sollte auf die Anbahnungs- bzw. Korrekturphasen beschränkt bleiben.

B.4.4.4 Lehr- und Lernstrategien

Lehr- und Lernstrategien sind im Aussprachebereich auf das Engste verknüpft; Lehrende müssen Empathie entwickeln und sich in die Situation jedes einzelnen Lernenden hineinversetzen, um wirkungsvoll Hilfe leisten zu können. Folgende Strategien können genutzt werden:

1. Sensibilität für phonetische Merkmale entwickeln, d.h. lehren und lernen, beim Hören auf relevante Merkmale wie Pausen (also die Bildung von Akzent- und Rhythmusgruppen/rhythmischer Einheiten), Melodieverläufe, Wortakzentuierung, Vokallänge oder Auslautverhärtung usw. zu achten.
2. Lernen, dass phonologische/phonetische Merkmale Bedeutungen tragen, d.h. erkennen lassen und erkennen, dass bei Veränderung dieser Merkmale die Bedeutung eines Wortes oder einer Äußerung verändert werden kann, z.B. *Heiner, nicht (irgend)einer. – Heiner nicht, (irgend)einer.; Er kommt später. – Er kommt später?; umfahren – umfahren, Staat – Stadt, Bruder – Brüder.*
3. Aussprache als integrierten Teil der Sprache verstehen, d.h. lehren und lernen, dass Aussprache eng mit Wortbildung und Grammatik zusammenhängt, z.B. ändert sich der Vokal bei der Pluralbildung (*Mutter – Mütter, Vater – Väter*) und die Akzentuierung bei der Antonymbildung mit *un-* (*genau – ungenau*), also beim Vokabel- und Grammatiklernen auch auf die phonetischen Besonderheiten achten.
4. Regeln erkennen, lernen, anwenden, d.h. Kenntnisse vermitteln und erwerben, die beim Hören und Aussprechen, beim Lesen und Schreiben, aber auch beim Erschließen der Aussprache neuer Wörter angewendet werden können: z.B. welche Silbe im Wort zu akzentuieren ist oder dass man lange Vokale an der Doppelschreibung erkennt. Dazu gehört auch zu lehren und zu lernen, Angaben zur Aussprache z.B. in Wörterbüchern zu finden und zu interpretieren (Transkription).
5. Lernhilfen anwenden, d.h. lehren und lernen, Hinweisen zur richtigen Lautbildung zu folgen und z.B. Gesten oder Körperbewegungen zur Unterstützung der Akzentuierung und Rhythmisierung anwenden zu können; Assoziationen zur Bewusstmachung und Erleichterung zu bewältigender artikulationsmotorischer Prozesse benutzen.
6. Abstrahieren und interpretieren, d.h. lehren und lernen, z.B. verschiedene R-Realisationen als R-Phonem zu erkennen.
7. Mit Ausspracheabweichungen umgehen lernen, d.h. methodisch geschickt und motivierend korrigieren bzw. Korrekturen als Lernhilfe und nicht als Bewertung einer „schlechten" Leistung aufzufassen.

8. Für ausreichende Automatisierung motivieren, d.h. möglichst oft (und für kurze Zeit) situativ und kontextgebunden üben, interessante, abwechslungsreiche und kreative Übungen einsetzen, Alltagslexik und Alltagssituationen zugrunde legen.

B.4.4.5 Anforderungen an Lehrende

Nur wenige Lernende sind geschickt oder begabt genug, imitativ und ohne Hilfe die neue Aussprache zu erlernen. Wegen der vielfältigen individuellen Voraussetzungen sind auch Computerprogramme allein keine ausreichend geeigneten Hilfsmittel, denn sie zeigen ggf., was nicht mit einem vorgegebenen Muster übereinstimmt, nicht aber, wie dieses Muster erreicht werden kann. So ergeben sich Anforderungen an Lehrende (vgl. Dieling/Hirschfeld 2000, 16), die im Fremdsprachenunterricht gleichzeitig Aussprachevorbild, Ausspracheexperten, Logopäden und Trainer sind:

- Sie optimieren die konkreten Lernbedingungen (Gruppengröße, Zeitrahmen usw.) und die Zielgruppenspezifik (Sprachstand, Lernalter, Lernziele, Lerntraditionen); sie bestimmen für ihre konkrete Lerngruppe die Ziele, Inhalte und Methoden des Aussprachetrainings.
- Sie demonstrieren mit Audio-/Videomaterialien die/eine deutsche Standardaussprache sowie deren phonostilistische und emotionale Varianten.
- Sie kennen die phonologischen und phonetischen Grundlagen des Deutschen und möglichst auch der Ausgangssprache(n) und früher gelernter Fremdsprachen; sie vermitteln Regeln und Kenntnisse je nach Notwendigkeit.
- Sie beherrschen die didaktisch-methodischen Möglichkeiten, setzen gezielt Übungsmethoden ein, nutzen vorhandene Übungsangebote und variieren sie, entwickeln selbst Übungen. Sie sorgen für methodische Abwechslung und ausreichende Automatisierung.
- Sie berücksichtigen die individuellen Voraussetzungen und Einstellungen. Sie erkennen Ausspracheprobleme der Lernenden und korrigieren sie. Sie bewerten Ausspracheleistungen. Sie motivieren sich und die Lernenden.

B.4.5 Analyse und Entwicklung von Lehr-/Lernmaterialien

B.4.5.1 Kriterien für die Auswahl und Bewertung

Je nach Zielgruppe und Lernziel müssen unterschiedliche Kriterien zur Auswahl und Bewertung von Übungen bzw. Materialien angesetzt werden:

1. inhaltliche Aspekte: systematische Behandlung der Phonetik oder einzelner Schwerpunkte, segmentale und suprasegmentale Phänomene, Laut-Buchstaben-Beziehungen, IPA-Transkription, phonetische Varianten (situative, emotionale, ggf. regionale),
2. methodische Aspekte: Vielfalt an Übungsformen, ausreichend viele Übungsbeispiele, Einbindung in Lehrwerklektionen, Verbindung mit grammatikalischen und lexikalischen Themen, Verknüpfung mit kommunikativen Aufgaben im Sinne eines handlungsorientierten kommunikativen Ansatzes (gemäß der Forderung des *Gemeinsamen europäischen Referenzrahmens* 2001), Bewusstmachung (Erklärungen, Abbildungen, Regeln, Termini), Online-Komponenten,

3. fachliche Aspekte: fachliche und didaktische Hinweise zur Phonetik für Lehrende.

B.4.5.2 Übungs-/Materialentwicklung

Falls sich im Lehrwerk keine geeigneten Übungen finden, sind Lehrende auf sich selbst gestellt. Zunächst lassen sich nahezu alle Lehrwerkübungen auch für das Hör- und Aussprachetraining nutzen. Geeignet sind auch Texte, Dialoge, Wortlisten und Grammatikübungen; sie alle enthalten Beispiele, die für das Üben von segmentalen und suprasegmentalen Strukturen und Merkmalen geeignet sind. Beispiele können markiert, herausgesucht, sortiert, gehört, gebrummt, gesprochen, gelesen, in anderen Kontexten verwendet und mit Gesten begleitet werden. Es lassen sich Lückentexte gestalten, in denen bestimmte Vokale und Konsonanten zu ergänzen sind. Es können Pausen, Melodieverläufe, Akzente in Texte nach Gehör oder aus dem Gedächtnis eingetragen werden. Lernende können mit den Sprechern der Beispielaufnahmen synchron mitsprechen, den Text gestalten, spielen usw.

Sollen die nicht eigens für die Ausspracheschulung gedachten auditiven Beispiele aus Lehrwerken für die Ausspracheschulung aufbereitet werden, empfiehlt sich jedoch zunächst eine kritische auditive Überprüfung hinsichtlich der deutlichen Wahrnehmbarkeit der zu übenden o.g. phonetischen Aspekte. Lernende sind – v.a. in der Anfangsphase – auf deutliche Erkennbarkeit fokussierter formaler Aspekte angewiesen. Nicht alle Aufnahmen eignen sich daher gleichermaßen.

Für komplexere Übungsphasen, die systematisch aufgebaut sind und aus mehreren Aufgaben bzw. Übungsschritten bestehen, empfiehlt sich folgende Herangehensweise: Man legt zuerst das phonetische Thema fest, z.B. Wortakzentuierung, Vokallänge und -spannung, Ö- und Ü-Laute, Ich- und Ach-Laut, Assimilation. Dann stellt man die zu übenden Beispiele, d.h. Wörter, Wortgruppen, Sätze zusammen. Hier ist zu beachten, dass das kein Sammelsurium sein sollte, sondern dass es neben dem phonetischen auch ein inhaltliches, situatives oder grammatikalisches Thema gibt, z.B. Lebensmittel, Kleidung, Geburtstagswünsche, Hobbys, Reiseziele, Pluralbildung. Bei der Verwendung von Texten, Gedichten oder Liedern ist dieses inhaltliche Thema ohnehin vorhanden, sofern die genannten Texte gemäß dem zu übenden Schwerpunkt ausgewählt wurden. Die Übungsbeispiele werden jetzt Übungsanweisungen zugeordnet, die den oben genannten Übungsschritten entsprechen, also Hör-, Nachsprech-, Automatisierungs- und Anwendungsübungen. Bei der Entwicklung solcher Übungen sind verschiedene Faktoren zu beachten: Sprachstand und Alter der Lernenden, die Verwendung von Alltagslexik, die die Lernenden kennen und in der Sprachpraxis verwenden (wollen), die Verbindung mit Grammatik und Lexik, das Einbeziehen offener Übungsformen (Lernende können Aufgabe weiterführen), das Einbauen von Phasen der Bewusstmachung und Korrektur, das Einplanen der für ausreichende Automatisierung erforderlichen Zeit.

B.4.6 Deutsch nach Englisch

Weltweit wird Deutsch als zweite Fremdsprache meist nach Englisch gelernt. Dies muss im Ausspracheunterricht berücksichtigt werden. Es kann positive Einflussfaktoren aus dem Englischen als erstgelernter Fremdsprache geben (vgl. Hirschfeld 2010; Mehlhorn 2012), u.a.:

- Zuwachs an sprachlicher Bewusstheit und sprachlichem Wissen,
- im Englischunterricht erworbene Kenntnisse im Bereich Phonologie und Phonetik (Termini, IPA-Zeichen, Akzentregeln, …),
- erweiterte Fähigkeiten und Fertigkeiten im phonologischen und phonetischen Hören, ein erweitertes Inventar an auditiv wahrnehmbaren, gespeicherten und abrufbaren prosodischen und artikulatorischen Merkmalen,
- ein erweitertes Inventar an feinmotorischen Abläufen (Sprechbewegungen),
- bereits vorhandene Lernerfahrungen und bereits entwickelte individuelle Lernstrategien.

Dem könnten negativ wirkende Einflussfaktoren gegenüberstehen, u.a.:

- die Vielfalt an phonologischen und phonetischen Strukturen und Merkmalen sowie die Distributions- und Kombinationsregeln,
- Schriftinterferenzen: die schwer überschaubare Vielfalt an Laut-Buchstaben-Beziehungen,
- „falsche Freunde", vor allem in Akzentuierung und Artikulation.

Hinzuweisen ist auch auf das Lernalter: Beim Erwerb der ersten Fremdsprache sind die Lernenden jünger, beim später einsetzenden Erwerb des Deutschen sind dann physiologische und mentale Voraussetzungen nicht mehr so günstig.

C   Entwicklung kindlicher Kommunikationsfähigkeit

Ines Bose, Kati Hannken-Illjes, Stephanie Kurtenbach

Die Entwicklung kindlicher Kommunikationsfähigkeit wird häufig in erster Linie als Erwerb der Erstsprache(n) betrachtet (vgl. z.B. Grimm 2012; Szagun 2010). Sie umfasst aber, neben anderem, auch den Erwerb von klanglichen, ästhetischen und rhetorischen Formen. Wie die Aneignung der Erstsprache an sich, so ist auch der Erwerb von klanglichen, ästhetischen und rhetorischen Formen ein Prozess, in den genetische, kognitive und interaktive Ressourcen eingebunden sind. Beim Menschen bilden sich ontogenetisch sehr früh Kommunikationsstrukturen heraus, die durch Kooperativität, soziale wechselseitige Hilfe und Antizipation des Anderen und seiner Handlungen bedingt sind. Diese Bedingungen bestimmen auch die Entwicklung des klanglichen, ästhetischen und rhetorischen Handelns.

Hierzu wurde in der Sprechwissenschaft theoretisch und empirisch gearbeitet – deswegen stehen diese Schwerpunkte im Folgenden im Mittelpunkt. Neben einer Darstellung der Entwicklung von klanglichen, ästhetischen und rhetorischen Aspekten sprachlichen Handelns gehen wir abschließend auf die Möglichkeiten der Förderung eben dieser Phänomene ein.

C.1   Entwicklung kindlicher Dialogfähigkeit

C.1.1   Vorsprachlicher Dialog zwischen Eltern und Säugling

Kinder kommen durch die Interaktionen mit ihren engen Bezugspersonen zur Sprache. Dabei lernen sie zunächst die emotionalen Ausdrucksmöglichkeiten der Sprechstimme zu deuten und zu verstehen. Die Basis für die Entwicklung kindlicher Sprach- und Kommunikationsfähigkeit ist der vorsprachliche Dialog zwischen Eltern bzw. anderen engen Bezugspersonen und Kind. Er wird auch als ‚Protokonversation' bezeichnet (vgl. z.B. Tomasello 1999), da er gewisse Parallelen zum Gespräch unter Erwachsenen aufweist. Dazu gehören z.B. grundlegende Strukturen der formalen Kooperation wie das Prinzip der Sequenzialität oder die Organisation des Sprecherwechsels.

Säuglinge haben schon in den ersten Lebenstagen eine besondere Wahrnehmungsfähigkeit für gesprochene Sprache und erkennen ihre Muttersprache und die Stimme ihrer Mutter. Bereits Karl Bühler (1935) hat darauf aufmerksam gemacht, dass Kleinstkinder im vorsprachlichen Alter Sprechausdrucksweisen ihrer erwachsenen Bezugspersonen unterscheiden und im Zusammenhang der Gesamtsituation sinnvoll deuten können. Noch bevor Kinder selbst sprachlich handeln können, sind sie mit situations- und sprechrollenspezifischen Sprechausdrucksformen ihrer Bezugspersonen vertraut. Sie haben schon früh ausgeprägte Vorstellungen davon, wie bestimmte Menschen in bestimmten Situationen zu sprechen haben.

Eltern stellen im alltäglichen Kontakt mit ihrem Säugling (z.B. beim Wickeln, Füttern, Baden) intuitiv einen ‚Konversationsrahmen' her und behandeln das Baby von Anfang an als aktiven Gesprächspartner. Sie unterstützen die Kommunikation des Kindes, indem sie seine emotionalen stimmlichen Äußerungen als ‚Gesprächsimpulse' verstehen und darauf sprechsprachlich reagieren. So wird zum Beispiel das Weinen des Kindes kommentiert durch „Oh, das hat dir wohl nicht gefallen" oder ähnliches. Anfänglich übernehmen die Eltern die kommunikativen Anteile des Säuglings nahezu komplett, später nur noch punktuell, und ergänzen fehlende Bestandteile kindlicher Äußerungen. So führen sie das Zielmuster immer wieder vor, schon lange bevor das Kind selbst sprachlich-kommunikativ handeln kann (vgl. z.B. Bruner 1987; Papoušek 1994).

Die Eltern hören den kindlichen Äußerungen aufmerksam zu, beantworten sie unmittelbar mit einem besonderen ‚Spielton', wiederholen und variieren sie. Damit regen sie die kindlichen Produktionen erneut an. Das Kind bestimmt also mit seinen Bedürfnissen, Fähigkeiten und individuellen Vorlieben, was die Eltern intuitiv anbieten. Vielfältige Gelegenheiten zum Einüben des Abwechselns geben die Eltern in selbsterfundenen oder konventionellen Interaktionsspielen, in denen sich ein bestimmter Ablauf in Bewegung, Melodik, Rhythmus und Sprache so regelmäßig wiederholt, dass das Kind Vorstellungen und Erwartungen über den Ablauf entwickelt und seinen Part zur angemessenen Zeit mitzuspielen lernt. Das können Spiele wie „Hoppe, hoppe Reiter" sein, oder auch eigene Routinen. Dieses klangliche Wechselspiel zwischen Erwachsenen und Baby ist erstaunlich fein abgestimmt: Die elterlichen Reaktionen auf die kindlichen Aktionen finden in einem so engen Zeitrahmen statt, dass sie nicht auf bewussten Entscheidungen basieren können, sondern unbewusst und vorrational geschehen. Diese Protokonversationen scheinen ein universales Merkmal der Eltern-Kind-Interaktion zu sein. In ihnen lernen Säuglinge, sich in gewissem Sinn mit ihren Kommunikationspartnern zu identifizieren (Tomasello 1999; Papoušek 1994).

Die Sprach- und Kommunikationsentwicklung des Kindes verläuft also im Rahmen eines handlungsbezogenen Dialogs, in dem Erwachsene und Kinder gemeinsam agieren. Die Erwachsenen strukturieren diesen Dialog und interpretieren beständig die Aktionen des Kindes als kommunikative Impulse. Sie stützen sich hierbei besonders auf die kindlichen Klangmuster und deuten sie unter Berücksichtigung des situativen Kontexts und der vermuteten kindlichen Handlungsintention. Klang- bzw. Prosodiemuster sind demzufolge erste Träger der kommunikativen Funktion bzw. der illokutionären Kraft kindlicher Äußerungen: Das Kind macht zunächst mit Hilfe von Prosodie und erst später auch mit sprachlichen Mitteln im engeren Sinn deutlich, dass es etwas zu tun beabsichtigt oder wünscht. Im Alter von etwa einem Jahr verfügen Kinder über verschiedene ‚Diskurskategorien' und differenzieren diese vor allem klanglich-prosodisch nach ihrer Funktion oder ihrer Modalität (wie z.B. Kontaktsuche, Frage, Aussage, Protest, Zustimmung). Obwohl präzise Artikulation und linguistische Referenz noch weitgehend fehlen, sprechen manche Autoren in diesem Alter von ‚Protosprache', denn Erwachsene können sie oft entsprechend interpretieren (vgl. z.B. Konopczynski/Tessier 1994).

C.1.2 Elterliches Sprach- und Sprechmuster: Motherese

Eltern verwenden gegenüber ihren spracherwerbenden Kindern intuitiv ein Sprach- und Sprechmuster, das sich von denjenigen gegenüber älteren Kindern und anderen Erwachsenen unterscheidet. Das gilt für beide Geschlechter, verschiedene Altersgruppen, verschiedene Kulturen und Sprachen gleichermaßen (Papoušek 1994). Dieses elterliche Muster wird unterschiedlich bezeichnet: z.B. als Ammensprache/Baby talk/Motherese/Infant directed speech/Scaffolding. Zum Teil sind damit Bedeutungsnuancierungen verbunden: In der sprachtherapeutischen Fachliteratur z.B. wird ‚Motherese' vor allem als lehrende Sprache verstanden, als Einsatz intuitiver Sprachlehrstrategien wie Korrekturen; demgegenüber steht ‚Baby talk' dort für das elterliche Muster (vgl. Ritterfeld 1999; Grimm 1995). In der Gesprächsforschung dagegen werden mit ‚Baby talk' auch vergleichbare Sprachverwendungen gegenüber anderen Gruppen bezeichnet, z.B. von Situationsmächtigen gegenüber Fremdsprachigen oder Muttersprachigen mit eingeschränktem Sprachverständnis oder gegenüber institutionell Abhängigen (z.B. beim Arzt oder im Pflegeheim; vgl. z.B. Sachweh 1998). Die Bezeichnung ‚Motherese' ist inzwischen am gebräuchlichsten, sie wird im Folgenden für das elterliche intuitive Sprach- und Sprechmuster verwendet.

Das Motherese ist u.a. gekennzeichnet durch Redundanz, prosodische Übertreibung, sprachliche Vereinfachung und besondere Aufmerksamkeitssteuerung (vgl. stellvertretend Bruner 1987; Papoušek 1994; Grimm 1995; Siegert/Ritterfeld 2000). Klanglich fällt das Muster am stärksten auf. Schon Felix Trojan (1948, 178) hatte ein ‚Schallbild der Zärtlichkeit gegenüber Kindern' beschrieben, mit dem Erwachsene Harmlosigkeit und Einfühlung anzeigen, indem sie eine kindliche Sprechstimme nachahmen (z.B. durch Verwendung des Kopfregisters). Weitere typische klangliche Kennzeichen des Motherese sind große Melodieverläufe mitunter über mehr als zwei Oktaven, ein kleines Repertoire an überdeutlichen, häufig wiederholten Melodieverlaufsmustern, geringe Sprechgeschwindigkeit mit häufigen regelmäßigen Akzenten, lange Gliederungspausen, geringe Lautheit, deutliche Artikulation mit Vokaldehnungen und ein großes Repertoire an Reimen, melodischen Rhythmen, Liedern.

Je nach Alter des Kindes stehen jeweils bestimmte Merkmale des kindbezogenen elterlichen Sprach- und Sprechmusters im Vordergrund, weil die Eltern sich intuitiv an die sich entwickelnden kommunikativen Bedürfnisse und Fähigkeiten des Kindes anpassen. Die Erwachsenen sprechen mit ihren kleinen Kindern also intuitiv genau so, dass es deren Sprach- und Kommunikationsentwicklung zuträglich ist, und schaffen damit die ‚Zone nächster Entwicklung' (Wygotski 1987). Generell verwenden die Eltern vereinfachte, prototypische Grundmuster, wiederholen sie häufig, kontrastieren sie und setzen sie ritualisiert als Antwort auf kindliche Äußerungen ein. Damit erleichtern sie den Kindern die Strukturierung der sozialen Kontexte; gleichzeitig vermitteln sie Sprache und Wissen über Sprache. Diese Merkmale des Motherese gelten als universal und erfüllen basale Funktionen in der Interaktion zwischen Erwachsenen und Kleinkindern:

- Sie sind ein Mittel zur Steuerung und Aufrechterhaltung der kindlichen Aufmerksamkeit,
- sie sind aber auch ein Mittel zur Herstellung einer gemeinsamen sozial-affektiven Bindung,

- sie unterstützen die kindliche Wahrnehmung und Verarbeitung von Strukturen und
- sie fördern die Interaktion zwischen den ungleichen Kommunikationspartnern.

Das Motherese ist für die Kinder offensichtlich sehr eindrucksvoll und auffällig. Denn im Vorschulalter benutzen sie es selbst, wenn sie im Rollenspiel in der Spielidentität eines ‚Erwachsenen' zu einem ‚kleinen Kind' sprechen. Sie verwenden dabei weniger die sprachstrukturellen, sondern vor allem die sprecherischen Merkmale des Motherese in sehr treffender Weise (vgl. die Untersuchungen von Bose 2003).

C.1.3 Theory of Mind

Im ersten Lebensjahr erwerben Kinder Fähigkeiten wie Auffordern, Verlangen, Verneinen bzw. Ablehnen, Hinweisen, später auch Benennen und sie setzen diese Fähigkeiten auch zunehmend sprachlich um. Im ersten und zweiten Lebensjahr sind Kinder allerdings durchgängig auf kommunikative Unterstützung angewiesen. Durch die Kommunikationsangebote im familiären Rahmen lernen Kinder bereits früh, aus dem sprecherischen Handeln anderer Interaktionspartner deren Handlungsziele zu erkennen und angemessen darauf einzugehen sowie die Sprache angemessen zum Erreichen eigener Ziele einzusetzen.

Über die gegenseitige Imitation von Handlungen können bereits sehr kleine Kinder in ihren Kommunikationen untereinander Kohärenz und Partnerorientierung erzeugen: Durch rhythmische Körperbewegungen, duettierendes Singen von Reimen usw. entsteht eine frühe Form der Symmetrie, die die positiven Gefühle der Kinder füreinander verstärkt und Gemeinsamkeit stiftet. Diese kindlichen Verhaltensformen sind allerdings zunächst noch stark situationsgebunden, erst später können sie auch auf andere Situationen übertragen werden.

Voraussetzung dafür ist eine ‚Theorie des Geistes' (Theory of Mind – ToM), also die Fähigkeit, „sich selbst und anderen mentale Zustände (Glauben, Wollen, Fühlen usw.) zuzuschreiben" (Röska-Hardy 2011, 96). Kinder lernen, dass Menschen auf Grund ihrer eigenen Weltsicht und ihres eigenen Weltwissens handeln und dass sich dieses von eigener Sicht und Wissen unterscheiden kann. „Beim Erwerb der ToM-Fähigkeit geht es darum, zu begreifen, *dass* individuelle Menschen die Welt auf je eigene Weise repräsentieren und *wie* sie die Welt repräsentieren, um die Verknüpfung zwischen Überzeugungen, Wünschen, Absichten und Handeln zu erfassen." (Röska-Hardy 2011, 97f.; Herv. im Original).

Diese Fähigkeit entwickelt sich von Geburt an. Ab dem sechsten Lebensjahr verfügen die meisten Kinder (wenn sie nicht unter spezifischen Entwicklungsstörungen wie Autismus leiden) über ausgeprägte Fähigkeiten im Bereich ToM. Die Entwicklung läuft allerdings durch das Kinder- und Jugendalter weiter, und die Fähigkeit der ToM differenziert sich immer weiter aus (vgl. ebd., 97 und 100ff.).

Zum einen ist ToM Grundlage für die sprachliche Entwicklung: Kinder müssen lernen, zwischen der eigenen Perspektive und der des Interaktionspartners zu unterscheiden und dementsprechend das eigene sprachliche Handeln zu gestalten (vgl. stellvertretend Leslie 1987; Brüne/Brüne-Cohrs 2006). Das Verhältnis zwischen Spracherwerb und der Entwicklung von ToM scheint das einer bidirektionalen Einflussnahme zu sein (vgl. Röska-Hardy 2011, 132); es handelt sich um zwei eigenständige Bereiche, die in ihrer Entwicklung aber deutliche Korrelationen aufweisen.

Durch diese kognitive Fähigkeit zur Einsicht in die (mögliche) Differenz des Wissens und Fühlens anderer Personen entwickelt das Kind zunehmend die Fähigkeit zur Perspektivenübernahme und erweitert so seine sprachlichen Handlungsmöglichkeiten. Dies ist zentral für die allgemeine Sprachentwicklung, bekommt aber für die Entwicklung rhetorischer Verfahren wie Argumentieren und Erzählen eine besondere Bedeutung.

C.2 Entwicklung kindlicher Sprechausdrucksfähigkeit

Die kommunikative Sozialisation des Kindes vollzieht sich nicht nur im Kontakt mit den Eltern, ebenso bedeutsam ist die Kommunikation mit anderen Kindern. Zunächst führen die Kinder die spielerisch-dialogischen Wechselspiele mit den Eltern aus dem Säuglingsalter auch im Kontakt mit anderen Kindern fort. Ab dem dritten Lebensjahr sind Kinder nicht mehr durchgängig auf kommunikative Unterstützung durch die Bezugspersonen angewiesen, und das Spiel mit Gleichaltrigen wird zum wesentlichen Verfahren der Aneignung und Etablierung kommunikativer Routinen. Im Folgenden werden kindliche Spielinteraktionen vor allem im Hinblick auf die Entwicklung und den Status des Sprechausdrucks betrachtet.

C.2.1 Sprechausdruck

‚Sprechausdruck' wird in der Sprechwissenschaft als Oberbegriff für situations- und stimmungsadäquat konventionalisierte Gestaltungsweisen im Sprechschall verwendet, mit denen unter anderem Rollen-, Gruppen-, Handlungsmuster realisiert werden (vgl. z.B. Krech et al. 1991; Gutenberg 2001; Bose 2003). Sprechausdruck ist nicht vorrangig biologisch, sondern sozial determiniert und wird im Sprachlernprozess auf der Grundlage angeborener Stimmausdrucksmuster erworben. Er ist historisch bedingt, eng verbunden mit der kulturellen Tradition und leicht wandlungsfähig. Beim Sprechausdruck handelt es sich um einen Merkmalskomplex, der mit der sprachlichen Ebene des Sprechens eng verwoben ist und sowohl aus stimmlich-melodischen als auch aus temporalen, dynamischen und artikulatorischen Parametern gebildet wird (Sprechtonhöhe, Stimmklang, Lautheit, Sprechgeschwindigkeit, Akzentuierung, Gliederung, Artikulation u.a.m.).

In konkreten Kommunikationsereignissen werden Sprechausdrucksweisen produziert und rezipiert. Wenn bestimmte Sprechausdrucksweisen sich regelmäßig wiederholen und an ähnliche Bedingungen geknüpft sind, wenn sie also geordnet, regelhaft erscheinen, liegt die Vermutung nahe, dass es dafür Sprechausdrucksmuster in den Köpfen der Kommunizierenden gibt (vgl. z.B. Gutenberg 2001). Gesprächspartner deuten den konkreten Sprechausdruck eines Sprechers vor dem Hintergrund ihrer Erfahrungen bzw. Erwartungen über angemessenes Ausdrucksverhalten; als Ausdruck von Persönlichkeitseigenschaften, von Emotionen und Einstellungen, von Interaktionsrollen. Sprechausdrucksmuster stellen so prototypische Abstraktionen situations- und einstellungsspezifischer, stimmlich-artikulatorischer Ausdrucksweisen dar, denen in der Regel überindividuelle Hör- und Interpretationsmuster zugrunde liegen (vgl. stellvertretend Bose 2003). Den Sprechausdrucksmustern entsprechen also gesellschaftlich bedingte Hörmuster, interiorisierte Normen bzw. Erwartungsmuster zur Angemessenheit stimmlich-artikulatorischer Gestaltung als situationsadäquate Realisation bestimmter Sprechhandlungs-, Rollen-, und Sozialmuster.

Kinder lernen im Verlaufe ihrer Kommunikationsbiographie auf der Grundlage angeborener Verhaltensweisen, Sprechausdruck situations- und stimmungsadäquat zu verwenden, d.h., sie bilden interiorisierte Vorstellungen (Hörmuster) darüber aus. Kinder sind in ihrem Umfeld mit jeweils individuell ausgeführten Konventionen sprecherischen Ausdrucks konfrontiert und erwerben die Sprechausdrucksmuster durch wiederholte Wahrnehmung, durch Abstraktion relevanter Merkmale von Zufälligem, Individuellem und durch kreative Umsetzung, indem sie die gelernten Ausdrucksformen in anderen Situationen verwenden. Sichtbar wird das z.B. in ihren Rollenspielen, denn hier transformieren Kinder situations- und stimmungsspezifische Ausdrucksformen, die sie bereits kennen und als musterhaft interpretiert haben, in erfundene Situationen und probieren dabei im Kontakt mit ihren Spielpartnern Ausdruck und Wirkung aus. Kleine Kinder verfügen bereits über Sprechausdrucksfähigkeiten, die ihre sprachlichen überschreiten.

C.2.2 Sprach- und Sprechspiele

Solange Kinder noch nicht über ausreichende grammatische und lexikalische Kenntnisse verfügen, orientieren sie sich vor allem am Rhythmus und an der stimmlich-artikulatorischen Gestaltung des Gesprächs. Über die gegenseitige Imitation von Handlungen können bereits sehr kleine Kinder miteinander Kohärenz und Partnerorientierung erzeugen: durch rhythmische Körperbewegungen, duettierendes Singen und Reimen, durch häufige Wiederholungen eigener und Partneräußerungen (z.T. mit Modifikationen in Stimmklang, Akzentstruktur, Tonhöhenverlauf, Sprechgeschwindigkeit usw.). So entsteht eine frühe Form der Symmetrie, die die positiven Gefühle der Kinder füreinander verstärkt und Gemeinsamkeit stiftet. Diese kindlichen Verhaltensformen sind allerdings zunächst noch stark abhängig von konkreten Kontexten, erst später können sie auch auf andere Situationen übertragen werden. Voraussetzung dafür ist die Fähigkeit zur Reziprozität der jeweiligen Handlungen, die im Verlauf des frühen Vorschulalters allmählich erworben wird. Im Verlaufe der Entwicklung werden diese lokalen, formal orientierten Kohärenzmittel allmählich durch inhaltlich orientierte ersetzt.

Auch in den Interaktionen zwischen Vorschulkindern kommen sehr häufig Laut- und Klangspielereien vor, also Formen des kommunikativen Austauschs, bei denen es den Kindern vor allem auf den Klang der Wörter ankommt, auf das Spiel mit verschiedenen möglichen Klangkombinationen (vgl. z.B. Keenan 1979; Kirsch-Auwärter 1985; Andresen 2002). Es gibt immer wieder Gesprächsphasen, die stärker durch die klanglichen Eigenschaften der Äußerungen bestimmt sind als durch semantische Erwägungen:

- Die Kinder spielen mit tradierten sprachlichen Formen, z.B. mit Kinderreimen und -sprüchen,
- sie erfinden neue Formen (fiktive Eigennamen, Nonsense-Verse und -Geschichten),
- sie spielen mit Gesprächskonventionen (Wechsel zwischen Gesprächsebenen, Situationsrahmen),

- sie verändern die jeweiligen Verwendungskontexte, etwa wenn sie (artikulatorische, prosodische, klangliche) Angemessenheitsstandards in Sprachspielen mit tabuiertem Inhalt lustvoll verletzen.

Derartige Spiele setzen einen bewussten und selektiven Umgang mit gesprochenen Äußerungen voraus und müssen interaktiv hergestellt werden. Sprechspiele haben große Relevanz für referenzielle Dialoge; sie stellen Vorstufen von Gesprächsfähigkeit dar (Garvey 1984).

Sprechspiele kommen vor allem in den Kommunikationen zwischen einander vertrauten Partnern vor; nicht nur zwischen vertrauten Kindern, sondern durchaus auch in geselligen Kommunikationen unter vertrauten Jugendlichen und Erwachsenen und in Familien:

- Wenn Familien gemeinsam fernsehen, kommentieren sie das Geschehen auf dem Bildschirm meist sprachlich knapp, aber klanglich sehr einfallsreich, und stellen durch Sprechspiele eine unernste Interaktionsmodalität her (Baldauf 2002).
- Vertraute Jugendliche vollführen in ihren Freizeitinteraktionen zahlreiche Performances mittels expressiver, kreativer Sprechausdrucksgestaltungen (Schäfer 2003). Sie spielen dabei mit sozialen und medialen Klischees, mit Dialekten, sie ahmen typische Sprechhandlungsfolgen nach und karikieren sie mit großer Gestaltungsfreude. Aggressive Verhaltensweisen werden sprecherisch als unernst gerahmt (z.B. als spielerische Beschimpfungsrituale); die Jugendlichen zeigen einander so, dass sie Spaß verstehen und dass sie einander Unhöflichkeiten sagen können, die sie gegenüber Fremden vermeiden würden (Deppermann/Schmidt 2001).
- Erwachsene Freunde und Bekannte entwerfen in geselligen Tischgesprächen aus dem aktuellen Gespräch heraus sehr gern und ausgiebig vorgestellte Situationen: Sie inszenieren vergangene, gegenwärtige, mögliche oder zukünftige Ereignisse, in denen sie Figuren sprecherisch animieren (Bose/Ehmer 2007). Über zahlreiche spielerische Aktivitäten (z.B. Wiedergabe direkter Rede, Übernahme verschiedener Perspektiven, kooperative und kompetitive Verfertigung von Pointen) stellen die Beteiligten mit großer Freude gemeinsam eine humorvolle Gesprächsatmosphäre her.

C.2.3 Soziales Rollenspiel

Für die Entwicklung des kindlichen Sprechausdrucks ist ebenfalls das explizite Spiel, und hier vor allem das Rollenspiel, von großem Interesse. Das soziale Rollenspiel ist eine der wichtigsten Interaktionsformen des Vorschulalters. Es entsteht, wenn Kinder symbolisch handeln können (also auch durch Sprache). Kinder übernehmen in dieser Spielform fiktive Sozial-, Sprech-, Situationsrollen und gestalten die Rollenfiguren mit ihren Haltungen und Stimmungen verbal, paraverbal und nonverbal so, dass die Spielpartner sie identifizieren und nach eigenen Rollenvorstellungen darauf reagieren können. Mit der Übernahme einer Spielrolle sind bestimmte Regeln für das Verhalten verbunden. Dabei geht es um Typisierungen: Kinder spielen weder konkrete Erfahrungen genau nach, noch stellen sie Individuen dar, sondern sie setzen sich mit bestimmten Sozialrollen ihrer Umgebung auseinander (Wygotski 1964; Elkonin 1980; Andresen 1997).

Die Kinder schaffen sich im Spiel eine Situation, in der sie sich ihrer übernommenen Rollen gemäß so verhalten, als ob es Wirklichkeit wäre, was sie da tun. Durch die Übernahme verschiedener Rollen erweitern sich Rollendefinitionen, -konzepte und -repertoires der Kinder für das Handeln in mehrdeutigen Situationen. Sowohl durch die Abstimmung mit ihren Spielgefährten als auch durch die Übernahme verschiedener Rollen lernen die Kinder viele verschiedene Standpunkte kennen und müssen sie gegenüber ihren Spielpartnern vertreten. Dadurch werden sie zunehmend befähigt, sich kognitiv in die Rolle anderer hineinzuversetzen und eine gegebene Situation auch aus der Perspektive des Interaktionspartners zu sehen. Die Kinder erarbeiten sich quasi das rhetorische Konzept des Aptums: Situations- und stimmungsspezifische Ausdrucksformen, die sie bereits kennen und als musterhaft interpretiert haben, transformieren sie in erfundene Situationen und probieren im Kontakt mit ihren Spielpartnern Ausdruck und Wirkung aus (Andresen 1997; Bose 2003). Ein äußerst wichtiger Lerneffekt besteht darin, dass die Kinder selbst Kontexte setzen und erfahren, dass jegliches Verhalten kontextualisiert ist; dass sie gleichzeitig aber auch Handlungen insofern dekontextualisieren, als sie sie aus ihrem ursprünglichen Kontext herauslösen und in spielerische Handlungen umdeuten.

Diese Fähigkeit zur Kontextualisierung betrifft auch die Sprechausdrucksgestaltung. Vorschulkinder setzen in ihren Rollenspielen systematisch spielbezogene Sprechausdrucksformen ein und reagieren darauf (Bose 2003). Sie verwenden diese spielbezogenen musterhaften Sprechausdrucksweisen offensichtlich mit wiederkehrenden Funktionen für die Spielkommunikation:

- Sie gestalten damit fiktive Spielrollen (z.B. die Kinderrolle mit kindertümelnd- oder nörgelnd-kleinkindhaftem Sprechausdruck, die Erwachsenenrolle mit erwachsentümelnd-besorgtem oder -bestimmendem Sprechausdruck) und inszenieren fiktive Dialoge zwischen den Spielfiguren.
- Sie stützen und strukturieren die Spielkommunikation, indem sie z.B. den Spielrahmen aufrechterhalten bzw. wiederherstellen (z.B. mit einem charakteristischen Erzähl- oder Vorleseton), den Wechsel zwischen verschiedenen Spielebenen sprecherisch anzeigen oder bestimmte Aktionen als ernsthaft bzw. spielerisch markieren.
- Sie erzeugen eine kooperative Spielatmosphäre und fördern die Beziehung zueinander, indem sie z.B. die besondere Nähe zum Spielpartner und die Zustimmung zu seinen Spielhandlungen unterstreichen (z.B. durch Sprechausdruckskonsonanz), inhaltliche Korrekturen in Sprechausdruckskongruenz zu den Partneräußerungen vorbringen, potenzielle Auseinandersetzungen verhindern oder abschwächen, aber auch Imageverletzungen deutlich machen.

Vor allem aber wird aus der Sprechausdrucksgestaltung im sozialen Rollenspiel die außerordentliche Lust der Kinder am Spiel mit sprecherischen Ausdrucksformen deutlich.

Vertraute Spielpartner bauen in diesen Rollenspielen interaktiv Sprechausdrucksrepertoires auf und erwerben so miteinander eine Sprechausdruckskompetenz als Teil von allgemeiner kommunikativer Kompetenz. Unter *Sprechausdruckskompetenz* werden überwiegend implizite Kenntnisse über und Fähigkeiten zur situations- und stimmungsabhängigen Variation von Sprechausdrucksweisen verstanden, die als Regulationsbasis für kommunikatives Handeln dienen. Sie sind mit interiorisierten Erwartungsvorstellungen über die Adäquatheit konkreter Sprechausdrucksgestaltungen verbunden, haben also Bezug zur Kommunikations- und Kulturgemeinschaft, in der die Kinder aufwachsen. Dabei ist von einer überwiegend impliziten Musterkenntnis auszugehen, gelegentlich finden sich in den Rollenspielen aber auch metasprachliche Benennungen und Bewertungen bestimmter Sprechausdrucksweisen, die auf ein Musterwissen der Kinder hindeuten.

Die Kinder orientieren sich bei der Gestaltung ihrer Spielkommunikationen offensichtlich an Vorbildern aus ihrer Kommunikationsumwelt: Ähnlichkeiten zu den frühen Eltern-Säuglings-Kommunikationen sind ebenso unverkennbar wie die zu bekannten Rollenmustern und Praktiken vertrauter Erwachsener im informellen Gespräch. Im Vorschulalter verfügen Kinder also bereits über die nötige Kompetenz, kulturell bedingte kommunikative Muster im Spiel so treffend zu gestalten, dass externe erwachsene Hörer sie wiedererkennen und sich an eigenes Kommunikationsverhalten erinnert fühlen. Dennoch gestalten die Kinder ihre Kommunikationen nach eigenständigen Regeln bzw. Konventionen. Die verbalen, paraverbalen und nonverbalen Spielaktivitäten stellen kindliche Typisierungen und Stilisierungen vorfindlicher Muster in sehr expressiver Form dar; sie sind also eigene Schöpfungen der Kinder, was unter anderem in veränderten Situationsbezügen, in Hinzufügungen und Auslassungen von Ausdrucksformen deutlich wird.

C.3 Entwicklung kindlicher Rhetorikfähigkeit

Bereits frühe kindliche Äußerungen weisen Kennzeichen strategischer und zum Teil sogar reflektierter Verwendung sprachlich-kommunikativer Mittel auf. Deswegen wird gelegentlich von einer ‚protorhetorischen Phase' (im Sinne einer vor-rhetorischen Phase) gesprochen. In der protorhetorischen Phase verwenden Kinder bereits rhetorische Formen und Muster, bevor sie sie dann später reflektiert und theoriegeleitet nutzen können (für einen Überblick vgl. Bose/Hannken-Illjes 2012). Anhaltspunkte für eine protorhetorische Phase in der kindlichen Sprach- und Kommunikationsentwicklung liefern Studien zum Spracherwerb aus der Psychologie, Erziehungswissenschaft, Hirnforschung und aus der Linguistik, hier vor allem aus der Pragmatik und Stilistik.

Die Verwendung sprachlich-kommunikativer Mittel ist nach Gerd Antos (1985, 9) dann als ‚(proto-)rhetorisch' zu kennzeichnen, wenn es Anzeichen für eine reflektierte Verwendung gibt. Die intentional-reflexive Verwendungsweise sprachlich-kommunikativer Mittel ist sowohl empirisch nachzuweisen anhand von Indikatoren, wie z.B. metakommunikativem Sprachgebrauch, als auch interpretativ zu rekonstruieren, z.B. anhand des Verwendungskontextes. Relevant sind hier Studien zu metapragmatischem Verhalten von Kindern, vor allem zum Kommentieren von (Un-)Angemessenheit und (Un-)Höflichkeit im eigenen und fremden Kommunikationsverhalten (Stude 2007). Die Grundannahme ist, dass metapragmatisches Sprechen Kinder für stärkere Reflexion ihrer Kommunikation sensibel macht und damit eine Basis legt für eine spätere Beherrschung metapragmatischer Reflexion. Fraglich ist allerdings, ob metapragmatisches Sprechen (wie etwa *„Doofkopf sagt man nicht"*) schon Zeichen für

Reflexion ist oder ob lediglich Muster reproduziert werden. Antos (1985) verweist auf rhetorische Stilmittel (wie z.B. Anakoluthe, Ellipse, Korrekturen, Paraphrasen), die Kinder – wenngleich noch unreflektiert – ganz ohne Rhetorikausbildung mühelos verwenden. Sprachliche Muster und Strategien sind dabei eng mit gesellschaftlich tradierten Verhaltensformen und Ansichten verknüpft. So wird das Empfinden für angemessenes Auftreten (Stiltugenden, virtutes elocutionis) auch durch Sozialisationsprozesse vermittelt.

Neben diesem Kriterium der Reflektiertheit des sprachlichen Handelns bestimmt sich rhetorisches Handeln auch durch strategisches Vorgehen. Kinder eignen sich also nicht protorhetorische Fähigkeiten ‚an sich' an, sondern sie erwerben kommunikative Mittel zur Erreichung ihrer Ziele im interaktiven Handeln. In diesem Verständnis sind dann auch protorhetorische Fertigkeiten erworben und gelernt, aber noch nicht theoretisch überformt. Damit sind protorhetorische Fähigkeiten Teil der sich entwickelnden allgemeinen kommunikativen Kompetenz. Hier sind insbesondere Studien zur Ontogenese von Argumentation und Narration – als zentrale Bestandteile des rhetorischen, persuasiven Handelns – relevant.

C.3.1 Entwicklung der Argumentationsfähigkeit

C.3.1.1 Widersprechen, Kooperieren und Begründen

Die Entwicklung argumentativer Fähigkeiten, also der Fähigkeit, im Bezug auf eine Streitfrage Gründe zu geben und zu akzeptieren, ist, zumindest in unserem Kulturkreis, zentral. Argumentation gilt als ein bzw. *das* kommunikatives Verfahren, durch das Streit aufgelöst werden kann hin zu einer Einigung (die ebenso gut in einem Konsens wie in einem Kompromiss oder begründeten Dissens bestehen kann). Damit wird Argumentieren zum Gegenstück des Streits, auch des Streits mit körperlichen Mitteln. Hinzu kommt, dass sich Diskursgemeinschaften durch Begründungshandeln und die damit immer implizit mitverhandelte Frage, was als guter Grund gelten kann, immer aufs Neue dessen versichern, was gilt.

Als eine Vorform kindlicher Argumentation wird das *Widersprechen* angesehen. Zwischen dem vierten und siebenten Lebensjahr nimmt die kindliche Fähigkeit, Widerspruch verbal und argumentativ angemessen auszudrücken, erheblich zu, so dass der Kommunikationspartner zur Akzeptanz des Widerspruchs und zu einer entsprechenden (beabsichtigten) Reaktion veranlasst wird (sog. ‚gesichtswahrende Formen von Opposition'; vgl. Lanzen/Kraft 1997). Gelegentlich wird dafür auch der Begriff ‚Protoargumentation' verwendet, er referiert auf argumentative Formen, die einen Widerspruch durch (mehrfache) Wiederholung als solchen markieren (vgl. Brumark 2008).

Hier zeigt sich, dass für kleine Kinder Sprechausdrucksweisen offensichtlich denselben kommunikativen Rang besitzen wie verbale Handlungsfolgen. Zumindest lässt sich ein Beispiel des Widersprechens als Vorstufe des *Begründens* von Josef Klein (1985, 266) entsprechend interpretieren: Ein Mädchen (1.9 Jahre) wird von der Mutter aufgefordert, eine von den zwei Plastikenten, die es in den Händen hält, abzugeben. Das Kind weigert sich zunächst durch bloßes „*Nein*"; nach der Problematisierung der Weigerung durch die Erwachsenen fügt das Kind die Äußerung „*Ich haben*" hinzu, die es dann nach erneuter Bedrängnis durch seine erwachsenen Interaktionspartner mit der Äußerung „*Will ich habn. Habn ich!*" inhaltlich-lexikalisch ausbaut, syntaktisch variiert und in der Lautstärke steigert. Für Klein sind die Ergänzungen des Kindes lediglich Explikationen seines Neins, die zwar die Ablehnung des Kindes stützen, aber den anderen Beteiligten keinen Informationszuwachs geben. Jedoch liefert das Kind mit dem nachdrücklichen, energischen Wiederholen seines Besitzanspruchs eine Art Erläuterung zum Streitpunkt, indem es paraverbal seine starke emotionale Anteilnahme kund tut. Die Mutter versteht den Sprechausdruck auch, denn sie reagiert: *„Sie will's lieber selbst behalten".* Insofern kann die charakteristische sprecherische Gestaltung von Äußerungen als eine Art Vorläufer des Begründens gewertet werden.

Gegenstück zum Widersprechen ist das *Kooperieren*, aus dem auch Hinweise für die Entwicklung der Argumentationsfähigkeit gewonnen werden können. Schließlich ist ein mögliches Ziel von Argumentation die Einigung und damit Sicherstellung der Kooperationsfähigkeit. Insbesondere im gemeinsamen Spiel sind Kinder frühzeitig in der Lage, zweckmäßige kommunikative Muster funktional angemessen zu verwenden und damit kommunikativ-sprachlich praktische Kooperation herzustellen (vgl. Kraft 1991 für Kommunikation im Kindergarten):

- Bereits Dreijährige initiieren spontan Kooperation, sowohl ohne jede spezielle sprachlich-kommunikative Vorbereitung (nur aufgrund gegenseitiger Beobachtung) als auch sprachlich-kommunikativ (z.B. mit der Bitte um Überlassung eines Gegenstands). Aber sie organisieren die Kooperation kaum im Vorhinein über die Herstellung eines gemeinsamen Handlungsfokus hinaus (Abstimmung von Vorstellungen und Verabredung gemeinsamer Vorgehensweisen).
- Demgegenüber produzierten Sechsjährige häufiger sprachliche Äußerungen über ausführungsvorgreifende Handlungsabsichten, -programme und Entscheidungen und bedienten sich dabei differenzierter Kommunikationsmuster (Teilhandlungsvorschlag, Festlegung, Handlungsankündigung, Aufforderung).

C.3.1.2 Streiten

Ebenso wie Widersprechen kann auch kindliches Streiten den als Vorform kindlicher Argumentation gesehen werden. Zugleich bildet der Streit Ausgangspunkt für rhetorisches Handeln. Kindliches Streiten ist Gegenstand zahlreicher Untersuchungen (z.B. Biere 1978; Klein 1983; Ames 1986; Valtin 1991; Krappmann/Oswald 1995; Kraft/Meng 2007). In den Arbeiten wird übereinstimmend festgestellt, dass Kinder im Streit grundlegende Formen des sozialen Zusammenlebens und der sozialen Konfliktbeilegung erproben. Kindliche Streite entstehen nach Bernd Biere (1978) meist innerhalb von Kooperationen und enthalten immer auch kooperative Elemente, denn die Partner befolgen dabei offensichtlich bestimmte Regeln. Es handelt sich dabei zunächst um eigenständige Regeln; erst allmählich lernen Kinder so zu streiten, wie die Erwachsenen es von ihnen erwarten. Bestimmte Sequenzen sind nur zu verstehen, wenn man eigene Regelrepertoires der Kinder annimmt. Typisch für Kinderstreite sind nach Biere (ebd.) z.B. der enge Zusammenhang und der fließende Übergang zwischen verbalen und körperlichen Streithandlungen. Streit unter Kindern ist meist expressiv und hat für gewöhnlich weniger ernste und andauernde Folgen als ähnlich emotionale Auseinandersetzungen unter Erwachsenen; trotz körperlicher Auseinandersetzung kommt es nur selten zum dauerhaften Abbruch der Beziehung.

Renate Valtin (1991) hat Fünf- bis Zwölfjährige dazu interviewt, was sie über Streiten denken und wie sie untereinander streiten (Streitgründe, Konfliktbewältigungsformen). Die Untersuchung legt nicht nur offen, welche Regeln für Kinder wirksam sind, sondern auch, dass die Kinder die Fähigkeit besitzen, diese Regeln zu reflektieren. Die Vorschulkinder gaben an, vor allem um Besitzansprüche, wegen unterschiedlicher Handlungswünsche und aggressiven Verhaltens zu streiten und körperliche Auseinandersetzung nicht nur zu akzeptieren, sondern sie gegenüber sprachlichen Formen zu bevorzugen. Verbale Auseinandersetzungen jüngerer Kinder weisen nach deren Angaben oft eine mehrstufige Struktur von Behauptung und Gegenbehauptung auf. Geltungsansprüche werden durch mehrfache Äußerungswiederholung mit zunehmender Lautstärke deutlich gemacht. Der Konflikt wird meist durch das (durchaus von den Kindern verlangte) Eingreifen Erwachsener beigelegt. Untereinander beenden die Kinder nach eigenen Angaben ihre Streite meist einseitig, indem sie sich von der Konfliktquelle entfernen, nachgeben, die streitauslösende Handlung rückgängig machen, einfach aufhören oder äußerlich entsprechende Rituale befolgen. Erst ältere Schulkinder gaben an, vorzugsweise und überwiegend verbal zu streiten, nach dem ‚Prinzip der Gegenseitigkeit' mit einem allmählich wachsenden Anteil an Argumentation.

C.3.1.3 Argumentieren

Streit, also die offene Markierung von Strittigkeit, an sich ist noch nicht rhetorisch. Gerade ein Streitbegriff, der körperliche Auseinandersetzung einschließt, steht einem Verständnis von Rhetorik als nicht-wirkungssicherer Einflussnahme diametral entgegen. Zentral für rhetorisches Handeln ist der Versuch des Überzeugens, und damit wird Argumentation zu einem grundlegenden, wenn auch immer risikobehafteten Verfahren. Zur Argumentation von Kindern liegen erstaunlich wenig Studien vor. Eine zentrale Arbeit stammt von Paul-Ludwig Völzing (1982). Es handelt sich um eine empirische Studie zur Ontogenese argumentativer Fähigkeiten. Völzing beschreibt die Argumentation bei Kindern ab dem dritten Lebensjahr und stellt heraus, dass Kinder schon sehr früh Äußerungen argumentativ verwenden, ohne dass dafür kausale Marker an der Textoberfläche zu finden sind. Um argumentieren zu können, müssen Kinder in der Lage sein, mit ihrem Adressaten zu kooperieren und, wenn auch rudimentär, dessen Perspektive zu übernehmen, also in Ansätzen über eine Theory of Mind zu verfügen (s.o.). Die Argumentationen, die Völzing für Kinder im dritten und vierten Lebensjahr aufführt, sind erstaunlich elaboriert und stehen in ihrer Plausibilität der Alltagsargumentation von Erwachsenen kaum nach.

Die Bedeutung der Entwicklung von argumentativen Fähigkeiten liegt, wie bereits erwähnt, in der besonderen Stellung des Verfahrens „argumentieren". Von besonderer Bedeutung ist hier die moralische Argumentation, da moralische Streitfragen in erster Linie diskursiv lösbar sind. In einer Arbeit zur „Ontogenese moralischer Argumentation" hat Max Miller (1980) die Entwicklung moralischer Argumentationen in Kindergruppen (zu je vier Kindern) von Fünfjährigen, Sieben- bis Achtjährigen und Zehnjährigen untersucht. Grundlage ist ein moralisches Dilemma („Heinz-Dilemma"), über das Miller die Kinder diskutieren lässt, mit der Aufgabe eine gemeinsame Lösung zu entwickeln. Den Fokus legt Miller auf die logische Verbindung einzelner Argumente, nicht auf pragmatische Aspekte. Gut zu sehen ist in dieser Studie, wie sich die Fähigkeit zur Koordination von Argumenten differenziert je älter die Kinder werden. Eindrücklich ist auch, dass die Kinder in den Gruppen häufig für sich zu Lösungen kommen, die dann aber von dem Leiter der Studie und Autor nicht akzeptiert werden. Diese Ablehnung von gemeinsam gefundenen Lösungen wird von den Kindern kritisiert.

Insbesondere für die Argumentation muss die Entwicklung grundlegender Fähigkeiten für eine lange Zeit, bis in die Pubertät, angesetzt werden. Dies legt zumindest eine Studie von van Eemeren et al. (1989) nahe. Danach gibt es zwischen dem 14. und 15. Lebensjahr einen signifikanten Entwicklungsunterschied in Bezug auf das Erkennen von Argumentationsmustern und argumentativen Strukturen. Das heißt, Fähigkeiten, die für die Evaluierung von Argumenten nach logisch-dialektischen Kriterien notwendig sind, entwickeln sich erst sehr spät und dann schubweise.

C.3.2 Entwicklung der Erzählfähigkeit

Neben der Argumentation ist die Narration das zweite zentrale rhetorische Verfahren. Es hat aber nicht nur eine Bedeutung als rhetorisches Verfahren. Erzählen hat auch eine grundlegendere Funktion in der Weltaneignung und dem Weltverstehen. Für die Forschung zur Erzählentwicklung bei Kindern lassen sich zwei Ansätze unterscheiden: zum einen ein interaktional-konversationsanalytischer, zum anderen ein kognitiver (vgl. Boueke et al. 1995). In konversationsanalytischen Arbeiten werden die situativen Bedingungen und die interaktionale Schöpfung von Kommunikation beachtet. Damit sind so grundlegende Aspekte einbezogen wie das Erzählen für jemanden und die Bearbeitung verschiedener Aufgaben innerhalb der Interaktion. Dies sind Perspektiven, die anschlussfähig an ein Verständnis von Rhetorik als immer auf ein Gegenüber ausgerichtet scheinen.

Rhetorisches Erzählen muss besonderen Ansprüchen genügen. Das sind zum einen die klassischen Tugenden der Narratio: die Kürze und Klarheit (in Bezug auf Erzählfähigkeit als Relevanz und Kohärenz zu übersetzen) und die Wahrscheinlichkeit. Zusätzlich gehören zu den Ansprüchen aber auch die grundsätzliche Parteilichkeit in rhetorischem Erzählen und die Organisation einer Geschichte auf eine klare Konklusion hin. Letztere lässt sich – mit einiger Vorsicht – übersetzen in das Kriterium der Erzählwürdigkeit (häufig auch als reportability oder tellability). Eine Erzählung muss die „Minimalbedingungen der Ungewöhnlichkeit" (vgl. z.B. Kline 1998) erfüllen. Insbesondere die Erzählwürdigkeit und ihre Herstellung in verschiedenen Lebensaltern sind protorhetorisch interessant.

Die Wurzeln des Erzählens sehen mehrere Autoren in der Primärsozialisation – für die Rezeption liegen sie vor allem im Vorlesen, Erzählen und gemeinsamen Besprechen von Bilderbüchern für und mit Kleinkinder(n) (Boueke et al. 1995; Wieler 1997), für die Produktion bieten sich viele Gelegenheiten des Alltags in Familie und Kindergarten an. Im Schulalter wird Erzählen in mündlichen und schriftlichen Formen in der Schule gefordert (Braun 2007), sehr viel früher als das Argumentieren.

Der aktive Gebrauch narrativer Strukturen beginnt in der zweiten Hälfte des dritten Lebensjahres (Meng 1991; Wieler 1997; Braun 2007); Vorläufer finden sich aber schon früher innerhalb von Erwachsenen-Kind-Interaktionen (Hausendorf/Quasthoff 1996; Ehlich et al. 2008). Zunächst handelt es sich hier allerdings um ein Erzählen in weiterem Sinne, das nicht klar von Berichten, Wiedergeben oder Beschreiben getrennt werden kann; es werden eher routineartige Handlungsabläufe thematisiert (Meng 1991). Den Anforderungen an eine Geschichte im engeren Sinne (die „Ungewöhnlichkeit" des erzählten Ereignisses und das „Vor-Augen führen") genügen Kinder erst später (Wieler 1997; Braun 2007). Textkohärenz ist hier häufig nur ansatzweise entwickelt, zeitliche Beziehungen werden meist nur implizit durch die Reihenfolge der Darstellung hergestellt (Meng 1991; Ehlich et al. 2008). Im Kleinkindalter und frühen Vorschulalter werden Erzählungen häufig von erwachsenen Partnern durch geduldiges Zuhören und Nachfragen an unvollständigen oder unstrukturierten Stellen im Erzählverlauf ko-produziert (Hausendorf 2001). Ab dem sechsten Lebensjahr sind deutliche Veränderungen der narrativen Kompetenzen festzustellen (Meng 1991). Nun erscheint auch Erzählen i.e.S.: Es werden erlebte oder vorgestellte Ereignisse sprachlich umgesetzt, die ‚solidarisierungsfähig' sind und deren Darstellung auf eine Bewertungsübernahme durch den Zuhörer gerichtet ist. Die Erzählungen sind gekennzeichnet durch Strukturierung und Komplexität der Ereignisdarstellung und durch Abstimmung auf die Gesprächspartner (Hörerorientierung) mittels spezifischer sprachlicher Mittel wie unterschiedliche Tempusformen, temporale Gliedsätze, lexikalische Mittel. Folgerichtig findet sich hier auch der Einsatz verschiedener evaluativer Mittel (Bamberg 1987). Sechsjährige nutzen bereits Verfahren zur Kennzeichnung der eigenen Sicht auf die erzählten Ereignisse und zur Kennzeichnung des Realitätsbezugs (Meng 1991; Ehlich et al. 2008).

C.4 Förderung kindlicher Kommunikationsfähigkeit

Die Sprachförderung im Elementarbereich ist in den letzten Jahren zu einem wichtigen bildungspolitischen Bereich geworden. Dadurch ist eine Fülle von Sprachförderkonzepten entwickelt worden. Die meisten Konzepte berücksichtigen vor allem die Vorschulphase, nur sehr wenige setzen sich auch mit Förderaspekten bei jüngeren Kindern auseinander (vgl. Jampert et al. 2007) und erst seit kurzem entstehen Programme für den Altersbereich 0–3 Jahre. Betrachtet man all diese Programme genauer, so ist festzustellen, dass es vor allem die sprachspezifischen Fähigkeiten (Semantik, Lexikon, Syntax, Morphologie, Phonetik, Phonologie) sind, zu denen es ausgefeilte Förderleitlinien vor allem für Kinder im Alter von vier bis sechs Jahren gibt. Die kommunikative Entwicklung kindlicher Dialogfähigkeit, Sprechausdrucksfähigkeit und Rhetorikfähigkeit, wie sie in den vorigen Kapiteln thematisiert wurde, wird wenig anwendungsorientiert behandelt; vor allem fehlen konkrete praxiserprobte und evaluierte Fördermöglichkeiten.

Sprechwissenschaftlicher Forschungs- und Lehrgegenstand ist deshalb nicht nur die Entwicklung der kindlichen Kommunikationsfähigkeit selbst, sondern seit einigen Jahren verstärkt auch deren Förderung im institutionellen Rahmen, vor allem in Krippe und Kindergarten. Im Folgenden sollen zuerst Erkenntnisse zum Verhalten von Erzieherinnen in Kindertageseinrichtungen vorgestellt werden. Daran anschließend werden zentrale Aspekte von Förderprogrammen zur Optimierung der Erwachsenen-Kind-Kommunikation für Krippen und Kindergärten vorgestellt (vgl. Schikora 2011; Kurtenbach 2011a+b; Kurtenbach/Bose 2013; Kurtenbach/Kreutzer 2013).

Die Forschungen sind noch nicht abgeschlossen, im Folgenden können aber einige bereits vorliegende Erkenntnisse berichtet werden. Dabei werden zwei Schwerpunkte gesetzt:

Förderung kindlicher Kommunikationsfähigkeit

- Zum einen geht es um basale dialogische Fähigkeiten der Kinder, die bereits im vorsprachlichen Alter erlernt werden und die für die weitere kommunikative Entwicklung eine bahnende Funktion innehaben (vgl. C1).
- Zum zweiten geht es um Sprechausdrucksweisen von Erziehern und Kindern, die von den Kindern ebenfalls sehr früh erworben werden und die eminent wichtig sind für den Erwerb situationsadäquater Sprechhandlungsmuster (vgl. C2).

C.4.1 Kommunikationsförderndes Verhalten von Erziehern

Um das kommunikationsförderliche Potential von Erziehern zu erkennen und auszuschöpfen, wurden sowohl Befragungen von Erziehern durchgeführt als auch exemplarische Gesprächsanalysen zu Alltagssituationen in Kindereinrichtungen. Beispielhaft für Alltagssituationen wurden das gemeinsame Betrachten eines Bilderbuchs (Gespräche mit zweijährigen und vierjährigen Kindern) und Gesprächskreise (Gespräche mit Kindern unterschiedlichen Alters) ausgewählt. Diese Situationen wurden gewählt, da sie in den Kindergärten sehr häufig stattfinden und aus Sicht der Erzieher ganz besondere sprachförderliche Situationen darstellen.

C.4.1.1 Kommunikationsförderung mittels Sprechausdruck

Untersuchungen des Kommunikationsalltags in Krippe und Kindergarten (Kurtenbach/Bose/Thieme 2013; Kupietz 2013; Kurtenbach/Bose/Koch/Kreft 2013) zeigen, dass alle kommunikationsfördernden Verhaltensweisen der Erzieher immer im Zusammenhang mit Sprechausdrucksmerkmalen betrachtet werden müssen. So fallen Körper- und Sprechausdrucksweisen der Erzieher auf, die charakteristische Reaktionen bei den Kindern auslösen können und die Gesprächsqualität erheblich beeinflussen (u.a. körperliche Zuwendung, Blickkontakt, autoritativ-freundlicher und -bestimmender Sprechausdruck). Im Folgenden werden beispielhaft markante Erkenntnisse der Untersuchungen zum Betrachten eines Bilderbuchs bei Zwei- und Vierjährigen ausgeführt.

Lautmalereien
Im Gespräch mit den zweijährigen Kindern setzen Erzieher häufig Lautmalereien ein wie zum Beispiel das Nachahmen von Tiergeräuschen. Die Untersuchungen zeigen, dass dies in den meisten Fällen einen kommunikationsfördernden Einfluss auf die Kinder ausübt, da diese in der Regel die Lautmalereien nachahmen.

Illustrierender Sprechausdruck
Um die Aufmerksamkeit der Kinder zu gewinnen oder zu lenken, verwenden viele Erzieher einen illustrierenden Sprechausdruck, der das Gesagte veranschaulicht und unterstützt. Häufig sind z.B. überstarke Akzentuierung und expressive Stimmgebung (z.B. geheimnisvoll-flüsternd oder drohend-dunkel), oft begleitet durch den unterstützenden Einsatz von Mimik und Gestik bzw. Körperausdruck (kleine versus ausladende Gesten, geheimnisvolle versus drohende Mimik usw.). Sofern die Erzieher diese Mittel nicht ständig, sondern rollen- und situationsangemessen einsetzen, ist die Wirkung auf die Kinder immer sehr groß (sowohl auf die Zwei- als auch Vierjährigen) – ihre Aufmerksamkeit auf den Gesprächsinhalt erhöht sich.

Übernahme kindlicher Sprechausdrucksmuster

Erzieher übernehmen häufig kindliche Sprechausdrucksweisen, vor allem kindliche Akzentuierungs- und Sprechrhythmusmuster; selbst im Stimmklang orientieren sie sich nicht selten an der Charakteristik der kindlichen Stimmen. Es vollzieht sich demnach auch eine Passung an kindliche Sprechausdrucksmerkmale, was als eine Form von responsiv-sensitivem Verhalten zu bewerten ist. Die gegenseitige Übernahme des sprecherischen und teilweise auch des sprachlichen Ausdrucks erfolgt aber nicht nur zwischen Erzieher und Kind, sondern auch zwischen den Kindern und hat in der Regel zur Folge, dass alle Beteiligten aufmerksam am Gesprächsthema bleiben.

Körperliche Zuwendung und Blickkontakt

Nicht nur der bewusste Einsatz von Sprechausdrucksmerkmalen fördert die kommunikativen Fähigkeiten der Kinder, auch nonverbale Merkmale tragen dazu bei. So ist zu beobachten, dass die körperliche Zuwendung eines Erziehers zum Kind und das Herstellen eines Blickkontaktes selbst in Umgebungslärm bei den Kindern Momente echter Aufmerksamkeit entstehen lassen können.

Motherese

Bestimmte Sprechausdrucksmuster können die Kommunikation zwischen Erziehern und Kindern jedoch auch hemmen, wenn sie nicht alters- und situationsangemessen verwendet werden. Das Motherese wirkt im Kontakt mit den Zweijährigen durchaus kommunikationsfördernd. Verwenden es die Erzieher allerdings beständig gegenüber den Vierjährigen in Verbindung mit einem dem Alter der Kinder nicht angemessenen sprachlichen Verhalten, so sind die Kinder unterfordert und fühlen sich nicht ernst genommen.

Fehlende Passung an kindliche Sprechgeschwindigkeit

Ein Problem in der Erzieher-Kind-Kommunikation kann durch die fehlende Anpassung an das kindliche Sprech- und Gesprächstempo entstehen. Zum Beispiel warten die Erzieher mitunter nach gestellten Fragen nicht ab, bis die Kinder reagieren, sondern geben selbst die Antwort; sie stellen mehrere Fragen hintereinander oder wiederholen die gleiche Frage mehrmals, wenn auf die erste Frage nicht sofort eine Antwort von Kinderseite folgt.

Insgesamt ist festzustellen, dass der Sprechausdruck in der Erzieher-Kind-Kommunikation von erheblicher Bedeutung ist und in beträchtlichem Maße zu deren Gelingen beitragen kann. Besonders eindrucksvoll ist dies vor dem Hintergrund des in Kapitel C1 beschriebenen intuitiven elterlichen Sprechstils. Der weist nämlich ähnliche Merkmale auf wie die in den Untersuchungen festgestellten kommunikationsfördernden Sprechausdrucksweisen der Erzieher. So stellt sich in den Schulungen wie auch den Untersuchungen immer wieder die Frage, ob es vor allem die Intensität der Bindung zum jeweiligen Kind ist, die dem Erzieher ermöglicht, ein sensitives und kommunikationsförderndes Verhalten zu realisieren. Diese Bindung haben Eltern ganz natürlich, Pädagogen bauen sie im Kontakt mit den Kindern auf. Es scheint, dass sie umso kommunikationsfördernder agieren können, je bewusster und sensibler sie diese soziale Bindung zu den Kindern pflegen.

C.4.1.2 Kommunikationsförderndes Potential von Gesprächskreisen

In vielen Kindergärten finden regelmäßig Gesprächskreise statt. In einer Fragebogenerhebung mit 72 halleschen Erziehern wurde deutlich, dass der Gesprächskreis von den Pädagogen als intensive Sprachfördersituation wahrgenommen wird und daher eine große Bedeutung im Kindergartenalltag hat (vgl. Kurtenbach/Bose/Kreft 2013). Aus den Ergebnissen der Erhebung lässt sich folgendes zusammenfassen:

- Gesprächskreise finden in allen befragten Einrichtungen statt; sie werden von den meisten Befragten positiv bewertet und sind bei den Kindern beliebt.
- Die Gruppenstärke ist in den meisten Fällen sehr hoch (bei fast der Hälfte der Befragten mehr als 15 Kinder). Die Erzieher wünschen sich kleinere Gruppen und mehr Personal für die Durchführung von Gesprächskreisen.
- In der Regel dauert ein Gesprächskreis etwa 15 Minuten. Der tägliche Morgenkreis ist der am häufigsten durchgeführte Gesprächskreis.
- Immanenter Bestandteil des Gesprächskreises sind Rituale wie der Einsatz von Gesprächsgegenständen, das Singen von Liedern, das Anzünden einer Kerze. Ausnahmslos alle Befragten setzen Gesprächsregeln wie das Ausredenlassen u.a. ein. Diese werden von den Kindern mitgestaltet.
- Das Sprachförderpotential des Gesprächskreises wird als hoch eingeschätzt, ebenso die eigene Verantwortung für dessen Gelingen. Als wichtige Leitgedanken und Ziele gaben die befragten Erzieher an: Themen der Kinder aufgreifen, zurückhaltende Kinder zum Gespräch motivieren, Vertrauensperson und Erzählvorbild sein, ein offenes Ohr haben, eine vertrauensvolle Atmosphäre für das persönliche Sichmitteilen der Kinder schaffen, Konflikte gemeinsam lösen.

Eine detaillierte Analyse von sieben Gesprächskreisen brachte interessante Ergebnisse bezüglich des Sprachförderpotentials dieser Kommunikationsform, die der Einschätzung der Erzieher entgegenstehen (vgl. Kurtenbach/Bose/Kreft 2013). So ist vor allem zu bemerken, dass mehr als 50% der Redezeit durch die Erzieher gefüllt wird. Da durchschnittlich mehr als 15 Kinder an einem Gesprächskreis teilnehmen, sind die Redebeiträge der Kinder sehr gering. Schon durch diese Beschränkung ist das kommunikationsförderliche Potential der Gesprächsform sehr kritisch zu betrachten.

Des Weiteren wurde durch die Analyse deutlich, dass die Rolle des Erziehers zu einem beträchtlichem Maße eine reglementierende ist: Er bestimmt das Thema, vergibt das Rederecht, unterbricht Nebengespräche oder andere „Störungen" und entscheidet über den Zeitpunkt des Gesprächsendes. Kindlichen Ideen und Impulsen, die nicht in die Gesprächsplanung zu passen scheinen, wird wenig Raum gegeben. In den Befragungen hatten die Erzieher vielfach die Rahmenbedingungen beklagt und sich z.B. die Arbeit mit kleineren Gruppen gewünscht, um auch stillen Kindern mehr Berücksichtigung zukommen lassen zu können. Die Analyse der sieben Gesprächskreise konnte bestätigen, dass sich diese Kinder zwar teilweise durch Zwischenkommentare beteiligen, von den Erziehern jedoch nicht wahrgenommen werden.

C.4.2 Schulung des Kommunikationsverhaltens von Erziehern

Bisher gibt es nur sehr wenige Evidenznachweise von Schulungen zur Kommunikationsförderung im Kindergarten. In der Heidelberger EVAS-Studie (Evaluation von Sprachförderung bei Vorschulkindern; vgl. Hofmann et al. 2008) wurden Effekte von spezifischen und unspezifischen Förderprogrammen der Vorschulphase untersucht. Die Studie brachte unerwartete Ergebnisse: Erstens wurde deutlich, dass im Vergleich zu einer unspezifischen Förderung eine gezielte sprachliche Förderung keine besseren Sprachkompetenzen bei den Kindern erbringt. Zum zweiten zeigt die Untersuchung, dass trotz intensiver Förderung weiterhin eine große Kluft zwischen Kindern mit und ohne Förderbedarf bestehen bleibt.

Hofmann et al. (ebd.) stellen mehrere Vermutungen an, warum der Einsatz der untersuchten Programme nicht zu den gewünschten Erfolgen führte: Vielleicht, so argumentieren sie, waren die Fördergruppen zu groß, so dass nicht jedes Kind mit seinen sprachlichen Besonderheiten berücksichtigt werden konnte. Auch könnte der ausbleibende Erfolg darin begründet sein, dass die Erzieher in den jeweiligen Konzepten nicht ausreichend geschult wurden. Im Zusammenhang mit der vorliegenden Thematik ist jedoch die folgende Interpretation der Ergebnisse am interessantesten: Hofmann et al. (ebd. 298) vermuten, dass der Beginn der spezifischen Förderung in der Vorschulphase zu spät ist. In dieser Altersspanne haben sich bestehende sprachliche Schwächen vermutlich bereits manifestiert und sprechen daher auf eine Förderung nicht mehr an.

C.4.2.1 Landesmodellprojekt „Sprache fördern"

Im Folgenden wird ein Projekt vorgestellt, in dem die Förderung bereits bei den Zweijährigen ansetzt. Von 2007 bis 2011 wurde in Sachsen das Landesmodellprojekt „Sprache fördern – Erprobung und Multiplikation von Methoden der Sprachförderung" durchgeführt (Schikora 2011). Wissenschaftlich begleitet wurde das Projekt von Hannelore Grimm und dem Bielefelder Institut für frühkindliche Entwicklung – Diagnostik und Intervention e.V., die inhaltliche Konzeption wie auch die Evaluierung wurde durch die Sprechwissenschaft unterstützt (Kurtenbach 2011a). In diesem Projekt wurde der Kommunikationsalltag in mehreren Kindergärten beobachtet und es wurde eine intensive Qualifizierungsmaßnahme für Erzieher zum Thema Sprachförderung durchgeführt und evaluiert. Innerhalb der Qualifizierungsmaßnahme gab es auch folgende Trainingsinhalte zur Kommunikationsförderung (Kurtenbach 2007):

- kommunikationsfördernde Grundhaltung „Aufmerksames Zuhören",
- Sensibilisierung – Selbstreflexion des kommunikativen Verhaltens,
- gemeinsame Aufmerksamkeit als Grundpfeiler sensitiven Gesprächsverhaltens,
- Sprachförderstrategien in der Erwachsenen-Kind-Kommunikation,
- Musik und Sprachförderung,
- Bedeutung des kindlichen Spiels für die Sprachentwicklung, kommunikationsförderndes Spiel.

Mit Rollenspielen, Videoreflexionen und konkreten Praxisaufträgen lernten die Erzieher zunächst, kindliche Kommunikationsimpulse wahrzunehmen, kindlichen Gesprächsimpulsen gegenüber wachsam zu sein, sich Zeit zu nehmen und auf den Moment einlassen zu können, in welchem ein Kind eine Äußerung an sie richtet. Denn diese sensitive sprach- und kommunikationsfördernde Grundhaltung bildet die Basis für den gezielten Erwerb von kommunikationsfördernden Strategien.

C.4.2.2 Schulungseffekte

Um Schulungseffekte des Modellprojekts zu überprüfen, wurden empirische Untersuchungen vor und nach der Schulung durchgeführt, die sowohl Gesprächsmerkmale der Erzieher als auch die sprachlichen Fähigkeiten der Kinder erfassten. Als Situation wurde das gemeinsame Betrachten eines Bilderbuchs von Erziehern mit einer Gruppe von maximal drei Kindern ausgewählt, um eine optimale Fördersituation zu gewähren, in der alle Kinder auch die Möglichkeit hatten, sich an der Kommunikation über das Buch zu beteiligen. Positive Auswirkungen der Schulung auf das kommunikationsfördernde Verhalten der Erzieher zeigten sich in den folgenden Merkmalen:

Reduzierung der Redeanteile der Erzieher
Die Erzieher reduzierten nach der Schulung das eigene Sprechen zugunsten der Redeanteile der Kinder bewusst – sie nahmen sich selbst zurück und gaben so den Kindern mehr Raum zum Sprechen. Dieses Ergebnis ist insofern von großer Bedeutung, da zahlreiche Sprachförderprogramme für den Kindergarten oftmals Gegensätzliches proklamieren. So wird oft dazu angeraten, immerzu und den ganzen Tag mit den Kindern zu sprechen, sie also geradezu in ein ‚Sprachbad' zu tauchen. Die Folge davon ist oft, dass die Kinder nicht mehr zu Wort kommen und daher ihre eigene kommunikative Kompetenz in der Einrichtung zumindest mit den erwachsenen Bezugspersonen kaum schulen können.

Anstieg kindlicher Redeanteile
In den per Video dokumentierten Gesprächen nach der Schulung waren nicht nur die Redeanteile bei den Kindern angestiegen, sondern auch die durchschnittliche Anzahl von Wörtern einer kindlichen Äußerung. Die Kinder kamen also nicht nur häufiger zu Wort, sondern formulierten auch längere Äußerungen, da die Erzieher durch die erhöhte Gesprächskompetenz den Kindern mehr Raum zum Erzählen gaben. So konnte sich auch die Erzählmotivation und -kompetenz der Kinder steigern.

Abnahme von Unterbrechungen, Anstieg von Überlappungen
Nach der Schulung kam es deutlich weniger zu Unterbrechungen kindlicher Redebeiträge durch die Erzieher; auch dies führte dazu, dass die Kinder mehr Raum zum Erzählen hatten, da sie nicht mehr so oft unterbrochen wurden. Überlappungen zwischen den kindlichen Äußerungen waren jedoch häufiger zu beobachten; sie weisen auf eine größere Lebendigkeit dieser Kommunikationen hin.

Verändertes Zuhörverhalten der Erzieher
Durch die Schulung veränderte sich das Zuhörverhalten der Erzieher: Sie griffen öfter die Themen und Äußerungen der Kinder auf, passten sich sprachlich sensitiver an und setzten insgesamt vermehrt Sprachlehrstrategien ein (z.B. das Wiederholen von kindlichen Äußerungen in einer sprachlich korrekten Form).

Ein weiterer positiver Schulungseffekt war das erhöhte Aufkommen an bestätigenden Interjektionen (*„prima, richtig, toll, fein, genau"* u.a.) nach kindlichen Äußerungen – mit einer fördernden Wirkung auf die Erzählfreude und -motivation der Kinder.

Grenzen der Schulung

Jedoch zeigte die Untersuchung auch eindeutige Grenzen einer Schulung auf: So konnte festgestellt werden, dass trotz intensiver Auseinandersetzung mit dem Thema ‚Sensitives Gesprächsverhalten' nach wie vor zahlreiche kindliche Kommunikationsimpulse von den Erziehern nicht wahrgenommen wurden. Auch wurden stille Kinder oft übersehen und es gab wenige Versuche, diese in das Gespräch mit einzubeziehen.

Unabhängig von der Schulung zu Sprach- und Kommunikationsförderstrategien machten die Erzieher – anders als es für Eltern typisch ist – keine wesentlichen Unterschiede in ihrem Sprachangebot an die zwei- und vierjährigen Kinder. Demgegenüber variierten viele Erzieher ihren Sprechausdruck sehr wohl in Abhängigkeit vom Alter der Kinder. Vielleicht stellt es eine Überforderung für die Erzieher dar, im institutionellen Rahmen den Kindern nicht nur aufmerksam zuzuhören und ihre Äußerungen aufzugreifen, sondern zusätzlich auch noch das eigene sprachliche Angebot passend auf ein konkretes Kind pädagogisch zu planen.

Auch in anderen Projekten hat sich als besondere Herausforderung für die Erzieher gezeigt, das eigene kommunikative Verhalten im institutionellen Alltag von Krippe und Kindergarten intensiv zu reflektieren und die in den Schulungen erlernten Sprach- und Kommunikationsförderstrategien täglich umzusetzen. Deshalb werden aktuell Schulungskonzepte entwickelt, die vor allem den Transfer der Schulungsinhalte in den institutionellen Alltag der Erzieher in den Blick nehmen und damit an die Erfahrungen vorangegangener Projekte anknüpfen (Kreutzer/Kurtenbach 2013).

D   Rhetorische Kommunikation

D.1   Definitionen und Grundvorstellungen
Baldur Neuber

D.1.1   Historische und moderne Definitionen

Im Folgenden wird eine knappe Auswahl an definitorischen Ansätzen vorgestellt, die in die sprechwissenschaftliche Denkweise sinnvoll integrierbar sind, die also die Untersuchung und Beeinflussung von Sprechkommunikation thematisieren.

Eine erste, für uns in weiten Teilen durchaus akzeptable Rhetorikdefinition entstammt der griechischen Antike: „Die Rhetorik stelle also das Vermögen dar, bei jedem Gegenstand das möglicherweise GLAUBENERWECKENDE zu erkennen. Denn dies ist die Funktion keiner anderen Theorie." (Aristoteles 1995, 12). In der Antike verstand man Rhetorik als „politisch und ethisch fundiertes Lehrsystem wirksamer öffentlicher Rede" (Bußmann 1990, 648). Insbesondere Aristoteles entwarf eine stringente Beschreibung des Faches, die neben der Rede selbst auch den Charakter des Redners und die Affektlehre beinhaltet. Auch die Rezipientenperspektive wurde bereits konsequent berücksichtigt. In der Folgezeit wurde die rhetorische Theorie insbesondere durch die Römer Cicero und Quinitilian rezipiert und erheblich ausgebaut, aber nicht grundsätzlich überboten. In späteren Jahrhunderten, insbes. im Mittelalter und bis in die Zeit der Aufklärung hinein, erfuhr sie tendenziell eine Reduktion, hin zu einer Stil- bzw. Formenlehre (‚Ornatus-Lehre'), obwohl auch hier vereinzelt durchaus interessante und z.T. bis heute wenig bekannte erweiterte Ansätze existierten (vgl. z.B. die Untersuchung von Langosch 2011).

Im zwanzigsten Jahrhundert erhielt die Rhetorik erhebliche Entwicklungsschübe. Für unser heutiges Fachverständnis impulsgebend sind insbesondere die verschiedenen Strömungen der „neuen Rhetorik" (insbes. die „new rhetorics" in den USA, „nouvelle rhétorique" in Europa). Die folgenden Konzepte fließen in unseren Ansatz ein bzw. korrespondieren mit diesem:

- Rhetorik als „Technik" der Kommunikation mit sozialpsychologischer Fundierung,
- Rhetorik als Anwendungsbereich der Verständlichkeitsforschung,
- Rhetorik als Argumentationstheorie,
- Rhetorik als gesellschaftlich-politisches Instrumentarium der Demokratie sowie
- Rhetorik als Teilbereich der (Text)linguistik,
- Rhetorik als Analyseinstrument kommunikativer Ereignisse/von Gespräch und Rede.

Während die genannten Begriffe in das integrativ orientierte Rhetorikverständnis der Sprechwissenschaft Einzug gehalten haben, gibt es zahlreiche weitere Vorstellungen (z.B. Rhetorik als Publizistik, literarische Rhetorik, Rhetorik als Textexegese), die wir nicht zu unseren fachlichen Gegenständen zählen.

Einen wesentlichen Impuls setzt Geißner, indem er das Rhetorische in den Zusammenhang der „Theorie der mündlichen Kommunikation" (1988, 153) setzt und den Terminus „Rhetorische Kommunikation" konsequent einführt. Begrifflich zielt diese Terminologie zum einen auf die aktuelle Dialogizität der „Gesprächsrhetorik" und zum anderen auf die virtuelle Dialogizität der „Rederhetorik", also auf das miteinander Sprechen und das Sprechen zu anderen (ebd.). Fokussiert wird dabei der Bereich des bewussten kommunikativen Handelns. Geißners Kommunikationsbegriff unterscheidet sich daher von anderen Vorstellungen, z.B. der Watzlawicks, die den Bereich des Verhaltens einschließen, und damit u.a. zur Schlussfolgerung kommen, dass man „nicht *nicht* kommunizieren" (Watzlawick et al. 1969, 51) kann.

Die Aufgabe der Rhetorik besteht nach dem Geißnerschen Konzept u.a. darin, das reflektierte Sprech- und Hörverstehenshandeln zu analysieren und zu befördern und es vom reflexartigen Verhalten, das z.B. infolge des „Überredens" zustande kommen kann, zu differenzieren. „Rhetorische Kommunikation" nach Geißner zielt also auf die Erforschung und Vermittlung verantwortlichen und verantwortungsbewussten sprechkommunikativen Handelns und distanziert sich von – auch heute noch, insbesondere in der „Ratgeberliteratur" reichlich vorhandenen – begrifflichen Vorstellungen, die den Erwerb von Techniken und Formmitteln als zentralen Gegenstand des Fachs „Rhetorik" betrachten. Aus ethischer und fachlicher Perspektive stimmen wir diesen Grundüberlegungen uneingeschränkt zu, so dass dieses Konzept eine wesentliche Grundlage unserer eigenen Auffassungen bildet, die allerdings insbesondere durch die folgenden Sachverhalte modifiziert werden:

1. Das Geißnersche Konzept fußt durchgängig auf hermeneutischen Vorstellungen, während in der Rhetorischen Kommunikation Hallescher Prägung unterschiedliche philosophische und psychologische Untersetzungen eine Rolle spielten und spielen, u.a. auch konstruktivistische und systemische Grundlegungen (vgl. z.B. Meyer 2011).
2. Unsere definitorischen Auffassungen von der Rhetorischen Kommunikation sind erheblich von der Halleschen Sprechwirkungsforschung und ihren Ergebnissen geprägt, die sämtliche Form-Funktions-Zusammenhänge der Sprechkommunikation, also z.B. auch die Rhetorizität der Prosodie, in ihre Betrachtungen einschließt. Neben dem bewussten Handeln werden von uns also auch Teilbereiche des unbewussten Handelns und des Verhaltens als Faktoren der Rhetorizität – also „Kommunikation im Watzlawickschen Sinne" – in die Betrachtungen eingeschlossen, da kommunikative Wirkungen diese Bereiche nach unserer Auffassung immer einschließen. In jüngster Zeit wird zudem die Rhetorizität in interkulturellen Kommunikationssituationen verstärkt untersucht.
3. Das Hallesche Konzept der Rhetorischen Kommunikation präferiert qualitative und quantitative empirisch-theoretische Wissenschaftsmethodik und setzt erst dann andere Erklärungsmodelle an, wenn die Sachverhalte einer Empirie (grundsätzlich bzw. gegenwärtig) unzugänglich erscheinen.

Einen für uns ebenfalls wichtigen ergänzenden Ansatz liefert Bartsch (2009, 137ff.) mit der Formulierung einer „kooperativen Rhetorik" und ihren Leitlinien. Der zentrale

Definitionen und Grundvorstellungen

Gedanke besteht hier darin, in Rede und Gespräch partnerschaftlich orientierte Handlungsweisen zu lehren, so z.B. das aktive Zuhören, den Perspektivwechsel und die sachliche und personale Beziehungsarbeit, wobei die sprachliche Form als das „gehörte, abstrahierte und gespeicherte Muster beim Rezipienten" (ebd. 143) eine erhebliche Rolle in seinem Konzept spielt.

D.1.2 Definitionen und Grundvorstellungen in der Sprechwissenschaft

Das Fachgebiet „Rhetorische Kommunikation" sehen wir als Teilgebiet der Sprechwissenschaft mit enger Vernetzung zu Phonetik und Sprechkunst, wie auch zu den Kommunikationsstörungen. Das Gebiet ordnet sich damit in ein Gesamtkonzept (vgl. Kap. A.1) ein. Die Sprechwissenschaft (in der älteren Literatur noch „Sprechkunde") gehört mit ihrer reichlich einhundertjährigen Fachgeschichte zwar eher zu den neueren und zudem synchronisch orientierten Disziplinen, mit der Rhetorik schlägt sie jedoch zugleich eine Brücke in die Antike und in die Diachronie. Die gemeinsamen Bezugspunkte zu den Anfängen des Fachs sind:

1. Fokus auf die Mündlichkeit,
2. Anwendungsorientierung und
3. Rückgriff auf anerkannte Wissensbestände aus der Fachgeschichte.

Insbesondere unter den ersten beiden Gesichtspunkten hat die Sprechwissenschaft die Rhetorik in Teilen ihres ursprünglichen Anliegens im Hegelschen Sinne „aufgehoben". Durch den „Funktionswandel der deutschen Universitäten mit Hinwendung zu den anwendungsorientierten Wissenschaften" (Neuber 2003, 12) sowie durch „Entwicklungsimpulse auf Grund der Desiderate des übertrieben schriftsprachlich orientierten Schulsystems und des sprech- und stimmtherapeutisch unter- bzw. nicht versorgten Gesundheitswesens" (ebd.) ergaben sich Axiome für unser Fach, die bis heute von allen Fachvertretern anerkannt sind. Für die Rhetorik kommt hinzu, dass etliche grundlegende Erkenntnisse – insbesondere durch Aristoteles – im Verlauf der Jahrhunderte eher modifiziert als überboten wurden, so dass sie zum Verständnis moderner Theorien und Anwendungen unerlässlich sind.

Allerdings weist die aktuelle sprechwissenschaftliche Rhetorik auch wesentliche Unterschiede und Veränderungen zu den antiken Auffassungen auf. Hier sind insbesondere zu nennen:

1. Gespräch als Forschungs- und Lehrgegenstand,
2. interdisziplinär orientierte Wissensaneignung,
3. methodische Diversifizierung.

Während in der Antike zwar Gespräche über Rhetorik verschriftet wurden, war das Gespräch selbst kein wissenschaftlicher Betrachtungsgegenstand. In der Gegenwart ist es als wichtigste und häufigste Form der Sprechkommunikation jedoch ins Zentrum der Forschung wie auch der Didaktisierung gelangt.

Da Sprechwissenschaft generell interdisziplinär ausgerichtet ist, gilt dies auch für die Rhetorik. Besonders wichtige Impulse kommen gegenwärtig aus Psychologie, Neurobiologie und Linguistik, in jüngster Zeit zudem aus Medien- und Kommunikationswissenschaft, aus Kybernetik und Systemtheorie wie auch aus Informatik und Informationstechnik. Nicht zu unterschätzen ist außerdem die Vernetzung innerhalb des Faches, d.h. die wechselseitige Durchdringung von Fragestellungen sprechwissenschaftlicher Teilgebiete. Beispiele in der Rhetorik sind die Erforschung und Didaktisierung phonetischer Mittel unter dem Gesichtspunkt der Rhetorizität oder auch die Telekommunikationsforschung (Hirschfeld/Neuber 2012).

Die sprechwissenschaftliche Rhetorik der Gegenwart bedient sich eines vielfältigen Methodeninventars. Neben der „klassischen" theoretischen Herangehensweise gewinnen zunehmend qualitative wie auch quantitative empirische bzw. empirisch-theoretische Untersuchungen an Bedeutung.

Neben Wissensschöpfung besteht das Ziel der sprechwissenschaftlichen Rhetorik in der Vermittlung sprecherischer Handlungskompetenzen, die entsprechende Hörverstehenskompetenzen einschließt. Im Brennpunkt stehen dabei die folgenden Aktivitätsfelder:

- Gespräch und Rede in gesellschaftlich relevanten Situationen und in der Öffentlichkeit,
- mündliche Kommunikation im Berufsleben,
- deklariert zielgeleitete Kommunikation.

Der Gegenstand der Rhetorischen Kommunikation ist nach unserer Auffassung somit die Analyse und Optimierung der interpersonellen Sprechkommunikation.

D.1.3 Sprechwissenschaftlich relevante Modellvorstellungen

Um rhetorische Prozesse umfassend erklären zu können, bedarf es verschiedener Modellansätze, die wiederum jeweils spezifische Teilperspektiven fokussieren. Die wichtigsten sind unserer Meinung nach die sozialwissenschaftliche und die psychologische, deshalb sollen sie näher vorgestellt werden.

Wie an verschiedenen Stellen dieses Buches skizziert, ist Sprechen zugleich inszeniertes bzw. inszenierbares Handeln, also kein „natürliches Verhalten". Dies begründet sich einerseits aus der Regel- und Musterhaftigkeit unseres Sprachgebrauchs, d.h. daraus, dass Sprache als „offenes System" hinter unseren Handlungsmustern steht und dass wir nur adäquat handeln können, wenn wir die Regeln dieses Systems beherrschen. Zum anderen vollziehen wir rhetorische Sprechhandlungen immer als Individuen und soziale Lebewesen, so dass sich die Frage ergibt, was diese Einflussgrößen für die Rhetorizität bedeuten. Einen produktiven Ansatz für soziologische Erklärungen liefern Theorien der sozialen Rollen (Dahrendorf 2006; Goffman 2013). Sie gehen davon aus, dass unser Handeln immer in Rollen eingebunden ist, die z.B. durch Beruf, Familie, aber auch durch Alter, Geschlecht u.v.m. determiniert werden. Jegliches miteinander Sprechen ist also zugleich eine Umsetzung von gesellschaftlichen, ferner auch biotischen Rollen, an die entsprechende „Rollenerwartungen" gestellt werden. An das – hier vor allem sprechkommunikative – Rollenhandeln sind wechselseitige Erwartungsnormen gebunden, und diese wiederum werden insbes. durch positive und negative soziale Sanktionen geformt und gesteuert. Die Rolleninhaber können sich mit ihren Rollen identifizieren oder sich von ihnen distanzieren. Da jeder Mensch mehrere Rollen innehat, kann es zu Rollenkonflikten kommen. Für die Umsetzung dieser Rollen in *Sprechrollen* gibt es ein Faktorengefüge, das die Erklärung rhetorischer Prozesse v.a. im Sprechsituationsmodell Geißners veranschaulicht wird:

Definitionen und Grundvorstellungen

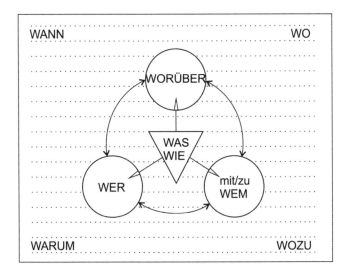

Abb. D.1.1: Situationsmodell (nach Geißner 1988, 73)

Die zentralen Größen in diesem Modell sind die Kommunikationsbeteiligten (wer, mit wem) und der Kommunikationsgegenstand (worüber), die sich ständig wechselseitig beeinflussen und somit die Kommunikation *situieren*. Von zentraler Bedeutung für rhetorische Erklärungsansätze ist aus unserer Sicht, *was wie* gesagt wird. Aus dem *Was* und dem *Wie* ergeben sich primäre Daten, die unmittelbar dokumentiert und analysiert werden können. Die sozial determinierten Sprechrollen der Beteiligten hingegen, wie auch der Kommunikationsgegenstand, können nur mittelbar abgeleitet werden, teilweise aus dem Gesagten und teilweise aus Metadaten (Informationen über die Beteiligten), sofern diese jeweils zugänglich sind. Rahmende Faktoren – und ebenfalls maßgebliche Faktoren – sind Zeit, Ort, Anlass und Ziel. Die letzten beiden Faktoren ermöglichen u.a. die Zuordnung, ob überhaupt rhetorische Kommunikation vorliegt, da aus der Relation von Anlass und Ziel erklärbar wird, wie die Sprechsituation bezüglich ihrer gesellschaftlichen Relevanz einzuordnen ist und ob deklariert zielgeleitet kommuniziert wird (vgl. D.1.2). Die authentische Sprechsituation ist in ihrem zeitlich-räumlichen Verlauf einmalig und somit nie vollständig reproduzierbar, wesentliche Kenngrößen lassen sich jedoch dokumentieren und analysieren.

Während die Praxis der Rhetorik (und darin eingeschlossen die Angewandte Rhetorik in der Lehre) auf bewusst reflektierte gemeinsame Sinnkonstitution und daraus erfolgendes gemeinsames Handeln abzielt, konzentriert sich die Forschung in der Rhetorik nach unserer Auffassung auf Analyse der im Modell beschriebenen Faktoren, ihrer Zusammenhänge und ihrer Wirkungen, da nur letztere unseren methodologischen Anforderungen (z.B. Reproduzierbarkeit, Reliabilität, Validität) genügen.

Unter psychologischen Gesichtspunkten spielt zunächst das sogenannte Johari-Fenster (Luft/Ingham 1955, Luft 1971) eine Rolle in der sprechwissenschaftlichen Rhetorik. Das nach den Kürzeln seiner Autoren benannte Modell stellt die Verhältnisse des Bewussten vs. Unbewussten in der Kommunikation dar:

	Dem Selbst bekannt	Dem Selbst nicht bekannt
Anderen bekannt	I Bereich der freien Aktivität	II Bereich des blinden Flecks
Anderen nicht bekannt	III Bereich des Vermeidens oder Verbergens	IV Bereich der unbekannten Aktivität

Abb. D.1.2: Das Johari-Fenster (Luft 1971, 22; Übersetzung aus dem Amerikanischen von Gudrun Theusner-Stampa © Joseph Luft, 1963. Klett-Cotta, Stuttgart 1977)

Den Dimensionen „mir bekannt"/„mir nicht bekannt" sowie „anderen bekannt"/ „anderen nicht bekannt" ordnen sich vier Quadranten zu: der Bereich der freien Aktivität (I), der blinde Fleck (II), der Bereich des Verbergens und Vermeidens (III) und der Bereich der unbekannten Aktivität (IV). Rhetorische Analysen können auf verschiedene Quadranten zielen, z.B. auf den Bereich des Blinden Flecks, also auf Kommunikationssignale, die der Sprecher selbst nicht wahrnimmt, andere Beteiligte oder auch Beobachter aber durchaus. Ziel der Angewandten Rhetorik ist es, den 1. Quadranten, also die für alle Beteiligten zugängliche „freie Aktivität" zu vergrößern bzw. Anteile aus den anderen Quadranten durch einen Prozess der Bewusstwerdung in den Bereich I zu überführen, da hierdurch die Potentiale des – durch Reflexion und Bewusstheit – gekennzeichneten gemeinsamen (Sprech)handelns gestärkt werden.

Weitere wichtige Ergänzungen aus der Psychologie liefern v.a. die Modelle von Schulz von Thun:

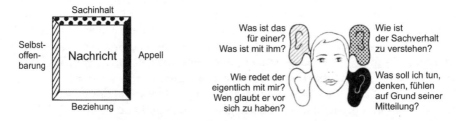

Abb. D.1.3 a+b: Die vier Seiten einer Nachricht (Schulz von Thun 1992, 14), der vierohrige Empfänger (ebd. 45).

Diese beiden – im Bereich von Kommunikationsschulungen sehr bekannten – Modelle verweisen darauf, dass neben dem Sachinhalt auch Signale über Beziehung und Selbststoffenbarung sowie – oftmals unausgesprochene – Appelle kommuniziert werden. Hierbei kommt es häufig zu Missverständnissen und Störungen, da die Signalisationen der jeweiligen Seite(n) des Nachrichtenquadrats und ihre Priorisierung oftmals recht vage sind und da der jeweilige „Empfänger" seine Erfahrungen, Erwartungen, Einschätzungen und u.U. die Vorurteile einfließen lässt (bzw. lassen muss), um die

Nachricht in ihrer Gesamtheit zu disambiguieren. Aus psychologischer Sicht ist v.a. zu prüfen, ob und welche Tendenzen der Verzerrung in der Kommunikation vorliegen, ob also z.B. Sachbotschaften des Senders vom Empfänger immerzu als Apelle aufgefasst werden usw. (es ist hier jedes Konstellationsgemisch denkbar) und ob diese Deformationen zu Pathologien und zu längerfristigen Störungen von Beziehungen führen. Für die sprechwissenschaftliche Rhetorik ist vor allem die Frage nach der Signalisation (verbal, paraverbal, nonverbal) interessant. Hinzu kommt die Frage nach der Wirkung im Rahmen der Rhetorizität. Für unsere Betrachtung von Sprechhandlungen sind immer die Situativität und die Pragmatik entscheidend, so dass wir davon ausgehen können, dass die Signalisation an der sprachlichen Oberfläche nicht unbedingt die prototypische Verwendung von Äußerungen in der Sprechsituation repräsentiert und dass die Erklärung hierfür (neben psychologischen Faktoren) auch auf nicht kodifizierte Gebrauchsregeln zurückzuführen ist. Wenn z.B. eine Person in einer Sitzung fragt „Hat hier mal jemand einen Stift für mich?", so ist das prototypischer Weise als Bitte bzw. Aufforderung (Appell) des Fragers aufzufassen, einen Stift geliehen zu bekommen, nicht als eine mit „ja" beantwortbare Sachanfrage. Die Frage ist auch nicht psychologisch ambig, vielmehr unterliegt ihr Appellcharakter einer gesellschaftlichen Konventionalisierung. Genau bei diesen internalisierten Handlungsmustern und ungeschriebenen „Regeln" setzt die sprechwissenschaftlich-rhetorische Interpretation der beiden gezeigten Modelle an, wobei insbesondere die paraverbalen (prosodischen, segmentalphonetischen) und nonverbalen (visuellen, taktilen, ferner auch olfaktorischen) Signalisationen ein reichhaltiges – bisher wissenschaftlich zu wenig untersetztes – Untersuchungs- und Erklärungsfeld liefern. Für den verbalen Bereich bietet hingegen die angewandte Linguistik (z.B. Pragmatik, Gesprächsforschung) gute Erklärungsansätze für das geschilderte Phänomen.

Neben den hier ausführlicher vorgestellten Modellen gibt es weitere Ansätze, die unter spezifischen Fragestellungen für die Rhetorische Kommunikation interessant sind und die im Folgenden tabellarisch dargestellt werden sollen:

Tab. D.1.1: Weitere Modellvorstellungen

Bezeichnung	Bezug zur Rhetorischen Kommunikation
Organon-Modell (Bühler 1934)	Das Modell benennt kommunikative Grundfunktionen und bietet u.a. die Erklärungsgrundlage für Redeeinteilungen.
"Schematic diagram of a general communication system" (Shannon 1948)	Aufsatz und Schema erklären das Grundprinzip von Informationsflüssen in Systemen und eignen sich v.a. für signalnahe Untersuchungen und Interpretationen. Es sollte unbedingt das Original herangezogen werden, also keines der daraus zahllos hervorgegangenen reduktionistischen „Sender-Kanal-Empfänger" – Modelle.

Lasswell-Formel (Lasswell 1948)	Grundaussage: Wer sagt was in welchem Kanal zu wem mit welchem Effekt? Die Formel bildet u.a. die Grundlage des Geißnerschen Kommunikationsmodells.
Triviale und Nichttriviale Maschine (TM und NTM; Foerster, 1997)	Das Modell beschreibt die Unterschiede zwischen TM (analytisch bestimmbar, vergangenheitsunabhängig und voraussagbar) und NTM (analytisch unbestimmbar, vergangenheitsabhängig und unvoraussagbar) und gilt als ein Grundmodell in Konstruktivismus und Systemtheorie.

Dem Ausspruch des Psychologen Kurt Lewins folgend, dass nichts so praktisch ist wie eine gute Theorie, sei abschließend zu diesem Kapitel auf die hohe Relevanz der Kenntnis und Anwendung – möglichst verschiedener – Kommunikationsmodelle in der Forschung und Lehre der Rhetorischen Kommunikation hingewiesen, denn nur mit ihrer Hilfe kann systematische Beobachtung und bewusste Reflexion kommunikativer Prozesse und ihrer Prinzipien angebahnt werden, und dies ist bekanntlich eines der Hauptziele des Faches in unserem hier dargelegten Verständnis.

D.2 Analyse rhetorischer Ereignisse

D.2.1 Beobachtung, Feedback, Evaluation

Dirk Meyer

Grundüberlegungen
Die Analyse und Wirkung rhetorischer Ereignisse meint zum einen die Analyse zu wissenschaftlichen Zwecken und zum anderen die Wirkungsbeschreibung im didaktischen Kontext. Es wird im Folgenden eine Auswahl der wichtigsten und gebräuchlichsten Verfahren in der Rhetorik der Gegenwart vorgestellt. Für die jeweilige Anwendung in didaktischen oder wissenschaftlichen Settings erfolgt die gezielte Empfehlung von vertiefender Literatur. Diese sollte vor der Anwendung eines der beschriebenen Verfahren unbedingt beachtet werden, da die hier skizzierte Form lediglich wegweisende Funktion hat. Während in didaktischen Szenarien interdisziplinäre „Methodenmixturen" üblich und erfolgversprechend sind, ist für wissenschaftliche Untersuchungen die gezielte Auswahl von Einzelverfahren inkl. Methodenreflexion und -kritik erforderlich. Die Inhalte dieses Kapitel fokussieren folglich v.a. die Lehre.

Feedback
Ursprünglich aus der Kybernetik kommend (vgl. Wiener), wurde *Feedback* zunächst vor allem in gruppendynamischen, sozialpsychologischen Settings bekannt (vgl. Luft; vgl. Antons) und gilt heute als wesentliche und oft unverzichtbare Methode zur Wirkungsbeschreibung im Kontext von rhetorischer Didaktik und Methodik (vgl. Slembek/Geißner).

Feedback lässt sich einteilen in: *implizites* (unwillkürliches) und *explizites* (willkürliches) Feedback, wobei das explizite *unstrukturiert* und *strukturiert* gegeben werden kann.

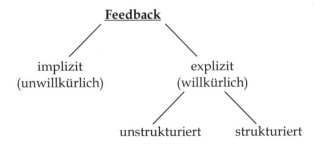

Dabei verstehen wir unter implizitem Feedback jede unwillkürliche, oft auch unbewusste, meist paraverbale, oder nonverbale Rückmeldung in kommunikativen Situationen.

Unter explizitem Feedback verstehen wir die willkürliche, personbezogene Rückmeldung eines Hörers auf die Wirkung, die ein Sprecher im Rahmen einer kommunikativen Situation auf ihn ausgelöst hat.

Explizit unstrukturiertes Feedback meint eine spontane, allgemeine Wirkungsbeschreibung ohne vorherige Aufmerksamkeitsfokussierung auf konkrete, verbale, paraverbale und/oder nonverbale Beobachtungsbereiche.

Explizit strukturiertes Feedback setzt hingegen eine vorherige Aufmerksamkeitsfokussierung z.B. im Sinne der „Kategorien des individuellen Wirkungsstils" (s.u.) voraus.

Mit Hilfe des Feedbacks bekommt ein Sprecher einen Einblick in seinen kommunikativen „blinden Fleck" (vgl. Johari-Fenster von Luft/Ingham, Kap. D.1.3), jenen Teil seines kommunikativen Verhaltens also, der ihm nicht bewusst ist und/oder unwillkürlich abläuft und ohne die Rückmeldungen anderer möglicherweise unbewusst und/oder unwillkürlich bleiben würde. Die Erweiterung des Bewusstseins über die eigene Wirkung bei kommunikativen Handlungen steigert aber die bewusste und/oder willkürliche Handlungsfreiheit und ist daher ein wesentlicher Bestandteil rhetorischer Didaktik und Methodik.

Feedback verfolgt folgende Ziele:

- Es verdeutlicht die Diskrepanz zwischen Selbstbild und Fremdbildern.
- Es schärft das Bewusstsein für eigene kommunikative Verhaltensstereotype.
- Es sensibilisiert die Wahrnehmung kommunikativen Verhaltens anderer.
- Es schafft die Voraussetzung für die Entwicklung kommunikativer Kompetenz.

Voraussetzung für offenes, explizites Feedback ist grundsätzlich eine vertrauensvolle Atmosphäre in der Gruppe und ein respektvoller Umgang miteinander. Nur dann ist zu erwarten, dass Feedback nicht zur leeren Worthülsen verkommt oder für persönliche Angriffe instrumentalisiert wird.

Feedback ist nicht nur grundsätzlich subjektiv, sondern ist zusätzlich beeinflusst von gesellschaftlichen, sozialen und kulturellen Präferenzen und Normen, sowie von persönlichen Hör- bzw. Kommunikationserwartungen.

Der immer wieder vorgebrachten Forderung, immer erst etwas „Positives" und erst dann etwas „Negatives" im Feedback zu äußern, ist allerdings zu widersprechen. Eine deratige Regelung hätte zur Folge, dass „positive" Rückmeldungen vom „Feedbacknehmer" möglicherweise nicht ernst genommen und mithin abgewertet würden. Allerdings sollte das sog. „Expertenfeedback" immer auch zugleich „pädagogisches Feedback" sein und didaktische Ziele verfolgen. D.h., dass der Leiter sein Feedback derart auswählen und formulieren sollte, dass es eine dem Teilnehmer möglichst hilfreiche, ermutigende und unterstützende Wirkung entfalten kann.

Für ein explizit strukturiertes Feedback empfehlen wir die Erarbeitung von Beobachtungs-/Wirkungskategorien i.S. einer Aufmerksamkeitsfokussierung der Hörer. Der folgende Katalog individueller Wirkungskriterien hat sich in der Praxis hervorragend bewährt. Der unveröffentlichte Katalog geht ursprünglich auf Hellmut Geißner zurück und wurde von Norbert Gutenberg ergänzt:

Tab. D.2.1: **Kategorien des individuellen Wirkungsstils**

Denkstil	Gliederung		„Bauplan" des Gesamttextes (Überschriften, Absätze, Hervorhebungen) keine amorphe Masse, Bedeutung wächst mit dem Textumfang
	Aufbau		führt „von etwas zu etwas", Folgerungen, „roter Faden"
	Sachlogik vs. Psycho-Logik		meint die Beantwortung der Frage „Wie genau muss ich sein?" im Verhältnis zur Frage „Wie einfach kann ich sein?"
	Zeitlogik		Angemessenheit Inhalt-Zeit und Aufteilung der Zeit
Sprachstil	Wortwahl	Genauigkeit	genau, klar, eindeutig vs. uneindeutig, verschwommen
		Verständlichkeit	verständlich, einfach vs. kompliziert, „hochtrabend"
		Fremdwörter und Fachsprachen	den Hörern angemessen vs. unangemessen
		Reizwörter	für Hörer emotional erregende Begriffe, oft unabsichtlich gebraucht
		Lieblingswörter	auffallend häufig wiederkehrende Worte/Wendungen
	Satzbau	Einfachheit	keine Schachtelsätze, nicht schriftsprachlich
		Länge	generell Tendenz zur Kürze
		Verhältnis zur Logik	kann/muss dieser Inhalt sprachlich so aufbereitet werden?
Sprechstil	Stimme und Klang	Tonhöhe	möglichst physisch und psychisch „indifferent"
		Satzmelodie	erleichtert oder erschwert das Verständnis
		Klang	verrät oft emotionale „Gestimmtheit"
	Lautstärke und Akzent	Lautstärke	situationsangemessen (Hörerzahl, Raumgröße)
		Betonung	Akzente setzen aber Überakzentuierung vermeiden

	Tempo und Pausen	Geschwindigkeit	Tempo angemessen, zu schnell, zu langsam
		Pausen	können Strukturierung und Verständnis erleichtern oder erschweren
	Lautung	Deutlichkeit	Höflichkeit dem Hörer gegenüber, kann Verständnis erleichtern oder erschweren
		Mundart	kann klischeehafte Signalwirkung haben, kann aber auch verbindend wirken
Schauform	Mimik	Blickkontakt	Kontakt herstellend und haltend, fehlender oder „leerer" Blickkontakt kann ausweichend oder unsicher wirken
	Gestik	Natürlichkeit	Unterdrücken von Gestik kann ebenso wie bewusster (geplanter) Einsatz den Sprechfluss hemmen und unnatürlich wirken
		Hemmung	

Feedback-„Regeln"

Um Feedback im Kontext rhetorischer Didaktik und Methodik sinnvoll zu gebrauchen, haben sich folgende „Regeln" bewährt:

Feedback – geben:

1. Geben Sie FB immer direkt an den Adressaten, nutzen Sie immer die direkte Anrede! (Sprechen Sie zu und nicht über jemanden, dem Sie FB geben.) Bsp.: *„Als du eben..."* (zum Sprecher) nicht: *„Als er/sie eben..."* (zur Gruppe/zum Leiter).
2. Beschreiben Sie ausschließlich, wie der andere auf Sie wirkt. (Sie können nicht beurteilen, wie der andere auf andere Menschen wirkt, und erst recht nicht, wie er tatsächlich ist!) Bsp.: *„Du wirkst auf mich..."* nicht: *„Du bist..."*
3. Nennen Sie möglichst konkrete Beobachtungen, die eine bestimmte Wirkung bei Ihnen ausgelöst haben. Nennen Sie Beispiele. Bsp.: *„Du hast mich nicht angesehen. Das wirkte auf mich unsicher"* oder: *„Du wirktest auf mich unsicher und dieser Eindruck entstand vor allem, weil du mich nicht angesehen hast."* **aber:** Halten Sie sich mit Spekulationen darüber zurück, warum der andere gerade diesen Eindruck auf Sie gemacht hat. Bsp.: *„... vermutlich warst du sehr aufgeregt."*
4. Entschuldigen oder relativieren Sie Ihr Feedback nicht. (*„Ich wäre aber an deiner Stelle sicher auch aufgeregt gewesen."/"Ich hätte das aber sicher auch nicht besser gekonnt."* Sie müssen selbst kein Koch sein, um eine Aussage darüber treffen zu können, ob ihnen eine Suppe zu salzig ist.)
5. Bemühen Sie sich eine Weise zu finden, die das Selbstwertgefühl des anderen nicht schädigt und trotzdem das Ziel erreicht!

Feedback – nehmen:

1. Fallen Sie dem Partner nicht ins Wort, üben Sie widerspruchsfreies Zuhören.
2. Aber: Fragen Sie ggf. nach und bitten Sie um Informationen darüber, warum die beschriebene Wirkung entstanden ist.
3. Denken Sie daran, dass jedes FB Ihnen hilft, sich selbst und Ihre Wirkung auf andere besser kennenzulernen.

4. Versuchen Sie, sich nicht zu verteidigen, oder beschriebene Wirkungen zu erklären.
5. Sie werden feststellen, dass jedes FB subjektiv ist. Es sagt Ihnen also auch, dass Sie auf unterschiedliche Partner unterschiedlich (vielleicht sogar gegensätzlich!) wirken.
6. FB ist kein Urteil und keine Kritik. Es verlangt von Ihnen weder Unterwerfung noch Auflehnung, sondern nur die Bereitschaft, es sich mal „durch den Kopf gehen zu lassen". Daher bleibt es auch Ihnen überlassen, wie sie mit Feedback umgehen!

D.2.2 Methoden systematischer Beobachtung und Bewertung
Baldur Neuber

Neben der im vorangegangenen Kapitel beschriebenen Feedback-Methode gibt es verschiedene Methoden der systematischen Rede- und Gesprächsbeobachtung, die z.T. Bewertungen involvieren. Für Lehr-Lernsituationen sind hier insbesondere zu nennen:

- Gesprächsverlaufssoziogramm (Geißner 1986b, 108f.),
- Beobachtungsbögen (z.B. Allhoff/Allhoff 2006, 228; Wagner 2004, 39ff.),
- Transliteration/Transkription (z.B. Deppermann 2001).

Das Gesprächsverlaufssoziogramm ermöglicht die Dokumentation der Gesprächsteilnehmer (z.B. Name, Sprechdauer) und wesentlicher situativer Merkmale. Zudem wird Zahl und Gerichtetheit der Gesprächsbeiträge (Wer spricht wie oft zu/mit wem?) dokumentiert und es können Inhaltsfragmente skizziert werden. Ein großer Vorteil des Gesprächsverlaufssoziogramms ist die Möglichkeit einer Echtzeit-Verschriftung wesentlicher Verlaufsmerkmale von Gesprächen, die hauptsächlich als Gedächtnisstütze für nachfolgende Auswertungsschritte fungiert. Die „Detailauflösung" ist allerdings – z.B. im Vergleich zu einer linguistischen Gesprächstranskription – relativ gering, da man überwiegend „erste Eindrücke" dokumentiert. Da in rhetorischen Lehr-Lernsituationen zumeist eine zügige und ereignisnahe Auswertung erforderlich ist, hat sich diese Methode in zahlreichen Anwendungssituationen sehr gut bewährt. Sie ist qualitativ (also fallbezogen) und subjektiv (also vom jeweiligen Einzelbeobachter abhängig). Eine Illustration zur Arbeit mit Gesprächsverlaufssoziogrammen befindet sich in unserer Internetpräsenz.

Beobachtungsbögen sind eine besonders häufig verwendete Form der rhetorischen Analyse. Gebräuchlich sind insbesondere Bögen mit vorgegebenen Kriterien oder auch Fragen, die durch die Beobachter verbal beantwortet werden sollen (qualitative Version), es gibt aber auch Ausführungen mit Multiple-Choice-Vorgaben (quantitative Version), die v.a. für evaluative Fragestellungen gern genutzt werden. Vorteilhaft an der kriteriengestützten Beobachtung ist die Möglichkeit der Intersubjektivierung und (bei Notwendigkeit) Anonymisierung der Ergebnisse, d.h. die Auswerter erhalten Gruppenurteile, in denen die Meinungsäußerungen nicht durch das hören anderer Teilnehmermeinungen beeinflusst werden. Die Aufzeichnung und Auswertung kann sehr schnell erfolgen, indem z.B. notierte Äußerungen vorgelesen werden. Sie kann natürlich auch aufwändig und gründlich im Rahmen einer systematischen Nachbereitung ausgeführt werden. Allerdings weisen auch Beobachtungsbögen erhebliche methodische Nachteile auf: Die Aufmerksamkeit wird auf die vorgegebenen Kriterien fokussiert, auch wenn diese vielleicht nicht oder nur teilweise für die Rezeption und Beurteilung des beobachteten rhetorischen Ereignisses verantwortlich waren. Zudem existieren (zumindest für die Lehre) keine validierten Kriterien, d.h. es wird rhetorisches „Alltagsvokabular" eingesetzt, das enorme Spielräume für Verständnisdifferenzen bzw. Missverständnisse eröffnet. Das Verfahren ermöglicht subjektive wie auch intersubjektive sowie – je nach Gestaltung – qualitative und/oder quantitative Auswertungen.

Transliteration/Transkription ermöglicht eine präzise Erfassung des gesprochenen Textes einer Rede bzw. der Turns eines Gesprächs. Je nach verwendeter Konvention können verschiedene Teilnehmerzahlen, Überlappungen von Gesprächsbeiträgen sowie paraverbale und nonverbale Anteile präzise erfasst werden. Der Vorteil der hohen Präzision wird allerdings mit einem hohen zeitlichen Aufwand erkauft; die Auswertung von einer Minute Gesprächsdauer kann bis zu 100 min Auswertungszeit in Anspruch nehmen. Deshalb ist der Gebrauch in rhetorischen Lehr-Lernsituationen, Coachings etc. eher unüblich. Dennoch gibt es akzeptable Kompromisslösungen, die an das beschriebene Verfahren angelehnt sind und sich durchaus für Anwendungsszenarien eignen. Eine davon ist die teilnehmende Beobachtung, Audio- oder Videoaufzeichnung und gleichzeitiger Protokollierung. Somit werden eine unmittelbare Auswertung und zusätzlich die bedarfsweise (z.B. punktuelle) spätere Transliteration/Transkription mit detaillierter Analyse und Beschreibung möglich. In jedem Fall ist das Verfahren qualitativ und subjektiv und lässt die Möglichkeit der Intersubjektivierung (mehrere Beobachter und/oder Auswerter) zu.

Wenn die Beobachtung rhetorischer Ereignisse und Prozesse objektiv unterstützt werden soll, bietet sich vor allem die Audio- und oder Videoaufzeichnung an. Zudem gibt es inzwischen erste Ansätze für automatisiertes Gesprächs- bzw. Redemonitoring. Allerdings sind diese im Vergleich zur menschlichen Auffassungsgabe – zumindest derzeit – erheblich unterkomplex und fragmentarisch. Audio- und Videoaufzeichnungen sind hingegen seit langem gebräuchlich und haben sich in Anwendungsszenarien sehr gut bewährt. Durch die vollständige Digitalisierung ist inzwischen auch das Handling sehr komfortabel und einfach. Die „Objektivität" besteht darin, dass die Signalaufzeichnung frei von Aufmerksamkeits- und Bewusstseinsschwankungen stattfindet und zudem eine beliebig häufige identische Reproduzierbarkeit gewährleistet. Dies darf jedoch nicht darüber hinwegtäuschen, dass bereits die Signalerfassung erhebliche subjektive Momente enthält, z.B. durch das Vornehmen von Einstellungen, durch Kamerapositionierung und -führung, Definition der Start- und Stoppzeiten der Aufzeichnung u.v.m. Auch die Auswertung bleibt subjektiv bzw. intersubjektiv und kann – zumindest derzeit – bestenfalls maschinell unterstützt werden. Die Aufzeichnungen liefern den Beobachtern eine zusätzliche Perspektive, die als abweichend von der authentischen Situation wahrgenommen wird, da sie in einer raumzeitlichen Differenz zu ihr steht und durch die „Objekte" (Kamera, Mikrophon, Lautsprecher) erfolgt. Die resultierenden Veränderungen sind vielfältig und werden oftmals in ihren Folgen unterschätzt. So werden z.B. Geräusche und Raumhall mit aufgezeichnet und sie interferieren dann mit den Merkmalen der Wiedergabesituation. Es kommt zudem zu erheblichen Informationsreduktionen (z.B. Zweidimensionalität der Bildwiedergabe, fehlen sensorischer und olfaktorischer Eindrücke usw.). Im Zusammenhang mit der Perspektivänderung entsteht für den Sprecher – aber auch für alle weiteren Beobachter – ein auditives bzw. visuell-auditives „Fremdbild", das für den Sprecher zumeist Widersprüche gegenüber dem „Selbstbild" erzeugt. Es bedarf daher immer einer klugen methodischen aber auch pädagogischen bzw. andragogischen Abwägung ob, wann, warum und wozu Audio- und/oder Videoaufzeichnungen in rhetorische Beobachtungs- und Bewertungsprozesse integriert werden.

Hinweis zur Verwendung in der Forschung
Grundsätzlich können alle vorgängig beschriebenen Verfahren auch in Forschungsszenarien angewendet werden. Sie haben ihre Genese wie auch ihren „typischen" Gebrauch allerdings in sehr unterschiedlichen Fächern (Psychologie, Soziologie, Linguistik), so dass für jedes dieser Verfahren inzwischen eine Großzahl ausgefeilter Überlegungen wie auch Anwendererfahrungen gibt. Unter wissenschaftlichen Gesichtspunkten, wie z.B. Auswahlbegründung, Methodenreflexion, Sicherung der Reliabilität und Validität ist daher unbedingt die jeweils einschlägige Fachliteratur heranzuziehen. Empirische bzw. empirisch-theoretische wissenschaftliche Arbeiten in der Rhetorik sind bisher eher selten. Zugleich sind sie für das Fach von enormer Bedeutung, um es auf breiter Basis aus dem Stand einer „Ratgeber- und Meisterlehre" in den Stand anerkannten Fachwissenschaft zu führen, die heutigen Begründungsanforderungen und Bewertungsmaßstäben standhalten kann. Dass dies prinzipiell möglich ist, belegen z.B. die Arbeiten von Redecker (2008) und Schwarze (2010). Insgesamt besteht hier allerdings noch immenser Forschungsbedarf.

D.3 Gespräch

Baldur Neuber

D.3.1 Rhetorische Gesprächsklassifikation

Das Gespräch ist – im Vergleich zur Rede – die primäre Form der mündlichen Kommunikation. Gespräche sind gegenüber Reden ontogenetisch vorgängig. Auch in quantitativer Hinsicht sind Gesprächssituationen gegenüber den Redesituationen in erheblicher Überzahl, und zwar selbst bei Berufsrednern, wie z.B. Politikern. Gespräche lassen sich aus unserer Sicht in „rhetorisch" und „nicht-rhetorisch" klassifizieren. In rhetorischen Gesprächen hat mindestens ein beteiligter eine *finale Handlungsintention*, d.h. er möchte das äußere (sinnlich erfassbare) und/oder innere (kognitiv-emotional-voluntative) Handeln der anderen Person(en) geplant und gezielt beeinflussen. In rhetorischen Gesprächen können auch mehrere Gesprächsbeteiligte – u.U. konvergierende – finale Handlungsintentionen verfolgen. Nicht-rhetorischen Gesprächen fehlt diese Komponente. Alle Gespräche weisen folgende allgemeine Merkmale auf (Deppermann 2001, 8f.): Konstitutivität, Prozessualität, Interaktivität, Methodizität und Pragmatizität. Sie werden also von den Teilnehmern konstituiert und entstehen durch die Abfolge von wechselseitig aufeinander bezogenen Sprecherbeiträgen. Die miteinander sprechenden Menschen benutzen Methoden (Muster, interiorisierte

Gespräch

Normen) für Gestaltung, Interpretation und Organisation ihrer Gesprächsbeiträge. Sie handeln, indem sie Zwecke verfolgen.

Für die Sprechwissenschaft sind vor allem die folgenden Gesichtspunkte von Gesprächen analyse- und interpretationswürdig:

- Gesprächsbeteiligte („Wer mit wem?"),
- Themen, Inhalte und die Sachverhalte, auf die sie sich beziehen („Was?", „Worüber?"),
- Modalität der Gesprächsführung („Wie?"),
- Anlass („Warum?"), Ziel („Wozu?"); hier insbesondere die Handlungsziele,
- Umgebungsvariablen (Ort, Zeit, außersprachliche Einflüsse, Reize und Signale),
- Verlaufskategorien (Gesprächsorganisation, Sequenzierung, Phasenbildung),
- soziale Rollen und psychologisch beschreibbare Besonderheiten,
- Merkmale der Reziprozität, des Verständigungshandelns sowie der Sinnkonstitution,
- Schlussfolgerungen für Möglichkeiten der Gesprächsoptimierung.

Jedes rhetorische Gespräch hat Sach- und Sozialaspekte, d.h. es wird – in unterschiedlichem Maße – vom besprochenen Inhalt und von psychosozialen Faktoren der beteiligten (und ggf. auch der beobachtenden) Personen beeinflusst. Untersetzt sind diese immer von psychischen Einflussgrößen (Emotionen, Stimmungen). Auch Ausdruckssignale, d.h. individuelle Sprecherinformation über Zustand-, Befinden usw. sind immer beteiligt. Auf dieser Grundlage lassen sich typische Kommunikationsformen spezifizieren, die unter rhetorischem Blickwinkel darstellbar sind (Abb. D.3.1), da sie sich sowohl beobachten als auch bewusst beeinflussen lassen.

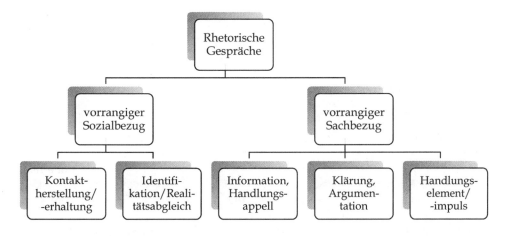

Abb. D.3.1: Kommunikationsformen im rhetorischen Gespräch

Es ist hierbei unbedingt zu beachten, dass es fließende Übergänge zwischen den Formen gibt und dass immer Mischungen mit unterschiedlichen Anteilen entstehen, so dass diese Kategorienbildung (wie jede andere auch) nur als relativ anzusehen ist und zudem von definitorischen Vorstellungen geprägt ist.

Generell zu beachten ist die Tatsache, dass sich Sozial- und Sachbezug zwar im „äußeren" (sinnlich wahrnehmbaren und auch sprecherischen) Handeln oftmals recht gut separieren lassen, nicht aber in den „inneren" (psychischen) Handlungen. Außerdem bleibt offen, wie hoch der jeweilige Einfluss von Emotionen/Stimmungen auf das Handeln ist. Das vorgestellte Modell dient daher in erster Linie der Operationalisierung für rhetorische Beschreibungen, nicht der ontologischen Erklärung der Hintergründe von Gesprächsprozessen.

Eine weitere grundsätzliche Differenzierungsmöglichkeit von Gesprächen besteht darin, sie in „geleitet" vs. „ungeleitet" einzuteilen. In der ersten Kategorie gibt es einen Gesprächsleiter, der v.a. die Aufgabe hat, Reihenfolge und Umsetzung mehr oder weniger stark formalisierter Phasen abzusichern und zu steuern. Typische Beispiele sind Versammlungen und Debatten, aber auch Bewerbungs- und Prüfungsgespräche. Einen Überblick über *Gesprächsleitungsaufgaben* findet man in unserer Internetpräsenz.

Ungeleitete Gespräche verzichten hingegen auf eine offizielle Gesprächsleitung. Man findet sie oftmals in Klärungs-, Beratungs- und Streitsituationen, die sich spontan bzw. quasispontan, also ohne vorab erfolgende formale Festlegungen von Raum, Uhrzeit etc. ergeben. In formal ungeleiteten Gesprächen kann sich jederzeit eine *informelle* Gesprächsleitung herausbilden, indem ein Beteiligter (oder auch mehrere) die Leitungstätigkeiten einfach ohne „offizielle Legitimation" an sich ziehen.

Eine Sonderform der Gesprächsleitung ist die *Moderation*. Es gibt inzwischen eine unüberschaubare Vielzahl von Abhandlungen und Begriffsvorstellungen zu dieser Thematik. Bekanntlich kann man unter Moderation den Versuch einer vorgerichtlichen Einigung streitender Parteien verstehen, aber auch die Gesprächssteuerung einer Show im Fernsehen bzw. die Führung durch ein Programm/die Verknüpfung von Programmpunkten (z.B. Radiomoderation, Moderation einer Matinee etc.). Es ist umstritten, ob Moderation eine rhetorische Kategorie sein kann. Aus unserer Sicht ist es sinnvoll, unter Moderation eine Gesprächssteuerung bei gleichzeitigem Versuch auf Verzicht der Entscheidungsbeeinflussung zu verstehen. Ziel von Moderationen in diesem Sinne ist es, die Gesprächstätigkeit der Beteiligten zu fördern und ihnen zugleich die inhaltlichen Anteile möglichst komplett zu überlassen, also eine Art „Kommunikationsverwaltung" zu betreiben.

Zahlreiche Publikationen – v.a. in der Ratgeberliteratur – gehen in ihren Klassifikationen pragmatisch vor. Es ergeben sich dann Einteilungen, wie z.B.: Arzt-Patienten-Gespräch, Bewerbungsgespräch, Beratungsgespräch, Verkaufsgespräch. Grundsätzlich ist diese Vorgehensweise sicher sinnvoll, wobei hier eine offene Menge mit erheblichen Unschärfen und Überschneidungen entsteht. Beispielsweise weist ein Verkaufsgespräch in der Industrie u.U. wesentlich andere Merkmale auf als eines im Einzelhandel, und Verkaufsgespräche am Telefon lassen sich nicht ohne weiteres mit Face-to-Face-Verkaufsgesprächen gleichsetzen. Gespräche mit Bestandskunden unterscheiden sich erheblich von Gesprächen mit Neukunden. Somit kommen auch derartige Klassifikationsversuche nicht ohne ergänzende Sprechsituationsanalysen aus.

D.3.2 Gesprächsanalyse

Um Gespräche optimieren zu können, muss man sie zunächst verstehen. Hierzu wurden zahlreiche Konzepte und Methoden entwickelt, die in der Bestandsliteratur umfassend dargestellt sind (z.B. Brinker/Sager 2001; Deppermann 2001; Henne/Rehbock 2001). Einige grundsätzliche Gedanken sollen hier unter dem Gesichtspunkt ihrer Verwendbarkeit für rhetorische Lehr-Lernsituationen überblicksweise vorgestellt werden. Datengestützte Gesprächsanalyse verläuft in den folgenden Schritten:

a) Bestimmung der Analyseziele,
b) Erstellung von Gesprächsinventaren,
c) Auswahl der zu analysierenden Anteile,
d) Transkription/Transliteration/Annotation,
e) Darstellung der Ergebnisse/Schlussfolgerungen.

zu a) Bei der Bestimmung der Analyseziele ist zunächst die Frage zu stellen, ob Form oder Funktion der Gespräche analysiert werden soll bzw. bei einer kombinierten Form-Funktionsanalyse ist zu fragen, in welchem Verhältnis beide stehen sollen. Die Formanalyse kann sich sowohl auf die Signaloberfläche (Artikulation, Prosodie) als auch auf die sprachlichen Strukturen (lexikalische, syntaktische und semantische Merkmale) konzentrieren. Sie kann quantitativ (z.B. Messung und Auswertung der Anzahl und Längen der Turns, der Pausen usw.) wie auch qualitativ (z.B. Analyse von Stilfiguren) erfolgen. Die Funktionsanalyse zielt auf eine subjektive bzw. intersubjektivierte Erfassung und Interpretation kommunikativer Wirkungen durch die Beteiligten und/oder unbeteiligte Beobachter. Auch hier sind qualitative Methoden (z.B. ethnomethodische Konversationsanalyse) und quantitative Methoden (z.B. standardisierte Befragung mit anschließender statistischer Auswertung) möglich.

Für die qualitative Analyse (detaillierte Sequenzanalyse) am Einzelfall empfiehlt Deppermann (2001, 55) die folgenden Analysegesichtspunkte:

- Paraphrase und Handlungsbeschreibung,
- Äußerungsgestaltung und Formulierungsdynamik,
- Timing,
- Kontextanalyse,
- Folgeerwartungen,
- Interaktive Konsequenzen,
- Sequenzmuster und Makroprozesse.

Nähere Ausführungen zu diesen Gesichtspunkten findet man ebenfalls bei Deppermann (ebd. 55ff.).

Ein gelungenes Beispiel für eine umfassende qualitative Gesprächsanalyse aus sprechwissenschaftlicher Sicht findet man bei Bose et al. (2012, 143ff.). Hier werden u.a. auch Ziele und Methoden detailliert erörtert.

Auch für quantitative Gesprächsanalysen gibt es eine Vielzahl von Möglichkeiten. Analyseziele von Formmerkmalen können sich z.B. auf Anzahl und Längen der Turns, Anzahl, Längen und Verteilung von Pausen, Akzenthäufigkeiten und -positionen u.v.m. richten. Funktionsmerkmale können ebenso im Blickfeld quantitativer Analysen stehen, z.B. indem Merkmale der Gesprächsqualität fokussiert werden. Für quantitative Gesprächsanalysen existiert ein reichhaltiges Methodeninventar, wie z.B. die standardisierte Befragung, Bewertung mittels Polaritätenprofilen oder die Echtzeitbeurteilung mit dem CRDI (Continuous Response Digital Interface). Eine Arbeit, in der quantitative Verfahren in der Sprechwirkungsforschung verwendet werden, findet man z.B. bei Klug/König 2012, 175ff.

zu b) Basis für eine hochwertige Gesprächsanalyse ist das Vorhandensein geeigneter Gesprächsinventare. Diese sollten im Idealfall eine maximale Beobachtungs- und Erklärungsadäquatheit für das entsprechende Analyseziel bieten. Wichtige Herstellungskriterien sind:

- Authentizität: Es sollten möglichst Originalgespräche Verwendung finden, also keine nachgesprochenen oder von Rollenstellvertretern (z.B. Schauspielern) „gestellten" Gespräche.
- Validität: Die Gespräche müssen die zu untersuchenden Merkmale mit Sicherheit beinhalten. Soll z.B. authentische Emotionssignalisation untersucht werden, so eignet sich ein Inventar aus der Notruftelefonie besser als eines aus dem Telefonmarketing; im erstgenannten ist „ungespielte" Emotionalität viel eher erwartbar als in Verkaufsgesprächen.
- Reliabilität: Die Inventare müssen zuverlässig alle Informationen beherbergen, die bei der Analyse eine Rolle spielen. Z.B. wird für Messungen temporaler Parameter ein Korpus in Telefonqualität oftmals genügen, für eine detailgenaue Spektralanalyse der Stimme kann jedoch ein Gesprächsinventar in Studioqualität erforderlich sein. Oftmals müssen auch zahlreiche Metadaten – Angaben über Ort, Zeit, Beteiligte etc. – von Anfang an inventarisiert werden, damit Reliabilität entstehen kann.
- Repräsentativität: Gesprächsinventare sollten groß genug sein, um für die jeweilige Grundgesamtheit aussagekräftig zu werden. Dies ist entweder über ein umfangreiches Korpus erreichbar, oder über die Sammlung von Prototypen, wobei unter Prototypen Gespräche zu verstehen sind, die alle gesuchten repräsentativen Merkmale beinhalten. Theoretisch genügt ein einziges prototypisches Gespräch, wenn es sämtliche zu beschreibenden Merkmale in repräsentativer Weise beinhaltet. Praktisch ist ein solches Gespräch wg. der enormen Zahl auftretender Variablen kaum zu finden, so dass fast immer aus einem Überschussinventar heraus deduktiv reduziert werden muss.

D.3.3 Gesprächsoptimierung

Zu dieser Thematik gibt es eine immense Fülle von Empfehlungsliteratur, die jedoch keine allgemeingültigen Antworten zu geben vermag. Dies hat vor allem folgende Ursachen:

- Es gibt eine enorme Zahl von Variablen, die Gesprächsqualität beeinflussen.
- Die Perspektive auf das Gespräch ist maßgeblich entscheidend. (Ist das Gespräch aus Sicht eines Beteiligten und/oder aller Beteiligten und/oder aus Sicht der Beobachter gut?)
- Für Gesprächsqualität kann man sehr unterschiedliche Kriterien ansetzen, z.B. empfundene „Gesprächsatmosphäre", Änderung von Haltungen/Überzeugungen der Beteiligten, Handlungserfolge, die aus dem Gespräch resultieren u.v.m.

Gespräch 119

- Die sprachliche wie auch die phonetische Oberfläche sind empirisch erfassbar, geben jedoch nur Teile des Geschehens wider; die eigentliche „Sinnkonstitution" ist einer Beschreibung nur indirekt zugänglich und entzieht sich empirischer Beobachtung.
- Die konstruktiven Anteile der Beteiligten, d.h. das, was unsere Gehirne letztendlich aus Gesprächen und ihren Resultaten ableiten, was sie hinzugeben und subjektiv verändern, sowie alles, was nicht gesagt wurde, aber aus Vorwissen, Inferenzen usw. in die Bewertung einfließt, ist nicht oder nur sehr unvollkommen beschreibbar, aber dennoch entscheidend.

Im Rahmen der Telekommunikationsforschung entwickelten Meißner/Pietschmann (2012, 217ff.) ein Modell von Qualitätsfaktoren, das – in geringfügig modifizierter Form – auch für Face-to-Face-Gespräche von grundsätzlicher Bedeutung sein dürfte. Es ergibt sich zunächst die folgende Konstellation:

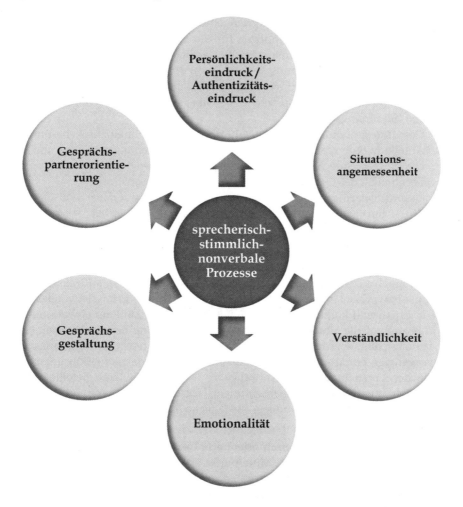

Abb. D.3.2: Gesprächsqualitätsfaktoren in Anlehnung an Meißner/Pietschmann (2012, 218)

Mittelpunkt des entsprechenden Optimierungsansatzes ist die sprecherisch-stimmliche Gestaltung des Gesprächs, da sie im Fokus sprechwissenschaftlicher/sprechpädagogischer Interventionsmöglichkeiten steht. Für Face-to-Face-Gespräche kommen die nonverbalen Gestaltungsanteile (d.h. alle visuellen, taktilen, olfaktorischen) Signalanteile hinzu, die ggf. Berücksichtigung finden müssen. Maßgeblich für die Gesprächsqualität sind die dargestellten Faktoren, für deren Analyse und Optimierung sich die folgenden Leitfragen ergeben:

- Persönlichkeitseindruck: Sind die Persönlichkeitseindrücke (z.B. Kompetenz, Glaubwürdigkeit, Sicherheit) für das System aus beteiligten und ggf. beobachtenden Sprecherhörern eher förderlich oder eher hinderlich? Gibt es weitere interessante Merkmale, die sich jedoch nicht als positiv oder negativ kategorisieren lassen?
- Situationsangemessenheit: Welche Auswirkung haben alle Merkmale des Modells – und damit das Handeln und Verhalten aller Situationsbeteiligten – auf die Wahrnehmung der Situationsangemessenheit?
- Verständlichkeit: Gibt es Indizien für die Beeinträchtigung in den Sprechplanungs- und Hörverstehensprozessen der Beteiligten? Gibt es Indizien für das Gelingen von Sprechplanungs- und Hörverstehensprozessen?
- Emotionalität: Wie wirkt sich die jeweilige Emotionssignalisation und -wahrnehmung auf das Gespräch aus? Gibt es zudem erkennbare Stimmungen/Stimmungseinflüsse?
- Gesprächsgestaltung: Welchen Einfluss haben die linguistisch bestimmbaren Anteile (z.B. Syntax, Lexik, Turnlängen, Unterbrechungsversuche und Unterbrechungen, Sprecheranteile, Sprechhandlungstypen, Sprecheroperationen) auf die Qualität des Gesprächs und einzelne seiner Phasen?
- Gesprächspartnerorientierung: Wie sind Gesprächsverlauf und Gesamteindruck hinsichtlich der Kriterien *„Kooperativität, Höflichkeit, Ansprechhaltung, Freundlichkeit, Aufdringlichkeit* und *Empathie"* (Meißner/Pietschmann 2012, 224) zu bewerten?

An diese Leitfragen schließen sich im Idealfall individuelle Feedbacks an die jeweiligen Auftraggeber sowie Expertenberatungen an, die in fall- bzw. auftragsspezifizierte Trainings- bzw. Coachingkonzepte münden können. Deren Erfolg ist wiederum evaluierbar. Ergänzend können quantitative Belegdaten (z.B. Zahl der eingelösten Anliegen in Bezug auf die Gesamtzahl der für die Optimierung herangezogenen Gespräche) berücksichtigt werden. Wir empfehlen jedoch für jeden Optimierungsversuch eine vorgängige empirische-theoretische Analyse der Bedarfssituation unter Hinzuziehung der Vorstellungen der Auftraggeber und aller weiteren Beteiligten, sowie (auch) qualitativer Gesprächsbeobachtungen/-beschreibungen mit wissenschaftlich anerkannter Methodik als Grundlage für jegliche spätere Beratung bzw. Didaktisierung.

Gesprächsforschung und rhetorisch orientierte Gesprächsschulung ist in den letzten Jahrzehnten immer mehr in den Mittelpunkt sprach- und sprechwissenschaftlicher Betrachtungen und Interventionen geraten, und es ist enormer Wissenszuwachs erfolgt. Wir empfehlen daher für dieses Kapitel in besonderem Maße das ergänzende Studium der angegebenen weiterführenden Literatur, ergänzt durch die diesem Lehrbuch zugehörige Internetinformation.

D.4 Rede

Dirk Meyer

Grundüberlegungen

Die Rede als eine Grundform sprechsprachlicher Kommunikation definieren wir als virtuell-dialogische, intendierte Verständigungshandlung eines Redners für meist mehrere Hörer mit dem Ziel, etwas zur gemeinsamen Sache zu machen, um gemeinsames (mentales oder reales) Handeln zu ermöglichen.

D.4.1 Arten und Formen der Rede

Reden lassen sich formal in Stegreifrede, Manuskriptrede und freie Rede mit Stichwortkonzept (SWK) und/oder Folienpräsentation einteilen, wobei die Stegreifrede allenfalls mental vorbereitet ist, Manuskriptrede und freie Rede aber intensive mentale und schriftliche Vorbereitung erfordern.

Zur inhaltlichen Einteilung der Redearten finden sich in der Literatur zahlreiche Vorschläge. Drei seien an diese Stelle exemplarisch aufgeführt:

Aristoteles benennt drei „Redegattungen": Beratungsrede oder politische Rede (genus deliberativum), Gerichtsrede (genus iudiciale) und Fest- oder Prunkrede (genus demonstrativum) und deren unterschiedliche Ziele: das Nützliche und Schädliche, das Rechte und Unrechte, das Schöne und Hässliche (vgl. Aristoteles 2007; vgl. Ueding 2011).

Geißner teilt ein in (dominant personorientierte) Person-Reden und (dominant sachorientierte) Sach-Reden, wobei die Person-Reden nochmals unterteilt sind in Anlass-Reden und Ansprachen und die Sach-Reden in Vortrag, Meinungsrede und Agitationsrede (vgl. Geißner 1986a, 132).

Pabst-Weinschenk unterteilt je nach dem Vorherrschen einer Zeichenfunktion im Organonmodell in Überzeugungs-, Meinungs- und Informationsrede. (vgl. Pabst-Weinschenk 2011, 119ff.).

Wir schlagen die folgende Einteilung vor:

1. informierende Reden (Vortrag, Referat)
2. überzeugende Reden (Meinungsrede)
3. überredende Reden (Manipulation)
4. würdigende Reden (Fest-, Feierrede)

Die folgende Tabelle, entwickelt aus einem Vorschlag von Pawlowski (1993), veranschaulicht die Unterscheidungsmerkmale dieser Redearten hinsichtlich Ziel, Funktion, Charakter, Planung und Präsentation.

Tab. D.4.1: Redearten

	informierende R. (Vortrag/Referat)	überzeugende R. (Meinungsrede)	überredende R. (Manipulation)	würdigende R. (Fest-/Feierrede)
Ziel	Vermitteln von Informationen, Mitdenken	Überzeugungen herausbilden/ändern, reflektiertes Mithandeln	unreflektierte Handlungen auslösen	Würdigen, angestrebte Stimmung erzeugen
Funktion	informieren	überzeugen	überreden	unterhalten
Charakter	primär kognitiv	kognitiv, emotional, voluntativ	primär emotional, (scheinbar) kognitiv, stark voluntativ	primär emotional
Planung	Auswahl und Anordnung von Informationen u. Zusammenhängen i.S. der Hörer und des Themas	Auswahl und Wertung von Informationen u. Zusammenhängen i.S. der eigenen Meinung	Auswahl, Wertung und (bewusste) Verfälschung von Informationen u. Zusammenhängen i.S. des Ziels	Auswahl von Informationen u. Zusammenhängen oft chronologisch i.S. des Ziels (v.a. Positives)
Denkstil	i.S. der Hörer/der Verstehbarkeit, klar gegliedert, logisch, nachvollziehbar	argumentierend i.S. der Wirkungsabsicht, nachvollziehbar	scheinbar argumentierend i.S. der Wirkungsabsicht, oft verschleiernd, nur scheinbar logisch	i.S. der Wirkungsabsicht, oft chronologisch
Sprachstil	beschreibend, erklärend, relativ sachlich, neutral, evtl. fachsprachlich v.a. rhetorische Stilmittel des **docere** (darstellen/erklären)	engagiert, (auf)fordernd, emotional, sowohl rhetorische Stilmittel des docere, **delectare** (gefallen/reizen) und **movere** (bewegen/erregen)	(scheinbar) engagiert, stark fordernd, (scheinbar) emotional mit falschem Pathos, v.a. rhetorische Stilmittel des **delectare** und **movere**	erzählend, unterhaltend, emotional bewegend, evtl. pathetisch v.a. rhetorische Stilmittel des **delectare** und **movere**
Sprechstil	eher sparsam aber variabel in der Verwendung prosodischer Mittel	eher stärkerer, variabler Einsatz prosodischer Mittel, dennoch natürlich und glaubwürdig	starker und oft bewusster Einsatz prosodischer Mittel, dadurch auch ggf. unglaubwürdig und überzogen wirkend	eher stärkerer, variabler Einsatz prosodischer Mittel
Mimik/ Gestik	eher unauffällig, unterstützend, hinweisend, natürlich	angemessen, engagiert, natürlich	oft stark ausgeprägt, unterstützend, auffordernd, überzogen	angemessen, engagiert, natürlich

D.4.2 Redeaufbau

Der Redeaufbau richtet sich nach Form und Art der Rede (s.o.), folgt aber im Allgemeinen dem Ordnungsprinzip „Einleitung-Hauptteil-Schluss". Es gibt allerdings eine große Anzahl sog. „Redeformeln", die detailliertere Vorschläge für den Redeaufbau unterbreiten. Die bekanntesten sind möglicherweise:

1. Die **antike Gliederung** der Redeteile (*partes orationis*) in **Einleitung** (*exordium*) mit dem Ziel, Aufmerksamkeit (*attentum parare*), Wohlwollen (*captatio benevolentiae*) oder Gelehrigkeit (*docilem parare*) der Hörer zu erwecken; **Vorstellen des Problems**/Darlegung des Sachverhalts/Erzählung des Geschehens (*propositio, narratio*) mit dem Ziel einer parteinehmenden Schilderung der Sachlage; **Argumentation**/Beweisführung (*argumentatio*), häufig aufgeteilt in die Darstellung des eigenen Standpunktes (*probatio*) und die Widerlegung des gegnerischen Standpunktes (*refutatio*) mit dem Ziel, die eigene Problemsicht glaubhaft zu machen, zu überzeugen und **Redeschluss** (*peroratio, conclusio*) mit dem Ziel, das vorher Bewiesene sicher (*certum*) zu machen (vgl. Ueding 2011).
2. Die **Wittsack-Formel**, die mit 5 Fragestellungen an den Redner arbeitet:
   - Warum spreche ich? (Motivation, Problembewusstsein, aktuelle Anknüpfung)
   - Was ist?/Wie kam es dazu? (Situationsschilderung, Darstellung des Ist-Zustands)
   - Was sollte sein? (Darstellung des angestrebten Ziels, des Soll-Zustandes)
   - Wie könnte man das erreichen? (Vorschlagen möglicher Wege und Lösungen/Alternativen).
   - Was können wir/sie dazu beitragen? (Appell, konkrete Handlungsaufforderung; vgl. Wittsack 1935).
3. Die **AIDA-Formel**, die ursprünglich aus der amerikanischen Werbepsychologie stammt und deren Name sich aus den Anfangsbuchstaben ihrer Bestandteile bildet:
   - **A**ttention (Aufmerksamkeit erreichen, die Angesprochenen sollen bewusst zuhören, herhören)
   - **I**nterest (Interesse wecken, das Thema wird den Zuhörern als speziell für sie wichtig und interessant dargestellt)
   - **D**esire (der Drang/Wunsch nach einem dargestellten Soll-Zustand wird geweckt, Vorteile für die Hörer werden hervorgehoben, die Erfüllung ihrer Wünsche/Ziele wird in Aussicht gestellt)
   - **A**ction (mit der konkreten Handlungsaufforderung sollen die evtl. erst geweckten Wünsche mit der angebotenen Lösung in Handlungen münden (vgl. St. Lewis 1903).

Einigkeit herrscht in vielen Vorschlägen zum Redeaufbau darüber, dass der Einleitung eine besondere Bedeutung zukommt. Diese hatte und hat bis heute die Funktion, die Hörer aufmerksam zu machen und ihr Interesse zu wecken bzw. zu verstärken. Aus diesem Grund sollte ihr besondere Beachtung geschenkt werden.

D.4.3 Redestilistik

„Der Einsatz der Stilmittel...wird über ein System von Standards geregelt, die die römische Rhetorik als virtutes bezeichnet. Sprachrichtigkeit (*puritas*), Deutlichkeit (*perspicuitas*), Angemessenheit an Inhalt und Zweck der Rede (*aptum, decorum*), Redeschmuck (*ornatus*) und Vermeidung alles Überflüssigen (*brevitas*) sind oberste Stilqualitäten." (Ueding 2011, 69)

Es existieren zahlreiche Darstellungen zur Redestilistik und Kataloge rhetorischer Figuren (vgl. z.B. Ueding/Steinbrink 1994, 283ff.). Die wichtigsten Figuren seien an dieser Stelle daher lediglich genannt (vgl. Ueding, 2011, 66ff.):

1. *Grammatische Figuren* entstehen durch den bewussten Verstoß gegen die grammatischen Regeln des Wortgebrauchs und der Satzfügung (z.B. Barbarismus, Soloezismus).
2. *Wortfiguren/Figuren des Ausdrucks* entstehen durch Hinzufügung/Wiederholung (z.B. Anapher, Gemination, Epipher, Polyptoton), Auslassung (z.B. Ellipse, Zeugma) oder Umstellung (z.B. Parallelismus, Antithese, Chiasmus).
3. *Gedanken-/Sinnfiguren* betreffen nicht Grammatik oder Lexik, sondern die inhaltliche Führung (z.B. Vergleich, Frage, Ausruf, Ironie, Evidenz, Anakoluth)
4. *Tropen* entstehen durch Übertragung/Mehrdeutigkeit/Übertreibung (z.B. Metapher, Metonymie, Hyperbel, Allegorie).

D.4.4 Redevorbereitung

Die „klassischen" Produktionsstadien der Rede (*inventio, dispositio, elocutio, memoria, actio/pronuntiatio*) können prinzipiell auch heute noch gelten, sofern man unter memoria nicht das Auswendiglernen der Rede versteht, sondern Sprechversuche mit dem Stichwortkonzept oder dem Manuskript.

Die hier dargestellte Redevorbereitung ist angeregt durch die von Geißner vorgeschlagene 25-stufige Redevorbereitung (vgl. Geißner 1986a, 161).

1. Situationsanalyse (Sprecher – Hörer – Anlass)
   Zu Beginn der Redevorbereitung sollte die Kommunikationssituation detailliert analysiert werden. Im Mittelpunkt stehen dabei Überlegungen zum Redeanlass und der Beziehung der Hörer und des Sprechers zu diesem und zueinander.
2. Themenfindung
   Aus 1. ergibt sich die konkrete Themenfindung und Zielformulierung.
3. Stoffsammlung
   Das Zusammentragen aller relevanten Informationen zum Thema im Sinne des formulierten Ziels und der Hörer.
4. Stoffauswahl
   Die Sichtung und Auswahl der gesammelten Informationen unter Berücksichtigung des Zieles, der Hörer und der geplanten Redezeit.
5. Ordnung des Stoffes
   Die Anordnung der Redeinhalte. Hier ist zu unterscheiden zwischen *Gliederung* i.S. der „Anordnung" des Gesamttextes, also der Einteilung in Kapitel, Absätze, Überschriften etc. und *Aufbau* i.S. von Logik, Beweisfolge, Schlussfolge-

rungen, gedanklichen Beziehungen etc. Die Bedeutung dieser Vorbereitungsstufe wächst mit dem Umfang der Rede.
6. Ergänzungen/Streichungen vornehmen
Mögliche Verwendung von Beispielen, Vergleichen, Zitaten, Visualisierungen, Medien usw. und das Verhältnis der Redeteile zueinander prüfen.
7. Formulierungen einbauen
Die – möglicherweise wörtliche – Planung von Einleitung und Redeschluss, die „Kunst der Übergänge" (*transgressio, transitus*), die Überprüfung des Sprachstils und die mögliche Planung redestilistischer Elemente .
8. Stichwortkonzept (SWK) bzw. Manuskript erarbeiten.

Es gibt verschiedene Vorschläge und Hinweise zur Gestaltung eines Stichwortkonzepts (vgl. z.B. Buzan/Buzan 2002; Geißner 1986a; Wagner 2004). Die Entscheidung für eine (dieser) Form(en) wird jeder Redner individuell treffen müssen. Auch ein Manuskript kann und sollte wenn möglich in ein SWK umgewandelt werden, denn die Vorteile der „freien Rede" gegenüber der Manuskriptrede sind für Sprecher und Hörer erheblich.

Vorteile für den Redner:

- größere Freiheit im Sprechplanungsprozess,
- größere Flexibilität im Zeitrahmen,
- besserer Hörerbezug durch Blickkontakt,
- leichtere Wahrnehmung (und Verarbeitung) des Hörerfeedbacks.

Vorteile für die Hörer:

- leichtere Nachvollziehbarkeit der Gedankengänge des Redners,
- (möglicherweise) stärkerer emotionaler Bezug zum Redner,
- bessere Möglichkeit der Einflussnahme auf den Redner.

Es folgen mehrere Sprechversuche in Form des sprechsprachlichen „Ersprechens" (keinesfalls nur des mentalen Durchgehens) von SWK oder Manuskript.

Zu beachten sind hierbei v.a. die „Redetauglichkeit" der Vorlage und die benötigte Zeit. Nach jedem Sprechversuch werden weitere Ergänzungen und/oder Streichungen vorgenommen und SWK oder Manuskript entsprechend überarbeitet. Idealerweise sollte der Sprecher mindestens bei einem Sprechversuch eine Selbstkontrolle mit Audio- oder Videoaufzeichnung einplanen und/oder vor Hörern reden.

D.5 Argumentation, Strittigkeit, Konflikt

Baldur Neuber

D.5.1 Sprechwissenschaftliche Grundauffassungen

Von der Antike bis in die Gegenwart hinein wurden ungezählte Überlegungen zur Argumentation getroffen, so dass sich hier ein relativ eigenständiges Forschungsgebiet etabliert hat, das in diesem Lehrbuch nicht annähernd umrissen werden kann. Zugleich ist *Argumentation* ein zentraler Begriff in der Rede- und Gesprächsrhetorik. Sie wird als wesentliches Element jeglicher rhetorischer Kommunikation angesehen und praktisch enthalten nahezu jede Rede und jedes Gespräch argumentative Bestandteile. Die Begriffe *Argument* und *Argumentation* werden in der Literatur sehr unterschiedlich definiert, oftmals recht unscharf und unsystematisch. Wir gehen daher von einem Argumentationsbegriff für die Sprechkommunikation aus, der sich an den Vorstellungen der Logik orientiert und zugleich für unseren Gegenstand praktikabel ist.

Unter einem *Argument* (argumentum lat., Beweisgrund) verstehen wir eine mündliche oder schriftliche Äußerung, deren Wahrheit geprüft und/oder durch Praxis bzw. Erfahrung bewiesen ist. Diese Äußerung muss sich dazu eignen, zur Begründung der Wahrheit oder Falschheit einer anderen Äußerung (These) angeführt zu werden. Eine vollständige argumentative Äußerung besteht im Minimum aus einer These (Behauptung) und einem Argument (Begründung). Optional können ein oder mehrere *Operatoren* (Bindewörter zwischen These und Argument) hinzukommen.

Bsp.: Otto ist schwer erkältet, *deshalb* kommt er heute nicht in die Uni.
     Argument   **Operator**   **These**

Die Positionen von These und Argument sind austauschbar.

Bsp.: Otto kommt heute nicht an die Uni, weil er schwer erkältet ist.

Operatoren zwischen These und Argument sind fakultativ.

Bsp.: Otto ist schwer erkältet, er kommt heute nicht in die Uni.

Operatoren können eine enge oder weniger enge (z.B. kausale, modale, temporale) Verknüpfung signalisieren.

Bsp.: Otto ist schwer erkältet, *nur deshalb* kommt er nicht an die Uni. (Eine enge kausale Verknüpfung wird signalisiert.)

Otto ist schwer erkältet, *und* er kommt nicht in die Uni. (Weniger enge Verknüpfung; Kausalität könnte vom Rezipienten assoziiert werden, wird aber durch den Operator *und* nicht eindeutig signalisiert.

Die dargestellten argumentativen Strukturen betrachten wir zunächst nur als Signalisationen an der sprachlichen Oberfläche. Über ihren Wahrheitsgehalt kann die rhetorische Theorie nicht entscheiden, wohl aber über ihre Qualität.

Argumente sind Bestandteil jeder Beweisführung. Sie beruhen v.a. auf quantitativen und/oder qualitativen empirischen (d.h. durch Erfahrung probat gewordenen) Fakten, auf Theorien, Axiomen, Definitionen und Urteilen.

Beispiele:

- Otto ist 1,75 m groß und 82 kg schwer, also äußerlich ein typischer Durchschnittsmann.
 (quantitativ empirisches Argument; hier durch Orientierung an einer Statistik)
- Otto ist wirklich ein netter Kerl, weil alle seine Nachbarn, Verwandten und Kollegen ihn mögen.
 (qualitativ empirisches Argument; Aussagen einer heterogen zusammengesetzten Gruppe)
- Otto ist zweifellos ein Mensch des 21. Jahrhunderts; er kann spielend mit Smartphones umgehen.
 (Axiom des Alltags, auf dessen beweislose Akzeptanz gesetzt wird)
- Otto ist Hundehalter, denn er besitzt einen hübschen samtgrauen Mops.
 (Definition)

Argumentation, Strittigkeit, Konflikt

- Otto kann das Arbeitszimmer in seinem Haus steuerlich geltend machen, denn als Privatlehrer konnte er dieses Privileg gerichtlich für sich durchsetzen. *(Urteil)*

Basis für jegliche Argumentation ist die sog. *Strittigkeit*. Wir verstehen darunter, dass der Geltungsanspruch (mindestens) einer These untersetzt werden soll. Liegt Strittigkeit im hier verstandenen Sinn nicht vor, genügt das Aussprechen der These.

    Bsp.: Otto liest gern und viel. (These, hier unstrittig)

Ein Argument kann hinzukommen, wenn eine These explizit strittig geworden ist.

    Bsp.: Es ist falsch, Otto als Technikfreak zu bezeichnen, denn er hat sich das neue Smartphone nur gekauft, weil er damit Buchtexte lesen kann.

Für die Analyse von Argumentation im Kommunikationsalltag ist allerdings erschwerend, dass auch *antizipierte Strittigkeit* ausreicht, um eine Argumentation einzuleiten.

    Bsp.: Otto sagt, sein Mops ist ein wundervolles Haustier, denn er ist wachsam und treu zugleich. (These wurde nicht angezweifelt; Otto argumentiert vorsorglich, z.B. weil er glaubt, dass der Wert des Hundes als Haustier angezweifelt werden könnte.)

Neben *Strittigkeit* wurde im vorangehenden Abschnitt der Terminus *Argumentation* verwendet. Wir verstehen Argumentation („argumentatio" lat., Anführung der Argumente) hier in zweifacher Hinsicht:

1. Argumentation ist das Anführen eines oder mehrerer Argumente zur Begründung einer These.
2. Argumentation ist die Gesamtheit der These(n)-Begründungsstrukturen eines sprachlichen Zeichens der Meso- oder Makroebene (z.B. Turn oder Text).

Der in Argumentationstheorien sehr gebräuchliche Begriff des *Satzes* ist für Analyse und Synthese von Alltagskommunikation nur eingeschränkt verwendbar, da insbesondere die spontane und quasispontane Sprechkommunikation durch *Äußerungen* (z.B. Turns, Ellipsen, Interjektionen u.v.m.) gekennzeichnet ist, die allenfalls als *satzwertig* gelten können. Dies gilt nicht nur für die hier angedeutete Formseite, sondern auch für Inhalte und Funktionen, da der Kommunikationsalltag in hohem Maße auf *Inferenzen* (hier verstanden als Wissensbestände der Kommunikationsbeteiligten) setzt, die oftmals nur andeutungsweise oder auch gar nicht versprachlicht werden. In rhetorischen Analysen, die von der sprachlichen Oberfläche ausgehen (und erst in späteren Stadien ins Interpretatorische übergehen), entziehen sich Inferenzen der unmittelbaren Beobachtung, allerdings können sie u.U. durch Metadaten (z.B. Aufnahmen und Protokolle vorangegangener Gespräche, Sachangaben aus externen Quellen) oftmals sicher erschlossen werden, sodass sie in Theorie und Praxis berücksichtigt werden müssen.

    Bsp.: Paulchen ist ein prima Hausgenosse für Otto, weil er ihn jeden Tag zum Lachen bringt. ...drolliges Vieh... (Es ist uns bereits bekannt, dass hier von einem Hund gesprochen wird, durch diese Inferenz ist die Äußerung innerhalb dieses Textes – zgl. Makrozeichen – klar disambiguiert. Außerdem könnte man den Namen des Tieres z.B. über eine andere Informationsquelle – also über Metadaten – erschließen. Die Verwendung des Wortes „Vieh" schließt in der Beispieläußerung zudem nahezu völlig aus, dass von einem Menschen die Rede sein könnte. Hierfür

ist u.a. der positive referentielle Bezug verantwortlich; einen Menschen würde man nur in einer pejorativen Äußerung als „Vieh" bezeichnen.)
Das hier beschriebene Verständnis von Argumentation zeigt, dass für die Beschreibung alltagskommunikativer Äußerungssequenzen u.a. ein Brückenschlag zwischen Logik und Pragmatik unverzichtbar ist, nach deren – oftmals noch nicht kodifizierten „Gesetzen" wir unser sprachliches Handeln mit erstaunlicher Sicherheit vollziehen.

Alltagsargumentationen sind oftmals – bewusst oder unbewusst – ungenau formuliert und widersprüchlich.

Bsp.: Himbeerjoghurt ist gesund für Otto, weil der so herrlich leicht schmeckt. (Der Operator „weil" signalisiert eine Kausalität, aber das Argument begründet die These nicht. Zudem scheint die Formulierung „leicht schmeckt" so etwas wie „leichte Bekömmlichkeit" oder „Kalorienarmmut" zu konnotieren, aber die Denotation der verwendeten Wörter ist im Satzzusammenhang nichtssagend bzw. irreführend.)

Unlogische und unpräzise Argumentationen, wie sie z.B. in der Werbung sehr gern verwendet werden, können u.U. dennoch die intendierte Handlung – z.B. Kauf des beworbenen Produktes – auslösen, denn die wenigsten Kommunikationsbeteiligten strengen Reflexionen an, wie sie im o.a. Beispiel aufgeführt sind. Aufgrund von Zeitdruck in komplexeren Kommunikationsprozessen, Aufmerksamkeitsschwankungen, fehlender Motivation zum genauen Hörverstehen und zahlreichen weiteren Faktoren werden derartige Äußerungen oftmals nicht explizit strittig. Logik bzw. Plausibilität und kommunikative Wirkung sind also sehr unterschiedliche Kategorien, die verschiedene methodische Konsequenzen haben. Erfolgt eine Argumentationsanalyse unter Gesichtspunkten von Logik und Plausibilität, so bieten die Wörterbücher der Philosophie und Logik einen breiten Kriterienkatalog. Eine guten Überblick liefern hier auch Hardy et al. (2012). Steht die kommunikative Wirkung von Argumentation im Fokus der Betrachtung, eignet sich die – für das jeweilige Untersuchungsfeld modifizierte – Methodik der Sprechwirkungsforschung (vgl. Kap. A.3.2).

Die Sprechwissenschaft betrachtet Argumentationsprozesse anwendungsnah und theorieuntersetzt, sie kann jedoch nicht die Frage nach dem Wahrheitsgehalt dieser Prozesse bzw. der Güte der jeweiligen Gründe beantworten. Dennoch müssen natürlich Bezugspunkte zu diesen philosophischen bzw. ethischen Kriterien gesetzt werden, damit überhaupt eine sinnvolle Analyse bzw. Beeinflussung argumentativer Prozesse möglich wird. Da sich sprechwissenschaftliche Analysen immer auf konkrete Sprechsituationen beziehen (vgl. Kap. E.1), gehen wir davon aus, dass sich *Wahrheit* bzw. *Glaubwürdigkeit* von Gründen immer auf die Situationsbeteiligten bezieht. Das bedeutet, *wahr, glaubhaft, unstrittig* usw. ist jeweils zunächst das, was die Elemente des kommunizierenden Systems dafür halten. „Übergeordnete" (z.B. gesellschaftliche) bzw. „externe" Wahrheitsvorstellungen können durchaus in Argumentationsanalysen einbezogen bezogen werden, aber es liegt nicht in der sprechwissenschaftlichen Zuständigkeit, über deren Wertigkeit zu urteilen, denn hierfür ist ihr Instrumentarium nicht ausgelegt. Die Aufgabe sehen wir vielmehr darin, unter möglichst klar definierten Bedingungen (Situationsanalyse bzw. Situationsdefinition), das jeweils Glaubhafte(re) bzw. Plausibele(re) und/oder kommunikativ Wirkungsvollere an konkreten argumentativen Prozessen aufzudecken. Zugleich ist jeder auf diesem Gebiet Tätige zu verantwortungsbewusstem und ethisch vertretbarem Handeln verpflichtet. Dies muss sich allerdings in der Auswahl der Betätigungsfelder bzw. in der Bewertung von Ergebnissen niederschlagen und darf nicht die Methodik deformieren.

Im Rahmen der beschriebenen Herangehensweise ist der Begriff des *Datums* bzw. der *Daten* wesentlich. Unter einem Datum verstehen wir einen dem jeweilgen Argumentationsprozess zugrunde liegenden Sachverhalt, der innerhalb des zu analysierenden Systems unstrittig ist und somit als *wahr, glaubhaft, plausibel usw.* anerkannt wird. Daten werden in konkreten Argumentationsprozessen nicht hinterfragt bzw. angezweifelt. Sobald dies geschieht bzw. sobald ein Datum sich als unwahr/unzutreffend erweist, muss die Analyse unter Annahme des daraus entstehenden neuen Datums revidiert werden. Jedem Argumentationsprozess liegen zahlreiche Daten zugrunde.

Bsp.: In allen vorangegangenen Beispielen ist als Datum unterstellt, dass es sich bei Otto um einen Menschen handelt. Würden wir jetzt als Datum nachsetzen, dass Otto in Wirklichkeit ein perfekt programmierter Roboter in Menschengestalt ist, „kippt" die gesamte Argumentation, denn wir müssten nun davon ausgehen, dass alle Äußerungen für die Qualitätsmerkmale dieses Roboters und seiner Programmierung und womöglich für die Genialität seiner Erbauer stehen, jedoch nicht für Merkmale eines Menschen.

Daten ergeben sich nicht nur aus unmittelbaren sprachlichen Äußerungen und Inferenzen der Beteiligten, sondern aus den Annahmen über alle Faktoren der Sprechsituation.

Bsp.: Bisher wurde nichts über die Faktoren der Sprechsituation bekannt, so dass diese ambig bleiben und vermutlich durch eine Art Default-Annahme (Beschreibung von Merkmalen, Handlungen und Verhalten einer Person) untersetzt wird. Wir könnten die Situation aber wie folgt unerwartet rahmen: Schauspieler Max spielt einen scheinbaren Durchschnittsmann in einem scheinbaren Durchschnittsleben, der sich jedoch im Verlauf des Films als raffiniert programmierter Roboter in Menschengestalt entpuppt.

Es ist zu vermerken, dass die im Beispiel skizzierte grundlegend veränderte Datenlage nicht etwa nur in Medieninszenierungen zu erwarten ist: Jegliche Schreib- wie auch Sprechkommunikation und damit auch jegliche Argumentation mittels Sprache ist, bedingt durch ihren Handlungs- und Rollencharakter – bewusst oder unbewusst – „inszeniert", und es gibt immer Alternativen zur jeweils ausgeführten bzw. beobachteten Handeln (z.B. Veränderung der Formulierung, Verweigerung der Kommunikation, sprechen aus einer veränderten Rollensituation u.v.m.).

Neben den bisher genannten Faktoren hat die Formulierung einen erheblichen Einfluss auf die Qualität von Argumentation. Prinzipiell ermöglicht jegliche Äußerung verschiedene Interpretationen, da niemals alle situativen Faktoren und Inferenzen vollständig bekannt und geklärt sein können. Zudem können Formulierungen von vornherein auf größere Interpretationsspielräume hin ausgelegt werden. Konkret umsetzbar wird dies z.B. durch sog. *Heckenausdrücke*, d.h. Formulierungen, die von vornherein unscharfe Zuordnungen zu Sachverhalten, Ereignissen und Kategorien liefern.

Bsp.: Deutsche Vornamen scheinen in Lehrbuchbeispielen wieder modern zu werden, denn Otto ist der vielleicht am meisten genannte Vorname in diesem Buch.
Mit dem Wort „vielleicht" wird die an sich klare quantitative Zuweisung „am meisten" wieder aufgeweicht. Zudem enthält die Argumentation den riskanten

Induktionsschluss, vom Einzelfall in die Grundgesamtheit zu verallgemeinern. In Alltagsargumentationen, wie z.B. in der Politik, sind solche „Weichmacher" sehr gebräuchlich, da sie an der Oberfläche relativ stringent erscheinen, sich zugleich jedoch nicht einfordern lassen. Der Produzent hält sich im Streitfall alle Rückzugsmöglichkeiten offen.

Jegliche Argumentation vollzieht sich in Strukturen. Wir haben bisher nur auf die These-Begründungs-Struktur verwiesen, da sie der Grundbaustein alltagssprachlicher Argumentation ist. Eine weitere Reduzierung auf die ausschließliche Äußerung eines Arguments ist denkbar und durchaus gebräuchlich, aber sie ist oberflächennah nicht mehr analysierbar, da sich die These dann im Bereich von Inferenzen bewegt.

Über komplexere quantitative und qualitative Argumentationsstrukturen gibt es zahlreiche Modelle und Theorien, die in einer Auswahl im Folgekapitel kurz vorgestellt werden sollen. Ein für uns optimaler Ansatz steht bisher aus, da die Ansätze zwar einerseits gut mit Beispielen belegt werden können, andererseits in realen Sprechsituationen schwer zuordenbar sind. Wir empfehlen daher eine fall- bzw. gegenstandsbezogene Auswahl.

D.5.2 Klassische Argumentationstheorien

Die älteste und wohl bekannteste argumentative Struktur ist der Syllogismus. Es handelt sich um eine dreiteilige Struktur (zwei Prämissen, eine Konklusion). Syllogismen werden in der Literatur so häufig beschrieben, dass hier auf eine Erörterung verzichtet werden kann. In der Alltagssprache sind echte Syllogismen eher selten, da sie Überredundanzen aufweisen. In dem klassischen Beispiel *„Menschen sind sterblich. Sokrates ist ein Mensch. Also ist Sokrates sterblich."* ist die zweite Prämisse in nahezu jeder Sprechsituation überflüssig, da die entsprechende Aussage als Inferenz bzw. als Datum vorausgesetzt werden kann.

Bereits Aristoteles (1995, 9f.) definierte für die Argumentation im Alltag das *Enthymem*. Im Enthymem können Prämissen ausgelassen werden, von denen angenommen wird, dass sie allen Beteiligten bekannt sind. Zudem haben sie – modern ausgedrückt – nicht den Anspruch auf formallogische Korrektheit, sondern auf Plausibilität. Das aristotelische Konzept des Enthymems ähnelt dem der These-Begründungsstruktur, wobei es offener formuliert ist. In der Tat sind praktisch alle denkbaren Kombinationen von Thesen und Begründungen strukturell möglich und es gibt wohl kein Konzept, das sich für alle empirisch auftretenden Fälle eignet. So können z.B. mehrere Thesen mit nur einem Argument untersetzt werden.

> Bsp.: Nun hat Otto schon die neue schicke Brille (T1) und setzt sie doch nicht auf (T2). Deshalb ist er gestern auch über seinen Hund gestolpert (B) und hingefallen (T3).

Ohne weitere kontextuelle bzw. situative Informationen lassen sich auch bei Austausch von Prämisse und Konklusion plausible Äußerungen konstituieren.

> Bsp.: Gestern ist Otto über seinen Hund gestolpert (B), und das nur, weil er seine neue Brille nicht auf hatte (T).

Bereits die Disambiguierung zwischen Thesen bzw. Prämissen einerseits und Begründungen bzw. Konklusionen andererseits gründet sich also darauf, was die Kommunikationsbeteiligten als Datum bzw. Daten (also als das „Unstrittige") –

zumeist unausgesprochen – annehmen. Sie ergibt sich wiederum aus der gesamten Sprechsituation, die die Beobachtungen, Inferenzen, Vorurteile, Meinungen usw. der Kommunikationsbeteiligten inkludiert, und nicht etwas allein aus der sprachlichen Äußerung. Es ist deshalb sehr schwierig, konkretere Strukturen als Aristoteles zu formulieren, die nicht nur mit Beispielen belegbar sind, sondern auch auf möglichst viele reale (empirisch auftretende) Fälle zutreffen.

Einen recht erfolgreichen Strukturierungsversuch unternahm Toulmin (1996, 88ff.). Er geht zunächst von einem Grundmuster aus, das der These-Begründungsstruktur sehr ähnelt. Zusätzlich führt er jedoch die *Schlussregel,* die *Stützung der Schlussregel sowie* die *Ausnahmebedingung* als Komponenten ein, die die Analysemöglichkeiten argumentativer Strukturen gegenüber dem Konzept „These-Begründung" sowie „Enthymem" erheblich präzisieren und gegenüber dem Konzept „Syllogismus" erweitern.

Die Präzisierung besteht v.a. darin, dass Teile der alltagskommunikativen Regelhaftigkeit von Argumentation, also die ihr zugrunde liegenden Prinzipien, näher bestimmt und ggf. klassifiziert werden können. Die Erweiterung besteht in der Aufhebung der Beschränkung auf logische Prinzipien, da Schlussregeln, Ausnahmebedingungen und Stützungen bei Toulmin auch auf Wahrscheinlichkeitsannahmen, Glaubensannahmen (im hier beschriebenen rhetorischen Verständnis) usw. beruhen dürfen.

Bsp.: (in prinzipieller Anlehnung an das Toulmin-Schema; Toulmin 1996, 95): Katze Tina sitzt oben im Baum, weil sie vermutlich hochgeklettert ist, es sei denn, jemand hat sie dort hinaufgesetzt. Katzen können ja sehr gut klettern, das lässt sich immer wieder beobachten.

Schema:

Katze im Baum → (D) *weil* (O) *vermutlich* (H) → *hochgeklettert* (K)
          | |
Katzen können klettern   *es sei denn...* (AB)
(SR)
      |

immer wieder beobachtbar
(S)

Legende:
D – Datum (hier z.B. beobachtete Tatsache)
O – Operator
H – Heckenausdruck
K – Konklusion
SR – Schlussregel (hier: deduktives Prinzip)
S – Stützung (hier: häufig empirisch beobachtbar)
AB – (eine mögliche) Ausnahmebedingung.

Neben der Offenlegung dieser Struktur durch Anwendung des Toulmin-Schemas ergeben sich mit der Verwendung von Alltagssprache zugleich immer interessante weiterführende Überlegungen: In unserem Beispiel wird in der Stützung ein Deduktivschluss suggeriert und durch die Vermeidung des Wortes „alle" wird SR zugleich unscharf gehalten, denn tatsächlich kann niemand den Anspruch erheben zu wissen, dass die Grundgesamtheit aller bisher, gegenwärtig und künftig existierenden Katzen

Kletterfähigkeiten besitzt. Deshalb kann die Stützung von SR dann auch wieder induktiv erfolgen. Es steht also hinter dieser Argumentation eigentlich die Regel: „*Wir können es nicht genau wissen, aber wir glauben genügend Erfahrung gesammelt zu haben, um behaupten zu dürfen, dass wir es wahrscheinlich genau wissen.*" Dieses Denkmodell beschränkt sich übrigens nicht etwa auf unser fiktives „Katzenuniversum", vielmehr kann man auf diesem Weg auch die völlige Unbedenklichkeit von Atomkraftwerken begründen – und es (hat eine Zeitlang) funktioniert.

Daten und auch Regeln „sind" also nicht, sondern wir Menschen nehmen sie an, definieren sie oder glauben ganz einfach an sie. Und auch das ist nur ein Glaubenssatz.

Ein anderes häufig verwendetes Argumentationskonzept ist das des Fünfsatzes. Es geht von der Struktur Einleitungssatz → drei Argumente → Zwecksatz aus. Das Fünfsatz-Konzept wird v.a. von Geißner (1986b, 125ff.) sehr präzise und anwendungsnah beschrieben, deshalb sei hier unbedingt auf diese Originalquelle verwiesen. Das Fünfsatz-Modell eignet sich hervorragend zur Didaktisierung, und hier insbesondere zur Schulung argumentativer Denkschärfe sowie sprachlicher Präzision. Zudem ist es in vielen Situationen besonders redewirksam und (meist in modifizierter Form) auch für schriftliche Texte sehr gut verwendbar. Für Analysezwecke gelten jedoch folgende Einschränkungen:

1. Gesprochene Äußerungen sind oftmals keine Sätze, sondern grammatisch unvollständige satzwertige Gebilde.
2. Durch das vollständige Ausformulieren entstehen – ähnlich wie beim ausformulierten Syllogismus – schnell abträgliche Redundanzen, wobei insbesondere der Einleitungssatz oftmals als bekannt vorausgesetzt werden muss, also eigentlich nicht gesprochen würde.
3. Die starre Form schränkt die tatsächliche mögliche und z.T. auch sehr sinnvolle Kombinatorik stark ein; viele der bereits beschriebenen Strukturen sind im Fünfsatz nicht abbildbar.
4. Die *intrinsische Plausibilität der Struktur* vieler Argumentationsprozesse wird durch den Fünfsatz über- bzw. unterkomplex behandelt.

Während die Thesen (1) bis (3) sich aus dem vorangegangenen Text erschließen lassen, muss These (4) erklärt werden. Unter *intrinsischer Plausibilität der Struktur* soll verstanden werden, wie viele Argumente in einer konkreten Sprechsituation für die Stützung einer These als optimal gelten können. Diese Zahl kann von eins bis n reichen, wobei n vermutlich eine „weiche Grenze" im unteren zweistelligen Bereich haben dürfte. In vielen Argumentationsprozessen ist genau ein Argument optimal. Wenn wir z.B. annehmen, dass sich jemand für die Abwesenheit bei einer Versammlung (T) mit einer schweren Erkrankung (B, in Sprechsituation zgl. als Datum anerkannt) entschuldigt, so ist diese einzige Begründung bereits das Optimum, und jede weitere „schädigt" die Argumentation. Der Fünfsatz funktioniert hier nicht.

Bsp.: Wir unterhalten uns mal wieder über Otto (Einleitungssatz).
Er ist schwer erkrankt. (Argument 1)
Er ist lustlos. (Argument 2)
Er hat sich nicht vorbereitet. (Argument 3)
Deshalb sollte Otto heute besser nicht zur Vereinssitzung gehen. (Zwecksatz)

Wichtig ist nicht hier nicht in erster Linie das Beispiel, sondern die Tatsache, dass die Konstellation „Entschluss zum Fernbleiben (T) wegen schwerer Erkrankung (B)" auch durch keinerlei andere Argumente (2) und (3) optimiert werden könnte. Umgekehrt gibt es zahlreiche argumentative Äußerungen, in denen eine andere Zahl an Argumenten die These optimal begründet, weil diese in der jeweiligen Situation als gleichwertig gelten können.

>Bsp.: Ottos Herz-Kreislaufsystem ist derzeit wenig gefährdet, denn er hat (1.) keinen Bluthochdruck, (2.) keine erhöhte Blutfettwerte, (3.) keinen erhöhten Blutzucker und (4.) kein bauchbetontes Übergewicht. (Die medizinische Forschung hat herausgefunden, dass genau diese vier Gründe derzeit für die meisten schweren bis tödlichen Herz-Kreislauferkrankungen verantwortlich sind.)

Wir gehen in diesem Beispiel davon aus, dass es aufgrund der den Kommunikationsbeteiligten bekannten *Daten* derzeit genau vier gleichwertige Argumente zur Begründung einer These gibt. Die optimale intrinsische Plausibilität liegt also hier bei T + 4B und es schwächt die Argumentation, Begründungen wegzulassen oder hinzuzuerfinden, weil innerhalb des Datums (hier: „Es existieren vier gleich gute uns bekannte Gründe...") die strukturelle Integrität verloren gehen würde. Da sich die Situation aber jederzeit ändern kann – es könnten z.B. durch neue Erkenntnisse Gründe wegfallen oder hinzukommen – wird es, zumindest in Bezug auf Plausibilitätsanforderungen keine festgefügte „Idealstruktur" für Argumentationen geben, d.h. wir müssen immer von T + nB bei n ≥ 1 ausgehen, wobei Optimum und Maximum von n sowohl durch die bereits geschilderte jeweilige Datensituation als auch durch psychologische Faktoren, wie Verarbeitungs- und Behaltensleistung beeinflusst werden, so dass n sicher nicht sinnvoll im hohen zweistelligen Bereich anzusiedeln ist.

Aus den genannten Gründen präferieren wir kein einzelnes Konzept, sondern empfehlen die Auswahl und Adaption der hier beschriebenen Konzepte je nach aktueller Fragestellung.

D.5.3 Konfliktvermeidung, exploratives Vorgehen

Argumentativen Prozessen geht oftmals eine Konfliktbildung voraus bzw. sie werden von dieser begleitet. Eine Lösung im Sinne der „besseren Entscheidung" bzw. „besseren Handlung" kommt jedoch nur zustande, wenn zum einen reflektiertes Handeln erfolgt, und zum anderen Person und Sache getrennt werden. Dies ist jedoch nicht immer gegeben. In zahlreichen realen – z.B. öffentlichen politischen – Kommunikationssituationen sind in Argumentationsprozessen die folgenden Deformationen beobachtbar:

- Argumente richten sich auf die Destruktion der „Gegenseite",
- die Beteiligten entwickeln wenig oder keine neuen Ideen, da sich alle geistigen Anstrengungen nur auf die Stärkung der eigenen und die Schwächung der gegnerischen Ausgangsposition richten,
- langwierige und zähe Diskussionen eskalieren nach und nach immer stärker.

Die beschriebenen Probleme führen dazu, dass letztendlich entweder die mächtigere Position gewinnt, dass ein Kompromiss geschlossen wird, der lediglich Teile beider Ausgangsideen umsetzt und somit niemanden vollständig zufriedenstellt oder dass der gesamte Kommunikationsprozess kollabiert (vollständige Kommunikationsverweigerung, Umschlagen in eine Kampfsituation).

Ein interessantes Modell zur Lösung dieser Problematik namens „Explorationsidiom" beschreibt De Bono (1987). Es vertritt die folgenden Grundsätze:

- die existierende Idee bleibt unbeschädigt,
- beide Parteien entwerfen und erkunden von Anfang an,
- Zeit und Energie werden kreativ und positiv genutzt,
- eine gute Idee wird verbessert,
- die Idee wird gemeinsam entworfen und bewertet,
- das Problem des „Eigentums" der Idee ist nicht gegeben.

Erreicht werden soll dies durch eine Batterie von Methoden, in deren Ideenzentrum die Einführung einer dritten unabhängigen Partei und die Verpflichtung des Sammelns von möglichst vielen Daten und Ideen zum strittigen Sachverhalt bei gleichzeitiger Ausschaltung destruktiver Vorgehensweisen steht, wie z.B. Beschädigung der Vorschläge der jeweiligen Gegenpartei. Eine von vielen, durch De Bono konkret beschriebenen, Vorgehensweisen ist z.B. die „PMI-Methode" (plus, minus, interessant). Hier werden alle Beteiligten aufgefordert, sämtliche Aspekte des strittigen Problems zu sammeln und den drei genannten Kategorien zuzuordnen. Hiermit soll erreicht werden, dass Ideen gefunden werden, die über das Sammeln von Argumenten zur Untermauerung des eigenen bereits vorhandenen Standpunkts hinausgehen. Zudem soll die ausschließliche Polarisierung in „gut und schlecht" aufgelöst werden. Die Methode wird untersetzt durch Rollenspiele, Perspektivwechsel etc. Sie eignet sich besonders zum Entwerfen neuer Lösungen. Es ist also vorab zu fragen, ob ein „dritter Weg" zur Aufhebung eines Konflikts bzw. zur Lösung eines strittigen Problems die Anliegen der an der Situation Beteiligten besser lösen könnte als die unter D.5.2 beschriebenen argumentativen Vorgehensweisen.

Die genannten Ansätze werden in jüngerer Zeit häufig unter dem Thema „Moderation" aufgegriffen. Da diese Thematik jedoch nur mittelbar mit der Erklärung argumentativer Prozesse zusammenhängt, kann sie an dieser Stelle nicht näher erörtert werden. Einen guten Abriss hierzu liefert Döring (2008).

D.6 Paraverbale und nonverbale Anteile der rhetorischen Kommunikation

Baldur Neuber

D.6.1 Rhetorizität paraverbaler Mittel

Grundüberlegungen

Die *artikulatorischen* und prosodischen Merkmale, auch bezeichnet als *stimmlich-sprecherische Mittel*, in der Rhetorik zumeist als *paraverbale* Mittel, erzeugen und formieren den Sprachschall und sichern somit grundlegend die Verständigung. Neben der Bedeutungskonstituierung im Sinne der Denotation beinhalten sie stets konnotative bzw. pragmatische Anteile, indem sie z.B. das „tatsächlich Gemeinte", also die Positionierung des Sprechers zu seiner Äußerung, näher charakterisieren. Dieses

Wissen ist im Prinzip schon seit langem Bestandteil rhetorischer Erkenntnis. Bereits Quintilian war der Auffassung, dass die Rede nur durch den vollen Einsatz des Redners die nötige Kraft gewinnt, und er maß, modern ausgedrückt, dem „Wie" eine mindestens ebenso große Bedeutung bei wie dem „Was".

Zum Bestandswissen der Gegenwart zählt, dass die stimmlich-sprecherischen Mittel u.a.:

- Glaubwürdigkeit herstellen helfen,
- Meinungs- und Haltungswechsel unterstützen,
- Mitgefühl oder Antipathie erzeugen,
- die mentale Verarbeitungsroute beeinflussen,
- die Behaltensleistung herauf- oder herabsetzen.

Um von den Ursachen dieser beachtlichen Potentiale etwas mehr zu verstehen, ist die Unterteilung in Form- und Funktionsmerkmale sinnvoll.

Formmerkmale der Prosodie sind im akustischen Sprachsignal vollständig enthalten und konstituieren dieses. Im Wesentlichen handelt es sich um Intensität (Lautstärke), Temporalität (Rhythmisierung, durchschnittliche Sprechgeschwindigkeit, Tempowechsel, Pausierung), Melodisierung (Sprechtonhöhe, Sprechtonbereich, Melodieintervalle) und Stimmklang (individuelle stimmliche Merkmale sowie unbewusste und bewusste Modifikationen der Stimme). Hinzu kommen segmental-suprasegmentale Grenzphänomene. Definition und Beschreibung der suprasegmentalen (prosodischen) Mittel sind im Abschnitt B.2.4 zu finden. Sie gelten für jegliche Sprechkommunikation gleichermaßen, also auch für die Rhetorik. Eine Ausnahme bilden lediglich die segmental-suprasegmentalen Grenzphänomene. Sie weisen Besonderheiten in den Form- Funktionsdichothomien auf, die sich – zunächst formseitig – wie folgt gliedern lassen:

a) rhetorische Bindung,
b) rhetorische Auflösung,
c) prosodische Aufladung von Segmenten bzw. Silben,
d) Phonostilistik in rhetorischer Funktion.

zu a) Unter *rhetorischer Bindung* versteht man die Überbrückung von Sinnschrittgrenzen (vgl. Kap. C) durch weiterweisende Melodieführung und/oder Reduktion bzw. Elision von Pausen.
→ *Hörbeispiel in der Internetpräsenz*

zu b) Der Terminus *rhetorische Auflösung* bezeichnet die Trennung von Sinneinheiten durch negative Melodieintervalle und/oder Einfügung von Pausen innerhalb von Sprechabschnitten, die normalerweise als semantische Einheiten anzusehen wären.
→ *Hörbeispiel in der Internetpräsenz*

zu c) Einzelne Laute, vorzugsweise Vokale und Nasale sowie Silben können prosodisch aufgeladen werden, z.B. durch Gleittöne und/oder Intensitätsänderungen (crescendi, decrescendi), so dass sie (parasprachliche) Informationen enthalten, die weit über das für die eigentliche Sprachlaut- bzw. Sprechsilbenkonstitution notwendige Maß an Signalstruktur und -energie hinausgehen bzw. dies – in selteneren Fällen – auch unterschreiten können.
→ *Hörbeispiel in der Internetpräsenz*

zu d) Phonostilistische Formstufen (Krech et al. 2009, 98ff.), aber auch Standardvarietäten sowie Regio-, Sozio- und Dialekte – näher beschrieben in Kap. B.2 – können immer auch unter dem Gesichtspunkt rhetorischer Funktionalität betrachtet und verwendet werden.

Den beschriebenen Formen werden im gegenwärtigen Bestandswissen der Rhetorik – insbesondere in der Ratgeberliteratur – unterschiedliche Funktionalitäten zugeordnet. Hier einige Beispiele:

1. Schallintensität:
   Moderat erhöhte Lautstärke erhält die folgenden persuasionsrelevanten Zuweisungen:
   Selbstsicherheit, Bestimmtheit, Kompetenz, Vertrauenswürdigkeit, aber auch Aggressivität.
2. Temporalität:
   Moderat erhöhte Sprechgeschwindigkeit hat (bei gleichzeitiger guter Artikulationspräzision und angemessener Pausierung, Akzentuierung sowie Rhythmisierung) keine negativen Einflüsse auf die Verständlichkeit (→ Hörbeispiel in der Internetpräsenz). Voraussetzung ist allerdings, dass die Rezipienten sich auf Muttersprachniveau befinden. Leicht erhöhte Sprechgeschwindigkeit wird mit Intelligenz, Bildung, Objektivität assoziiert, im negativen Fall aber auch mit Arroganz bzw. mit geringem Wohlwollen des Redners gegenüber seinen Hörern.
   Unter dem Gesichtspunkt rhetorischer Funktionalität besonders interessant ist die Agogik, die h. die Änderung der Sprechgeschwindigkeit innerhalb von Worten oder rhythmischen Gruppen, da sie den parasprachlichen Informationswert (die Entropie) erheblich verändert. Hierzu liegen allerdings bisher keine für die Alltagskommunikation gesicherten Aussagen vor.
3. Melodisierung:
   Bezogen auf die mittlere Sprechstimmlage wirken tiefere Stimmen tendenziell angenehmer und kraftvoller als hohe. Hingegen wird sehr große melodische Variation u.U. mit Unsicherheit und Vagheit, im positiven Fall aber auch mit Offenheit assoziiert. Steigend-fallende Konturen an Äußerungsenden signalisieren Abgeschlossenheit und somit oftmals auch ein gewisses Maß an Sicherheit. In jedem Fall unterstützen angemessene und korrekt ausgeformte Melodiekonturen die Persuasion.
4. Stimmklang
   Als prosodische Form-Funktionskomponente wurde der Stimmklang in Hinblick auf seine Rhetorizität im deutschen Sprachraum bisher kaum untersucht. Dennoch ist Stimmklang auch unter dem Gesichtspunkt der Rhetorizität sehr wichtig, z.B. als Indikator für emotionale Zustände des Sprechers. Viele Menschen signalisieren Freude, Ängstlichkeit, Wut usw. deutlich hörbar mit Änderungen des Stimmklangs. Wie bei allen anderen prosodischen Merkmalen auch, ist die Kombination dieses Parameters mit den anderen (Sprechmelodie, Temporalität usw.) entscheidend für Grad und Ausprägung der jeweiligen Signalisation.

Unter rhetorischem Blickwinkel eine Besonderheit, da nur in der Gesprächsrhetorik auftretend, ist die *gesprächsorganisierende Funktion* der Prosodie. Die Verwendung der prosodischen Mittel in einem Sprechbeitrag (Turn) gibt u.a. Auskunft über das Verhältnis der am Gespräch Beteiligten. Zudem werden Sprecherwechsel bzw. das Beibehalten der Sprecherrolle in erheblichem Maße mit prosodischen Mitteln organisiert. Weitere gesprächsorganisierende Funktionen der Suprasegmentalia wurden bisher kaum wissenschaftlich untersucht, obgleich sie aus Alltagserfahrungen wie auch aus der Lehrpraxis gut bekannt sind. Beispielsweise haben „Langsamsprecher" oftmals beträchtliche Kommunikationsprobleme mit „Schnellsprechern". Analog gilt diese Erscheinung für Differenzen in der Rhythmisierung, Melodisierung, der Dynamik sowie der Pausen- und Turnlängen. Es gilt jeweils, dass erhebliche – zumeist unbewusst bzw. ungewollt erfolgende Gebrauchsunterschiede – dieser Mittel die Gesprächsabläufe stören. Dementgegen wirkt es gesprächsfördernd und sympathisch, wenn der Kommunikationspartner die prosodischen Mittel in ähnlicher Weise verwendet wie man selbst oder wenn im Verlauf der Kommunikation ein gegenseitiger Prozess der Annäherung stattfindet, wenn es also zu einer *Symmetrierungstendenz* kommt.

Kritik und weiterführende Überlegungen
Alle Äußerungen aus 1. bis 4. basieren auf kleineren Studien und Kommunikationsexperimenten, oftmals aus dem angloamerikanischen Raum, sowie aus Erfahrungserkenntnissen der andragogischen Praxis. Sie sind also nur bedingt wissenschaftlich untersetzt bzw. untersetzbar. Zudem wirken prosodische Paramater immer im „Ensemble", so dass die Hervorhebung einzelner Parameter bzw. Erscheinungen und die Beschreibung von deren Form- Funktionszusammenhängen nur Tendenzen wiedergeben kann. Praktisch ist es nicht möglich, einzelne prosodische Merkmale zu verändern (weder durch technische Mittel noch durch den Menschen), da sich immer die strukturelle Integrität des Gesamtsignals ändert. Für viele didaktische Zwecke ist folglich eine ganzheitliche Analyse – z.B. mit der Methode des rhetorischen Feedbacks – die Methode der Wahl.

Es ist außerdem immer zu bedenken, dass die paraverbalen Merkmale der gesprochenen Sprache immer als Bestandteil der Sprechsituation zu begreifen sind, so dass weitere Faktoren (nonverbale Anteile, Text, Thema usw.) ihre Wirkung verstärken, konterkarieren, überlagern oder auch kompensieren können.

Wissenschaftliche Ansätze
Grundlegend lässt sich zunächst zwischen pathognomischer (überindividueller) und physiognomischer (individueller) Ausdrucksfunktion stimmlicher Mittel unterscheiden.

Eine differenzierte Klassifikation der kommunikativen Funktionalität der para- und nonverbalen Mittel entwarf z.B. Scherer (1977, 279f.). Er unterschied in parasemantische, parasyntaktische, parapragmatische und dialogische Funktionen.

- Die *parasemantischen Funktionen* beinhalten nach Scherer die Substitution, Amplifikation, Kontradiktion sowie Modifikation der jeweils zugehörigen sprachlichen Äußerung.
- Unter *parasyntaktisch* versteht man die Synchronisation der verschiedenen (verbalen, paraverbalen, nonverbalen) Kommunikationsebenen.
- Als *parapragmatisch* sind unmittelbare paraverbal signalisierte Reaktionen innerhalb von Kommunikationssituationen anzusehen.

- Unter *dialogischen* Funktionen versteht man die Steuerung und Regulierung kommunikativer Abläufe mittels Prosodie (oder auch durch nonverbale Signalisation).

In zahlreichen Quellen werden den paraverbalen wie auch den nonverbalen Mitteln größere Informativität und Wirkungskraft zugebilligt als den sprachlichen Mitteln. Die rhetorische Ratgeberliteratur versteigt sich hier sogar auf Prozentangaben, die jedoch letztendlich nur auf „wissenschaftlicher Legendenbildung" basieren können. Ausgangspunkt dieser Legenden war u.a. wohl eine experimentelle nichtrepräsentative Studie mit gesprochenen Einzelwörtern (Mehrabian 1971, 40ff.).

Die Quantisierung kommunikativer Ebenen in alltagssprachlichen Kontexten widerspricht grundsätzlich unseren Vorstellungen von der Kommunikationssituation. Rhetorische Wirkungen werden immer durch zahlreiche außersprachliche Kenngrößen beeinflusst (Vorwissen, emotionale Zustände der Kommunikanten, Differenzen in der Wirklichkeitskonstruktion der Beteiligten u.v.m.) oder auch durch kulturelle und/oder interkulturelle Faktoren (Hirschfeld/Neuber/Stock 2010). Somit sind monokausale Rückschlüsse von kommunikativen Wirkungen auf einzelne beteiligte Ursachen (z.B. auf die Prosodie oder auch den Körperausdruck) in jedem Fall wissenschaftlich unzulässig.

Desungeachtet ist die Rhetorizität paraverbaler Mittel grundsätzlich vielfach belegt. In jüngerer Zeit wurde immer wieder erfolgreich versucht, rhetorische Alltagserfahrungen empirisch bzw. experimentell zu stützen (z.B. Heilmann 2002; Neuber 2002; Kranich 2003; Redecker 2008). Einen guten Einblick in das Gesamtgeschehen bieten hier die Übersichten über die Sprechwirkungsforschung an der Martin-Luther-Universität Halle-Wittenberg (z.B. Hirschfeld/Neuber/Stock 2010).

Die empirisch gestützte Wirkungsforschung zur rhetorischen Kommunikation hat in den letzten Jahren zahlreiche interessante neue Erkenntnisse erbracht. Ein wissenschaftliches *Gesamtmodell* der Rhetorizität paraverbaler Mittel ist jedoch gegenwärtig nicht in Reichweite, da jede Kommunikationssituation im vorgängig beschriebenen Sinne einschl. ihrer Wirkungen auf die Beteiligten und ihre Handlungen einmalig ist.

D.6.2 Einbindung der nonverbalen Kommunikation

Die Sprechwissenschaft hat sich in der Erforschung der nonverbalen Kommunikation in der Vergangenheit eher zurückgehalten, da die fachliche Zuständigkeit für diese Probleme in anderen Disziplinen zu suchen ist. Desungeachtet sind nonverbale Kommunikationsanteile Elemente der Rhetorizität erster Güte, und es ist wohl für jeden Praktiker unstrittig, dass z.B. Gestik, Bewegung im Raum oder auch die Kleidung selbstverständlich einen Signalwert haben, der rhetorische Wirkungen beeinflussen und auslösen kann. In der Empfehlungsliteratur taucht hier oftmals der Begriff der „Körpersprache" auf, der von uns allerdings nicht verwendet wird, da dem von uns gemeinten Sachverhalt wesentliche Merkmale von „Sprache" fehlen, z.B. ein stabiles und kodifizierbares System von Regeln.

Vielmehr soll im Folgetext von nonverbaler Kommunikation bzw. „Körperausdruck" die Rede sein, denn es geht um die Skizzierung eines paralinguistischen Ausdruckssystems. Unter Körperausdruck sollen verstanden werden:

- Die Bewegungen des Gesichts (Mimik),
- die Blickrichtung einschl. Blickkontakt,
- die Kopfhaltung,
- die Bewegung der Arme und Hände (Gestik),
- die Haltung und Bewegung des Gesamtkörpers (Kinesik) einschl. Achsialität und
- das Verhalten im Raum.

Den nonverbalen Kommunikationsanteilen lassen sich zudem Aussehen, Kleidung, Gegenstände (in kommunikativer Funktion) sowie die Gestaltung und Ausstattung von Räumen zuordnen.

Mimik ist zu einem gewissen Teil kulturübergreifend. Man geht derzeit davon aus, dass sogenannte „primäre Affekte" (Interesse, Freude, Überraschung, Furcht, Zorn, Ekel, Verachtung und Scham) überall auf der Welt nahezu gleichartig signalisiert und verstanden werden. Der viel größere Anteil mimischer Ausdrucksformen ist jedoch durch gesellschaftliche Rollen, demographische Merkmale etc. kulturell überformt und unterliegt zudem erheblichen interkulturellen Differenzen. Ähnliches gilt für die anderen Elemente des Körperausdrucks: Blickrichtung und Blickdauer, Lieblingsplätze in Versammlungsräumen, Distanz zwischen den Kommunikationspartnern u.v.m. sind keineswegs zufällig bzw. willkürlich. Vielmehr unterliegen sie unsern Vorstellungen von situativer Angemessenheit, kulturellen Mustern aber auch biologischen Prägungen, wie z.B. einem „Revierbedürfnis". Es wurde immer wieder versucht, feste Größen und Kausalitäten in der nonverbalen Kommunikation festzumachen. Daraus entstand z.B. das auf Edward T. Hall (1966) zurückgehende Postulat der „Distanzzonen" (intime Distanz zwischen zwei Personen: unter 50 cm; persönliche Zone: ca. 50–150 cm; gesellschaftliche Zone: ca. 150–360 cm; öffentliche Zone bzw. Fluchtdistanz: ab 360 cm). Es wird bis heute in zahlreichen Kommunikationsseminaren und in der Ratgeberliteratur in wissenschaftlich unzulässiger Verallgemeinerung (und wohl nicht im Sinne E. Halls) als eine Art proxemischer Kommunikationsnorm verkündet, obwohl es offensichtlich auf zahlreiche alltägliche Kommunikationssituationen nicht zutrifft. Beispielsweise wird auf Massenveranstaltungen die „intime Distanz" zwischen Fremden häufig unterschritten.

Auch gab und gibt es immer wieder Versuche der monokausalen Deutung von Körperbewegungen (z.B. Hände reiben: Selbstgefälligkeit; Füße um die Stuhlbeine winden: Unsicherheit, Halt suchen; sich an die Nase greifen: Verlegenheit, Fehlereingeständnis). In diesem gedanklichen Kontext ist eine durchaus interessante Mischung aus partiell empirisch gestützter Ratgeberliteratur entstanden (z.B. Ekman 2004; Heilmann 2009; Molcho 2003). Allerdings ist grundsätzlich zu fragen, ob und unter welchen Umständen Körpersignale als Bestandteil zwischenmenschlicher Kommunikation zu verstehen sind, denn sie sind polyvalent und können sich auch allein auf die Person des „Senders" und dessen innere Prozesse richten. So kann z.B. das Verschränken der Arme durchaus darauf hindeuten, dass sich ein Kommunikant dem Gesagten gegenüber „verschließt", es kann sich aber eben auch einfach um eine Gewohnheitshaltung handeln oder auf das innere Befinden referieren (z.B. weil die Person friert und versucht, sich zu wärmen).

Wenn nonverbale Signale sprachbegleitend verwendet werden, so können sie v.a.:

- das Gesagte unterstützen oder der Formulierung widersprechen,
- die Äußerung abschwächen, verschärfen oder erweitern,
- gesprochene Sprache ersetzen,
- Informationen über die Einstellung der Kommunikationspartner geben und diese beeinflussen,
- Dialogabläufe regeln und
- die Art der Beziehung zwischen den Kommunikationspartnern verdeutlichen.

Nonverbale Signale sind (teil)konventionalisiert (z.B. Händedruck oder Umarmung bei Begrüßung bzw. Verzicht auf beides), sie eröffnen eine Potentialität (z.B. fester oder weicher Händedruck), und sie können als Anzeichen für etwas interpretiert werden (z.B. Erröten als Anzeichen für Scham).

Analog zu den paraverbalen Mitteln können sie syntaktische, semantische und pragmatische Funktionen ausüben. Beispielsweise wird das Kommunikationsereignis „Tagung" dadurch syntaktisch gegliedert, dass Redner auf- und abtreten. Die Tagungsleiterin zeigt die Zahl „3" mit den Fingern (semantische Funktion) und stellt damit zugleich dar, dass der aktuelle Redner noch drei Minuten Sprechzeit hat (pragmatische Funktion).

Da diese Funktionen im Kommunikationsalltag wie auch in der Didaktik und Andragogik (z.B. in Rhetorikkursen) aus den genannten Gründen sehr anfällig für Fehlinterpretationen bis hin zu wilden Spekulationen sind, empfehlen wir den Verzicht auf „wenn-dann-Aussagen" und favorisieren stattdessen die konsequente Anwendung der rhetorischen Feedback-Methode (vgl. Kap. D.2.1), bei der sich einer Wahrnehmungs- und Beschreibungsphase die *subjektive individuelle* Interpretation des Wahrgenommenen anschließt.

→ *Videobeispiel/Aufgabe: Sehen Sie sich die erste Szene bitte zunächst an und versuchen Sie, das nonverbale Geschehen möglichst genau wahrzunehmen und anschließend zu beschreiben. Nehmen Sie schließlich ihre subjektiven Interpretationen vor. Sehen Sie sich anschließend die zweite Szene an.*

D.7 Ethik in der Rhetorik

Dirk Meyer

Grundüberlegungen
Seit ihrer Entstehung nach dem Ende der Tyrannis im 5. Jahrhundert v. Chr. ist die Rhetorik eng mit ethischen Ansprüchen verwoben und erlangte in der Antike zunehmende Bedeutung nicht nur als Redekunst, sondern auch als Weisheitslehre.

Die ethischen Auseinandersetzungen zwischen der Sophistik und der Philosophie der Antike haben sich über die Jahrhunderte gezogen und finden in durchaus vergleichbarer Form bis heute in philosophischen, psychologischen und rhetorischen Kontexten ihre Fortsetzung.

Dabei spielen ethische Aspekte zum einen in Bezug auf rhetorische Handlungen, zum anderen aber auch in Bezug auf die Didaktik der Rhetorik eine Rolle. Grundsätzlich schien und scheint die Bedeutung, bzw. das Potenzial der Rhetorik für die Verständigung und gegenseitige Beeinflussung in der interpersonellen Kommunikation konsensfähig. Unterschiedliche Auffassungen fanden und finden sich einerseits über die ethische Verantwortung des Redners und/oder Gesprächsteilnehmers hinsichtlich der Authentizität seines Auftretens, der Redlichkeit seiner Absichten etc. und andererseits hinsichtlich der begrenzten oder grenzenlosen Lehrbarkeit der Rhetorik.

D.7.1 Klassische Ansichten

Die wesentlichste Auseinandersetzung in Bezug auf die ethischen Aspekte der Rhetorik fand in der Antike zwischen dem philosophischen (v.a. Platon, Aristoteles) und dem sophistischen (u.a. Gorgias, Protagoras, Isokrates) Ansatz statt. Sowohl der Gorgiasschüler Isokrates als auch der Platonschüler Aristoteles, der als der bedeutendste Rhetoriker der griechischen Antike gilt, versuchten allerdings, die Spannung zwischen beiden Ansätzen aufzulösen.

Die Sophisten

Die Sophisten verstanden sich selbst als Weisheitslehrer („die ersten berufsmäßigen Intellektuellen"; Göttert 2009, 76). Sie unterrichteten ihre Schüler in Wissenschaften und Künsten und lehrten eine dialektische Sichtweise auf die Dinge und Ereignisse, um rationale und verantwortliche Entscheidungen treffen zu können. Der bedeutendste Rhetorikschulgründer Isokrates, Schüler des Gorgias, beanspruchte für seine Lehren die Bezeichnung ‚Philosophie', meinte damit aber eher eine praktische Handlungsanleitung zur Problemlösung und allgemeinen Lebensführung.

> „Wir treffen hier auf die Prinzipien einer frühen Aufklärung. Logos trat an die Stelle von Mythos, Vernunft an die der Tradition, und jeder Gegenstand, jede Erscheinung des individuellen und sozialen Lebens hatte sich der kritischen Reflexion zu unterwerfen." (Ueding 2011, 20).

Eine wesentliche Ansicht der Sophisten bestand darin, dass der Mensch bei allen Dingen des Alltags nur das Wahrscheinliche, nicht aber die Wahrheit erkennen könne. Darum seien auch über jedes Thema zwei gegensätzliche Reden möglich, die beide Anspruch auf Wahrheit erheben könnten (Protagoras). Allerdings wurde die

> „Lücke zwischen Wahrscheinlichkeit und (nicht erreichbarem) Wissen (…) ausdrücklich ethisch überbrückt: Gorgias, der zwar sehr auf Brillanz achtete und damit auch auf Effekte, drang energisch auf einen verantwortlichen Umgang mit den Kräften der Redekunst." (Göttert 2009, 76).

Die Protagoras zugeschriebene Aussage, er könne in einer Sache die schwächere Seite zur stärkeren machen und wolle diese Fähigkeit auch seine Schüler lehren, wurde ebenfalls zum Stein des Anstoßes für die Kritiker der Sophisten. Allerdings meinte diese Aussage wohl lediglich, dass sich stärkere oder schwächere Geltungsansprüche in Rede und Gegenrede erst herauszustellen hätten und nicht etwa schon einer Macht- oder Meinungshierarchie bereits vorausgesetzt seien und nur noch der Bestätigung durch die Rede bedürften. Die

> „Sophistik hatte das Disputieren pro et contra entdeckt und wurde nicht müde, die verblüffenden Wirkungen zu erproben, die sich mit dieser Kunst erzielen ließen." (Fuhrmann 2011, 25).

> „Nimmt man alles zusammen, so haben die Sophisten die Rhetorik (...) zu einer umfassenden praktischen Lebensphilosophie entfaltet." (Ueding 2011, 21).

Die Sophisten befanden sich mit ihren Ansichten in der Tradition der vorsokratischen Philosophen Xenophanes, Heraklit und Demokrit und finden ihre Weiterentwicklung in den philosphischen Ideen des kritischen Rationalismus (Popper) und des radikalen Konstruktivismus (z.B. Foerster, Glaserfeld, Watzlawick).

Die zwiespältige Sicht auf die Sophisten und ihre Ansichten war und ist bis heute allerdings entscheidend beeinflusst durch die Schriften ihres erbitterten Gegners Platon.

Platon

Platon, Schüler des Sokrates, stellte Zeit seines Lebens die Sophisten als Täuscher und Blender dar, die rhetorische Techniken lehrten, um sie ausschließlich zum eigenen Vorteil zu nutzen, und selbst das Nützliche und Heilsame als bloß Wahrscheinliches darstellten, die vorgäben, das Richtige und Wahre zu kennen, ohne zu wissen, was es sei. Diese Ansicht scheint auch durchaus begründet, wenn man z.B. die Lehre des Anaximenes ansieht, die offenbar keine ethischen Beschränkungen kannte und aussagt, „dass jeder tun darf, was er tun kann, dass es – abgesehen von Gewalt – nur eine Schranke des Handelns gibt: das eigene Vermögen." (Fuhrmann 2011, 31).

Platon vertrat den Anspruch, auf der Grundlage seiner philosophischen „Ideenlehre" das Gute, das Schöne und das Wahre erkennen zu können, und polemisierte (möglicherweise auch wirtschaftlich motiviert) gegen die sophistische Redelehre. Dabei bediente er sich der Form des Dialogs, in welchem er stellvertretend seinen berühmten Lehrer Sokrates die Sophisten „entlarven" ließ (vgl. v.a. die Dialoge „Protagoras" und „Gorgias").

Die Kritik Platons bezog sich auch auf den rhetorischen „Allmachtsanspruch" der Sophisten, mit der überzeugenden Rede alles möglich und plausibel machen zu können, Furcht einzuflößen oder zu beschwichtigen, Trauer zu beseitigen, Freude oder Rührung hervorzurufen.

Aristoteles

> „Die Rhetorik sei also als die Fähigkeit definiert, das Überzeugende, das jeder Sache innewohnt, zu erkennen." (Aristoteles 2007, 11).

Der Platonschüler Aristoteles als der bis heute bekannteste und einflussreichste Vertreter der Antike polemisiert zwar ebenfalls gegen die Sophisten und unterstellt ihnen unlautere Absichten. Gleichzeitig stellt er aber nicht mehr die Wahrheit als Ziel und Maßstab der Rede dar, sondern begnügt sich mit Wahrscheinlichkeit, Plausibilität, Geltung, die auf „das Glaubenerweckende" zielt (vgl. Kap. E.1.1). „Daher bedeutet das Wahrscheinliche zu treffen in der Mehrzahl der Fälle gleichviel wie die Wahrheit zu treffen." (Aristoteles 2007, 10).

Aristoteles' umfangreich überlieferte Schriften stellen die erste wissenschaftliche Systematik der Rhetorik dar. Er verbindet Rhetorik und Dialektik und erörtert logische Schlussverfahren. Er begründet die Topik als Theorie der dialektischen Argumentation, teilt Redegattungen ein, entwirft mit der Lehre von den Affekten eine Art Hörerpsychologie und beschreibt eine Stilistik der Rede.

Die wissenschaftlichen und ethischen Ansprüche, die Aristoteles für die Rhetorik und den Redner formuliert, sind anspruchsvoll.

„Der ideale Redner des Aristoteles ist ein Dialektiker, der weiß, wie man Schlüsse ziehen und topisch argumentieren kann, der (sich) darüber hinaus (…) bewusst ist, dass (…) Empfindung zur Erkenntnis führen kann und die Affekte sogar das ethische Handeln bestimmen." (Ueding 2011, 36).

Cicero

Die Übernahme der griechischen Redekunst in die Gesellschaft des republikanischen Rom erfolgte – nach anfänglichen Widerständen – geradezu zwingend. Die Tradition der Grabrede gab es bereits und die politischen wie juristischen Gegebenheiten verlangten nach der wirkungsvollen öffentlichen Rede.

Der erste und vielleicht wichtigste Wegbereiter der römischen Rhetorik war der Politiker, Anwalt und Philosoph Marcus Tullius Cicero. Er betrachtete die Redekunst als „Instrument der (politischen) Willensbildung, ja als Voraussetzung von Gemeinschaft überhaupt" (Göttert 2009, 98) und erhob sie „zur ‚Philosophie' einer bestimmten Form des Lebens, und zwar des Lebens in der Republik, wie es vom Forum her bestimmt ist." (ebd. 99).

Cicero hinterließ zahlreiche Abhandlungen, von denen Manfred Fuhrmann die aus drei Büchern bestehende Schrift „De oratore" (Über den Redner) als „die bedeutendste Darstellung der Rhetorik, welche die Antike hinterlassen hat", bezeichnet (Fuhrmann 2011, 52). Cicero postuliert darin den *orator perfectus*, den universalgebildeten Redner, an den er höchste ethische und intellektuelle Anforderungen stellt. Dieser könne dann allerdings auch über jeden beliebigen Sachverhalt weit wirkungsvoller reden, als es ein in dieser Sache Fachkundiger verstünde (vgl. Cicero 2006, 81).

Cicero wendet sich entschieden gegen jede Reduzierung der Redelehre auf ein Handwerk, eine bloße Technik-Vermittlung im Sinne einer Sozialtechnologie, und entwirft stattdessen ein rhetorisches Bildungsideal, das auch die Philosophie beinhaltet. Göttert (2009) postuliert gleichwohl

„Ciceros Rhetorik, für die Lenkung der Massen durch eine ebenso gebildete wie moralisch gefestigte Persönlichkeit gedacht, ist auch die gefährlichste Rhetorik gewesen, die je formuliert wurde." (114).

Quintilian

Mit Beginn der römischen Kaiserzeit verlor die Rhetorik allerdings zunehmend an Bedeutung als Mittel der öffentlichen und politischen Meinungsbildung und ging „in der humanistischen Allgemeinbildung von eher ästhetisch-literarischem Zuschnitt" (Ueding 2011, 46) auf. Beratungs- oder Gerichtsreden wurden als Scheingefechte zu literarischen oder konstruierten Themen und Fragestellungen vorgetragen, stilistische Fragen dominierten die inhaltlichen, und die Rhetorik verkam zu nichtssagender Eloquenz.

Diese *corrupta eloquentia* rief aber bald heftige Kritik hervor und war u.a. für Marcus Fabius Quintilianus (um 35–100 n. Chr.), der den ersten öffentlich besoldeten Lehrstuhl der europäischen Bildungsgeschichte inne hatte Anlass, die Rhetorikausbildung zu reformieren. Er sah die Hauptursache für den Verfall der Rhetorik in einer um sich greifenden Sittenlosigkeit der Gesellschaft, in der die jungen Redner mit ihrem Talent in der Öffentlichkeit glänzen, und so lediglich die Eitelkeit ihrer Eltern und Lehrer befriedigen sollten. Folglich war Quintilian bemüht, der Rhetorik wieder ein ethisches Fundament zu geben und verkündete als Erziehungsziel der Schüler (in

Anlehnung an Ciceros *orator perfectus*) den *vir bonus*, den „Ehrenmann, der gut zu reden weiß".

Sein Hauptwerk *Institutio oratoria* („Lehrbuch der Redekunst") stellt als „konsequente rhetorische Pädagogik" (Ueding 2011, 49) zugleich die erste *Didaktik der Rhetorik* dar. Das Erziehungsprogramm Quintilians beginnt mit dem Spracherwerb des Kleinkindes und setzt sich fort mit geradezu modern anmutenden pädagogischen Prinzipien, wie der Ablehnung autoritärer Methoden und der Prügelstrafe, der Empfehlung von Lob und Anerkennung zur Lernmotivation und der Bedeutung der Freude am Lernen.

D.7.2 Moderne Auffassungen

Wie oben erwähnt, spielten und spielen ethische Überlegungen in der Rhetorik von den Anfängen bis heute eine große Rolle. Die Geschichte weist über die Jahrhunderte viele Beispiele des Missbrauchs der Rhetorik als Herrschaftsinstrument auf und zeigt deren Bedeutung als manipulatives Mittel zur Beeinflussung der Menschen sehr deutlich (erinnert sei beispielhaft an die Rhetorik im Dienste der Kirche/des Glaubens oder von Diktaturen). Es soll an dieser Stelle aber auf eine detaillierte Darstellung der rhetorischen Historie verzichtet werden, da die grundsätzlichen Auseinandersetzungen sich seit der Antike wenig verändert haben.

Noch heute gilt für jeden, der sich professionell mit Rhetorik beschäftigt, die Frage zu klären, ob er sich mit der Aneignung oder Vermittlung von rhetorischen „Techniken" begnügt, oder ob er mit Hilfe rhetorischer Mittel auf bewusst herbeigeführte Verständigung abzielt, die sprechkommunikative Verantwortung bei Sprecher wie Hörer voraussetzt bzw. entwickeln helfen will. Dieser sozialpragmatische Aspekt der Rhetorik steht bereits im Zentrum verschiedener sprechwissenschaftlicher Konzepte. Genannt seien hier beispielhaft Elmar Bartschs „kooperative Rhetorik" oder Hellmut Geißners explizit formuliertes Ziel rhetorischer Kommunikation als „sozial verantwortbare Handlungsauslösung"(s. Kap. D.1.1).

Selbstverständlich muss jeder die Verantwortung für das eigene rhetorische Handeln in der konkreten Gesprächs- und/oder Redesituation selbst tragen.

Die Verantwortung in der rhetorischen Lehre hingegen verlangt weitere, grundlegende Überlegungen.

1. Interpersonelle und damit auch rhetorische Kommunikation ist immer gebunden an eine konkrete Kommunikationssituation (s. Kap. D.1.3.). Die einzelnen Faktoren situieren die Kommunikation derart, dass die Veränderung nur eines Faktors eine Veränderung der gesamten Kommunikationssituation nach sich zieht, was möglicherweise eine Veränderung/Anpassung des kommunikativen Handelns der beteiligten Partner erfordert. Aus diesem Grund können in der Angewandten Rhetorik Kategorien wie „richtig vs. falsch", „gut vs. schlecht" nicht greifen und sollten durch Kategorien wie beispielsweise „situationsangemessen vs. -unangemessen", „wirkungsvoll vs. wirkungsarm" bzw. „viabel vs. nicht viabel" (s. Kap. D.8.2.4) ersetzt werden. Und selbst diese Bewertung kommunikativen Handelns kann nicht „objektiv" getroffen werden, sondern ist immer nur als subjektives Feedback des/der Kommunikationspartner/s einzuholen.

2. Unter systemisch-konstruktivistischem Blickwinkel (vgl. Meyer 2011) ist das Modell der trivialen- und nicht-trivialen Maschine (TM und NTM; s. Kap. D.1.3) interessant. In diesem Modell weist der Biophysiker Heinz v. Foerster nach, dass in einer TM auf Grund ihrer Konstruktion ein bestimmter Input immer zu einem vorhersagbaren, gleichen Output führt. Es existiert also eine lineare Kausalkette im Sinne eines eindeutigen Reiz-Reaktions-Musters, die analytisch bestimmbar, vergangenheitsunabhängig und voraussagbar ist. Die meisten von Menschen geschaffenen Maschinen sind trivial. Ihr Aufbau, ihre Konstruktion ist bekannt und ihre Funktion eindeutig und berechenbar. Im Gegensatz dazu ist die NTM wegen ihrer „inneren Zustände" unberechenbar. Diese inneren Zustände werden im Modell immer wieder von vorangegangenen Operationen beeinflusst bzw. verändert und unterliegen sowohl einer zustandsabhängigen „Wirkungsfunktion" als auch einer ursachenbedingten „Zustandsfunktion". D.h. Ursache und Wirkung hängen einerseits vom jeweiligen Zustand ab, regulieren oder verändern ihn aber andererseits gleichzeitig. Damit unterliegt die NTM einem zirkulären Kausalsystem, welches sie analytisch nicht bestimmbar, vergangenheitsabhängig und unvoraussagbar macht. „Der Mensch und mit ihm sein Handeln ist vergangenheitsabhängig, daher nicht voraussagbar und somit analytisch nicht bestimmbar. Folglich kann und sollte man den Menschen und seine Kommunikation als ‚nichttrivial' begreifen."(Meyer 2011, 43). Das bedeutet für jede interpersonelle Kommunikation, dass die Kommunizierenden mit jeder Äußerung nicht nur einander, sondern rückbezüglich auch sich selbst beeinflussen. Eine Kommunikationssituation wird dadurch zu einem selbstreferentiellen System (vgl. Luhmann 1993).

Berücksichtigt man also sowohl die Situationsabhängigkeit rhetorischer Kommunikation, als auch die Nichttrivialität der miteinander sprechenden Menschen, verbietet es sich geradezu, in der rhetorischen Lehre mit der Vermittlung von „Techniken" und „Regeln" zu operieren und vorschnell vermeintliche „Lösungen" für vermeintliche kommunikative „Probleme" anzubieten. Die kommunikative Praxis zeigt, dass für jeden, noch so sinnvoll erscheinenden rhetorischen Ratschlag Kommunikationssituationen denkbar sind, in denen das empfohlene kommunikative Verhalten nicht nur nicht zielführend, sondern geradezu kontraproduktiv wäre.

Stattdessen sollten im Zentrum rhetorischer Lehre teilnehmerzentrierte, praxisnahe Übungen in angstfreier, von gegenseitigem Respekt geprägter Atmosphäre stehen. Wenn deren „Auswertung" mit Hilfe von gleichberechtigtem Teilnehmer- und Expertenfeedback erfolgt, kann damit die Reflexion kommunikativen Verhaltens ermöglicht und ggf. eine eigenverantwortliche Verhaltensänderung eingeleitet werden. Denn nur auf diese Weise ist es möglich, kommunikative Kompetenz zu entwickeln (s. Kap. D.8).

D.8 Didaktik und Methodik in der Rhetorik

Dirk Meyer

D.8.1 Grundüberlegungen

Wie bereits in Kap. D.1 dargestellt, sind rhetorische Fähigkeiten zugleich soziale Handlungsfähigkeiten, die in erster Linie über Handeln erworben werden können. Rhetorische Bildung ist immer zugleich auch Persönlichkeitsbildung und kann sich weder auf reine Wissensvermittlung noch auf das Training rhetorischer Techniken beschränken. Zudem verstehen wir Lehren und Lernen allgemein als hochkomplexen, zirkulären, systemischen (also nicht linearen, nicht monokausalen) Prozess, in dem „Wissen" oder „Können" nicht linear von A nach B transportiert werden. „Menschliche Erkenntnis ist ein selbstreferenzieller, operational geschlossener Prozess unseres Gehirns." (Arnold/Siebert 2006, 19).

Gleiches gilt auch für die Arbeit in und mit Gruppen. Beispielsweise beeinflussen Lehrer und Lerner sich und die gemeinsame Arbeit gegenseitig. So stellt Siebert (2005) fest: „Die Qualität eines Seminars hängt wesentlich von den Kompetenzen der Seminarleitung ab. Ob aber ein (...) Dozent ‚gut' oder ‚schlecht' ist, wird maßgeblich von der Gruppe oder einzelnen Teilnehmern beeinflusst." (79). Diese Aussage wird jeder, der lehrend tätig ist, bestätigen können: Zeigt sich eine Gruppe interessiert und motiviert, wird das den Leiter motivieren, sein Engagement im Prozess intensivieren und sein Interesse für die Teilnehmer steigern, was sich wiederum verstärkend auf die Motivation der Gruppe auswirkt. Eine Gruppe ist also als eine Ganzheit zu verstehen, „deren Elemente in einem Netzwerk von Wechselbeziehungen miteinander verbunden sind, in dem jedes die Bedingungen aller anderen bestimmt." (Simon 2008, 16).

D.8.2 Einflussfaktoren rhetorischer Lehr- und Lernsituationen

Nachfolgend werden einige Faktoren dargestellt und erläutert, die u.E. besondere Bedeutung haben und bei der Planung rhetorischer Lehr- und Lernprozesse bedacht und beachtet werden sollten. Sie finden sich zum großen Teil auch im pädagogischen Konstruktivismus (Siebert 2005) wie in der konstruktivistischen Didaktik (Reich 2008) und Andragogik (Arnold/Siebert 2006). Darüber hinaus fließen Erkenntnisse aus Konstruktivismus, Systemtheorie und systemischer Beratung, Psychologie, Philosophie und Neurobiologie ein.

Selbstverständlich ist unsere Darstellung wesentlich geprägt von 30 Jahren Praxiserfahrung im Kontext rhetorischer Lehre.

Die dargestellten Einflussfaktoren erheben weder den Anspruch auf Vollständigkeit, noch sind sie in ihrer Wirkung isoliert zu verstehen. Vielmehr bedingen und beeinflussen sie sich gegenseitig im System der Lehr- und Lernsituation.

Wenngleich in der rhetorischen Praxis auch Einzelcoachings vorkommen und nachgefragt werden, beziehen wir uns in diesem Kapitel in erster Linie auf die (deutlich verbreitetere) Arbeit mit Gruppen und gehen im Folgenden v.a. auf diese Form rhetorischer Lehr- und Lernprozesse ein. Wir verwenden als Bezeichnung für die/den Lehrenden (Trainer, Dozent, Leiter, Berater) grundsätzlich das Kürzel L und für die Lernenden (Klienten, Teilnehmer, Studierende, Lernende) das Kürzel TN.

Didaktik und Methodik in der Rhetorik

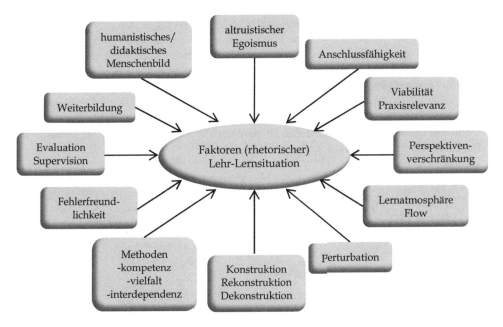

Abb. D.8.1: Einflussfaktoren (rhetorischer) Lehr-Lernsituationen

Humanistisches/didaktisches Menschenbild
Die Bedeutung der Glaubwürdigkeit des L für die Lernerfolge der TN scheint in der modernen Didaktik unstrittig (vgl. z.B. Reich, Siebert, Weidenmann). „Leider vergessen Lehrende sehr oft, dass sie die wichtigste Lernbedingung sind." (Reich 2008, 232). Die Einstellung des L zu seinen Inhalten wie zu den TN wird beispielsweise in den aktuellen Evaluationsverfahren der Martin-Luther-Universität Halle-Wittenberg mit Items erfasst wie „Die Dozentin/der Dozent ist im Umgang mit den Studierenden freundlich und aufgeschlossen/zeigt Interesse am Lernerfolg der Studierenden/engagiert sich spürbar in der Lehre." (Fragebogen zur online-Evaluation Sommersemester 2012). „Erkenntnisse werden nicht nur verbal mitgeteilt, sie werden gelebt, verkörpert, eine geistige Haltung lässt sich in Gestik und Mimik beobachten." (Siebert 2005, 78). Zu dieser Haltung gehören u.a.:

- Offenheit, Kontaktfreude, Gesprächsbereitschaft, Konfliktfähigkeit, Geduld,
- eine grundsätzlich wertschätzende Einstellung zu anderen Menschen,
- die Fähigkeit zur Anerkennung von Leistungen,
- die Bereitschaft zur Ermutigung, Förderung und Unterstützung der TN,
- der Respekt und anderer Meinungen, Einstellungen und Haltungen,
- Annahme der Potenzialhypothese (vgl. Schmidt 2011, 35f.),
- pragmatische Gelassenheit und epistemologische Bescheidenheit (vgl. Arnold/Siebert 2006).

Altruistischer Egoismus
Der Terminus wurde von Schmidt (2011, 94) zwar eingeführt für psychotherapeutische und Beratungskontexte, gilt aber nach unserer Überzeugung auch für Lehr- und Lernsituationen und explizit für unseren Gegenstand. Altruistischer Egoismus meint, dass der L in jeder Phase der (Gruppen)arbeit auch seine eigenen Ängste und Bedürf-

nisse wahrnehmen und respektieren sollte. Denn nur wenn es ihm physisch wie psychisch „gut geht", stehen ihm seine kognitiven, emotionalen und sozialen Ressourcen hinreichend zur Verfügung, so dass er den TN und dem Gruppenprozess seine volle Aufmerksamkeit zuwenden kann. Der L ist also im Sinne der TN geradezu ethisch verpflichtet, auf das „eigene Wohlergehen" zu achten, „denn das eigene Wohlergehen hat dabei sehr altruistisch positive Auswirkungen im Sinne der Verbesserung der Angebote für die KlientInnen." (ebd.). In die gleiche Richtung zielte bereits Ruth Cohn mit dem zweiten Postulat der Themenzentrierten Interaktion (TZI) „Störungen haben Vorrang." (Cohn 1975, 122).

Anschlussfähigkeit
Der ursprünglich soziologische Terminus aus der Systemtheorie (vgl. Luhmann 1993) hat inzwischen Eingang in die didaktische Literatur gefunden (vgl. Siebert 2005, 64ff.) und meint hier, dass angebotene Lerninhalte immer an vorhandenes Wissen und/oder Erfahrungen der TN anknüpfen sollte. „Das Lernen Erwachsener ist selten ein völliges Neulernen, sondern meist ein *Anschlusslernen*." (ebd. 64). Aus diesem Grund muss der L sich eine (möglichst genaue) Kenntnis über Vorerfahrungen, Bedürfnisse und Ziele der TN verschaffen. Nur dann können Inhalte didaktisch-methodisch anschlussfähig angeboten werden. Anschlussfähigkeit wird auch unter Stichworten wie „teilnehmerbezogene Bedarfsermittlung" (Günther/Sperber 1995, 234) erwähnt und gefordert.

Dieses Primat gilt u.E. auch dann, wenn beispielsweise Interessen bzw. Ziele eines „Auftraggebers" vorgegeben sind, die nicht mit den Bedürfnissen und Zielen der TN übereinstimmen. In diesem Fall sollte der Versuch unternommen werden, mindestens eine Schnittmenge der divergierenden Ziele zu finden. Gelingt dies nicht, sollte der Auftrag vom L im Eigeninteresse und dem Interesse der TN modifiziert oder abgelehnt werden.

Viabilität/Praxisrelevanz
Viabilität bedeutet so viel wie Brauchbarkeit. „,Viabel' heißt gangbar, passend, brauchbar, funktional." (Siebert 2005, 143). Den Begriff führt Glasersfeld am Beispiel der Evolution in die konstruktivistische Diskussion als Ersatz für den traditionellen philosophischen Wahrheitsbegriff ein.

> „Ein Organismus ist ‚viabel', solange es ihm gelingt, in seiner Umwelt zu überleben und sich fortzupflanzen. (...) Andererseits aber bedingt der Begriff der Viabilität nie eine im Vorhinein bestimmte Art und Weise, *wie* der Organismus dieses Überleben erreichen soll." (2009, 25).

Für Arnold und Siebert (2006) ist „Viabilität (...) ein zentrales Motiv zur Weiterbildung." (104). Z.B. wird ein Mensch, der seine kommunikativen Kompetenzen im Privat- und Berufsleben als viabel erlebt, kaum einen Rhetorikkurs besuchen.

Für die Didaktik hat Viabilität eine doppelte Bedeutung. Zum einen kann ein didaktisches Vorgehen als viabel gelten, wenn es für die TN zum gewünschten Erfolg führt, also brauchbar ist. Dabei gilt: „Viabilität in einer Praxis kann nicht bloß von Lehrenden oder Experten definiert werden, sondern schließt Teilnehmerperspektiven und -deutungen notwendig mit ein." (Reich 2008, 126). Das bedeutet für die Praxis: Ob unser Lehrangebot inhaltlich und/oder didaktisch viabel ist, entscheiden letztlich die TN. Zum anderen sollte der L sich darüber im Klaren sein, dass für unterschiedliche TN auch unterschiedliche Lernerfolge/Lösungswege etc. viabel sein können. Wie im Kap. D.7.2 erwähnt, sind Wertungskategorien wie „richtig vs. falsch", „gut vs. schlecht" in kommunikativen Kontexten untauglich und sollten durch „viabel vs. nicht viabel" ersetzt werden. Denn nur was die TN für sich als praxisrelevant, sinnvoll, brauchbar empfinden und erleben, wird nachhaltig gelernt.

Perspektivenverschränkung
Perspektivenverschränkung meint die Verschränkung (Verbindung, Verknüpfung) unterschiedlicher lebensgeschichtlich, individuell, kognitiv, emotional, sozial und kulturell geprägter Perspektiven. Das bedeutet zunächst, eigene Wahrnehmungen und Wertungen der Wirklichkeit als *subjektiv* anzuerkennen und zugleich die der anderen zu akzeptieren und zu respektieren. Maturana und Varela fordern bereits 1987

> „Wollen wir mit der anderen Person koexistieren, müssen wir sehen, dass ihre Gewissheit – so wenig wünschenswert sie uns auch erscheinen mag – *genauso legitim und gültig ist wie unsere*. (...) Die einzige Chance für die Koexistenz ist also die Suche nach einer Perspektive, einem Existenzbereich, in dem beide Parteien in der Hervorbringung einer gemeinsamen Welt zusammenfinden." (Maturana/Varela 2009, 264).

Lehrer haben andere Perspektiven als Schüler, Alte andere als Junge, Informatiker andere als Sprechwissenschaftler. Perspektivwahrnehmung ist also zugleich auch Differenzwahrnehmung und verlangt im Leben wie in der gemeinsamen Arbeit die Suche nach Übereinstimmungen (Konsens), einer Verständigung über Schnittmengen (Kompromiss) oder die Akzeptanz von Unvereinbarkeiten (Dissens). Perspektivverschränkung ist somit eine unmittelbar kommunikative Aufgabe in der Gesellschaft wie in der Lehr- und Lernsituation und setzt Offenheit, Toleranz und Konfliktfähigkeit voraus.

Lernatmosphäre/Flow
Die Wirkung der Emotionen auf unser Denken und Verhalten scheint heute unstrittig (vgl. z.B. Ciompi, Seidel, Spitzer, Roth). „Kognition ist nicht ohne Emotion möglich." (Roth 1996, 211).

Die Bedeutung der **Lernatmosphäre** für nachhaltiges Lernen wird daher von der Didaktik ausdrücklich hervorgehoben (vgl. z.B. Siebert, Reich) und ist für rhetorische Lehr- und Lernsituationen nicht hoch genug zu bewerten. Ein wertschätzender, respektvoller und fehlerfreundlicher Umgang miteinander ist nicht nur die Voraussetzung für hilfreiches und ehrliches Feedback (s. Kap. D.2.1), sondern auch für die unverzichtbare Bereitschaft der TN zu offener Selbstreflexion im Sinne der Persönlichkeitsentwicklung. „Jeder nachhaltige Lernprozess ist mit (...) – angenehmen oder unangenehmen – Empfindungen verknüpft." (Siebert 2005, 36). Eine Lernsituation, die die TN als sicher, angenehm, anregend, spannend, sinnvoll, hilfreich etc. erleben und die sie weder unter- noch überfordert, kann zu einem „*Flow-Gefühl* als Einheit geistigen, emotionalen und körperlichen Wohlbefindens" (ebd.) führen. In einer solchen Atmosphäre sind Lernwille und Veränderungsbereitschaft eher vorhanden, können Kooperation, Kreativität und Kommunikation nachhaltig entwickelt werden.

Eine wesentliche Bedeutung für die Entwicklung der Lernatmosphäre kommt bereits der Anfangs-/Eröffnungssituation rhetorischer Lehr- und Lernprozesse zu. Zu Besonderheiten und Gestaltungsmöglichkeiten dieser Eröffnungssituation vgl. Meyer 1997.

Perturbationen

Der Begriff der **Perturbation** (Störung) wurde von Maturana und Varela (vgl. 2009) eingeführt und gilt als ein „Schlüsselbegriff konstruktivistischer Pädagogik." (Siebert 2005, 34). Wenngleich „Störung" im allgemeinen Sprachgebrauch und Verständnis negativ konnotiert ist, wird der Begriff hier positiv verstanden als eine Voraussetzung für Lernfähigkeit. „Lernen ist eine konstruktive, progressive Verarbeitung einer Perturbation." (Arnold/Siebert 2006, 115). Dabei wirken Perturbationen zwar meist von außen auf ein System ein, Zustandsveränderungen werden aber im und vom perturbierten System eingeleitet. Arnold und Siebert (ebd.) beschreiben Perturbationen als „Einwirkungen der Umwelt, die kognitive Prozesse auslösen, aber nicht determinieren, d.h. nicht zwingend verursachen." (ebd. 115). So kann bspw. die Lernverweigerung eines TN oder der Ausfall eines Beamers vom L als Störung empfunden werden, ihn darum veranlassen, die Methode zu wechseln, und auf diese Weise die Effektivität des Lernens für die gesamte Gruppe befördern. Perturbationen wirken verunsichernd, irritierend und können Neugier und Entdeckungsfreude wecken. Darum gilt „lernfähig ist, wer sich ‚stören', irritieren, verunsichern lässt" (Siebert 2005, 34). Wer sich also auf einem Gebiet bereits im Besitz der vollständigen und gesicherten Wahrheit glaubt, der wird sich einerseits nicht mehr perturbieren lassen, kann aber dadurch andererseits nichts mehr dazulernen.

Konstruktion/Rekonstruktion/Dekonstruktion

Konstruktion, Rekonstruktion und Dekonstruktion definiert Reich (2008) als „didaktische Grundaufgaben" (ebd. 138).

Dabei meint der Begriff der **Konstruktion** das selbständige, selbstbestimmte Erfahren, Ausprobieren, Untersuchen von Problemlösungen, Fragestellungen oder Handlungsmöglichkeiten. „Je mehr das Lernen als *Learning by doing* erfolgt, desto viabler wird es für den Lerner sein, da er in seinem Tun abschätzen kann, was er Lernen muss und was überflüssig ist." (ebd. 192). Diese Form des Lernens ist gekennzeichnet durch die Selbstbestimmung der TN und geeignet, deren Selbstwert zu stärken.

Rekonstruktion meint das „Nach-denken" und Aneignen bereits vorhandenen Wissens. Rekonstruktives Lernen sollte sich allerdings nicht in der bloßen Aneignung, Wiederholung oder Nachahmung erschöpfen. Es sollte vielmehr verstanden werden als aktive, kreative Form des Lernens, die das Angeeignete aus der TN-Perspektive versteht, modifiziert und damit re-konstruiert (i.S.v. individuell neu konstruiert).

Der Dekonstruktivismus ist eine Strömung der französischen Philosophie (Jacques Derrida). **Dekonstruktion** in der Didaktik ist die notwendige Ergänzung, mit der vor allem ein Zweifeln und Hinterfragen gewonnener Erkenntnisse oder Lösungen gemeint ist. Sie ist oft unbequem und „verstört das System", weil sie „an den selbstverständlichsten Funktionsweisen innehält und Fragen stellt" (ebd. 141). Dekonstruktion hemmt Selbstgefälligkeit und Selbstverständlichkeit. Sie stellt den „anderen Blickwinkel" dar, zielt auf „blinde Flecke" und ermöglicht so neue Formen von Konstruktion und Rekonstruktion. Die dekonstruktive Perspektive verhindert bequeme, aber unkritische Übernahmen und Anpassungen, ermöglicht aber neue Sichtweisen und andere Lösungsversuche. Eine bewusst eingesetzte Form der Dekonstruktion ist auch das „Reframing" (Umdeutung) aus der systemischen Psychotherapie (M.H. Erickson, G. Bateson, V. Satir, P. Watzlawick) und dem Neurolinguistischen Programmieren (NLP; R. Bandler/J. Grinder).

Methodenkompetenz, -vielfalt, -interdependenz

Wir sind mit Reich (2008) der Auffassung, dass es nicht genügt, „Methoden relativ willkürlich aus dem großen Methodenpool auszuwählen und hierbei ohne leitende Prinzipien vorzugehen." (ebd. 268). Die vorgeschlagenen drei Prinzipien, die „als begründungsleitende Perspektiven eingesetzt werden (...) müssen, um zu einer hinlänglich reflektierten Methodenwahl zu kommen" (ebd. 269), sind Methodenkompetenz, Methodenvielfalt und Methodeninterdependenz.

Dabei meint das Prinzip der **Methodenkompetenz**, dass der L eine Vielzahl von Methoden kennen, reflektiert passende Lernmethoden anbieten und gemeinsam mit den TN auswählen bzw. entwickeln sollte. Insbesondere für unseren Gegenstand bedeutet das beispielsweise, dass kommunikative Kompetenzen nicht nur besprochen, sondern in Übungen, Rollenspielen etc. ausprobiert, simuliert, sinnlich erfahrbar gemacht werden müssen.

Das Prinzip der **Methodenvielfalt** fordert Abwechslung, Überraschung, Kontrastierung beim Einsatz der Lernmethoden. Allerdings ist damit nicht ein beliebiger Methodenmix gemeint, sondern die reflektierte, kreative und situativ (dem Gegenstand, den TN, der Gruppe) angemessene Mischung, Variation und Kontrastierung methodischen Vorgehens.

Das Prinzip der **Methodeninterdependenz** meint Auswahl und Einsatz von Methoden nach ihren möglichen Ergänzungen, Verschränkungen, Wirkungs- oder Anforderungssteigerungen etc. Methoden sollten nicht nebeneinander, sondern miteinander geplant und eingesetzt werden. Z.B. können kognitiv erarbeitete Inhalte/Theorien/Modelle mit anschließenden Übungen auf ihre Viabilität (s.o.) erprobt und überprüft werden (deduktives Vorgehen) oder gesammelte Erfahrungen und Praxisbeispiele werden dazu genutzt, aus ihnen viable Theorien und Modelle zu entwickeln (induktives Vorgehen).

Fehlerfreundlichkeit

Fehlerfreundlichkeit ist hier in mehrfacher Bedeutung zu verstehen. Sie meint zum einen die eine grundsätzliche Haltung des L gegenüber den TN, zum anderen aber auch die Haltung des L gegenüber sich selbst. Außerdem ist sie Voraussetzung und immanenter Bestandteil der Lernatmosphäre.

In Bezug auf die TN ist nicht nur zu bedenken, dass diese sich in einer Übungssituation befinden und der Ermutigung durch den L bedürfen (s. „pädagogisches Feedback", Kap. D.2.1). Eine (vermeintlich) fehlerhafte Handlung der TN (auch Lernverweigerung) kann nicht nur aus ihrer Perspektive durchaus viabel sein, sondern das System auch in positiver Hinsicht perturbieren (s.o.). „Lernen (...) ist ein autopoietischer, selbst gesteuerter, eigenwilliger und eigensinniger Prozess." (Siebert 2005, 32).

In Bezug auf sich selbst ist Fehlerfreundlichkeit für den L unabdingbare Voraussetzung für Lernbereitschaft, Kreativität und psychische Gesundheit. Wissenschaftlich-technischer Fortschritt ist ohne Fehlerfreundlichkeit nicht denkbar. Wer sich selbst keine Fehler zugestehen und verzeihen kann, macht möglicherweise alles „richtig", aber immer dasselbe und kränkt damit zwangsläufig eigene perfektionistische Erwartungen.

Evaluation/Supervision

Die regelmäßige (Selbst-)Evaluation seiner Tätigkeit sollte für den L selbstverständlich sein und wohlüberlegt geplant werden. „Dabei geht es nicht um eine Selbstkritik, die eher die Freude an der Lehrtätigkeit schmälert, sondern um eine Erweiterung des

Handlungsrepertoires." (Siebert 2005, 124). Evaluationen sind gerade aus konstruktivistischer Sicht nicht unproblematisch, da eine objektive und valide Erfassung der Qualität des Lehr- und Lernprozesses nahezu unmöglich ist. Aus diesem Grund kommt es darauf an, mit geeigneten Methoden zu spezifischen, möglichst verallgemeinerbaren und für TN wie L viablen Ergebnissen zu kommen. Allerdings haben alle Evaluationsmethoden Vor- und Nachteile und bergen sowohl Chancen wie Risiken. Wir wollen (und können) daher an dieser Stelle keine konkrete Evaluationsmethode empfehlen, sondern nur einige Anregungen zum Nachdenken geben.

- Rückmeldungen durch Fragebögen sind sinnvoll, wenn gezielt Aussagen zu konkreten Fragestellungen gewonnen werden sollen. Allerdings sind derartige Fragebögen meist eng, für die TN unbefriedigend und für den L nur eingeschränkt aussagefähig.
- Offene oder halboffene Rückmeldungen bieten meist größeren Freiraum, verlangen aber von den TN auch größere Bereitschaft, sich zu exponieren. Diese Bereitschaft kann gefördert werden, wenn offene oder halboffene Rückmeldungen in der Anonymität der Kleingruppe gesammelt werden. Die Methode bietet außerdem den Vorteil des Austauschs der TN untereinander und damit der Relativierung oder Konsensfähigkeit von Einzelmeinungen.
- Nach dem Prinzip der „Aufmerksamkeitsfokussierung" (Schmidt 2011, 34ff.) besteht die Gefahr, dass eine vorrangig oder ausschließlich auf „Probleme" oder „Mängel" gerichtete Diskussion am Ende einer gemeinsamen Arbeit deren Lerneffekte für die TN ggf. erheblich beeinträchtigen können. Dem kann mit gezielten Fragen (z.B. nach dem Nutzen und dem Transfer des Gelernten) entgegen gewirkt werden.

Generell sollte der L in der Lage sein, Rückmeldungen zu Inhalten oder didaktischem Vorgehen nicht mir Rückmeldungen zu seiner Person gleichzusetzen.

Siebert (2005) weist außerdem darauf hin, dass TN „meist beim besten Willen nicht beurteilen (können), was sie ‚wirklich' gelernt haben. Viele Lerneffekte werden oft erst später bemerkbar" (ebd. 123).

Zugleich empfehlen wir die regelmäßige Inanspruchnahme einer Supervision. Dabei muss u.E. nicht zwingend eine professionelle Supervision in Anspruch genommen werden, oft können bereits die Teilnahme und das anschließende Feedback eines Kollegen aufschlussreich und hilfreich sein. Eine Supervision ermöglicht durch die Außensicht eine Reduzierung „blinder Flecken" des L, expliziert festgefahrene Deutungs- und Handlungsmuster und dekonstruiert diese gegebenenfalls.

Weiterbildung
Eine kontinuierliche Weiterbildung des L halten wir in seinem eigenen Interesse wie im Interesse der TN für unerlässlich.

Im eigenen Interesse gibt Weiterbildung dem L vor allem größere Sicherheit. Dabei sollte sie sich nicht nur auf die fachliche, in unserem Fall sprechwissenschaftliche Entwicklung beziehen, sondern auch fachübergreifende Ansprüche beinhalten. Insbesondere können Kenntnisse auf den Gebieten der Psychologie, der Neurobiologie, der Pädagogik/Andragogik, der Philosophie, der Sozialwissenschaften und der Linguistik den Lehr- und Lernprozess bereichern. So können z.B. Erkenntnisse und Methoden des Konstruktivismus (z.B. Maturana/Varela, Foerster, Glasersfeld), der systemischen und hypnosystemischen Therapie und Beratung (z.B. Herwig-Lempp, Mücke,

Schmidt, Simon), der Themenzentrierten Interaktion (TZI; Cohn), der Transaktionsanalyse (Berne), des pädagogischen Konstruktivismus (Siebert), sowie der konstruktivistischen Didaktik (Reich) unmittelbar in unserem Kontext gewinnbringend angewandt werden. Da es unmöglich ist, im Rahmen dieses Lehrbuchs detailliert auf alle Einflüsse der o.g. Disziplinen einzugehen, verweisen wir hier beispielhaft auf die hilfreiche Verwendung systemischer Fragen und Interventionen (vgl. z.B. Mücke 2009; Schwing/Fryszer 2010) oder der Gelben Karte (Herwig-Lempp 2010).

Im Interesse der TN ist diese Weiterbildung auch deshalb, weil sich der Lerntyp der in der Postmoderne verändert hat: „Wohlwollend lässt sich der neue Lerntyp als offen, flexibel und ironisch beschreiben. Ironisch insofern, als er Dogmen, absolute Wahrheitsansprüche, eurozentristische Höherwertigkeitsvorstellungen ‚dekonstruiert'. Er lässt sich nicht bluffen – auch nicht von wissenschaftlichen Experten. Der Umgang mit wissenschaftlichen Forschungsergebnissen ist eher skeptisch, prüfend. (…) Die Aneignung von Wissen erfolgt auf Probe, auf Widerruf. Neues Wissen muss sich in unterschiedlichen Situationen bewähren." (Siebert 2005, 48).

D.8.3 Zusammenfassung

Wollen Teilnehmer ihre kommunikative Kompetenz erweitern, müssen sie sich aktiv und individuell in die Lernsituation einlassen und einbringen. Dies bedeutet aber auch eine grundsätzliche Bereitschaft zu Selbstreflexion, Perturbation und Dekonstruktion (s.o.) und kann „identitätsbedrohende Verunsicherungen und Ängste auslösen." (Siebert 2005, 27). Die Arbeit mit Menschen in rhetorischen Lehr- und Lernprozessen ist darum fachlich, psychologisch und didaktisch eine komplexe und ebenso anspruchs- wie verantwortungsvolle Aufgabe die von den dargestellten Faktoren maßgeblich beeinflusst wird. Da hier nicht der Raum ist, die theoretischen Grundlagen moderner konstruktivistischer Didaktik, Pädagogik und Andragogik zu entfalten, diese u.E. aber in besonderem Maße für unseren Gegenstand gelten, empfehlen wir eine weitergehende Beschäftigung mit der angegebenen Literatur.

E Medienrhetorik

Ines Bose

E.1 Zum Begriff ‚Medienrhetorik'

Die Medienrhetorik ist eine sektorale Rhetorik, die sich mit ihren klassischen Analysemitteln den modernen Massenmedien (besonders Funk, Film und Fernsehen) widmet (vgl. z.B. die Definitionen von Häusermann 1998; Häusermann/Käppeli 1994; Schwarzenbach 2005). Gegenstand der Medienrhetorik ist die Beschreibung, Kritik und Didaktik von Formen, Prozessen und Produkten der mündlichen, technisch vermittelten Kommunikation in den Medien. Medienbezogene Kommunikationsformen sind insofern rhetorisch, als sie intentional auf Wirkung ausgerichtet sind und auf gelernten Mustern basieren, also Produkt der Einwirkung rhetorischer techné sind (Gutenberg 1993; 2001, 135ff.).

Massenmediale Kommunikation ist technisch und institutionell vermittelte, komplex organisierte öffentliche Kommunikation mit großer räumlicher und gesellschaftlicher Reichweite. Sie ist gekennzeichnet durch weitgehend fehlende Interaktivität, durch Indirektheit und Asymmetrie zwischen professionellen Kommunikatoren und einem heterogenen dispersen Publikum. In den bislang klassischen Massenmedien Radio und Fernsehen z.B. unterliegen Schreiben und Sprechen besonderen Rahmenbedingungen:

- Die rhetorische Situation ist gekennzeichnet durch eine sog. ‚Antagonie von Nähe und Distanz'. Die Redner vor Mikrofon oder Kamera und die Radiohörer oder Fernsehzuschauer sind sich sowohl näher als auch ferner als Redner und Hörer in einer nicht medial vermittelten Veranstaltung.
- Zwar ist das Publikum nicht wirklich in der Redesituation anwesend, Radiohörer können beispielsweise die Sprecher nicht sehen, und Fernsehzuschauer sind dabei immer auf die Kameraführung angewiesen. Das Publikum kann auch nur durch besondere Vorkehrungen mit den Akteuren in Kontakt treten, z.B. durch Anrufe im Studio, wenn die Sendung das so vorsieht. Aber die Sprecher im Radio erscheinen durch ihren Sprechausdruck unmittelbar präsent, im Fernsehen bei entsprechender Kameraführung auch durch Mimik und Gestik. Darüber hinaus sind Hintergrundgeräusche der Redesituation wahrnehmbar und erzeugen zusätzlich den Eindruck von unmittelbarer Teilnahme an der Situation.
- Die elektronischen Medien haben ein neues Zeitalter der ‚Oralität' hervorgebracht. Wenn man Mündlichkeit aber nicht nur hinsichtlich der Performanz versteht (es wird etwas gesprochen), sondern auch hinsichtlich des stilistischen Konzepts (es wird etwas geplant und frei formuliert), dann handelt es sich beim Sprechen in Radio und Fernsehen meistens um eine sog. ‚sekundäre Oralität', d.h. es wird gesprochen auf der Basis von schriftlich Vorgeformtem (es wird also auswendig gesprochen oder vorgelesen).

- Die institutionelle Vermittlung führt dazu, dass gesprochene Texte in Radio und Fernsehen viele Verfasser haben und zahlreiche Bearbeitungs- und Redaktionsabteilungen durchlaufen (sog. Multiautorschaft). Der Sprecher vorm Mikrofon ist meistens nicht der (einzige) Autor dessen, was er sagt. Das gilt insbesondere für Nachrichtensprecher, wenn in den Redaktionen Arbeitsteilung zwischen Redakteuren und Sprechern herrscht. Aber auch wenn die Redakteure ihre Nachrichten selbst sprechen, haben sie sie in der Regel auf der Basis von Agenturmeldungen anderer Autoren verfasst. Das gilt aber auch für Moderatoren, die sich oft auf Vorbereitungen und Zuarbeiten eines Teams von Kollegen stützen. Und das gilt auch für Berichterstatter, nämlich dann, wenn sie nicht selber Zeugen aktueller Ereignisse vor Ort sind, sondern sich ebenfalls auf Agentur- oder Pressemeldungen u.ä. stützen.
- Die professionellen Akteure in den Massenmedien haben zwar im Idealfall an sehr viele Hörer bzw. Zuschauer, aber sie wenden sich an Einzelpersonen, denn die Hörer bzw. Zuschauer sind allein oder höchstens zu wenigen (z.B. zu Hause, im Auto oder am Arbeitsplatz). Die Rezipienten entscheiden selbst, ob sie das Empfangsgerät einschalten oder nicht. Durch die technische Vermittlung entsteht also ein anonymes, heterogenes und verstreutes Publikum. Deswegen kann die gleiche Sendung für jeden Rezipienten ganz unterschiedliche Bedeutungen haben, sowohl inhaltliche, unterhaltende oder soziale.
- Die technische Vermittlung erzeugt außerdem häufig eine Spannung zwischen unbegrenzter Öffentlichkeit (alle haben Zugang, die ein Empfangsgerät besitzen) und der Suggestion des Privaten (alltägliche Ereignisse und private Erlebnisse werden von (scheinbar) partnerschaftlichen, kontaktoffenen Medienvertretern persönlich, emotional geschildert und kommentiert). Dadurch werden die Medienakteure den Rezipienten scheinbar vertraut, es entsteht eine sog. ‚sekundäre mediale Intimität' (Holly 1996, 247). Diese Pseudopräsenz und Pseudozuwendung der Medienakteure kann aber nicht über die Einseitigkeit und Inszeniertheit von Radio- und Fernsehkommunikation hinwegtäuschen. Dennoch übernehmen Radio und Fernsehen mitunter die Rolle eines fehlenden Kommunikationspartners.
- Rezipienten nutzen Radio und Fernsehen immer stärker als Nebenbei-Medien, d.h. ihre Aufmerksamkeit richtet sich nicht ausschließlich auf das Geschehen im Medium, sondern sie sind mit anderen Tätigkeiten beschäftigt.

In der Medienrhetorik wird analysiert, wie in einem Medium Kommunikatoren (z.B. Redakteure, Moderatoren), Kommunikationspartner (z.B. Pressesprecher, Politiker) und Rezipienten (z.B. Radiohörer, Fernsehzuschauer) in Interaktion treten, wie sie miteinander die Bedingungen ihrer Kommunikation aushandeln, wie sie über verbale, paraverbale und nonverbale Mittel ihr Verhältnis zueinander darstellen. Ziel ist eine Modellierung dieser Kommunikation (Häusermann 1998). Kritische Medienrhetorik zielt darüber hinaus darauf, informationspolitische Absichten und ideologische Implikationen der Berichterstattungen aufzudecken und die o.g. Formen, Prozesse und Produkte in übergreifende Zusammenhänge der öffentlichen Kommunikation einzuordnen (Gutenberg 2001, 148). Medienrhetorische Analytik und Kritik entwickelt sich demnach als Versuch, Maßstäbe medienvermittelter rhetorischer Kommunikation in der Demokratie zu entwickeln (Gutenberg 1993).

Medienspezifische Rhetorik ist gegenwärtig v.a. als praktischer Unterricht zu finden, vor allem in der Aus- und Weiterbildung:

- für die Medienvertreter (z.B. Redakteure, Interviewer, Sprecher). Hier geht es vor allem um die Vermittlung von Regeln und Potenzen für die Gestaltung und Optimierung von medientypischen Gattungen, um verständlichen, attraktiven Sprach- und Sprechstil, um argumentative Kommunikation u.a.m.;
- für deren professionelle Kommunikationspartner (z.B. Pressesprecher, Politiker). Hier geht es vor allem um die Bewältigung von Aussprachen, Interviews, Presseerklärungen, Debatten, Statements, um das Nachfragen, Korrigieren, Nachrecherchieren, Abgrenzen eigener und fremder Rede u.a.m. (Häusermann 1998).

Medienrhetorische Ausbildungsziele im Studium sind wie in jedem sprechwissenschaftlichen Teilfach sowohl der Erwerb von analytischer und didaktischer Kompetenz als auch der Erwerb einer gewissen Eigenkompetenz im Verfassen und Präsentieren medienbezogener Produkte. In der Sprechwissenschaft wurden bisher systematische theoretisch-empirische Forschungen vor allem zum Radio durchgeführt.

E.2 Zum Begriff ‚Radiorhetorik'

Das Radio ist das älteste elektronische Massenmedium. In Deutschland gibt es Radiosendungen seit Anfang der 20er Jahre des 20. Jahrhunderts. Die Stärke des Radios ist bis heute die außerordentlich schnelle Verbreitung von Information über aktuelle Ereignisse (in Form von Nachrichten, Berichten, Reportagen) oder Servicetipps (z.B. Wetter, Verkehr, Börse, Freizeit). Darüber hinaus wirkt Radio identitätsbildend und erzeugt Hörerbindung über den gezielten Einsatz von Musik und adressierten Spartensendungen für bestimmte Zielgruppen, über den regionalen Bezug von Themen. Deswegen hat das Radio trotz zahlreicher anderer Massenmedien bis heute seine große Bedeutung als Informations- und Begleitmedium nicht verloren. Die Zukunft des Radios wird allerdings vor allem in seiner Nutzung als ‚Nebenbeimedium' z.B. während anderer Tätigkeiten im Internet gesehen. Aktuell verändert sich das Radio durch die technischen Entwicklungen der letzten Jahre (Homepages, Facebook, Twitter, Podcasts, Smartphone u.a.m.) in Richtung einer multimodalen Hybridform (Verknüpfung von audiovisuellen, Online- und Print-Formen). Das kann zu mehr Interaktivität zwischen Radioschaffenden und Radiohörern führen, denn den Hörern ist die Möglichkeit zu außerordentlich schneller Rückmeldung auf das laufende Programm gegeben, und die Moderatoren im Studio können darauf unmittelbar reagieren. Darüber hinaus können Hörer das Programm auch mitgestalten, indem sie z.B. aktuelle Ereignisse mittels Smartphone dokumentieren und unmittelbar in eine laufende Sendung einspielen.

Es liegen zwar einzelne rhetorische Radioanalysen vor, aber eine umfassende Rhetorik des Radios fehlt bislang. Das gilt auch für die sprechwissenschaftliche Auseinandersetzung mit dem Radio. Radiorhetorische Forschung und Lehre kann sich aber auf Konzepte und Methoden von Nachbardisziplinen stützen: Kommunikationsforschung, Medienwissenschaft, Publizistik und Sprachwissenschaft. In der Radiorhetorik werden Kommunikationsbedingungen und Wirkungsmöglichkeiten des Massenmediums Hörfunk aus rhetorischer Sicht beschrieben und analysiert. Konkret geht es um die medienspezifische Wirksamkeit sprecherischer, sprachlicher und klanglicher Einheiten in ihrem Zusammenwirken beim Programmgeschehen. Der Bezug zur Rhetorik wird vor allem hergestellt durch:

- die Mündlichkeit des Mediums Radio, sie wird sprechwissenschaftlich vor allem untersucht im Zusammenhang zur Sprachlichkeit, speziell zur Schriftlichkeit und zum Hörverstehen;
- die Öffentlichkeit, hier wird insbesondere die Verschränkung von Öffentlichkeit und Privatheit in den modernen Medien untersucht;
- die Gleichzeitigkeit von Performanz und Rezeption, sie wird als real- und virtuell-dialogischer Diskurs innerhalb des Mediums und zwischen Medium und Hörern untersucht (vgl. Gutenberg 1993; ähnlich auch Schwarzenbach 2005).

Seit der Entstehung des Radios betätigten sich Sprechkundler im Rundfunk, als Sprecher, als Rezitatoren, als Sprechbildner und als Experten mit Fachvorträgen. Sie setzten sich mit radiophonen Regeln, Mustern und Stilen und deren Optimierung auseinander (ausführlich hierzu z.B. Gethmann 2006; Bose 2009; Bose et al. 2011). Die vorliegenden Publikationen, überwiegend Artikel für Fach- und Programmzeitschriften, Tagungsbeiträge oder gesendete Rundfunkbeiträge, sind vor allem didaktisch-praktisch oder programmatisch orientiert, seltener finden sich Theorie- oder Modellbildungen, nahezu nie wurden empirische Untersuchungen mit repräsentativer Datenbasis durchgeführt. Viele Themen, die die sprechwissenschaftliche Radiorhetorik heute noch beschäftigen, wurden schon in der Frühzeit des Radios breit diskutiert, so z.B. Sprechbildung, Rezitation, Redekunst, Genderfragen, Sprachpflege, meist als Verbindung von sprechkundlichen Standards und Sprecherziehung (vgl. Staudte 2005):

- die Forderung nach Verwendung von rundfunkbezogener Sprechtechnik (dem sog. ‚Mikrophonieren', vgl. z.B. Würzburger 1931) und von Standardaussprache als der verständlichsten Redeweise (vgl. das Wörterbuch zur ‚Rundfunkaussprache' von Siebs 1931);
- die Forderung nach medien-, genrespezifisch angemessenem, hörerbezogenem Sprechausdruck: „Läßt es der Sprecher an Ausdruck und Klangfarbigkeit fehlen, so rächt sich der Hörer auf die einfachste Weise – er stellt ab. [...] – wie denn überhaupt die berühmte Abneigung der Rundfunkabonnenten gegen alles Gesprochene sich weniger darauf beziehen dürfte, daß und was, sondern WIE gesprochen wird!" (Arnheim 1936, 24);
- die Forderung nach frei formulierendem Sprechen: „Der Rundfunk soll gesprochene Rede vermitteln – nicht aber gelesene Schreibe." (Lebede 1933, 77).

Diese Forderungen spielen bis heute in sprechwissenschaftlicher Radioforschung und -praxis, in sprecherzieherischer Aus- und Fortbildung von Radioschaffenden eine wichtige Rolle. So hat die hallesche Sprechwissenschaft zur Entwicklung der deutschen Standardaussprache (auch im Radio) kontinuierlich theoretisch und empirisch geforscht (vgl. z.B. Deutsches Aussprachewörterbuch; Krech et al. 2009). Die soziophonetischen Untersuchungen zur Akzeptanz verschiedener Standardstufen (Hollmach 2007) haben auch die Aussprache im Hörfunk einbezogen. Aktuelle Forschungsgegenstände sprechwissenschaftlicher Radiorhetorik sind unter anderen:

- die Gesprächs- und Redekompetenz von Medienvertretern in verschiedenen Sendeformen, z.B. in Moderationen, in Lifegesprächen mit Kollegen und Hörern;
- das Verhältnis von Mündlichkeit und Schriftlichkeit in verschiedenen Genres, z.B. Freisprechen nach Stichwortzettel versus Vorlesen vorformulierter Texte;
- die Hörverständlichkeit verschiedener Präsentationsformen, vor allem von Nachrichten;
- die ästhetische und identitätsstiftende Dimension des Radios, die sog. ‚Anmutung',
- die Attraktivität und Hörerwirkung verschiedener Präsentationsformen, vor allem von Nachrichten und Moderationen, unter besonderer Berücksichtigung des Sprechausdrucks.

Im Folgenden werden stellvertretend drei aktuelle Forschungs- und Praxisthemen zur Radiorhetorik vorgestellt: Hörverständlichkeit, Stimme bzw. Sprechausdruck und Gesprächskompetenz im Radio.

E.3 Hörverständlichkeit im Radio

Der deutsche Hörfunk war von Anfang an überwiegend schriftbasiert, das Vorlesen war und ist bis heute die vorherrschende Präsentationsform. Schriftorientiertheit und alltagsfernen Sprachgebrauch haben Vertreter der Sprechwissenschaft zusammen mit einigen Journalisten (z.B. dem Nachrichtenredakteur und Rundfunkpionier Josef Räuscher) von Anfang an kritisiert. Sie haben stattdessen Empfehlungen für verständliches Schreiben und Sprechen gegeben, sowohl für sinnvermittelnd-partnerorientiertes Vorlesen als auch für manuskriptgestütztes frei formulierendes Sprechen (vgl. stellvertretend z.B. Hagemann 1929; Lebede 1933 bis zu Pawlowski 2004; Wachtel 2009a und b).

Im Laufe der sprechwissenschaftlichen Fachgeschichte (z.B. in der Leselehre) wurden Idealvorstellungen darüber entwickelt, wie Texte hörverständlich und situationsangemessen gesprochen werden sollten. Kriterien sind z.B. (ausführlich hierzu vgl. stellvertretend z.B. Gutenberg 2005; Bose 2006; Bose et al. 2011):

- die sinnbezogene sprecherische Gliederung zur Verdeutlichung der inhaltlichen Struktur (Vermeidung zu langer Sprecheinheiten, die die Zuhörfähigkeit überstrapazieren),
- die sinnbezogene Akzentuierung (Vermeidung von radiotypischen Akzenthäufungen – oft bedingt durch informationsdichten Sprachstil –, die den Hörern vor allem Eindringlichkeit vermitteln, aber nicht den Sinnkern der einzelnen Sprecheinheit verdeutlichen),
- ein hörverständliches Sprechtempo (Vermeidung von radiotypischer zu hoher Sprechgeschwindigkeit – oft bedingt durch zu hohe Informationsdichte pro Sprecheinheit –, die nicht selten undeutliche Artikulation zur Folge hat),
- ein rollenbezogen-natürlicher Sprechausdruck und eine konkrete Ansprechhaltung (Vermeidung von sprecherischen Manierismen, die vom Inhalt des Gesagten ablenken),
- die Verwendung der Standardaussprache.

Diese didaktischen Empfehlungen, publiziert vor allem im Hinblick auf Aus- und Fortbildung von Medienschaffenden, basieren zwar auf sorgfältig reflektierten pädagogischen Erfahrungen und fachinternen Normen, sie sind auch insofern systematisch, als zwischen Beschreibung und Bewertung von Mediensprechen getrennt wird und für beides (meist) transparente und nachvollziehbare Kriterien gesetzt werden. Ein Problem ist allerdings, dass es für die dort vertretenen Thesen nach wie vor kaum empirische Nachweise gibt.

E.3.1 Verständlichkeitsforschung fürs Radio

Mit der derzeitigen Vermischung von Sende- und Präsentationsformen im Radio ist eine verstärkte Bemühung um Verständlichkeit und Attraktivität verbunden, damit eine Tendenz zur Mündlichkeit, zu alltagsnahem, natürlichem Sprach- und Sprechstil. Angesichts der besonderen Produktions- und Rezeptionsbedingungen des Hörfunks sind neben der Genauigkeit und Relevanz der Inhalte ganz besonders eine hörverständliche Sprache und eine zum Zuhören einladende Sprechweise wichtig. Was beim ersten Hören nicht verständlich ist, ist für Radiohörer verloren. Anzustreben sind deshalb besondere Anschaulichkeit, Präzision, besondere Kürze und Prägnanz.

Textlinguistische und medienwissenschaftliche Verständlichkeitsforschungen, z.B. zu Radionachrichten, thematisieren vor allem den Zusammenhang von Sendeformat, Textstruktur und Verständlichkeit (stellvertretend Kindel 1998; Lutz/Wodak 1987; Merten 1994; Schenk 2007). Die Forschungen zeigen, dass zahlreiche Faktoren das Behalten und Verstehen von Sendungen im Radio beeinflussen, nicht allein formale und inhaltliche Eigenschaften (z.B. Themen- und Wortwahl oder Satzlänge und -komplexität), sondern auch Rezeptionssituation und Rezipienteneigenschaften (z.B. Aufmerksamkeit, Vorwissen, Einstellungen, Gefühle, Motivation, Hörfähigkeit und Abrufstrategien). In der umfangreichen linguistischen und medienwissenschaftlichen Literatur zur Verständlichkeit gibt es allerdings nur wenige Arbeiten über den Zusammenhang von sprachlichen und sprecherischen Faktoren. Sprechwissenschaftler werden in ihrer pädagogischen Tätigkeit für Mediensprecher täglich mit diesem Problem konfrontiert, wenn sie z.B. den Sprach- und Sprechstil von Radionachrichten beurteilen und diesbezügliche Empfehlungen geben sollen.

Sprechwissenschaftliche Untersuchungen zur Hörverständlichkeit (vgl. z.B. Neuber 2002; Gutenberg 2005; Apel 2009; Kröninger 2009) thematisieren deshalb vor allem den Zusammenhang von inhaltlicher und sprachlicher Äußerungsebene (sog. Denk- und Sprachstil) *und* von stimmlicher und sprecherischer Präsentation (Sprechausdruck). So haben Untersuchungen zum Einfluss prosodischer Merkmale auf das Behalten oder Verstehen von gesprochenen Texten (vgl. z.B. Neuber 2002) ergeben, dass ihrem Sinngehalt entsprechend gesprochene Texte besser verstanden und daher leichter vom Hörer auf ihre Relevanz geprüft werden, woraus sich auch eine bessere Behaltensleistung ergibt. Nicht sinnvermittelndes Sprechen erschwert dagegen die Verarbeitung der übermittelten Information, wodurch sich die Motivation der Hörer zur kognitiven Auseinandersetzung vermindert und ihre Aufmerksamkeit auf periphere Hinweisreize gelenkt wird. Reduzierte Behaltenswerte und ein vermindertes Verstehen der Texte sind die Folge (für Radionachrichten vgl. Kindel 1998; Gutenberg 2005; Apel 2009).

E.3.2 Sprechwissenschaftliche Forschungen zur Hörverständlichkeit von Radionachrichten

Nachrichten sind fester Bestandteil aller Radioprogramme. Dennoch ist der Zusammenhang von hörverständlichem Schreiben und Sprechen von Radionachrichten bisher nur unzulänglich beschrieben worden. Um die Entwicklung von Kriterien und Regeln haben sich vor allem Radiopraktiker bemüht (für einen Überblick vgl. Schwiesau 2011 und Apel/Schwenke 2011). Allerdings beruhen diese Kriterien auf Konventionen, sie sind wissenschaftlich nicht gestützt. Im Vordergrund steht in der Praktikerliteratur vor allem die Nachrichtensprache. Das Nachrichtensprechen wurde dabei meist nur gestreift, weil Nachrichtensprecher über Jahrzehnte hinweg eine Nebenrolle spielten. Oft gehörten sie nicht einmal zur Nachrichtenredaktion, sondern z.B. zur Sendeleitung. Erst in den 70er-Jahren durften die ersten Nachrichtenredakteure auch ans Mikrofon. Deshalb gab es in der Radiogeschichte keine gemeinsame Sicht auf das Nachrichtenschreiben und Nachrichtensprechen.

Die im engeren Sinne wissenschaftliche Beschäftigung der Sprechwissenschaft mit der Hörverständlichkeit von Radionachrichten begann mit den linguistischen Reformbestrebungen zur Nachrichtensprache in den 70er-Jahren um den Sprachwissenschaftler Erich Straßner (1975). Hörfunknachrichten wurden wegen ihrer Unverständlichkeit kritisiert, vor allem aufgrund ihrer alltagsfernen, komplizierten Sprache. In diesem Zusammenhang thematisierte vor allem Hellmut Geißner (1975, 141) den Zusammenhang von Sprache, Sprechen und Hörverstehen. Er vertrat die These, dass die ‚informationsverdichteten Langsätze' der Nachrichten zu Akzenthäufung, Erhöhung der Sprechgeschwindigkeit und zur Nivellierung der melodischen Phrasierung führen, was die Verstehensmöglichkeit erheblich vermindert. Geißner nannte zwar Beispiele aus Nachrichten, führte aber keine umfassenden empirischen Untersuchungen durch. Ähnlich verfuhren andere Kollegen, die sich zur Verschränkung von Sprache und Sprechen bei Hörfunknachrichten geäußert haben (vgl. stellvertretend z.B. Allhoff 1984; Pawlowski 1987). Norbert Gutenberg (2002 und 2005) hat die Diskussion um Sprache und Sprechen von Hörfunknachrichten wieder aufgegriffen und erneut darauf hingewiesen, dass eine verständliche sprecherische Realisierung von Radionachrichten nicht nur von ‚professionellen Reproduktionsfertigkeiten' der Nachrichtensprecher abhängt, sondern auch durch den Sprachstil (z.B. ‚Gliederbarkeit', ‚Akzentuierbarkeit') erleichtert oder erschwert wird (Gutenberg 2005, 11).

Seit 2008 wird die Hörverständlichkeit von Radionachrichten in einem interdisziplinären Projekt gemeinsam von Sprechwissenschaftlern und Radioredakteuren erforscht. Gegenstand ist der Zusammenhang von redaktionellen, sprachlichen und sprecherischen Faktoren bei der Nachrichtenproduktion und -rezeption, insbesondere die Wirkung von Text- und Prosodiestruktur auf die Behaltensleistung von Nachrichtenhörern. Interessant ist vor allem die Frage, inwieweit sinnvermittelnde vs. nicht sinnvermittelnde Sprechfassungen die Verständlichkeit von einfach vs. kompliziert geschriebenen Textfassungen beeinflussen können. Die Forschungen gehen von folgenden **Hypothesen** aus (ausführlich Bose et al. 2011):

- Einfach geschriebene Nachrichten erleichtern sinnvermittelndes Sprechen, kompliziert geschriebene Nachrichten erschweren dagegen sinnvermittelndes Sprechen.

- Werden einfach geschriebene Nachrichten sinnvermittelnd gesprochen, können sie gut verstanden werden. Werden einfach geschriebene Nachrichten dagegen nicht sinnvermittelnd gelesen, können sie schlechter verstanden werden.
- Werden kompliziert geschriebene Nachrichten nicht sinnvermittelnd gesprochen, können sie schlecht verstanden werden. Werden kompliziert geschriebene Nachrichten dagegen sinnvermittelnd gesprochen, können sie besser verstanden werden.

Für Forschungszwecke wurde eine fiktive Nachrichten-Testsendung entworfen (ausführlich Bose et al. 2011):

- Zunächst wurden zwei in Aufbau und Inhalt möglichst identische Textfassungen entwickelt, die nach textlinguistischen Idealvorstellungen einfach versus kompliziert geschrieben sind.
- Für jede Textfassung wurden zwei Sprechpartituren erstellt, jeweils eine sinnvermittelnde und eine nicht sinnvermittelnde.
- Nach diesen Sprechpartituren haben je zwei erfahrene Nachrichtensprecher und -sprecherinnen sowohl möglichst partiturtreue als auch realitätsnahe Sprechfassungen produziert.

Diese Nachrichten-Testsendung dient als Grundlage für

- Analysen von quasi-authentischen Sprechfassungen der beiden Textfassungen, die von Nachrichtensprechern aus öffentlich-rechtlichen, privaten und freien bzw. nicht kommerziellen Sendern erstellt worden sind. Diese quasi-authentischen Sprechfassungen werden untereinander hinsichtlich ausgewählter Eigenschaften phonetisch analysiert und untereinander verglichen, um Aussagen über deren Textbasiertheit und Formatbezug zu ermöglichen (vgl. Schwenke 2011 und 2012).
- Behaltens- und Akzeptanztests in unterschiedlichen Hörsituationen und an unterschiedlichen Hörergruppen. Einbezogen sind verschiedene Testformen: sowohl Bewertungen der Nachrichten-Verständlichkeit während des Nachrichtenhörens als auch Befragungen und Gespräche nach dem Anhören der Testsendung (vgl. Apel 2009; Apel/Schwenke 2011 und 2013).

Die Untersuchungen zur fiktiven Nachrichtensendung basieren auf detaillierten Analysen authentischer Hörfunknachrichten. Als Material dient u.a. eine umfangreiche Nachrichtensammlung, die „ARD-Nachrichtenarche", in der seit 2003 zahlreiche ARD-Sender einmal im Jahr zeitgleich eine ihrer Radionachrichtensendungen dokumentieren (vgl. Schwiesau et al. 2011). Es handelt sich um die erste systematische Sammlung von Radionachrichtentexten und -aufnahmen in Deutschland. Gesammelt und archiviert werden seit 2003 die 13-Uhr-Nachrichten vom 11. November; beteiligt sind zahlreiche Sender des öffentlich-rechtlichen Rundfunks. Das Korpus soll der Öffentlichkeit in Form einer Datenbank zur Verfügung gestellt werden. Zurzeit wird es für medienorientierte Forschungen der Sprechwissenschaft, aber auch für linguistisch orientierte Forschungen der Phonetik genutzt (vgl. Grawunder 2011).

Forschungsziele sind neben der Prüfung und Erweiterung theoretischer Konzepte der Sprechwissenschaft anhand solider Datenbasen (Grundlagenforschung) die Optimierung von Nachrichtensprache und -sprechen anhand empirisch gesicherter Sprach- und Sprechstandards (Anwendungsforschung). Möglich wird so ein Qualitätsmanagement, in dem journalistisches, sprach- und sprechwissenschaftliches Wissen genutzt wird, um die Produktion und Präsentation von Hörfunknachrichten unter angemessenen Perspektiven zu evaluieren und zu optimieren. Aufgabe der Sprechwissenschaft ist es hierbei, Praxisprobleme und Lösungsansätze in einem theoretischen Bezugsrahmen zu verorten. Die Untersuchungen an gelesenen Radionachrichten werden durch Untersuchungen an anderen Formen der Sprachproduktion verglichen, z.B. dem Freisprechen nach Stichwortzettel.

E.4 Stimme und Sprechausdruck im Radio

Radiosender hinterlassen bei Hörern binnen weniger Augenblicke klar unterscheidbare Eindrücke ihres Profils, ihres Zielpublikums usw.. Das kann man z.B. erleben, wenn man im Auto in einer fremden Gegend unterwegs ist und im Autoradio nach einem passenden Sender sucht: Sehr schnell kann man entscheiden, ob ein gefundener Sender der gerade passende ist. Wesentlich verantwortlich dafür ist die klangliche Gesamterscheinung eines Senders, Formats oder Programms, zu der verschiedene Elemente beitragen:

- Themenwahl und journalistische Aufmachung,
- sprachliche und stimmlich-sprecherische Gestaltung,
- Musikfarbe und Verpackungselemente (z.B. Jingles, Teaser),
- die mikrostrukturelle klangliche Gestaltung (sog. Broadcast Sound Design), z.B. technische Signal-Modifikationen (Wellenkompression, technische Überformungen der Stimmen), Rhythmus, Anzahl und Relation der Sendeelemente.

E.4.1 Anmutung des Radios

Radioschaffende sprechen von der ‚Anmutung' eines Senders. Darunter wird der erste spontane und unreflektierte Eindruck von einem Radiosender oder einem Radioformat verstanden, eine erste gefühlsmäßige Interpretation. Es handelt sich um einen eher vagen Begriff, der schwer zu bestimmen ist. Denn die Anmutung wird nicht nur von den Eigenschaften eines Senders bestimmt, sondern auch von den Vorerfahrungen, Hörgewohnheiten sowie den Erwartungen und aktuellen Stimmungen der jeweiligen Hörer und von der konkreten Situation, in der sie einen Sender hören. Eine zunehmend positive Anmutung weckt unbewusste Erwartungen und erhöht damit die Bereitschaft der Hörer, sich mit diesem Sender weiter auseinanderzusetzen.

Je nach Formatvorgabe versuchen Radioschaffende die Anmutung so zu gestalten, dass sie z.B. ‚jung-dynamisch' oder ‚konservativ-solide' klingt. Radiosender verwenden inzwischen sehr viel Mühe, um eine ganz bestimmte Anmutung zu erzeugen. Aber die Radioforschung hat bisher weder Begriffe noch eine Theorie noch methodische Instrumente entwickelt, um diese Merkmalsmuster systematisch zu erfassen und differenziert zu beschreiben (vgl. Föllmer 2011).

Hier setzen interdisziplinäre Forschungen zur „Radio-Ästhetik – Radio-Identität" an, an denen auch die Sprechwissenschaft beteiligt ist (vgl. www.radioaesthetics.org). Ziel dieser Forschungen ist es, formatspezifische, zeitgeschichtliche und kulturelle Eigenheiten von Radio-Klangkonzepten aufzudecken und die Beziehungen zwischen Klangdesign und individueller Nutzung von Radio zu untersuchen:

- Es werden quantitative und qualitative *Programmanalysen* durchgeführt, um analytische Beschreibungskategorien zu entwickeln, die intersubjektiv nachvollziehbar sind. Forschungsfragen sind u.a., welche Elemente in einem Format vorhanden sind; wie diese Elemente und ihre Verknüpfungen möglichst differenziert zu beschreiben und zu bewerten sind und welchen Einfluss einzelne Elemente auf die Sender-Ästhetik und -Identität haben.
- Außerdem wird der *Produktionsprozess* betrachtet und die Perspektive der Radiomacher wird rekonstruiert. Hierzu werden Experteninterviews und Hörexperimente durchgeführt und es wird der Arbeitsalltag von Radiomachern (z.B. anhand von Erfahrungsberichten) rekonstruiert. Forschungsfragen sind u.a., anhand welcher (ästhetischer) Annahmen und Konzepte Radiomacher eine zielgruppenspezifische und konsistente Sender-Identität erzeugen, welche Werkzeuge und Methoden sie dafür nutzen und ob sich diese Vorstellungen anhand technisch manipulierter Klangbeispiele nachweisen lassen.
- Zum dritten wird die *Perspektive der Radionutzer* rekonstruiert. Hierzu werden z.B. Interviews, Befragungen und Hörexperimente durchgeführt und Radionutzer werden um die Anfertigung von ‚Hörtagebüchern' gebeten. Forschungsfragen sind u.a., welche Assoziationen Hörer beim Radiohören haben und welche Kategorien und Kriterien sie zur Beschreibung benutzen; anhand welcher ästhetischer Elemente und Muster sich Radiohörer mit einem Sender identifizieren und ob sich diese Vorstellungen auch anhand technisch manipulierter Klangbeispiele nachweisen lassen.

Bei der Bearbeitung dieser Forschungsfragen werden mehrere Perspektiven miteinander verknüpft – kommunikations- und medienwissenschaftliche, sprechwissenschaftliche sowie kulturwissenschaftliche. Dieser interdisziplinäre Ansatz ermöglicht die Entwicklung eines umfassenden Analyseinstrumentariums, mit dem wesentliche Qualitätsmerkmale der ‚Anmutung' von Radiosendern und -formaten differenziert und präzise beschrieben und bewertet werden können. Dieses Analyseinstrumentarium ist gleichermaßen interessant für

- Radioforscher (Bereitstellung intersubjektiv nachvollziehbarer Kriterien für den Vergleich unterschiedlicher Radiokonzepte),
- Radiomacher (Gestaltung, Bewertung und Veränderung des eigenen Programms),
- Radionutzer (Erwerb kritischer Medienkompetenz).

E.4.2 Sprechwissenschaftliche Forschungen zum Sprechausdruck in Radiomoderationen

Stellvertretend für die sprechwissenschaftlich-medienrhetorischen Forschungen innerhalb des genannten Projekts werden aktuelle Untersuchungen zum Sprechausdruck in Radiomoderationen vorgestellt. Sie zielen darauf,

- Sprechausdruck im Radio zu beschreiben,
- Wirkungen des Sprechausdrucks auf Hörer und Hörer-Erwartungen zu erfassen,

- Idealvorstellungen von Radioschaffenden und Radiohörern über Radiostimmen und Sprechausdruck zu dokumentieren.

Die sprechwissenschaftlichen Forschungen richten sich aber nicht nur auf die Präsentation von Moderationen, also auf die sprachliche und vor allem sprecherische Gestaltung, sondern beziehen darüber hinaus auch Senderformat, Konzeption, Themenkarriere und Struktur von Moderationen in Bezug auf bestimmte Hörerzielgruppen ein.

E.4.2.1 ‚Radiostimme'

In Radioredaktionen dominiert ein weiter, metaphorischer Begriff von Stimme, z.B. werden Stimmen als ‚erotisch', ‚frisch', ‚schön' oder ‚präsent' bezeichnet bzw. bewertet. Erfahrene Radiopraktiker können damit zwar etwas anfangen, wenn sie sich explizit oder implizit darauf geeinigt haben, was unter diesen Bezeichnungen zu verstehen ist. Aber es ist zu vermuten, dass ‚erotisch', ‚frisch' oder ‚schön' in verschiedenen Radioformaten unterschiedliche Stimmgestaltungen erfordern. Insofern sind diese holistischen Begriffe wenig brauchbar. Mit den genannten und ähnlichen Bezeichnungen werden unterschiedliche Aspekte der Sprechstimme fokussiert – Physiologie, kommunikative Funktion und soziale Determiniertheit. Deswegen ist für jede empirische Untersuchung zunächst zu bestimmen, was unter ‚Stimme' im Radio eigentlich zu verstehen ist.

Eine Stimme ist zunächst unverwechselbares Kennzeichen des Individuums, darüber hinaus bildet sie zusammen mit anderen Ausdrucksmerkmalen (z.B. Artikulation, Sprechgeschwindigkeit, Lautheit, Rhythmus, Sprechspannung) den sozial und kulturell determinierten Sprechausdruck (ausführlich vgl. Bose 2010). Im Radio ist die Stimme von Gestik, Mimik und Körperhaltung abgetrennt, sie erscheint als rein akustisches Phänomen. Dennoch ruft sie bei Radiohörern einen Gesamteindruck über die Sprecherpersönlichkeit hervor, aufgrund dessen sie sehr schnell z.B. auf Herkunft, Alter und Aussehen des Sprechers oder auf seine aktuelle Stimmung schließen, und zwar vor einem situativen, historischen und kulturellen Horizont von Traditionen, Praktiken, Medien, Kultur- und Kunstformen. Das hat Karl Bühler zusammen mit einigen Kollegen in einem groß angelegten „physiognomischen Radioexperiment" bereits 1931 nachgewiesen. Zum Eindruck von einer Radiostimme gehört nach Bühler nicht nur die Wahrnehmung von stimmlichem Ausdruck, sondern die Hörer verknüpfen das Wahrgenommene mit eigenen Assoziationen, vergleichen es mit Erinnerungen und Vorstellungen und ordnen es dann Sprechausdrucksmustern und Persönlichkeitseigenschaften zu (Bühler 1933).

Für die sprechwissenschaftlichen Forschungen zur Radio-Ästhetik und Radio-Identität wird ein empirisch nutzbarer Begriff von ‚Radiostimme' verwendet und es wird ein Methodeninventar entwickelt, mit dem Stimme und Sprechausdruck in der Radiopraxis beschrieben und in ihrer Wirkung bewertet werden können. Dafür werden unterschiedliche Methoden miteinander kombiniert:

- Mit einem phonetisch ausgerichteten, ‚engen' Stimmbegriff werden zunächst Merkmale von Radiostimmen anhand von Merkmalskatalogen auditiv-akustisch beschrieben und sprechrollen- und senderbezogene Muster des Stimmgebrauchs dokumentiert. Aus einer Expertenperspektive werden so analytische, physiologisch basierte Beschreibungskategorien für stimmlich-artikulatorische

Merkmale von Sprechern im Radio gewonnen, die intersubjektiv nachvollziehbar und senderübergreifend anwendbar sind.
- Darüber hinaus werden sowohl Radioschaffende zu ihren Anforderungen an Radiostimmen, zu Idealmustern und Rollenbildern befragt als auch Radiohörer zu ihren Assoziationen, Kategorisierungen und ästhetischen Zuschreibungen beim Hören von Radiostimmen. Auf diese Weise werden die Experten-Kategorien für Stimme und Sprechausdruck ergänzt durch Kategorien aus der Perspektive von Rezipienten und Produzenten. Damit verbunden ist ein eher weiter Stimmbegriff.

E.4.2.2 Radiomoderation

Die Moderation ist eines der wichtigsten Elemente in Radiosendungen, sie spielt für die Akzeptanz eines Programms eine große Rolle. Radiomoderatoren vermitteln auf möglichst individuelle Weise zwischen Programm und Hörern. Sie agieren in verschiedenen Rollen, sie informieren und unterhalten, vor allem stellen sie Hörernähe her, simulieren also eine Atmosphäre der direkten Kommunikation und ermöglichen Hörerbeteiligung (zu den vielfältigen Aufgaben eines Radiomoderators vgl. z.B. La Roche/Buchholz 1993; Lindner-Braun 1998; Wachtel 2002; Pawlowski 2004). Der wichtigste Indikator für Nähe zu den Hörern ist nach Vowe/Wolling (2004, 299) der ‚lockere, coole und freundliche Präsentationsstil', ein eher informeller Sprach- und Sprechstil, der möglichst authentisch wirken soll.

Wissenschaftliche und didaktische Publikationen zur Moderation im Radio behandeln vor allem inhaltliche und strukturelle Aspekte, z.B. Themenhäufigkeit, sprachliche Verständlichkeit, journalistische Qualität, Verteilung von Wort und Musik. Zum Sprechausdruck des Moderierens gibt es nur wenige Untersuchungen. Aus Sicht der Sender soll ein Moderator für eine Welle stehen und mit Sprach- und Sprechstil den Nerv eines angezielten Publikums treffen können. Von den Radiohörern werden die Moderatoren oft als Interaktionspartner, sogar als Identifikationsfiguren betrachtet; erfolgreiche Programme haben auch erfolgreiche Moderatoren (vgl. Lindner-Braun 1998, 175). Die Erzeugung einer möglichst unverwechselbaren Senderidentität steht für die Radiochefs angesichts des medialen Umbruchs und des großen medialen Konkurrenzdrucks aufgrund eines großen Senderangebots im Vordergrund. Es geht darum, ein spezielles Senderprofil (die sog. ‚Channel identity'), zu entwickeln und eine konkrete Hörerzielgruppe ansprechen, um auf dem Markt bestehen zu können (vgl. Finke 2012). Deshalb werden in sorgsam gehüteten ‚Stylebooks' detaillierte formatadäquate Moderationsvorgaben zu Inhalt, Platzierung, Dauer und Moderationsstil gemacht, und die Moderatoren sollen sich möglichst genau daran halten.

E.4.2.3 Sprechausdruck in Radiomoderationen

Zurzeit werden Analysen zum Sprechausdruck von Moderationen in ‚Morning Shows' öffentlich-rechtlicher und privater deutscher, schweizer und österreichischer Radiosender durchgeführt (vgl. Finke 2012). Morning Shows sind moderierte Morgensendungen (zwischen 5 und 10 Uhr), in denen die Unterhaltung im Vordergrund steht und mit denen vor allem gute Laune verbreitet werden soll, u.a. mit viel Musik, zahlreichen Geschichten, Witzen, Späßen, eingespielten Comedies, Gewinnaktionen. Wesentlich geprägt wird eine Morning Show durch den Hauptmoderator, den Star der Sendung. Ihm zur Seite stehen oft ein oder zwei Ko-Moderatoren. Die so mögliche

Doppelmoderation wird genutzt zur gemeinsamen Konstruktion von Stories, Überleitungen usw., vor allem zu persönlichen oder heiter-ironischen Bemerkungen, die demonstrieren sollen, wie gut sich die Moderatoren verstehen. Da vor allem die Sendezeit zwischen 7 und 9 Uhr als hörerstärkste gilt (sog. ‚prime time'), werden die Morning Shows mit viel Aufwand gestaltet und beworben. In ihnen kommt das das jeweilige Senderprofil besonders stark zum Ausdruck – die angestrebte Hörerzielgruppe soll zur Identifikation mit dem Sender eingeladen werden.

Die Untersuchungen sind noch nicht abgeschlossen, aber es gibt Hinweise auf eine im Vergleich zu früheren Radiozeiten veränderte Ästhetik des Sprechausdrucks in Moderationen:

- In vielen Morning Shows wird eine Art launiger, vertraulicher Frühstücksplauderei inszeniert, mit privaten, banalen Themen in schnellem Wechsel, informeller, spontan wirkender sprachlicher Gestaltung sowie mit emotional-erregtem Sprechausdruck. Möglicherweise sollen damit besondere Eindringlichkeit und Nähe zum Hörer erzeugt werden; allerdings wird diese Wirkung durch einige sprecherische Merkmale konterkariert, z.B. durchgängig große Lautheit, die ja für Sprechen in die Distanz (Rufen) typisch ist.
- Zwischen den Akteuren finden oft zahlreiche Sprecherwechsel in kurzer Folge statt, ohne dass eine funktionale Motivation der Sprechrollen erkennbar wird. Dadurch wirken die Gespräche und Aktionen z.T. bemüht; mangelnde Dialogizität wird kompensiert durch häufiges Simultansprechen, das den Anschein spontanen Sprechens erzeugen soll, im Radio aber schnell unverständlich wird.
- Offensichtlich hat sich ein verändertes Stimmideal etabliert. Während in früheren Jahren im Radio Sprecher mit ausgebildeten, klangvollen (eher dunklen) Stimmen und Standardaussprache bevorzugt wurden, sind jetzt vielfach (scheinbar) unausgebildete Stimmen zu hören, mehr oder weniger stark geräuschhaft bis pathologisch-angestrengt (gepresst, rau), auch mit deutlichen dialektalen Anklängen. Radioschaffende erwarten durch eine solche stimmlich-sprecherische Gestaltung stärkere Authentizität und größere Nähe zum Hörer, da die Moderatoren nicht als speziell ausgebildete Sprecher erscheinen, sondern eher als „einer wie ihr" (vgl. Mücksch 2012).
- Vielfach sind große Teile der Morning Shows mit Musik unterlegt. Die Klangdistanz zwischen diesem Musikbett und Sprechstimme(n) ist oft gering, dadurch verschwimmen ‚Vordergrund' (Stimme) und ‚Hintergrund' (Musikbett), das Gesprochene wird schlecht verständlich. Offensichtlich wird in diesen Formaten stärkerer Wert auf den Gesamt-Sound als auf die zu vermittelnden Inhalte gelegt: Wichtiger ist die Anmutung, die Erzeugung einer Atmosphäre, die die Hörer in eine angestrebte Stimmung versetzen soll.
- Die jeweiligen Vorschriften des Formats schränken den Individualstil der Moderatoren stark ein. Diese Formatvorschriften sind nicht veröffentlicht, sondern intern in Stylebooks festgehalten; aus den Selbstdarstellungen der Morning Shows im Internet sind aber Andeutungen zu entnehmen. Es zeigt sich, dass senderübergreifend offensichtlich ähnliche Vorschriften gelten, die den Sprechausdruck der Moderatoren schablonenhaft vereinheitlichen und die Moderatoren quasi austauschbar machen.

- Dazu tragen auch die Stimmveränderungen durch ‚Stimmschlüssel' bei, technische Veränderungen der Stimme, die längst nicht immer individuell angepasst sind, sondern ebenfalls schablonenhaft über alle Stimmen gelegt werden.

Mittels Formatvorgaben und technischer Veränderungen werden menschliche Stimmen zu ‚Radiostimmen' perfektioniert und vereinheitlicht. Damit verbunden ist eine Pseudo-Authentizität, denn es geht weniger um einen individuellen Sprechstil, sondern vor allem darum, einen ‚Genre-Sprechstil' zu produzieren, der die Aufmerksamkeit des Radiohörers beansprucht und ihm die rasche Wiederkennung einer bestimmten Sendung (in einem bestimmten Sender) ermöglicht.

E.4.2.4 Perspektive von Radiohörern und Programmverantwortlichen

Über die Analyse von Moderationen hinaus werden sowohl Radiohörer als auch Radiomacher zu ihren Vorstellungen, Erwartungen und Anforderungen an ‚Radiostimmen' befragt.

Erwartungen von Hörern an Radiomoderatoren
Maria Luise Gebauer (2011 und 2012) hat qualitative Interviews mit 20 Hörern durchgeführt und sie um Assoziationen, Beschreibungen und Bewertungen während des Hörens von Radiomoderationen gebeten. Hörbeispiele waren etwa 15minütige Ausschnitte aus Moderationen der Morgenprogramme des Lieblingssenders und anderer öffentlich-rechtlicher deutscher Radiosender. Konkret sollten die Interviews die ersten Hörendrücke dokumentieren, die Befragten bekamen Gelegenheit, ihre eigenen Deutungen zu äußern und die ihnen selbst wichtigen Aspekte zu betonen. Die Auskünfte wurden mittels strukturierender, typisierender Verfahren sowohl quantitativ als auch qualitativ ausgewertet. Die Ergebnisse zeigen, dass Hörer differenziert und detailliert Auskunft geben können über ihre Eindrücke und Bewertungen zu den Moderationen:

- Hörer erwarten von Radiomoderatoren, dass diese unterhaltsam und wiedererkennbar sind und dadurch vertraut werden, dass sie authentisch und natürlich agieren.
- Sie kritisieren die Vereinheitlichung von Radiostimmen und die dadurch erzeugte ‚Pseudo-Individualität' der Sprecher.
- Zur Beschreibung der Moderationen verwenden sie metaphorische Formulierungen, die sich aber oft relativ problemlos in sprechwissenschaftliche und medienwissenschaftliche Kategorien überführen lassen.
- Hörer geben z.B. Auskunft zur sprachlichen Gestaltung und zum Inhalt, zum Sprechausdruck (vor allem zur Stimme), zum Formatbezug (Musik, Musikbett, Übergänge zwischen den Programmelementen, Zielgruppe des Programms) und sie formulieren Eindrücke über die Moderatorenpersönlichkeit (vor allem über die aktuelle Stimmung, die innere Haltung und über Charaktereigenschaften).

Anforderungen von Programmchefs an Radiomoderatoren
Jakob Mücksch (2012) hat untersucht, nach welchen Kriterien, begrifflichen Konzepten und ggf. Idealvorstellungen erfahrene Radioschaffende Moderatoren für ihre jeweiligen Sendeformate und Hörergruppen auswählen und welche Rolle dabei die sprecherische und speziell die stimmliche Qualifikation spielt. Er hat dazu acht Exper-

teninterviews mit Programmchefs öffentlich-rechtlicher und privater Radiosender in Deutschland geführt und die Daten ebenfalls qualitativ ausgewertet:

- Programmchefs sehen die Stimme zwar als wichtigen Bestandteil der Wirkung von Moderatoren an, aber nur als untergeordnetes Entscheidungskriterium für oder gegen einen Kandidaten.
- Den Begriff ‚Stimme' fassen sie sehr weit und verstehen darunter den Bereich des gesamten Sprechausdrucks.
- Für die meisten Programmchefs gibt es keine ‚ideale Radiostimme' an sich, Stimmeignung ist stattdessen nur für einen konkreten Sender bzw. ein konkretes Format zu bestimmen. Lediglich in Info- und Kultursendern herrsche noch ein klassischer Radiostimmklang vor (v.a. dunkler, voller, tiefer, resonanzreicher Klang), der für Moderationen aber zu unpersönlich sei.
- Die Programmchefs formulieren durchaus ähnliche Anforderungen an Moderatoren wie die Radiohörer – auch sie legen besonderen Wert auf Unterhaltsamkeit, Authentizität und Unverwechselbarkeit (dadurch Wiedererkennbarkeit) von Moderatoren, darüber hinaus auch auf deren journalistische Kompetenz.

In solchen Leitfadeninterviews können Radiohörer und Radiomacher als Experten agieren und Auskunft über ihre Kategorien für Stimme und Sprechausdruck geben. Diese ‚Probandenkategorien' können dann mit denen der Experten aus Sprech- und Medienwissenschaft in Beziehung gesetzt werden. Ein Forschungsertrag besteht darin, für Wirkungsuntersuchungen mittels Semantischer Differentiale oder kontinuierlicher Datenerhebungsverfahren (CRDI) Skalenbezeichnungen zu entwickeln, die nicht von Experten vorgegeben werden, sondern Interessen und Relevanzsetzungen der Befragten im ‚Radioalltag' berücksichtigen.

Hörerkategorien zum typischen Moderations-Sound
Eine andere Methode zur Entwicklung von möglichst hörernahen Beschreibungskategorien für Moderationen entwickelt Grit Böhme (2012 und 2013). Sie berücksichtigt dabei die Erfahrung, dass sich selbstverständlich auch ‚Nicht-Experten' im Alltag darüber austauschen können, wie jemand spricht. Wenn sie in einer gemeinsamen Kultur aufgewachsen sind und darin leben, also über gemeinsame Hörerfahrungen verfügen, sind sie sich erstaunlich häufig darüber einig, welche Formulierung am treffendsten ihren Eindruck beschreibt. Die Autorin geht davon aus, dass Wahrnehmung und Kategorisierung gestalthafte Prozesse mit hoher Flexibilität und Fehlertoleranz sind, die auf typischen Beispielen basieren und von sozial wie situativ eingebetteten Erfahrungen beeinflusst werden. Die Wahrnehmung ist eng mit der Zuweisung von Kategorien verbunden – so wird beispielsweise die Moderation eines bestimmten Senders nicht nur anhand der auditiven Eindrücke erkannt, sondern als Hinweisreize können auch die damit verbundenen kognitiv-affektiven Wirkungen (z.B. Stimmungen) und vorhandene Vorerfahrungen dienen.

Anhand kurzer Moderationsausschnitte aus verschiedenen Programmen des MDR wird untersucht, woran Stammhörer die Moderation ihres Radioprogramms erkennen und was für sie das Typische, das Unverkennbare an der Moderation dieses Programms ausmacht. Anhand dieser Hörerauskünfte soll ein Beschreibungsprofil für Moderationen eines Senders in der Sprache seiner Hörerzielgruppe erstellt werden. Dafür wurde eine Methode entwickelt, die verschiedene Forschungsansätze und -methoden miteinander verbindet, so Überlegungen der Sprachphilosophie zur Konstruiertheit und Unbestimmtheit von Bedeutungen (van Quine/Vetter 1976; Goodman 1990), Auffassungen der ‚Grounded Cognition' zum Zusammenhang von körperlicher Verfassung, emotionalem Erleben, Reflektieren und Vorerfahrungen bei der menschlichen Wahrnehmung und Kategorisierung (Varela et al. 1993; Pecher/Zwaan 2006), das Repertory-Grid-Verfahren zur Dokumentation persönlicher Konstrukte in der Sprache der Befragten (Kelly 1991a+b; Fromm 1995) und das Semantische Differential (Osgood et al. 1957).

Die Untersuchungen sind noch nicht abgeschlossen; erwartet wird, dass die Hörer den Moderationsauschnitten des eigenen Lieblingsprogramms ähnliche Beschreibungsprofile zuweisen, die im Kontrast zu den Profilen für andere Programme stehen. Die Beschreibungen der Hörer werden vermutlich vor allem Zuschreibungen von Persönlichkeitsmerkmalen, Metaphern und Einstellungen gegenüber dem Sprecher enthalten, weniger Nennungen von konkreten sprechsprachlichen Parametern (Böhme 2012; 2013). Der Forschungsertrag besteht zunächst in einem reichhaltigen, strukturierten Interviewmaterial zu einem noch kaum untersuchten Gebiet, anhand dessen valide Instrumente zur Erforschung der Wirkung von Mediensprechern und zur Beschreibung von Moderationsprofilen gewonnen werden können. Es ist geplant, mittels akustischer Manipulation Profiländerungen zu erzeugen, die dann wiederum auf Zuordnung zu einem Programm getestet werden sollen. Dadurch kann Aufschluss über Relevanz und Funktion einzelner Parameter gewonnen werden.

E.5   Gesprächskompetenz von Radiomoderatoren

Zu den Aufgaben von Radiomoderatoren im Studio gehört auch, vielerlei Arten von Gesprächen zu führen: mit Radiokollegen, also z.B. mit Reportern über aktuelle Themen und Hintergründe, mit anderen Moderatoren, z.B. über die Wettervorhersage oder zur Abkündigung einer Sendung, aber auch mit Hörern, z.B. im Rahmen von Gewinnspielen, mit Pressesprechern, Experten und Prominenten zu Spezialthemen (Arnold 1999). Im Unterschied zu einem Bericht wird in einem Gespräch zwischen dem Moderator und einem Experten den Hörern nicht nur das Ergebnis einer Recherche präsentiert, sondern es wird der Entstehungsprozess abgebildet und öffentlich gemacht. Informationen können authentischer, abwechslungsreicher und verständlicher vermittelt werden, wenn sie von zwei Gesprächspartnern aus unterschiedlichen Perspektiven gemeinsam zusammengetragen und kommentiert werden. Weil der Moderator dabei für gewöhnlich die Hörerperspektive vertritt, kann die Distanz zwischen dem Radiosender und seinen Hörern verringert werden. Radiogespräche haben immer sowohl informative als auch unterhaltende Anteile, wenn auch in unterschiedlicher Wichtung. Diese Wichtung hängt vor allem ab vom Charakter der Sendung, in die die Gespräche eingebettet sind, und wird im Format als Orientierung festgeschrieben.

Radiogespräche spielen sich nicht nur zwischen den Beteiligten im Studio ab, sondern werden immer für ein Publikum verfertigt. Diese Öffentlichkeit ist aber nur indirekt im Studio präsent, nur in der Vorstellung der Akteure, woraus sich Schwierigkeiten für eine adäquate Ansprechhaltung ergeben können. Die meisten Gespräche bestehen aus einer Mischung von vorher Verabredetem, Vorgefertigtem und im Gespräch aktuell Hergestelltem. Wenn vorrangig Auswendiggelerntes oder (vermeintlich) Altbewährtes abgespult wird, sowohl bezogen auf den Gesprächsinhalt als auch auf den Gesprächsverlauf, ist die Gefahr von Schein-Dialogizität gegeben. Sprachliche Kennzeichen sind z.b. schriftgeprägte Formulierungen, formel- und phrasenhafte Sprache, mitunter ‚krampfige Munterkeit und gewollte Lockerheit' (Gutenberg 1993, 67; Bose 2006).

Hinsichtlich der Beteiligungsrollen erweisen sich viele Radiogespräche mit Kollegen oder Experten als Interviews. Das heißt, die externen Gesprächspartner berichten in umfangreichen Informationsblöcken, und die Moderatoren strukturieren diese ‚Live-Berichte' mit Fragen. Radiointerviews sind Gespräche mit festen Spielregeln und Beteiligungsrollen: Im Mittelpunkt steht zwar der interviewte Experte mit seinen Informationen und Auffassungen, aber der stellvertretend fürs Publikum fragende Moderator bestimmt weitgehend den Gesprächsverlauf. Denn er strukturiert das Interview mit seinen Fragen, Erläuterungen, Zusammenfassungen und legt dadurch nicht selten bestimmte Antworten nahe. Die asymmetrische Rollenverteilung kann dazu führen, dass das Interview an Gesprächshaftigkeit einbüßt und eher zu einem ‚moderationsgestützten Bericht' wird (Pawlowski 2004). Andrerseits ist in Gesprächen mit Radiokollegen zu beobachten, dass den Moderatoren die Beschränkung auf das Fragen, Erläutern, Zusammenfassen mitunter schwer fällt und sie dazu neigen, selber zuviel Wissen, Kommentare und Meinungen anzubringen (vgl. z.B. Bose 2006 in einer empirischen Analyse von Wettergesprächen im Radio). In beiden Fällen ist die Gefahr gegeben, dass die Gesprächspartner im Radio an den Hörern vorbeireden, entweder weil sie ein abgehobenes Expertentum inszenieren oder weil sie einen internen ‚Plausch unter Kollegen' abhalten. Hier ist eine ausreichende Absprache und Vorbereitung zwischen den Gesprächspartnern notwendig.

In Radiogesprächen wird zumeist auf der Basis von Manuskripten (z.B. Stichwortzetteln) frei formuliert. Freies Formulieren ist durch stärkere Alltagsnähe gekennzeichnet, oft auch durch größere Authentizität, z.B. im Sinne des Fehlens manierierter Vorlesemuster. Der mit dem freien Formulieren verbundene Planungsaufwand kann aber auch Unübersichtlichkeit und mangelhafte Gliederung der Äußerungen provozieren. Notwendig sind deshalb eine gründliche konzeptionelle Vorbereitung und eine übersichtliche Manuskriptgestaltung (vgl. C.6.2).

Zur Gesprächskompetenz im Radio wurde in der Sprechwissenschaft bisher nur vereinzelt empirisch gearbeitet (vgl. z.B. Bose 2006); systematische Untersuchungen stehen noch aus. Gesprächskompetenz umfasst vier Ebenen (Wissen, Können, Analyse/Reflexion, Selbstüberzeugtheit/Motivation); außerdem die Fähigkeit zur Flexibilität, also kommunikative Normen zu erkennen, angemessen und flexibel darauf zu reagieren, ggf. konfligierende Normen auszuhalten und damit umzugehen (Lepschy 2002). Als Moderator in Radiogesprächen kompetent zu sein bedeutet,

- angemessen, zielorientiert und effektiv sprechsprachlich handeln,
- situationsangemessen die Gesprächsorganisation regeln,
- Themen zielbezogen bearbeiten und
- die Beziehung zum Gesprächspartner und zu den Radiohörern so gestalten zu können, dass Verständigung erreicht werden kann (vgl. Hannken-Illjes 2004; Lepschy 2002; ähnlich auch Fiehler/Schmitt 2007 und Becker-Mrotzek 2009).

Gesprächskompetenz bezieht sich dabei sowohl auf instrumentelle sprechsprachliche Fähigkeiten als auch auf soziale und interaktive Fähigkeiten, da z.B. Empathie und Perspektivenübernahme konstitutiv für die Bewältigung kommunikativer Aufgaben sind. Sie ist demzufolge von persönlicher und sozialer Identität nicht zu trennen. Gesprächskompetenz entscheidet sich darüber hinaus „nicht an der Fähigkeit der Einzelnen, sondern an dem Zusammenkommen und Zusammenpassen der verschiedenen Fähigkeiten der Akteurinnen in einer aktuellen Kommunikationssituation" (Hannken-Illjes 2004, 44).

E.6 Praktische Medienrhetorik

E.6.1 Qualität im Radio

Die Erkenntnisse aus den oben dargestellten Forschungen schlagen sich in der didaktischen Arbeit mit Radioschaffenden nieder. Seit Beginn der 90er Jahre wird in den öffentlich-rechtlichen Massenmedien vor allem aus Konkurrenz- und Effizienzgründen verstärkt eine Qualitätsdiskussion geführt. Qualität ist ein relationaler Begriff, zu berücksichtigen sind die Bewertungsperspektiven von Programm-Mitarbeitern, Programm-Verantwortlichen, Zuhörern und externen Experten. Für eine transparente Qualitätsdiskussion müssen differenzierte, nachvollziehbare Kriterien entwickelt werden, die aus Konzepten der Journalismusforschung, der Medienrhetorik, der Sprach- und Sprechwissenschaft zu gewinnen sind. Qualität im Radio kann mehrdimensional bestimmt werden (vgl. Spang 2006), sowohl personen- bzw. akteurszentriert (Qualität als Resultat des individuellen Wissens und Könnens) als auch rollen- und funktionsorientiert (Qualität als Resultat rollengemäßen Handelns) und systemorientiert (Standards, Normen, Qualitätskriterien als Teil der Steuerungsinstanzen eines Systems).

In den Sendern wird die Qualität vor allem anhand von journalistisch-redaktionellen Kontrollverfahren gesichert: Themenanalysen, Textkritik, sog. ,Airchecks' (Analysen von Audiomitschnitten eines Programms), Redaktionskonferenzen u.a.. Zusätzlich dazu gibt es seit Mitte der 1990er-Jahre regelmäßige Feedbackrunden mit kriteriengestützten Rückmeldungen zu Wirkung und Qualität, an denen sich Redakteure, Präsentierende und Programmverantwortliche beteiligen. Mitunter werden diese Runden von Monitoring-Redakteuren geleitet, vgl. z.B. die Monitoringredaktion im Hessischen Rundfunk (Spang 2006 und Spang/Leibrecht 2011). Ziel dieser Monitorings ist zu prüfen, inwieweit Radiosendungen den Formatvorgaben und vereinbarten Qualitätskriterien entsprechen – berücksichtigt werden handwerkliche Qualität, Wirkung und Attraktivität. Die Ergebnisse werden protokolliert und sollen die Weiterentwicklung von Formaten ermöglichen sowie den Fortbildungsbedarf erfassen.

Wichtigstes Instrument in diesen Monitorings ist das kriteriengestützte Feedback (vgl. stellvertretend Slembek/Geißner 1998; Spang 2006). Dabei wird möglichst genau unterschieden zwischen Beschreibung von Wahrnehmungen anhand verständlicher, nachvollziehbarer, differenzierter Kriterien und deren Interpretation und Bewertung bzw. der Ableitung von Handlungsanweisungen aufgrund von vorher getroffenen Vereinbarungen (z.B. Formatvorgaben). Voraussetzung für qualifiziertes Feedback ist eine entwickelte Fähigkeit zur Analyse und Reflexion. Hier setzen medienrhetorische Fortbildungen an.

In Sprechwissenschaft/Sprecherziehung werden rhetorische Leistungen üblicherweise anhand von Beobachtungskatalogen mit wirkungsbezogenen Kriterien beschrieben und beurteilt (vgl. stellvertretend den Überblick in Geißner 1981; Gutenberg 1998 und 2001). Diese Kataloge sind grundsätzlich auch für die Beschreibung und Beurteilung von Sprechleistungen im Radio geeignet. In der Regel enthalten sie mehrere Dimensionen, die detaillierter untergliedert werden können:

- gedankliche Planung und inhaltliche Konzeption, z.B.
    - Thematik, Aktualität, Schwerpunktsetzung
    - Informations-, Gebrauchs-, Unterhaltungswert
    - Informationsauswahl, -anordnung und -bearbeitung
- journalistisches Handwerk, z.B.
    - Produktion, Musik, Layout
    - Rahmen, Dramaturgie, Spannungsbogen
    - Anmutung
- sprachliche Gestaltung, z.B.
    - Wortwahl, Satzbau
    - Knappheit/Ausführlichkeit
    - Verständlichkeit/Komplexität/Konkretheit
- sprecherische Präsentation, z.B.
    - Stimme, Gliederung, Artikulation
    - rollenbezogener Sprechausdruck
    - Ansprechhaltung
- Kommunikation mit dem Hörer, z.B.
    - Zielpublikum, Hörerorientierung, Perspektivenwechsel
    - Dialogizität, Interaktivität
    - Originalität, Transparenz, Formatbezug.

(Ausführlich zu den Dimensionen und Kriterien vgl. Spang 2006; zur Anwendung eines solchen Katalogs in einer Fortbildung für Moderatoren von Wettergesprächen vgl. Bose 2006; zur Anwendung in einem Monitoring von Radionachrichten vgl. Spang/Leibrecht 2011.)

Die Beobachtungskataloge sind zunächst deskriptiv angelegt, sie sind aber erweiterbar um normenbasierte und vereinbarungsbezogene Interpretationen, Bewertungen und Gefallensurteile, wenn entsprechende Skalierungen eingeführt werden. Im Umgang mit solchen Katalogen während eines Monitoring oder einer Fortbildung ist strikt auf die Unterscheidung von Beschreibung und Bewertung zu achten. Bewertungen sind mit Beschreibungen zu untersetzen:

- Beschreibende Kriterien basieren auf beobachtbaren Merkmalen; sie müssen verständlich und nachvollziehbar sein. In einem methodisch kontrollierten Prozess können sie in Interpretationen, Funktionszuschreibungen sowie Aussagen über die Wirkung des Gesagten überführt werden.
- Bewertende Kriterien beziehen sich entweder auf Konventionen (intersubjektive Wahrnehmungsmuster) oder auf Vereinbarungen (z.B. Formatvorgaben für Nachrichten und Morning Shows oder offizielle, anerkannte Regeln und Maßstäbe) – diese Referenzen sind transparent zu machen (Spang 2006, 179).

Für die Arbeit an konkreten Gegenständen ist jeweils ein angepasster Kriterienkatalog zur Beschreibung und Beurteilung zu entwickeln, gestützt auf Vorgespräche mit den Beteiligten und auf die Vorab-Analyse von Sendemitschnitten. Während der gemeinsamen Arbeit ist ein Katalog auf seine Tauglichkeit zu prüfen und gegebenenfalls zu modifizieren. Damit er möglichst auch über die konkrete Fortbildung oder ein bestimmtes Monitoring hinaus als Maßstab für die Qualitätsanalyse und -sicherung genutzt werden kann, müssen seine Kriterien als gemeinsame Arbeitsgrundlage anerkannt werden, sie müssen funktional bestimmt, nachvollziehbar und in der Praxis anwendbar sein, also auch als Grundlage für Coaching und Training taugen: „Die im Feedback verwendeten Kriterien sind dann im Qualitätssteuerungsprozess verwendbar, wenn sie so verständlich sind, dass sie die gewünschten Folgehandlungen auslösen" (Spang 2006, 175f.).

Voraussetzung für den Umgang mit Beobachtungskriterien für Feedback, Qualitätsbeschreibung und -beurteilung von Radiosendungen ist die Schulung von analytischer Hörkompetenz. Nur was Programm-Mitarbeiter und -Verantwortliche selber hören, können sie auch verändern. Zu Beginn von Fortbildungen steht deshalb die gemeinsame Analyse im Vordergrund: Exemplarisch werden sog. ‚Airchecks', also Sendemitschnitte, gemeinsam angehört, beschrieben und bewertet. Mittels Diskussion und Analyse werden Beobachtungs- und Beurteilungskriterien eingeführt, erläutert und vereinbart. Dabei geht es sowohl um Strukturen und Verläufe als auch um sprachliche und sprecherische Gestaltungen. Diese Analyse- und Klärungsphase ist eine wichtige Voraussetzung für die weitere Arbeit, denn hier können sich aus Sicht aller Beteiligten Problemfelder herauskristallisieren, die dann zu Arbeitsschwerpunkten der Fortbildung werden.

E.6.2 Radiorhetorische Fortbildung

Sowohl in der Ausbildung von Berufseinsteigern und Volontären als auch in der Fortbildung von Mitarbeitern öffentlich-rechtlicher und privater Hörfunkanbieter werden sog. ‚Sprechtrainings' angeboten. In ihnen geht es nicht ausschließlich um Sprecherziehung im engeren Sinn, sondern auch um die Vermittlung rhetorischer Handlungskompetenz. Zu einem Spezifikum sprecherzieherischer Arbeit im Radio wird immer stärker die Verschränkung von Schreiben und Sprechen – bekannt als ‚Schreiben fürs Sprechen – Sprechen fürs Hören' (Gutenberg 1994; Geißner/Wachtel 2003).

Schreiben fürs Sprechen – Sprechen fürs Hören
In vielen Sendern dominieren inzwischen ‚Redakteure am Mikrofon', also Journalisten, die Texte schreiben und sie auch selbst sprechen (vgl. Hakenes 2006). D.h., das Schreiben als Tätigkeit eines journalistisch ausgebildeten Redakteurs und das Sprechen vorm Mikrofon als Tätigkeit eines ausgebildeten Sprechers sind nicht mehr strikt getrennte Arbeitsbereiche. Deswegen sind Aus- und Weiterbildungsangebote sinnvoll und notwendig, die Schreiben und Sprechen im Radio gleichermaßen behandeln (vgl. stellvertretend Wachtel 2009a und b; Apel/Schwenke 2011). Inhalte sind also:

- das Schreiben möglichst gut sprechbarer, hörverständlicher Radiotexte,
- das sinnvermittelnde, situations- und partnerbezogene Vorlesen eigener und fremder Texte und

Praktische Medienrhetorik 175

- das freie Formulieren (mit und ohne Stichwortzettel).

Die Trainings zielen darauf, praxisrelevantes Wissen und grundlegende Fertigkeiten zu vermitteln, vor allem im Hinblick auf:

- Gesetzmäßigkeiten bzw. Besonderheiten gesprochener Sprache,
- Kriterien zur Beurteilung der Qualität gesprochener Sprache (bezogen auf Radiogenres und Formate),
- Kriterien zur Beurteilung von geschriebenen Texten im Hinblick auf Sprechbarkeit,
- Kriterien zur Beschreibung und Beurteilung von Vorlese- und Freisprechleistungen,
- Typographie für das Vorlesen (lesefreundliche Anordnung von Vorlesetexten),
- Notation von Sprechtexten (vor allem Gliederung in Sprecheinheiten, Hervorhebung sinnwichtiger Wörter),
- Methoden zur Vorbereitung von Freisprechleistungen (vorformulierter Text, Stichwortzettel),
- Methoden des Freisprechens.

Es werden Standards für das sinnvermittelnde, hörverständliche und partnerorientierte Vorlesen vermittelt, im Einzelnen:

- Fähigkeit, in fremden Texten Sinnzusammenhänge lesend schnell zu erfassen,
- Fähigkeit, aus (fremden und eigenen) Texten Sprechanweisungen abzuleiten, im Text zu notieren und umzusetzen,
- Fähigkeit, einen Text ohne vorherige Analyse und ohne Notation sinnvoll zu lesen,
- Methoden der Textanalyse und Analyseübungen.

Es werden Standards für das freie Sprechen vermittelt, im Einzelnen:

- Fähigkeit, mit und ohne Stichwortzettel zu einem vorbereiteten Thema frei zu formulieren,
- Fähigkeit, zu unterschiedlichen Impulsen und Anlässen (Bild, Wort, Musik, etc.) frei zu formulieren,
- Fähigkeit, in Vorlagen Gelesenes für das freie Sprechen umzuformen.

In die Übungen zum Vorlesen und Freisprechen sind immer auch andere sprecherzieherische Bestandteile eingebettet, gerade angesichts dessen, dass zunehmend vor dem Mikrofon nicht mehr speziell ausgebildete Sprecher agieren:

- Atemführung als Voraussetzung angemessener Pausierung, Akzentuierung und Sprechgliederung beim Vorlesen und Freisprechen,
- Stimmbildung als Voraussetzung von angemessener Melodieführung und Klangfarbendifferenzierung beim Vorlesen und Freisprechen,
- Erarbeitung hörer- und medienangemessener Deutlichkeit beim Vorlesen und Freisprechen (Verwendung von Standardaussprache),
- Ansprechhaltung am Mikrofon: eigene Rolle, Hörerdistanz, Partnerorientierung.

An exemplarischen Analysen von authentischen Sendemitschnitten wird die Problematik von Textschreiben, Textsprechen und freiem Formulieren detailliert entwickelt:

Die notwendigen theoretischen Kenntnisse über die Strukturen gesprochener Sprache werden vermittelt; gleichzeitig werden Hör-, Analyse- und Beurteilungsfähigkeiten der Teilnehmenden verbessert. Außerdem wird in Einzelarbeit die individuelle Schreib- und Sprechfähigkeit der Teilnehmenden analysiert, daraus werden individuelle Lernziele bestimmt. Daraufhin werden in Übungen das sinnfassendhörverständliche Vorlesen von Nachrichten- und Moderationstexten und das freie Formulieren in Moderationen und Radiogesprächen trainiert, dabei werden Genre-, Format- und Sprechrollenbezug berücksichtigt.

Vermittlung von Gesprächskompetenz
In Gesprächstrainings geht es sowohl um die Erarbeitung von Gesprächsformaten als auch um die Optimierung der Gesprächsvorbereitung (Informationsverwaltung, -strukturierung, Manuskriptgestaltung; journalistisches Handwerk) sowie um das Training der Gesprächsgestaltung (sprachliche und sprecherische Gestaltung, Kommunikation mit dem Hörer). In der Diskussion von Gesprächsmitschnitten aus dem Radio sind zunächst Problemfelder und Arbeitsgegenstände zu bestimmen, dann gemeinsam Handlungsspielräume auszuloten und Handlungsalternativen zu entwickeln. Das können sowohl konkrete Formulierungsvorschläge sein (z.B. zur Vermeidung von Floskeln) als auch Algorithmen für bestimmte Gesprächsabschnitte (z.B. für die Vorbereitungsgespräche, für Gesprächsanfänge) und Reaktionsmöglichkeiten auf problematische Aktivitäten des Gesprächspartners (z.B. zu persönliche Fragen oder inhaltliche Abschweifungen). Die Aufgabe von Fortbildnern besteht vor allem darin, typische Strukturen und Verläufe der zu bearbeitenden Gespräche und Handlungs- und Verhaltensmuster der Moderatoren zu verdeutlichen, deren Erfahrungen, Beobachtungen und Ideen zu systematisieren. Es geht also darum, den Erarbeitungsprozess von Problembewusstsein und Handlungsalternativen zu moderieren. Die Ergebnisse dieser Diskussion werden gesammelt und protokolliert, strukturiert und zusammengefasst. Die daraus entstandenen Papiere können den inhaltlichen Rahmen der weiteren Fortbildung bilden und fortlaufend ergänzt werden.

Die gemeinsam entwickelten Alternativen werden im Verlaufe der Fortbildung erprobt, z.B. in:

- Übungen zu Gesprächsphasen und -inhalten,
- Übungen zur Strukturierung und Aufbereitung von Informationen,
- Übungen zu Interaktionsstilen anhand simulierter Gespräche im Studio.

Darüber hinaus gibt es individuelle Rückmeldung und Beratung für die Teilnehmenden und Anleitungen zur selbstständigen Arbeit nach individuellem Übungsprogramm. In Trainingsphasen erarbeitete bzw. erprobte Fertigkeiten wenden die Teilnehmer in ihrem Arbeitsalltag an. Wichtig ist, dass ihre Erfahrungen in Folgetreffen ausgewertet und Handlungsalternativen weiter vervollkommnet werden. Für die Qualitätsdiskussion in der Zeit nach der Fortbildung stehen den Beteiligten die Beschreibungs- und Beurteilungskriterien zur Verfügung, weitere Feedback-Treffen sind vorzusehen.

F Sprechkunst

Abschnitt F skizziert unsere aktuellen Auffassungen zur Sprechkunst als Teilgebiet der Sprechwissenschaft und als Kunst(theorie) sowie deren Anwendung im Ensemble der Künste. Innerhalb der Theoriebildung wird insbesondere auf das Verhältnis von Sprechkunst und Schauspielkunst und auf theatrale Prozesse eingegangen. Nachfolgend werden verschiedene Anwendungsfelder der Sprechkunst sowie sprechkünstlerische Prozesse vorgestellt. Ausgewählte Lehrmeinungen und Konzepte zur sprechkünstlerischen Kommunikationsbefähigung bilden einen weiteren Schwerpunkt. Zugänge der aktuellen Forschung auf dem Gebiet der Sprechkunst werden an Beispielen dargelegt. Das Schlusskapitel dieses Abschnitts gibt einen Überblick über die Tendenzen und Perspektiven der Sprechkunst.

F.1 Sprechkunst im Ensemble der Künste und als Teildisziplin der Sprechwissenschaft

F.1.1 Definition und Gegenstand der Sprechkunst

Martina Haase

Das künstlerisch gesprochene Wort begegnet uns in einer Vielzahl von Kommunikationssituationen: z.B. auf der Theaterbühne (einschließlich im Musiktheater), im Gesang, im Hörfunk und im Hörbuch, im Film, bei Lesungen, im Rap oder beim Poetry Slam, aber auch im Literaturunterricht in der Schule.

Wie bezeichnet man diese Tätigkeit, diese spezifische Art menschlicher Kommunikation: als Vortragskunst, als ästhetische bzw. sprechkünstlerische Kommunikation, um nur einige gängige Termini zu nennen. Es existieren verschiedene Begrifflichkeiten und Definitionen, wobei hier nicht der Raum gegeben ist, diese zu diskutieren. Wir verwenden den Begriff Sprechkunst und verstehen darunter im Sinne einer Arbeitsdefinition:

> **Sprechkunst:** das bewusst gestaltete, geprochene künstlerische Wort in unterschiedlichen Kommunikationssituationen für ein Publikum (bzw. für einen oder mehrere Hörer), „live", d.h. direkt im Sinne einer auditiv-visuellen Kunstkommunikation oder medienvermittelt, d.h. indirekt.

Wir betrachten Sprechkunst somit als eine spezifische Kunstform, als Kunstausübung und damit als künstlerische Tätigkeit.

Gleichzeitig ist Sprechkunst eine eigenständige Disziplin im Fächerkanon der Sprechwissenschaft. Gegenstand der Sprechkunst als Lehrgebiet innerhalb des Studienganges Sprechwissenschaft ist die Analyse und Gestaltung von sprechkünstlerischen Prozessen in den unterschiedlichsten Kontexten. Die Theorie zur Sprechkunst und das entsprechende methodisch-didaktische Inventar basieren auf sprechwissenschaftlicher Theoriebildung unter Einbeziehung anderer Kunsttheorien. So integriert sie u.a. neben Erkenntnissen aus der Ästhetik, Theaterwissenschaft und Schauspielmethodik ebenso Aspekte aus der Medien- und Kommunikationswissenschaft und deren praktischen Anwendungen wie auch literatur- und ggf. sprachwissenschaftliche Theorien und Methoden. Sprechkunst begreift sich innerhalb der Sprechwissenschaft als eine Basisdisziplin, die auch ein wichtiges Fundament für andere Teilgebiete der Sprechwissenschaft liefert und darüber hinaus als spezialisierter Zugang zu benachbarten Kunstgattungen fungiert. Das bedeutet für die Anwendung: Je nach Anwendungsbereich in anderen Kunstgattungen und -genres weist die Sprechkunst vielfältige Spielarten auf. Auf der Grundlage des sprechkünstlerischen Basiswissens wird ein „Zuschnitt" bzw. eine „Aufbereitung" für die Besonderheiten der jeweiligen benachbarten Kunstgattung geschaffen. Indem Sprechkunst sich auf Schwesterkünste und deren wesensbestimmende Eigenarten konzentriert und spezifisch ausrichtet, nähert sie sich ihnen mit konkreten Methoden und Herangehensweisen.

Von jeher existieren unterschiedliche Formen des künstlerischen Ausdrucks nebeneinander. Seit der Ausdifferenzierung des Theaters im Barock (in Oper, Ballett, Schauspiel) haben wir es mit einer Vielfalt der Formen und Anwendungen zu tun. Ähnliches findet sich auch in der Sprechkunst. Sie kann

- als eigenständige künstlerische Form, unabhängig von anderen Künsten, „quasi autonom", existieren (z.B. historisch im sogenannten Dramenlesen, als Rezitation, zum Teil im Hörbuch, vgl. Kap. F.1.3 und F.1.6.3),
- wesentlicher Bestandteil anderer Künste und Kunstformen sein, denen eine ganz spezifische Wesensart und Funktion eigen ist (z.B. im Schauspiel oder als Teil der klassischen Gesangskunst),
- vermischt und verknüpft im fließenden Übergang mit anderen Kunstformen (z.B. Szenische Lesung, Szenische Collage) auftreten.

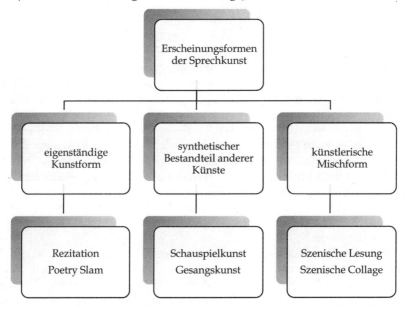

Abb. F.1.1: Erscheinungsformen der Sprechkunst

Sprechkunst im Ensemble der Künste und als Teildisziplin der Sprechwissenschaft

Angemerkt sei bei dieser Differenzierung, dass das Verhältnis von Sprechkunst zur Schauspielkunst im Rahmen sprechwissenschaftlicher Betrachtungsweisen von jeher als ein besonderes zu kennzeichnen ist (Näheres dazu vgl. Kap. F.1.5).

Sprechkunst basiert vorwiegend auf schriftlich fixierten literarischen Texten. Sie umfassen unterschiedliche Genres, also Dichtungen der Lyrik, Prosa, Dramatik. Diese literarischen Texte können entweder weitgehend gattungsspezifisch sprechkünstlerisch gestaltet oder dramaturgisch aufbereitet inszeniert werden, ggf. unter Aufbrechen der Gattungsspezifika. Betrachtet man Sprechkunst im heutigen Kultur- und Kunstleben, begegnen wir einer eigenständigen Existenz nur noch selten. Sprechkunst in „Reinform" (wie die Rezitation, vgl. Krech 1987, 100ff.) rangiert in der künstlerischen Praxis zahlen- und bedeutungsmäßig spätestens seit den 80er-Jahren des 20. Jh. sehr deutlich hinter den (szenischen) Mischformaten. So wie sich heute Veränderungen in allen klassischen Kunstformen abzeichnen und die Grenzen zwischen den Gattungen verwischen, so finden sich auch in der Sprechkunst seit vielen Jahren zunehmend Misch- und Zwischenformen.

Neben diesen Mischformen existieren seit geraumer Zeit neue Formen der Sprechkunst: Sie basieren auf nichtliterarischen Textsorten und improvisierten Texten (z.T. Textvorlagen im postdramatischen Theater, Performance, Impro-Theater). Der Gegenstandsbereich Sprechkunst beinhaltet in unserem Verständnis damit auch die Aufführungen und Darbietungen auf der Basis nichtliterarischer Texte, wenn diese als Kunstform eine über den Alltag hinausgehende Perspektive aufweisen und in eine Aufführungssituation gebracht werden.

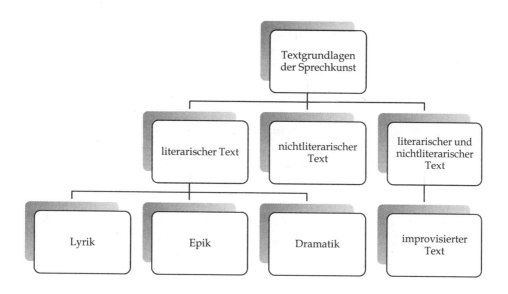

Abb. F.1.2: Textgrundlagen von Sprechkunst

Die traditionelle Form der Sprechkunst generiert und evoziert Bedeutungen mit einer ganz bestimmten Intention für die Zuschauer/Hörer. Es gibt aber durchaus auch Texte bzw. die Aufführungspraxis, bei denen die Zeichen (des Textes) Zeichen bleiben, ohne den Anspruch auf eine bestimmte erwartbare Intention beim Zuschauer/Hörer erreichen zu wollen.

Prominente Beispiele dafür sind Texte der Dadaisten oder von Kurt Schwitters:

Fümms bo wö tää zää Uu,
                    pögiff,
                            kwii Ee.
....
Oooooooooooooooooooooooooooooo,
....
  dll rrrrrr beeeee bö,
  dll rrrrrr beeeee bö fümms bö,
     rrrrrr beeeee bö fümms bö wö,
            beeeee bö fümms bö wö tää,
                   bö fümms bö wö tää zää,
                      fümms bö wö tää zää Uu:

(*ursonate* von Kurt Schwitters, in Schwitters 1998, 214).

In der zweiten Hälfte des 20. Jh.s sind es vor allem die Autoren der konkreten Poesie mit ihren Lautgedichten, die der Bedeutung von Sprache misstrauen und „sinnfreie" Texte produzieren. Ein weiteres, aktuelles Phänomen findet man im postdramatischen Theater der Gegenwart: die Emanzipation der Stimme bzw. insgesamt der gesprochenen Sprache vom literarischen Text. Sie ist nicht mehr vorrangig Träger von Bedeutungen gemäß der Textvorlage, sondern emanzipiert sich, wird selbst zum „Medium und Material eines situativen, ereignishaften und atmosphärischen Geschehens." (Kolesch 2004, 158). Das bedeutet, dass die gesprochene Sprache insgesamt auf ihre Materialität als mögliches Phänomen verweisen kann. Die sprechkünstlerischen Mittel wie Sprechgeschwindigkeit, Lautheit, Melodisierung, Akzentuierung etc. werden wahrnehmbar gemacht. Näheres dazu vgl. Internetpräsenz zu diesem Buch, Stichwort *Postdramatisches Theater*.

Zum Schluss sei noch die sogenannte Klangkunst erwähnt, die nicht auf einer Textgrundlage (kein literarischer/nichtliterarischer Text, kein improvisierter Text) basiert. Die Laute an sich sind ihr Gegenstand und Material (bspw. David Moss). Hier befindet man sich, je nach Ausführung, im Grenzbereich zwischen Sprechen und Musizieren.

Allgemein gilt für die Sprechkunst, dass alle literarischen und nichtliterarischen Texte vom Sprecher auf neue Weise sprechkünstlerisch „überformt", aufgeführt und für die Zuschauer/Hörer zu einem Kunsterlebnis bzw. ästhetischen Erlebnis gebracht werden. Je nach dem Grad der Professionalität werden ein ästhetischer Wert und die Güte eines künstlerischen Ausdrucks offenbar. Unter Professionalität für die künstlerische Tätigkeit verstehen wir das Vermögen, auf hohem Niveau Fähigkeiten und Fertigkeiten (Kompetenzen) anzuwenden.

Auch wenn Sprechkunst auf einen relativ festen Bestand an Ausdrucksformen verweisen kann, so verändern sie sich mit jeder Aktualisierung und mit außersprachlichen Kriterien wie den medientechnischen Anwendungen und sozialgeschichtlichen Aspekten der Kulturtechniken Lesen, Sprechen, Hören. Damit existieren diese Ausdrucksformen in einem ständigen Prozess der Umbildung und Weiterentwicklung. So wie der Sprechgebrauch und seine Akzeptanz sich im Verlaufe der Zeit wandeln, so befindet sich auch Sprechkunst im Kanon der Künste und Sprache in einem ständigen Wandel und kommt nie zum Stillstand. Das bedeutet für unser Fachgebiet, diese Veränderungen genau zu beobachten und zu analysieren, um Rückschlüsse auf die Theoriebildung und die methodisch-didaktische Aufbereitung zu ziehen und zugleich die künstlerische Praxis mit neuen kunsttheoretischen Ansätzen und praktischen Anwendungsmöglichkeiten zu bereichern.

Gedankt sei an dieser Stelle Yvonne Anders für ihre Ideen und Anregungen, die in dieses Kapitel eingegangen sind.

F.1.2 Aktuelle Berufs- und Arbeitsfelder

Martina Haase

Sprechkunst bzw. Vortragskunst (wie sie zu Beginn des 20. Jh.s hieß) als selbständige Kunst im Ensemble der Künste neben der Schauspielkunst war ein Gebiet, das die Sprechkunde/Sprechwissenschaft seit ihrer Existenz für sich reklamierte. Wie sieht es im 21. Jahrhundert in der künstlerischen Praxis mit diesem Teilgebiet der Sprechwissenschaft aus? Welche Konsequenzen ergeben sich daraus für die Berufs- und Arbeitsfelder der Absolventen eines Sprechwissenschafts-Studiums und damit auch für die Ausbildungsziele zukünftiger Sprechwissenschaftler/Sprecherzieher?

Über die Reflexion der künstlerischen Praxis wurde in den letzten zwei Jahrzehnten versucht, sich dem Begriffsfeld Sprechkunst neu zu nähern. Die Theorie der Sprechkunst orientierte sich traditionsgemäß am gesprochenen künstlerischen Wort des „Nicht"-Schauspielers auf dem „Vortragspodium" und nicht auf der Theaterbühne. Im Gegensatz zu den Abgrenzungsbemühungen der Vergangenheit, die im konkreten historischen Kontext begründet waren, ist es uns daran gelegen, Gemeinsamkeiten und Übergänge im Sinne einer produktiven Auseinandersetzung zu untersuchen. Die Kunstwirklichkeit zeigt immer deutlicher die Existenz von Mischformen (vgl. Kap. F.1.1 und F.1.5), welche die Sprechwissenschaft in ihrer Theorie, Praxis und Methodik reflektieren und berücksichtigen muss. Die Tendenzen der Verzahnung und des gegenseitigen Befruchtens sind seit den 1970er-Jahren zu beobachten. Spätestens seit den 1990er-Jahren existieren auch andere Erscheinungsformen in der künstlerischen Praxis, sowohl im institutionalisierten Theaterbereich (Stichwort Postdramatisches Theater, Chorsprechen) als auch in der OFF-Szene; nicht zu vergessen ist der Bereich der Medien (Hörfunk/Hörbuch).

Wo ist die Sprechkunst heute präsent? Wo resp. mit wem arbeiten Sprecherzieher/Sprechwissenschaftler heute? (vgl. Abb. F.1.3)

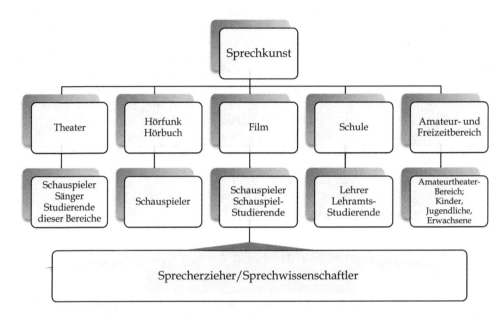

Abb. F.1.3: Sprechwissenschaftliche Arbeitsfelder im Bereich Sprechkunst

Sprecherzieher/Sprechwissenschaftler arbeiten in dem Lehrgebiet Sprechkunst vor allem mit Studierenden der Studiengänge Schauspiel und Gesang (klassisch und modern) bzw. mit ausgebildeten Schauspielern und Sängern. Darüber hinaus gibt es das wesentlich kleinere Wirkungsfeld Lehramtsausbildung bzw. Lehrerfortbildung. Kleiner bezieht sich auf die quantitative Ebene, was die Anzahl der Stellen und Lehraufträge betrifft. Der Amateurtheater- und Freizeitbereich bietet hin und wieder ebenfalls Arbeitsmöglichkeiten für Sprecherzieher. Hier umfasst die Zielgruppe Kinder, Jugendliche und Erwachsene, die sich nichtprofessionell mit Sprechkunst, meist im Rahmen von Theaterinszenierungen und Lesungen, beschäftigen. Daneben existieren durchaus auch in solchen Bereichen wie Deutsch als Fremdsprache, innerhalb der Theologenausbildung oder auch in der Therapie von Sprach-, Sprech- und Stimmstörungen Anwendungsmöglichkeiten für sprechkünstlerische Lehrtätigkeit im weiteren Sinn. Schwerpunkte innerhalb der Arbeitsgebiete eines Sprecherziehers sind aber, wie oben ausgeführt, die Zielgruppen Studierende im Bereich Schauspiel und Gesang. Das spiegelt sich auch in den Lehrinhalten der Disziplin Sprechkunst innerhalb des Fächerkanons der Sprechwissenschaft wider. Deshalb wird in den folgenden Kapiteln schwerpunktmäßig auf die Bereiche Schauspiel und Gesang eingegangen, aber auch auf medienvermitteltes Sprechen, nicht nur im Hörfunk/Hörbuch, sondern ebenso im theatralen Umfeld. Weitere Ausführungen dazu bei Haase/Keßler 2011 und in der Internetpräsenz Didaktisierung Sprechkunst.

F.1.3 Ursprünge der modernen Sprechkunst

Yvonne Anders

Im folgenden Kapitel werden fachrelevante Entwicklungen der letzten Jahrhunderte beschrieben. Auf die antiken Ursprünge kann leider nicht eingegangen werden.

Dank umfassender und detaillierter Arbeiten von Irmgard Weithase zur Sprechkunst im 18. und 19. Jahrhundert können wir uns ein Bild von den Sprechkunstbewegungen dieser Zeit machen. Der nachfolgende Artikel speist sich in großen Teilen aus der Arbeit von Irmgard Weithase „Zur Geschichte der gesprochenen deutschen Sprache" (Weithase 1961, 333ff. und 490ff.) und dem Buch von Reinhart Meyer-Kalkus „Stimme und Sprechkünste im 20. Jahrhundert" (Meyer-Kalkus 2001).

Die Entstehung der Sprechkunst im Zeitraum von 1750 bis 1900 lässt sich nur in großen Linien aufzeichnen. Sie muss in enger Wechselwirkung mit der sich entwickelnden Schauspielkunst und dem Aufblühen des deutschen Theaters betrachtet werden.

Jahrhundertelang gab es freie Improvisationen, in denen Handlung und Text spontan von Schauspielern selbst erfunden wurden. Erst im Jahre 1737 schuf der Leipziger Professor für Dichtkunst **Johann Christoph Gottsched** (1700–1766) mit der Verbannung des „Hanswursts" und damit des Stegreifspiels von der Bühne die Grundlage dafür, dass Schauspieler an deutschen Theatern sich an literarische Texte zu halten hatten. An die Stelle der Improvisation trat die Verantwortung des Schauspielers gegenüber dem Text. Beeinflusst von Reformbestrebungen des Theaters entwickelte sich eine Literatursprache, die der Sprech- und Schauspielkunst maßgeblich zum Aufstieg verhalf. Die Bühne als Schauplatz einer Theaterreform orientierte sich an dieser neuen Literatursprache und erschuf neue Lektüreformen (Vorlesezirkel, Leseproben u.a.). So standen beide Bereiche Theater und Literatur nicht getrennt nebeneinander, sondern haben sich wechselseitig befruchtet und die Beredsamkeit in Deutschland zu neuem Leben erweckt.

Dichter und Gelehrte waren es, die seit der ersten Hälfte des 18. Jahrhunderts das Schauspiel als Bildungsinstrument für ein sich langsam emanzipierendes Bürgertum entdeckten. Sie stritten für eine Schauspiel- und Vortragskunst, die die höfisch-klassizistische Dichtung überwindet und das wachsende bürgerliche Selbstverständnis in überzeugender Weise auf die Bühne bringt.

Friedrich Gottlieb Klopstock (1724–1803) kommt hierbei eine Schlüsselrolle zu: Er schuf Oden-Dichtungen nach antikem Vorbild, die seiner Meinung nach nur durch das Sprechen zur vollen Wirkung und lebhafteren Empfindung und Vorstellung gelangen. Er plädierte deshalb für öffentliche Aufführungen von Dichtungen und forderte anstelle der damals verbreiteten stillen Lektüre „Verse fürs Ohr", d.h. dem Sprechvortrag förderliche Texte, zu schaffen (Müller 2007, 22).

Gotthold Ephraim Lessing (1729–1781) schrieb 1755 das erste bürgerliche Trauerspiel „Miss Sarah Sampson" in deutscher Sprache, in dem er die Probleme bürgerlicher Individuen thematisierte. Als die Hamburger Bürgerschaft 1767 ein Nationaltheater errichtete, wurde er als Dramaturg engagiert. In seiner Veröffentlichung „Hamburgische Dramaturgie" aus dem Jahre 1767/68 entwarf er, das Repertoire begleitend, eine Dramentheorie, die darauf ausgerichtet war, die Qualität der Dichtkunst und Schauspielkunst selbst zu verbessern und den Geschmack des Publikums auszubilden.

Conrad Ekhof (1720–1778) war der erste Schauspieler, der unter Wahrung der Versform Aussprache und Charakter der Rolle in Einklang zu bringen versuchte. Er gründete 1753 eine der ersten Schauspielakademien für am Theater wirkende Schauspieler und fokussierte seinen Blick darauf, nicht nur die dilettantische und unausgebildete Darstellung der Schauspieler zu überwinden, sondern Schauspieler als „Repräsentanten eines bürgerlichen deutschen Nationaltheaters" zu formieren (Ebert 1998, 15). Die Akademie beschäftigte sich mit theoretischen und praktischen Fragen der Schauspielkunst und mit der gesellschaftlichen Stellung des Theaters und des bürgerlichen Schauspielers. Leseproben wurden eingeführt, die den Schauspielern abverlangten, sich intensiv mit dem Text auseinanderzusetzen und bei der Menschendarstellung natürlich zu sprechen.

Um eine größere Wahrhaftigkeit in der schauspielerischen Darstellung ging es vielen Theaterpraktikern dieser Zeit. Um diese zu erreichen, forderte **Johann Jacob Engel** (1741–1802) als Direktor des Königlichen Nationaltheaters Berlin in seinen 1785 entstandenen „Ideen zu einer Mimik", dass Mimik und Gestik als natürliche und unverstellte Sprache der Seele zu verstehen sind und das gesprochene Wort zu unterstützen haben (Engel 1785, 7f.).

Als Nachfolger Engels beanspruchte der erfahrene Theaterpraktiker **August Wilhelm Iffland** (1759–1814) für sein Theater in Berlin eine Führungsrolle in der Schauspielästhetik. Er ging in seinen Essays zur Schauspielkunst und zur Bedeutung des Kostüms über den psychologischen Ansatz Engels hinaus: Die für jede Berliner Inszenierung individuell gefertigten Kostüme sollten die gesellschaftliche Verortung vorgeben und damit eine Hilfestellung für das Rollenverständnis der Schauspieler liefern. Eine wahrhaftigere Darstellung zu befördern war auch sein Ziel. Zudem setzte er sich in seinen Ausführungen aus dem Jahre 1808 "Über den Hang, Schauspieler zu werden" für eine systematische Ausbildung der Schauspieler mit einer fundierten Methodik der Sprecherziehung (Atemtraining, Akzentuierung im Dialog, Zungenlockerheit u.a.) ein (vgl. Weithase 1961, 340ff.). Iffland verbreitete seine Ideen nicht nur durch seinen seit 1807 alljährlich erscheinenen Theater-Almanach, sondern veranlasste auch die Veröffentlichung von Radierungen seiner Kostümbilder.

In Weimar bildete **Johann Wolfgang von Goethes** Schaffen in vielfacher Weise „eines der Ausstrahlungszentren des Aufschwungs der Sprechkunst um 1800" (Müller 2007, 25). Als Theaterdirektor des Weimarer Hoftheaters (1791–1817) orientierte er die Schauspieler streng und konsequent auf eine gehobene, sprich: hochsprachliche Verssprache ohne Regionalismen und verpflichtete sie auf einen metrisch-rhythmisch trainierten Sprechstil. Als er 1803 seine „Regeln für den Schauspieler" aufstellte, setzte er die Kunst des Vorlesers und die Kunst des Schauspielers kontrastierend in Beziehung. Seine Unterscheidung zwischen Vorlesen und anderen Vortragsarten wie dem Rezitieren, Deklamieren und Schauspielen und seine Abgrenzung zum Gesang setzte eine lebhafte Diskussion unter den Zeitgenossen in Gang. Goethes Wertschätzung der Rezitation gegenüber ging sogar soweit, dass er sie als Fundament für die Schauspielkunst im engeren Sinn definierte (Goethe 1988, 703ff). Leseproben auf der Bühne wurden im Haus am Frauenplan eingeführt. Zahlreiche Lesungen von Dramen, Erzählungen, Briefen zeugten von einer neuen literarischen Geselligkeit. Alle diese Neuerungen der Weimarer Bühnenreform übten eine „ungemeine stilbildende Wirkung auf Schauspiel und Deklamation im 19. Jahrhundert" aus (Meyer-Kalkus 2001, 229).

Auch andere Dichter (Schubart, Kleist, Tieck) wurden angeregt, als Sprecher ihrer eigenen Werke im privaten oder öffentlichen Kreis in Vorlesezirkeln aufzutreten. Dichterlesungen entstanden, in denen Dichter den Wert ihrer Werke von den Zuhörern einschätzen ließen und damit Anregungen für das eigene dichterische Schaffen gewannen.

Dichter der deutschen Klassik wollten die menschliche Größe des Bürgertums und das national Bedeutsame in ihren Werken darstellen. Um der Höhe der Zeit und ihrer humanistischen Ideale gerecht werden zu können, wählten sie neue Stoffe aus der Antike und Weltliteratur und versuchten diese mittels neuer Stilmittel poetisch zu erhöhen. Der Vers – insbesondere der Blankvers – als adäquates Maß bot Möglichkeiten dieser sprachstilistischen Überhöhung. Er verkörperte Bindung und Freiheit in einem. Insbesondere Shakespeare verwendete dieses Versmaß erfolgreich und übte mit seinen Werken den größten Einfluss auf die deutsche Dramatik seit Lessing aus. Goethes Umarbeitungen (beispielsweise seiner „Iphigenie") von einer prosaischen Sprache in eine poetisch-rhythmische zeigen, dass gerade auch im Drama (ähnlich im Epos) nicht auf den Vers verzichtet werden sollte. Versdramen von Goethe, Schiller und Shakespeare entstanden, die ein öffentliches Sprechen im Sinne von Versvorträgen nach sich zogen. Neben dem Bildungsgut der Antike und anderer Nationalkulturen nahm die deutsche Klassik und später die Romantik auch die deutsche Volkspoesie (Herder, Bürger, Goethe u.a.) auf und pflegte diese weiter (vgl. Arndt 1971, 238ff.). Während Goethe die Sprachpflege mehr auf die Literatur eingrenzte, betonte Schiller, dass die Sprache als ein Spiegel der Nation zu betrachten ist und erkannte damit – ähnlich wie Fichte, Herder u.a. – die kulturpolitische Aufgabe deutscher Sprache nach breiter nationaler Geltung. Vorbild für das damals zerrissene und gespaltene Deutschland waren in politischer, ökonomischer und kultureller Hinsicht Frankreich und Italien.

> In der Zeit der deutschen Klassik erfuhr die Pflege der deutschen Sprache hinsichtlich der Aussprache und des Versvortrages einen Aufschwung wie nie zuvor. Auch die politische Bedeutung einer einheitlich gesprochenen Sprache als Zeichen einer national bedeutsamen Kultur wurde erkannt.

Da die damaligen Bühnenverhältnisse mit ihren eingeschränkten technischen Möglichkeiten für Dramen ungeeignet waren, entwickelte sich in der ersten Hälfte des 19. Jahrhunderts die **Dramenvorlesekunst** als vorherrschende Vorlesepraxis. Sie wurde aber nicht als bloßer Ersatz für szenische Aufführungen gewertet, sondern als besondere Anregung der Phantasie geschätzt. Insbesondere Shakespeare-Dramen galt es auf Grund ihrer unerschöpflichen Einbildungskraft zu lesen. Lesegesellschaften entstanden selbst auf dem Lande und verbanden Bildung, Unterhaltung und Geselligkeit. Das Vorlesen durch einzelne Sprecher oder mit verteilten Rollen behauptete sich als „eigene performative Gattung" selbst in der zweiten Hälfte des 19. Jahrhunderts und wurde „zu einer deutschen Spezialität" (Meyer-Kalkus 2001, 231).

Ludwig Tieck (1773–1853) war zwischen 1819 und 1842 der erste berühmte Vertreter in Dresden. Seine ungekürzten Darbietungen der Dramentexte im Salon verlangten von den Zuhörern eine hohe Konzentration: Das Stricken der Damen und das Rauchen der Herren wurden von Tieck unterbunden. Der von Tieck beschriebene *„edle Konversationston"* bezog sich darauf, unter Berücksichtigung des Textzusammenhangs die Stimmungen und Emotionen nuancierend und nicht darstellend herauszuarbeiten (Weithase 1961, 549). Leider gelang ihm dies selbst nur bedingt.

Karl von Holtei (1798–1880) machte seit 1824 eine erfolgreiche Karriere als Dramenvorleser, allerdings nicht mehr im Salon, sondern in Konzertsälen und auf Bühnen Europas. Es zeichnete sich erstmals eine Entwicklung der Sprechkunst als öffentliche Veranstaltung ab. Weitere reisende Rhapsoden bzw. Deklamatoren waren Rudolf Genee, Emil Palleske und Wilhelm Jordan. Letzter hat beispielsweise in fast 1000 Vorträgen vorgelesen und hatte unter seinen Zeitgenossen schon etwas Star-Ähnliches.

In der zweiten Hälfte des 19. Jahrhunderts gelang es Burgschauspielern in Wien wie Heinrich Anschütz (1798–1865) und Josef Lewinsky (1835–1907) und **Eduard Devrient** (1801–1877) in Berlin, die Sprechkunst von der Schauspielkunst mehr und mehr loszulösen und damit die Sprechkunst als eigenständige Kunst anzuerkennen. Letzterer erklärte 1840 in seiner Schrift „Über Theaterschule" (100 Jahre nach Ekhof), dass Schauspieler ohne fundierten Unterricht keine hinreichende Anerkennung auf der Bühne finden werden, und setzte sich für Theaterschulen ein (vgl. Ebert 1998a, 16f.). Ergänzende Informationen zum Annäherungsprozess der Künste (Schauspiel, Gesang) an die Wissenschaft sind auf der Internetseite zu finden.

Balladen galten als häufigster Vortragsstoff – vor den Dramenvorlesungen. Da die Mehrzahl der ersten Vortragskünstler allerdings von der Bühne bekannte Schauspieler waren, übertrugen sie den herrschenden *extensiven Sprechstil* des Theaters auf den Gedichtvortrag: Dichtungen wurden in der Tendenz dramatisch darstellend gesprochen. Im Gegensatz zu modernen theoretischen Abhandlungen über Vortragskunst (z.B. Goethe und Schiller) dauerte daher in der Praxis eine Loslösung vom althergebrachten Pathos sehr lange – bis tief ins 19., sogar bis ins 20. Jahrhundert hinein (vgl. Weithase 1961, 540).

Heinrich Laube (1806–1884) stellte als Erster einen berufsmäßig ausgebildeten Sprechmeister an seinem Theater ein: Alexander Strakosch (1845–1909). Dieser lehrte Artikulations- und Stimmbildung und verfeinerte damit die Sprechkultur an einigen herausragenden deutschen Theatern. Da Schauspieler allerdings gerade in den letzten Jahrzehnten des 19. Jahrhunderts zum selbstherrlichen Virtuosentum neigten und er selbst den deklamatorischen Ton forderte, wurde sein Praktizieren von den Schauspielern oft abgelehnt.

Den Aussagen seiner Zeitgenossen zufolge zeigte **Josef Kainz** (1858–1910) im Vergleich zu anderen Sprechern seiner Zeit erste Ansätze eines moderneren Sprechstils: Verhaltenere Gesten und die Gestaltung ausgewogenerer Empfindungen zeichneten ihn aus. Der von Kainz verkörperte Stilwandel zeigte sich insbesondere in seinem wirkungsvollen Einsatz sprachmusikalischer Mittel und einer sachlicheren Textbezogenheit. Auch verlangte eine neue Dramatik von Ibsen, Hauptmann, Tschechow u.a. eine neue Vortragskultur (vgl. Meyer-Kalkus 2001, 251ff.). Dennoch war Kainz ein subjektiver Sprecher, der in die sprechkünstlerische Lehre Ernst von Possarts gegangen war und seinen pathetischen Stil nicht überwand. Er trat – wie Alexander Moissi u.a. auch – dort als Rezitator auf, wo er als Schauspieler engagiert war, und trug nicht nur Balladen, Oden, Monologe und Gedichte des klassischen Repertoires vor, sondern auch Texte zeitgenössischer Literatur (von Rainer Maria Rilke, Detlev von Liliencron und Richard Dehmel). Auf diese Weise wurden die Dichtungen der Gegenwartsliteratur verbreitet. Kainz führte **Alexander Moissi** (1879–1935) in die Bühnenkunst ein.

Nach anfänglich vernichtenden Kritiken, Moissis undeutliche deutsche Sprache und seine übertriebenen Gesten betreffend, gab es optimistischere Töne seitens der Kunstkritik, nachdem er dem Deutschen Theater Berlin von Max Reinhardt zugehörte: Ein verhaltener Überschwang wurde dem „Sprechsänger" in vielen Rezensionen zuerkannt.

> In der ersten Hälfte des 19. Jahrhunderts waren es reisende Dramenvorleser, die erstmals öffentlich in den Vortragssälen und auf den Bühnen Europas auftraten; in der zweiten Hälfte des 19. Jahrhundert entwickelte sich die Vortragskunst (berufsmäßig betrieben) mehr und mehr aus der Schauspielkunst heraus: Balladen wurden auswendig bis in die Romantik hinein von Schauspielern vorgetragen.

Als Prototypen für gegensätzliche Gestaltungsweisen und Sprechstile sind in dieser Zeit Ludwig Wüllner und Emil Milan zu betrachten. **Ludwig Wüllner** (1858-1938) – gebildet und wissenschaftlich interessiert wie Milan – wies trotz seines Strebens nach geistiger Durchdringung der Texte Nachklänge des 19. Jahrhunderts auf. Hörbeispiele von Kainz (aus dem Jahre 1902), Moissi (aus dem Jahre 1912) und Wüllner (aus dem Jahre 1928) sind in der Internetpräsenz dieses Lehrbuches zu finden.

Gleichsam am Wendepunkt der Sprechkunst stand **Emil Milan** (1858–1917): Als Sprecher und meisterhafter Künstler neuerer Zeit und darüber hinaus als Lehrer der Vortragskunst an der Universität Berlin gelang es ihm, künstlerische Erfahrungen mit neuen wissenschaftlichen Betrachtungen zur Vortragskunst wegweisend zu verbinden. In jener Zeit der Jahrhundertwende lieferten außerdem neue Dichtungen (Wedekind, Liliencron u.a.) neue Impulse für die Vortragsgestaltung. Milans eigene Bühnenerfahrung und seine germanistische Bildung begünstigten seine neue Sicht auf den „Dichter-Sprecher": Es galt dem künstlerischen Wort mit sparsamen Mitteln der Gestaltung zu „dienen"(vgl. Weithase 1961, 565ff.). Seine klare Abgrenzung des Schauspielers vom Sprecher war damals ein Novum und bewirkte, dass sich Sprechkunst als selbständige Kunst auch mehr und mehr in der Praxis umsetzte.

Eine Zeit moderner sprechkundlicher und sprechkünstlerischer Lehrmeinungen, praktischer Leistungen und Forschungen brach an, in der von einer überschaubaren Anzahl von Lehrern und Forschern das Fach Sprechkunde mit dem Teilfach „Vortragskunst" oder später „Sprechkunst" zumeist in Lektoraten und Instituten an deutschen Hochschulen begründet und vertreten wurde (vgl. F.3.3).

F.1.4 Diachrone Entwicklungsaspekte der Sprechkunst im 20. und 21. Jh.

Baldur Neuber

Die Sprechkunst in ihrem heutigen Erscheinungsbild lässt sich auf konzeptuelle Überlegungen und praktische Leistungen einer recht überschaubaren Anzahl von Forschern und Lehrern des Fachs zurückführen, von denen im Folgenden einige besonders maßgebliche Persönlichkeiten – unter Verzicht auf lebende Zeitgenossen – mit ihren Konzepten schlaglichtartig in chronologischer Reihenfolge vorgestellt werden sollen.

Der erste Protagonist moderner sprechkünstlerischer Deskription und Didaktik war **Erich Drach** (1885-1935). Als Philologe, Schauspieler und Regisseur erwarb er eine besondere Sensibilität im Umgang mit gesprochener Sprache in künstlerischen

Situationen. Durch seine Tätigkeiten im höheren Schuldienst (ab 1915) und durch sein Lektorat für Sprechkunde und Vortragskunst an der Berliner Universität (ab 1918 als Nachfolger Emil Milans) fokussierte sich sein Blick auf die Deskription und Didaktisierung der Sprechkunst in den Bereichen Schule und Universität. Neben zahlreichen Einzelpublikationen verfasste Drach zwei Hauptwerke: „Sprecherziehung – Die Pflege des gesprochenen Wortes in der Schule" (Erstaufl. 1922) und „Die redenden Künste" (Erstaufl. 1926), wobei die „Sprecherziehung" bis 1969 dreizehn Auflagen erlebte.

Drach verbindet in seinen Werken Elemente wissenschaftlicher Betrachtung mit Praxiserfahrungen über das Sprechen. Er schreibt u.a. über die Geschichte der Vortragskunst und entwickelt sprechkünstlerische Gattungsbegriffe und Aufbaugesetze. Besonders wegweisend waren seine detaillierten Überlegungen zur Dichotomie von Inhalt und (Schall)form. Für seine Zeit geradezu revolutionär waren seine Überlegungen zum Vortrag von Dichtungen im Deutschunterricht. Drach proklamiert konsequent Wege der sprecherischen Erarbeitung von Dichtung, u.a. durch Einfühlung und sprecherische Erprobung im Lehr- Lernprozess mit dem Ziel, Sprechfreude zu wecken und im Deutschunterricht auch und vor allem „das Gedicht reden zu lassen, anstatt über das Gedicht zu reden." (Drach 1953, 212).

An der Universität Halle begründete **Ewald Geissler** (1880–1946) im Sommersemester 1906 im Rahmen seiner Lehrtätigkeit als Lektor das, damals noch als Sprechkunde benannte, Fach. Auch Geissler integrierte bereits sprechkünstlerische Inhalte in die Lehre, er bezeichnete das Teilfach damals als „Vortragskunst". Seine Wissensbasis bezog er wohl vor allem aus seiner Ausbildung und Mitarbeitertätigkeit bei Martin Seydel, der bereits seit 1900 an der Universität Leipzig das Fach vertrat und u.a. in der Stimmbildung als besonders ausgewiesen galt. Hinzu kamen sicher Impulse aus dem Germanistikstudium Geisslers. Es ist zweifelsfrei dokumentiert, dass sprechkünstlerische Theorie und Praxis bereits damals als fester Bestandteil des Faches angesehen, gelehrt und diskutiert wurde, wobei die Quellenlage über Geisslers Auffassungen zur Vortragskunst insgesamt eher dürftig ist. Einen sehr guten Einblick in die Geschichte der Sprechkunst (bzw. Vortragskunst) an der Halleschen Universität von 1906–1981 findet man bei Krech (1981, 68ff.).

In Halle trat **Richard Wittsack** (1887–1952) die unmittelbare Nachfolge Geisslers an. Auch Wittsack widmete sich einer umfassenden universitären sprechkundlichen Arbeit in Theorie und Praxis, in die er die sprechkünstlerische Komponente integrierte. Maßgeblich beeinflusst war Wittsack durch seine Studien am Deutschen Theater bei Max Reinhardt sowie an der Berliner Universität bei Emil Milan. Wittsack war selbst ein herausragender Sprecher, sowohl aus künstlerischer als auch aus rhetorischer Sicht. Lebende Zeitgenossen, die bei Wittsack studierten, beschreiben ihn als hervorragender Didaktiker, der es verstand, professionelle sprecherische Fähigkeiten sowohl zu demonstrieren als auch zu vermitteln.

Ab 1952 führte **Hans Krech** (1914–1961) die Arbeit Wittsacks an der Universität Halle weiter. Krech setzte für damalige Verhältnisse bahnbrechende Neuerungen in Gang, indem er konsequent wissenschaftliche Maßstäbe in Forschung und Didaktisierung erarbeitete, selbst einhielt und bei seinen Studierenden, Qualifikanden und Mitarbeitern einforderte. Damit trat das Fach aus einer langjährigen „Meisterlehre" hinaus und stellte sich anerkannten wissenschaftlichen Standards in Forschung und Lehre. Krech initiierte zudem akademische Studienpläne, die in den 1950er-Jahren maßgeblich zur vollwertigen Aufnahme der nunmehr entstandenen *Sprechwissenschaft* in den Kanon etablierter universitärer Disziplinen führte und die den Absolventen zugleich den Zugang zu Promotionen, Habilitationen und möglichen Berufungen für dieses Wissenschaftsgebiet eröffnete. Sprechkünstlerische Forschung und Lehre integrierte Krech in jeglicher Hinsicht in dieses Gesamtkonzept (Krech, E.-M. 1981, 88ff.).

Eine interessante Parallelentwicklung vollzog sich ab Mitte der 1930er-Jahre bis in die 1970er-Jahre zunächst an der Universität Jena und später an der Universität München durch das Wirken von **Irmgard Weithase** (1906–1982). Ihr gelang 1935 die Gründung eines Instituts für Sprechkunde an der Friedrich-Schiller-Universität (Meinhold/Neuber 2011, 176). In ihrer beruflichen Laufbahn vertrat sie das Fach in all seinen damals bekannten Facetten und publizierte zudem – auch im Vergleich zu den bisher in diesem Kapitel genannten Autoren – in einem enormen Umfang einschlägig zu sprechkünstlerischen Themen.

So äußerte sie in umfangreichen Arbeiten ihre Anschauungen über Wesen und Geschichte der Sprechkunst, schrieb über „Goethe als Sprecher und Sprecherzieher" (1949), entwickelte Übungs- und Vortragsbücher und verfasste Aufsätze zu zahlreichen speziellen sprechkünstlerischen Detailfragen. Viel beachtet wurde u.a. ihre Monographie „Sprechwerke – Sprechhandlungen" (1980), eines ihrer Hauptwerke.
Weithase war selbst kontinuierlich als Berufssprecherin tätig, z.B. im Rundfunk, aber natürlich auch im Rahmen ihrer sprechkundlichen Tätigkeit an den genannten Universitäten. Von lebenden Zeitgenossen einschl. ehemaliger Studierender wird sie durchweg als höchst charismatische Sprecherin und Lehrerin beschrieben. Einen genaueren Einblick in das Leben und fachliche Wirken Weithases findet man bei Meinhold/Neuber (2011).

Ein weiterer Impulsgeber sprechkünstlerischen Gedankengutes war mit Sicherheit **Hellmut Geißner** (1926–2012), der ein theoretisch und terminologisch recht geschlossenes Konzept vorlegte, das er selbst als „Grundzüge einer sprechwissenschaftlichen Theorie aesthetischer Kommunikation" (1988, 175) bezeichnete. Geißners Überlegungen sind v.a. hermeneutisch untersetzt, betonen die engen historischen Verbindungen zwischen Poetik und Rhetorik und sollen als „Theorie interpretierenden Textsprechens/Hörens" (ebd. 179) verstanden werden. Auch Geißner verband seine Ideen mit praktischer Umsetzung, schrieb, sprach und besprach selbst künstlerische Texte und entwickelte Didaktisierungsvorschläge für das sprecherische bzw. „sprechende" Interpretieren (z.B. 1986b, 161ff.).

Zusammenfassend lässt sich sagen, dass die Diachronie des Faches in den vergangenen 110 Jahren vor allem von Einzelkonzepten und zugleich erheblichen Handlungsinitiativen einer kleinen Anzahl von Fachvertretern geprägt wurde, die teilweise in ihren Schriften aufeinander referieren, teilweise jedoch auch Parallelen und Kontroversen bilden, und zwar sowohl im theoretischen Ideengut als auch in den Vorschlägen und Praktiken zu deren künstlerischer und didaktischer Umsetzung. Einigkeit bestand u.a. darin, Sprechkunst als immanenten und systemisch integrierten Anteil der Sprechkunde bzw. Sprechwissenschaft zu erfassen und zu beschreiben sowie eine – nahezu als „organisch" zu bezeichnende – Bindung zwischen Theorie, Anwendung und Didaktisierung zu begreifen und zu leben. So gibt es auch von allen hier vorgestellten Persönlichkeiten eigene Sprechproben, die im Schallarchiv der Sprechwissenschaft an der Martin-Luther-Universität Halle-Wittenberg gesammelt und auszugsweise in der Internetpräsenz dieses Lehrbuchs vorgestellt werden.

Da Diachronie bekanntlich nahtlos in Gegenwart übergeht, gibt es mehrere bedeutende Fachvertreter und zugleich natürlich Zeitgenossen, die Sprechkunst als Bestandteil der Sprechwissenschaft – z.T. bereits seit vielen Jahrzehnten – in Theorie und Praxis in erheblichem Umfang entwickelt und zugleich transformiert haben. Da hier ständig Neues entsteht, erfassen wir ihre Werke nicht unter dem Gesichtspunkt der *Diachronie*, empfehlen sie aber zugleich nachdrücklich für das Selbststudium. Stellvertretend genannt für die Gegenwart seien hier Egon Aderhold (1995), Eva-Maria Krech (1987) und Hans-Martin Ritter (1999).

In jüngster Vergangenheit, Gegenwart und auch als Tendenz der näheren Zukunft ist eine erhebliche Diversifizierung unseres Faches beobachtbar. Sprechkunst lässt sich – sowohl aus fachtheoretischer als auch aus berufspolitischer Sicht – längst nicht mehr auf die sprecherische Textinterpretation reduzieren. Sie ist vielmehr gekennzeichnet durch mediale und multimediale Vielfalt in einem transdisziplinären und zugleich gestalterisch wie auch beruflich pluralistischen Kontext. Es ist eine Mischung aus Transformations-, Auflösungs-, aber auch Konsolidierungstendenzen beobachtbar. Bleiben wird uns jedoch sicher die anspruchsvolle Aufgabe, Sprechkommunikation in künstlerischen Prozessen wissenschaftlich zu untersuchen, um sie zugleich fundiert zu didaktisieren.

F.1.5   Sprechkunst und Schauspielkunst

Martina Haase

Im Kap. F.1.1 findet sich der Verweis, dass das Verhältnis von Sprechkunst zur Schauspielkunst im Rahmen sprechwissenschaftlicher Betrachtungsweisen von jeher als ein Besonderes zu kennzeichnen ist. Wie ist das zu verstehen? Es gab ein historisch gewachsenes Verständnis von Sprech- bzw. Vortragskunst (so wurde dieser Bereich damals benannt), entstanden mit der jungen Wissenschaftsdisziplin Sprechkunde zu Beginn des 20. Jahrhunderts. Dieses basierte auf der strikten Abgrenzung von Schauspielkunst und Sprechkunst (vgl. Kap. F.1.3). Diese *absolute* Grenzziehung wird von der künstlerischen Praxis heute widerlegt, und zwar etwa seit Beginn der 80er-Jahre des vergangenen Jahrhunderts durch die zunehmende Vermischung von Kunstformen und veränderte ästhetische Positionen. Unsere theoretischen Auffassungen reflektieren diese praktische Entwicklung mit folgenden Annahmen:

- Eine klare Abgrenzung zwischen der Art und Weise des sprechkünstlerischen Umgangs mit (literarischen) Texten in Bezug auf die Produktion und Präsentation durch **Schauspieler** und **„Nichtschauspieler"** (vorausgesetzt ist ein professionelles Handwerk) ist z.Z. so nicht mehr aufrecht zu erhalten. Gemeint ist damit selbstverständlich nicht, dass es keine Unterschiede zwischen einem ausgebildeten Schauspieler und einem Laien-Sprecher gibt. Vielmehr sind die Grenzen durchlässiger und fließender geworden.
- Das **Genre** ist nicht mehr ausschlaggebend, längst haben epische, lyrische und z.T. nichtliterarische Texte auch auf Theaterbühnen einen Platz.

Unter diesen Annahmen entsteht z.B. folgende Fragestellung:

- Was unterscheidet eine schauspielerische Gestaltung eines Textes von einer nicht-schauspielerischen?

Sprechkunst im Ensemble der Künste und als Teildisziplin der Sprechwissenschaft

Die Sprechkunst ist immer in unterschiedliche Funktionszusammenhänge eingebunden und wird den spezifischen Bedürfnissen der jeweiligen Kunstform entsprechend genutzt. So besteht zwischen der Rezitation eines Textes (also der Sprechkunst als eigenständiger Kunstform) und der Einbindung von Sprechkunst, z.B. in einen schauspielerischen Darstellungsprozess ein großer Unterschied. Es ist eine Differenzierung, die sich u.a. am Grad der Ausgestaltung und an der Wahl der künstlerischen Mittel festmacht. Vereinfacht gesagt, spreche ich „nur" oder spiele ich schon im Sinne von Mimesis (Nachahmung). Der amerikanische Regisseur und Theaterwissenschaftler Michael Kirby (2005, 361ff.) hat 1987 eine Matrix vorgestellt, die sich mit einem ähnlichen Problem, bezogen auf die Schauspielkunst, befasst. Seine Überlegungen haben ihren Ausgangspunkt in der Fragestellung: Wann nimmt ein Zuschauer ein Geschehen auf der Bühne als schauspielerisches Handeln wahr? Kirby geht dabei von einem bestimmten Theaterverständnis aus mit einem „deutlich gesetzten Referenzrahmen, der zwischen Darstellern und Zuschauern ausgehandelt wird" (Roselt 2005, 359). Theater bedeutet für ihn eine bewusst intendierte Handlung in zeitlich-räumlicher Präsenz mit dem Ziel, den Zuschauer zu erreichen und zu beeinflussen; ein Vorgang, der gemeinsam durch Darsteller und Publikum konstruiert wird. Die Matrix ist als Kontinuum mit fließenden Übergängen zu verstehen vom „Nicht-Schauspielen" zum Schauspielen (vgl. Abb. F.1.4).

- „Nullmatrix-Darstellung" (*nonmatrixed performing*): Bspw. bewegt ein Bühnentechniker auf offener Bühne Requisiten o.ä., er ist nicht in die Handlungsstruktur einbezogen und wird doch vom Zuschauer visuell als Teil des Bühnengeschehens wahrgenommen.
- „Versinnbildlichte Matrix" (*symbolized matrix*): Dem Darsteller werden wesentliche Eigenschaften „zwar zugeschrieben, aber nicht von ihm gespielt" (Kirby 2005, 365). Er bleibt er selbst als Person.
- „Zuerkanntes Schauspielen" (*recieved acting*): Auch wenn der Darsteller zu spielen scheint, tut er es nicht.
- „Einfaches Schauspielen" (*simple acting*): „jede kleinste und einfachste Aktion, die mit Vortäuschung verbunden ist (…), wo um der Zuschauer willen die Gefühle ‚in Szene gesetzt werden'" (ebd. 367ff.), bspw. beim Synchronsprechen. Das bedeutet, dass für Schauspielen psychische oder emotionale Komponenten unabdingbar sind, erst dann wird es als Schauspielen wahrgenommen.
- „Komplexes Schauspielen" (*complex acting*) steht am Ende des Kontinuums.

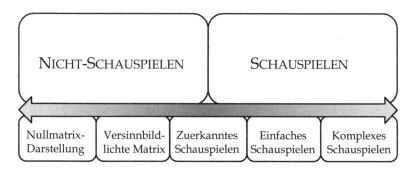

Abb. F.1.4: Schauspiel-Matrix nach Kirby (2005, 373)

Die einzelnen Stationen der Matrix können an dieser Stelle nicht näher erläutert werden, jedoch ist anhand dieses Modells eine Analogiebildung zur Sprechkunst interessant: Solange der Sprecher nur er selbst ist, nicht vorgibt ein anderer zu sein, in keine Figur schlüpft, ist es „reine" Sprechkunst (wie in der klassischen Rezitation), sobald er bestimmte Eigenschaften einer Figur zeigt, aber noch nicht spielt (z.B. über Kostüm und Maske, bestimmte Sprechweisen) bewegt er sich auf dem Kontinuum bereits in Richtung (Einfaches) Schauspiel, wie schon betont in fließenden Übergängen.

Die **Anwendung von Sprechkunst im Schauspiel** ist eine besondere. Das traditionelle literarisierte Theater benötigt Sprechkunst als Teil des künstlerischen Gesamtprozesses. Sprechen ist eines der wichtigsten Theatermittel und zugleich Zeichen, neben anderen wie bspw. Bewegung, Maske, Kostüm, Bühnenbild, Lichtdesign, Musik. Es ist ein Sprechen im (Schau)Spiel, in den schauspielerischen Vorgängen (zum Begriff Vorgang vgl. Kap. F.1.5.2). Das Sprechen *dient* u.a. der Vermittlung des dramatischen Textes und hat, neben anderen, narrative Funktionen zu erfüllen. Im modernen *postdramatischen Theater* (zum Begriff vgl. Internetpräsenz zu diesem Buch) haben das Sprechen und die Stimme einen veränderten Stellenwert, sie werden als eigenständige, enthierarchisierte Mittel gesehen und eingesetzt. Allgemein kann man in der aktuellen Theaterpraxis beobachten, dass es fließende Übergänge vom Sprechen im Spiel zum Sprechen mit Spiel bzw. Sprechen ohne Spiel gibt. Nicht erst seit den Hochzeiten der postdramatischen Inszenierungsweise hat sich die Art des Sprechens auf der Theaterbühne verändert (und sie verändert sich immer!). Der Autor und Regisseur Heiner Müller verlangte bereits Ende der 80er-Jahre von seinen Schauspielern, sie sollten den Text nicht gestalten (im Sinne der gängigen Theaterpraxis), sondern „nur" sprechen. Schriftliche Äußerungen von Müller gibt es dazu nach unseren Recherchen nicht – bekannt ist die unwillige Reaktion der Schauspieler auf sein Ansinnen.

Was unterscheidet ein **„Schauspielerisches Sprechen"** von einem **„Nichtschauspielerischen Sprechen"** – wo endet die Sprechkunst im Schauspiel und wo beginnt Sprechkunst als eigenständige Kunst? Oder wie es Hans-Martin Ritter formuliert: „Gibt es eine Sprechkunst des Schauspielers und eine von ihr abweichende des Sprecherziehers und folglich (…) weitere Arten, mit dem literarischen Wort sprech-künstlerisch umzugehen?" (Ritter 1997, 181). In seinen Überlegungen greift er Goethes Anmerkungen zur Rezitation und Deklamation in den *„Regeln für Schauspieler"* auf, geht aber darüber hinaus.

> „Unter Rezitation wird ein solcher Vortrag verstanden, wie er, ohne leidenschaftliche Tonerhebung, doch auch nicht ganz ohne Tonveränderung, zwischen der kalten ruhigen und der höchst aufgeregten Sprache in der Mitte liegt. Der Zuhörer fühle immer, daß hier von einem dritten Objekte die Rede sei." (Goethe 1988, 729).

Ritter verweist darauf, dass sich Goethes Aussagen auf das Sprechen von Schauspielern beziehen und kommt zu dem Schluss, dass es für ihn (H.M.R.) nur Mischformen gibt (vgl. ebd., 187). Am wichtigsten ist es Ritter, und dem ist voll zuzustimmen, den Text als *„Lebensäußerung"* (ebd. 181) zu realisieren. Die Rezitation als klassische Form der Vortragskunst (vgl. Krech 1987) ist eben nur eine mögliche Form unter vielen. Fischer-Lichte und Roselt schreiben im Zusammenhang mit den verschiedenen Theatergattungen, dass „die Grenzen zwischen Performance-Kunst, Schauspieltheater,

Musiktheater, Tanztheater (...) längst durchlässig geworden [sind]. Konstitutive Merkmale der einen Gattung lassen sich ebenso in allen anderen Gattungen nachweisen." (Fischer-Lichte/Roselt 2001, 247). Diese Aussage lässt sich durchaus auch auf das Verhältnis von Sprechkunst (als eigenständiger Kunstgattung) und Schauspielkunst übertragen. In diesen Zusammenhang ist auch das Lehrgebiet „Künstlerisches Wort" in den Curricula vieler Schauspielschulen zu sehen.

Um das „Problem" für Inszenierungen der Sprechbuehne zu lösen, habe ich zu Anfang der 90er-Jahre den Terminus **Sprechspielen** eingeführt (vgl. Herzog 2009, 96). Die Sprechbuehne ist eine Einrichtung am Seminar für Sprechwissenschaft der Universität Halle, die professionell arbeitend eigene Stückvorlagen entwickelt und mit Studierenden der Sprechwissenschaft auf die Theaterbühne bringt (vgl. www.sprechbuehne.uni-halle.de, www.facebook.com/sprechbuehne). Neben der Nutzung solcher Theatermittel wie Bewegung, Kostüm und Maske, Licht und Musik besteht das Spezifische an den Aufführungen in der Konzentration auf den Sprechausdruck als Hauptgestaltungsmittel. Es ist ein Sprechen mit Spiel. Ebert (1991, 38f.) verwendet den Begriff Sprechspieler im Zusammenhang mit den Aufführungspraktiken antiker Tragödien um 500 v. Chr. Hier stand seiner Meinung nach weniger der schauspielerische Darstellungsprozess im Vordergrund, sondern die sprecherische Umsetzung der Dramentexte. Einen anderen Ansatz zum Sprechspielen findet man bei Gutenberg (1985, 147ff.).

Das Phänomen „schauspielerisches" versus „nichtschauspielerisches Sprechen" lässt sich gegenwärtig nicht abschließend festlegen, die Grenzen sind fließend und von der jeweiligen Inszenierungskonzeption abhängig. Festzuhalten ist jedoch, dass das ursprüngliche Paradigma der Sprechwissenschaft, was auf der strikten Abgrenzung von Sprechkunst und Schauspielkunst basierte, heute keinen Bestand mehr hat.

F.1.5.1 Theatrale Prozesse

Uwe Hollmach

Dem begrifflichen Verständnis von theatralen Prozessen liegt die Idee zu Grunde, kulturelle Güter nicht nur als materiell manifestiert anzuerkennen, sondern auch als im Augenblick stattfindende, beobachtete Prozesse zu begreifen.

> „Unsere Gegenwartskultur konstituiert und formuliert sich zunehmend nicht mehr in Werken, sondern in **theatralen Prozessen** der Inszenierung und Darstellung, die häufig erst durch Medien zu kulturellen Ereignissen werden." (Fischer-Lichte 2007, 9).

Über diese Akzentverschiebung werden theatrale Prozesse, die sich in unterschiedlichen Aufführungsformen (Theater, Balladenvortrag, Zeremonien u.a.) äußern können, in ihrer Bedeutung und Funktion für die kulturelle Identität den Texten und Monumenten gleichgestellt. Unterstrichen wird die neue Gleichrangigkeit durch eine verstärkte Reflektion theatraler Prozesse in der theater- und kulturwissenschaftlichen, aber auch in der linguistischen Literatur – siehe hierzu die Reihe ‚Theatralität'. Ausgangspunkt und gleichzeitig Gegenstand der wissenschaftlichen Betrachtungen ist das beobachtete Handeln von mindestens einem Akteur durch mindestens einen Zuschauer als situatives Moment, was in der Fachliteratur als unbestritten für eine Aufführung vorausgesetzt wird. Divergenzen verschiedener Autoren bestehen hinsichtlich der begrifflichen Ausdehnung, ob jegliche soziale Interaktion als Aufführung gilt, weil man eine aktive Handlung auch immer für andere darstellt, oder ob man sie vom Alltagsgeschehen (Ort, Zeit, Interaktionsweisen) abgesetzt betrachten sollte (Buss 2009, 22ff.).

Das Handeln selbst ist nunmehr das Kunstwerk (Objekt) im Verlauf einer Aufführung, das zum kulturellen Ereignis im Rahmen einer Theatersituation werden kann. Im Zuschauen erleben die Beobachter den Vollzug des Ereignisses verkörpert und räumlich vernetzt, aber auch als körperliche Eigenwahrnehmung. Zwischen dem Wahrnehmen und dem Erfahren dieses Wahrnehmens besteht eine Differenz, der sich die phänomenologische Forschung widmet. Für sie ist die sinnliche Anschauung Ausgangspunkt der Überlegungen (Roselt 2008, 149/151). Wenngleich verschiedentlich in der Phänomenologie darauf verwiesen wird, dass erlebte Beschreibungen keine neurowissenschaftlichen Begründungen zulassen, so ist dennoch ein Leitgedanke der Evolution das Phänomen der Spiegelung, das diese Erfahrbarkeit ermöglicht.

> „Die Wahrnehmung von Emotionen in der Kunst erfolgt teilweise über Imitation und Empathie; sie beansprucht die Hirnsysteme für biologische Bewegung, die Spiegelneuronen und die Theory of Mind." (Kandel 2012, 519).

Unter der Theory of Mind wird die Fähigkeit verstanden, Bewusstseinsvorgänge (Gefühle, Absichten, Erwartungen) in anderen Personen anzunehmen und diese an der eigenen Person für deren Deutung an sich zu erfahren.

> „Spiegelnervenzellen feuern, wenn wir selbst eine Handlung vollziehen, aber auch dann, wenn wir dieselbe Handlung, ausgeführt von einem anderen Menschen, beobachten. Sie feuern, wenn wir die mit einer bestimmten Situation verbundenen körperlichen Empfindungen spüren, aber auch dann, wenn wir (mit-)erleben, dass sich jemand anders in einer entsprechenden Situation befindet" (Bauer 2012, 88ff.).

Damit werden Handlungsbeobachtungen zum Erlebnis, wenn man im Theater sitzt und einer Geschichte folgt, ohne aktiv im Sinne einer eigenen Handlungsausführung beteiligt sein zu müssen – ein Faszinosum. Das Bewusstsein für diese Trennung entsteht durch die gehirnphysiologische Verarbeitung in unterschiedlichen Hemisphären, wodurch eine Identitätsdiffusion verhindert wird. Der Beobachter bleibt Zuschauer, wenngleich sich seine Aktivität beispielsweise durch eine direkte Ansprache ohne vorgestellte vierte Wand zum Publikum hin, wie es im Schauspiel möglich ist, verstärken kann. Etwas anders kann es sich in der Situation einer Performance verhalten. Hier wird der Zuschauer zu einer aktiveren Teilnahme ermuntert oder provoziert, was ihn auch teilhaben lässt. Der Beobachter wird Teil der Performance, weil er das Ereignis erfährt und es daraufhin mit seinen Wertevorstellungen in Beziehung setzt, um eventuell einzugreifen, wie es bei den vielbeschriebenen, teilweise existenziellen Performances von Marina Abramović der Fall ist. Er behält aber dennoch die Position eines Beobachtenden, wird kein Performer mit künstlerischem Streben. Aus theaterwissenschaftlicher Perspektive kann dieser Vorgang durchaus auch anders beschrieben werden, dass der Zuschauer durch sein aktives Eingreifen künstlerisch vereinnahmt ist und so zum Performer wird. Während einer Performance entwickelt sich eine höhere Erlebnisqualität durch die gegenseitige Wahrnehmung bzw. Spiegelung. Sie trägt zum weiteren Vollzug der Handlungen bei oder entsteht dadurch, was als performativ bezeichnet wird. Performativ wird eine Sprechhandlung, wenn man etwas ausführt, indem man es sagt – ich erkläre Sie hiermit zu Mann und Frau – gesagt, getan (Roselt 2008, 24ff.; Scharloth 2009, 342ff.). Die wissenschaftliche Vorlage dafür lieferte der Begründer der Sprachakttheorie John L. Austin. Seither erfuhr über zahlreiche Diskurse der begriffliche Gebrauch eine Verbreiterung hin zum gegenwärtigen Verständnis, das jedoch nicht einheitlich ist (Fischer-Lichte 2004, 31ff.).

Durch die Ko-Präsenz, die gleichzeitige Anwesenheit von Performer und Zuschauer, entsteht eine Feedback-Schleife. Neurophysiologisch ist es ein gegenseitiges Spiegeln, bei dem im selben Moment teilweise dieselben Netzwerke aktiv sind. Über das System der Spiegelnervenzellen wird ein zwischenmenschlicher Bedeutungsraum erzeugt, der zu einer überindividuellen Verständigung führen kann. Neurowissenschaftler sehen in ihm eine Basis des Ur-Vertrauens (Bauer 2012, 165f.). Ein individuelles Erleben der Zuschauenden stellt sich ein, weil innerhalb des Bedeutungsraums in der Kunst ein Transfer von Handlungsmöglichkeiten geschieht, die zu Mehrdeutigkeiten führen können und damit einen Raum für die Freiheit des Denkens und des inneren Erlebens eröffnen. Das Verarbeiten von Mehrdeutigkeiten ist ein Merkmal der Kreativität, produktiv und perzeptiv, das auf lange Sicht durch keine Rechentechnik simuliert werden kann (Kandel 2012, 524f.). Handlungsmöglichkeiten auszuloten weckt die Neugier und steigert die Aufmerksamkeit, auch weil sie an Emotionssignale gebunden ist. Im Partnerspiel übernehmen diese in der Kommunikation Steuerungsaufgaben (Kurilla 2007, 92). Handlungsentscheidungen müssen emotional akzeptabel sein, dafür werden Konsequenzen vom Verstand aufgezeigt, die stets mit Gefühlen verbunden sind. Es gibt demnach kein reines rationales Handeln, am Ende eines Prozesses des Abwägens steht immer ein emotionales Für und Wider (Roth 2009, 175).

In der theaterwissenschaftlichen Literatur beschränkt man sich bei der Beschreibung von theatralen Prozessen auf das Geschehen während einer Aufführung, dem Interagieren zwischen Akteur und Zuschauer sowie der Zuschauer untereinander. Betrachtet man jedoch das hierbei Erlebte aus neurowissenschaftlicher Sicht, dann lässt sich feststellen, dass in einem Gespräch über das Erlebte die gleichen Netzwerke aktiv werden können wie während der Aufführung (Bauer 2012, 76). In einer solchen Wiederholung können nicht nur neue Betrachtungsweisen auf das Ereignis entstehen und Handlungsideen aufgezeigt werden, sie fördern zudem die Nachhaltigkeit. Eine körperliche Anwesenheit ist für die Perzeption von Sprechkunst im theatralen Prozess jedoch nicht zwingend. Dafür spricht auch die Tatsache, dass wir über eine innere Vorstellungskraft verfügen, über die man Räume und handelnde Personen imaginieren und Atmosphären erfahren kann, wie es bei einem Hörspiel der Fall ist.

Der Begriff Theatralität (theatralisch) im alltagssprachlichen Verständnis meint alles das, was etwas aufgeladen mit Theater in Zusammenhang gebracht wird, wenn beispielsweise das Darstellen oder Aufführen während einer Produktpräsentation zu sehr und übertrieben in den Vordergrund rückt, anstatt des Produktes selbst. Über kultur- und theaterwissenschaftliche Exkurse ist Theatralität als Begriff in die Fachliteratur aufgenommen worden. Synonym dazu ist auch ‚theatraler Prozess' in Gebrauch, der bezogen auf die sprechsprachliche Dimension den prozesshaften Charakter etwa während des Inszenierens im Theater nachvollziehbarer betont. Theatralität wird aus unterschiedlichen Ansätzen heraus dementsprechend verschieden erklärt: in Anknüpfung an die Perzeption, an kulturelle Zusammenhänge oder als ein Modus des Aufführens als eine Art Performance.

Erika Fischer-Lichte beispielsweise verbindet mit dem Begriff die vier folgenden Aspekte, die als Eckpunkte auch bei anderen Autoren in ähnlicher Bedeutung herausgearbeitet werden (2007, 17ff.):

1. Performance/Vorgang einer Darstellung durch Körper und Stimme vor körperlich anwesenden Zuschauern
2. Inszenierung/Entwicklung und Erprobung von Erzeugungsstrategien als ästhetisches Arbeiten
3. Korporalität/Zusammenwirken von Körperlichkeit, leibliche Präsenz
4. Wahrnehmung/Zuschauer in seiner Beobachtungsfunktion und -perspektive

Die Inszenierung ist an das Theater gebunden und dadurch von dem allgemeineren Gebrauch ‚des sich in Szene setzen' abzuheben. Ebenfalls unterschieden wird zwischen einer Inszenierung und einer Aufführung, die stets vor Publikum in einer konkreten Situation stattfindet und eine Reflektion beispielsweise durch die Kulturkritik erlaubt und provoziert.

Weitgehend übereinstimmend wird davon ausgegangen, dass Theatralität aus einem kulturellen Prozess heraus, der außerhalb des Theaters stattfinden kann, hergeleitet wird. Er schließt das Theater ein, aber in einem erweiterten Verständnis – beschränkt sich demnach nicht auf traditionelle Theaterformen, zu denen beispielsweise das Guckkastentheater gehört, dem Gegenüber von Zuschauerraum und Bühnenportal, wo das Schauspiel stattfindet. Da kein vorbestimmter Rahmen (Ort, Zeit, Raum) einschließlich der Haltung des Zuschauers – wir gehen ins Theater – vorgegeben sein muss, wird in den Aufführungsmöglichkeiten eine ebenso vielgestaltige Sprachbehandlung möglich. Diese Vielfalt wird und muss auch in eine sprechsprachliche Vielfalt übertragen werden. Sie folgt als Kriterium lediglich einem ganzheitlich künstlerischen Anspruch, weil sie aus einer ästhetischen Arbeit heraus erwächst. Verallgemeinernd ließe sich ein solcher Sprachgebrauch als theatrale Sprechweise mit unterschiedlichen standardsprachlichen phonostilistischen Differenzierungen, Varietäten und stimmlichen Varianzen bezeichnen. Die Ansprüche an eine theatrale Sprechweise wechseln. Beispielsweise kann durch die Regie gewünscht sein, die Erhöhung der Sprechgeschwindigkeit so weit zu treiben, bis der rhythmische und klangliche Eindruck die Oberhand gewinnt und damit die lautliche Funktion für die Verständlichkeit zurückgestellt wird. Wiederum in anderen Inszenierungen geschieht eine sprachlich lebensnahe Abbildung der Wirklichkeit (stilisierte Alltagssprache) oder es wird dezidiert eine gedanklich klar aufgearbeitete Sprachbehandlung im gestischen Gebrauch verlangt. Auf Grund dieser Vielfalt können die Akteure (Schauspieler) nicht unreflektiert auf eine Theatersprache bzw. -aussprache zurückgreifen, vielmehr ist die Fähigkeit zur ihrer Variabilität im künstlerischen Schaffensprozess gefordert. Eine Qualifikation, die für ein professionelles künstlerisches Niveau eine qualitativ hoch angesetzte Stimm- und Sprechausbildung bedingt. Die Anforderungen an die Akteure ergeben sich auch durch eine erweiterte Sicht bei der Behandlung von Texten, wie es im postdramatischen Theater der Fall ist. Der Textbegriff wird hier als dynamisiert aufgefasst. Im Vordergrund steht nicht mehr seine Abgeschlossenheit, sondern seine Offenheit und Vieldeutigkeit. Erst in der Theatersituation bzw. im Probenprozess erfolgt das Interpretieren. Ein kreativer Vorgang, aus dem nicht die Verflachung der Dichtervorlage resultieren muss oder mit einer Degradierung der Sprache konform geht; er folgt jedoch einer anderen Aufführungsästhetik. So sieht der

Autor des wegweisenden Werkes ‚Postdramatisches Theater' Hans-Thies Lehmann in der Sprache – besonders die Stimme darin – den privilegierten Ort einer Intersubjektivität (2004, 30ff.). Er hebt damit die Sprache als Ereignis in einer Aufführung deutlich hervor. Als grundlegendes methodisches Lehrkonzept bleibt die Arbeit am Text bei der Ausbildung zum Schauspieler unabdingbar. Sie führt zu einem tiefgründigen gedanklichen Umgang in innerer und geäußerter Sprache, übt die Transformation vom Schriftbild zur Sprechsprache (Prosodie, Lautungsebene) und erhöht zudem das Sprachbewusstsein. Mit dieser grundlegenden Voraussetzung wird dann die Vielfalt im theatralen Sprechen (Dramatik, Postdramatik) für die Zuschauer zum Erlebnis und kann teilweise auch eine sprachliche Orientierung sein, deren kulturelle Dimension im theatralen Prozess wertgeschätzt wird.

F.1.5.2 Schauspielmethodische Grundbegriffe

Martina Haase

Die Kenntnis von schauspielmethodischen Grundbegriffen für die Tätigkeit im Bereich Schauspiel bzw. generell für den Bereich der Bühne ist für einen Sprecherzieher notwendig, um effektiv und effizient mit Schauspielstudenten, Schauspielern und anderen Darstellern arbeiten zu können. Deshalb werden im Folgenden einige gebräuchliche Begriffe kurz definiert. Die Auswahl orientiert sich im Wesentlichen an der Schauspielpädagogik der Hochschule für Schauspielkunst „Ernst Busch" in Berlin. Basis sind die Arbeiten von Ebert (1998b und 1999), der Schauspielen wie folgt definiert:

> **Schauspielen** heißt sinnlich-praktisch handeln, leibhaft nachahmend einen handelnden Menschen darstellen." (Ebert 1998b, 75).

Elemente der Schauspielkunst sind die Gestik, Mimik, Stimme, Bewegung, der „Rhythmus der Diktion" (Balme 2001, 123), d.h. die Schauspielkunst ist im menschlichen Körper verankert, der menschliche Körper ist ihr Ausgangspunkt. Das ist die „anthropologische Grundbedingung der Schauspielkunst" (ebd. 115). Eine Diskussion über die aktuelle Problematisierung des traditionellen Begriffsinhaltes Schauspielen kann an dieser Stelle nicht geführt werden (vgl. dazu Kap. F.1.1, F.1.4; Balme 2001, 115; Kirby 2005, 361ff.; Roselt 2005, 358ff.; Rey 2011; Roselt/Weiler 2011).

> **Vorgang**: „ein bestimmter Handlungsablauf in Zeit und Bühnenraum"
> (Ebert 1998b, 76)

Der Schauspielerische Vorgang ist das „Was", ist „ein bestimmter Handlungsablauf in Zeit und Bühnenraum" (ebd.), der mit einem Verb beantwortet werden kann. Ein Vorgang wird sichtbar/hörbar, indem der Schauspieler eine wertende Beziehung zur Gegenfigur, zum Partner bzw. zu einem Gegenstand einnimmt und diese Beziehung mimisch-gestisch/sprecherisch ausdrückt. Das ist nach Ebert als dialektischer Prozess zu sehen: zwischen den Figuren geht etwas vor, „weil in und an ihnen etwas vorgeht bzw. es geht an und in ihnen etwas vor, weil zwischen ihnen etwas vorgeht" (ebd. 77). Am Beispiel aus einem Improvisationsseminar von Ebert soll das näher erläutert werden: Es befindet sich ein Requisit auf der Bühne (eine Tasche auf einer Bank in einem Park). Die Aufgabe für den Studenten besteht darin, sich zu überlegen, was er mit der

Tasche tun könnte. Er kommt als Spaziergänger, entdeckt die Tasche, geht auf sie zu, schaut sich schnell um, greift sich die Tasche, öffnet und durchwühlt sie. Er entdeckt nichts Interessantes in ihr und stellt sie enttäuscht auf die Bank zurück (ebd. 76). Was ist der Vorgang? Der Student nimmt das Requisit wahr und bewertet es (nichts Interessantes für mich drin) – er stellt damit eine Beziehung zur Tasche, zum Gegenstand her. Mit seinem schnellen Um-sich-schauen stellt er eine Beziehung zu Menschen her (es könnte ihn jemand beobachten). Nach der Bewertung (es beobachtet ihn niemand) handelt er entsprechend (er stöbert in der Tasche). Wir haben hier den Vorgang, dass sich jemand an fremdem Eigentum *vergreift*.

> **Drehpunkt**: „Übergangs- oder Nahtstelle zwischen zwei Vorgängen" (Ebert 1998b, 77).

Ein Vorgang „als ein fiktiver Handlungsablauf" (ebd.) ist in Zeit und Bühnenraum nicht unbegrenzt, er ist beendet, wenn ein neues „Was" dominiert. Der Übergang von einem Vorgang in einen anderen wird als Drehpunkt, als die „Übergangs- oder Nahtstelle zwischen zwei Vorgängen" (ebd.) bezeichnet. Es ist letztlich die subjektive Entscheidung des Regisseurs bzw. Schauspielers, wann ein Vorgang beginnt und endet und wann ein Drehpunkt gesetzt wird. Objektives Kriterium für einen neuen Vorgang ist „das Eintreten eines neuen Umstandes" (Ebert 1999, 108). Um beim Beispiel der Tasche auf der Parkbank zu bleiben: es könnte plötzlich ein anderer Spaziergänger im Park erscheinen; unser potenzieller Gelegenheitsdieb würde in der Folge die Flucht ergreifen. Drehpunkt ist in diesem Fall das Auftauchen eines anderen Menschen.

> **Situation**: Wo handle ich?

Jeder Vorgang findet in einer bestimmten Situation statt und diese Situation beeinflusst den Ablauf des Vorgangs (Ebert 1998b, 77). Zu erschließen ist die Situation mit „Wo" handle ich. Kein Handeln und Tun „findet isoliert von konkreten Umständen statt" (ebd.). Am Beispiel der Tasche auf der Parkbank heißt das: Bevor die Tasche genommen wurde, hat sich der Student vergewissert, dass ihn niemand beobachtet. Es ist die Situation, allein und damit unbeobachtet in einem Park zu sein. Diese Situation bestimmte sein Handeln. „Das Erfinden des Vorgangs ist zugleich der eigentliche Prozess des Aufbauens der Situation" (ebd. 78). Mit den sogenannten W-Fragen Wer/Warum/Was/Wozu/Wie/Wo/Wann, also mit Fragen nach den Umständen, erschließt sich geistig die Situation und kann mit dem daraus resultierenden Spiel real aufgebaut werden. Das „Warum" klärt die Ursache, das Motiv des Handelns. Es führt nach rückwärts auf der Zeitachse und nach außen in die objektive Realität, also in die Situation. Es klärt die Frage nach der Beziehung zwischen dem Subjekt und der objektiven Realität/ Situation. Das „Wozu" hingegen klärt die Frage nach der Beziehung vom handelnden Subjekt nach außen in die objektive Realität. Es ist Motor des Willens für die Aktion und orientiert sich nach vorn auf das Ziel des Handelns (ebd. 77f.). Eine wichtige methodische Regel ist dabei die Trias von „Beobachten/Wahrnehmen – Bewerten – Reagieren", die mit obigem Beispiel bereits demonstriert wurde.

> **Haltung**: das „materielle Verhältnis zur Situation"
> **Einstellung**: das „geistige Verhältnis zur Situation" (Ebert 1999, 130)

Sprechkunst im Ensemble der Künste und als Teildisziplin der Sprechwissenschaft

> **Verhalten:** Vorgang in Abfolge von Haltungen gegliedert → teilen Verhalten mit (Ebert 1998b, 83)

Haltung ist das „materielle Verhältnis", „Einstellung ist das geistige Verhältnis" des Spielers zur Situation (Ebert 1999, 130), d.h. „eine logisch angemessene Einstellung und Haltung zur Situation führen zu folgerichtigem Verhalten in wechselnden Situationen" (ebd.). Eine Einstellung wird sichtbar durch eine Haltung in einer Situation. Jede Situation bedeutet für den sich in ihr befindlichen Menschen ein Problem, er muss dafür ein angemessenes Verhalten finden. Das soll wiederum am Beispiel aus einem Improvisationsseminar von Ebert erläutert werden: Der Spielimpuls ist ein Brief, den der Student von einem Freund bekommt. Im Brief berichtet der Freund u.a., er habe das Motorrad vom Studenten unabgesprochen benutzt und damit einen Unfall mit Totalschaden verursacht. Beim Lesen des Briefes war zu sehen, dass zunächst alltägliche Dinge darin standen, dann kam die Stelle mit dem Unfall. Der Student erstarrte, griff hastig zu einem Stift und begann zu schreiben – er hatte mit einem Haltungswechsel (der materiellen Ebene) vom ruhigen Lesen zum hastigen Schreiben „schaubar" gemacht, dass etwas Besonderes geschehen war. Der Schauspieldozent hinterfragt die Angemessenheit des Verhaltens zu diesem Problem. Daraufhin bietet der Student folgende Variante an: Beim Lesen der betreffenden Stelle lehnt er sich fassungslos zurück, schlägt mit der Faust auf den Tisch, steht auf und läuft im Raum umher, setzt sich wieder, zögert, überlegt und beginnt erst dann zu schreiben. Jetzt ist der Vorgang der Situation entsprechender, der **Haltungswechsel** erfolgte an dem Punkt, wo eine Entscheidung getroffen wurde. „Einstellung und Haltung sind in ihrer Dualität 'Bausteine' des schauspielerischen Handelns" (ebd.). An dieser Stelle muss auf ein Problem in der Schauspielpädagogik hingewiesen werden. Haltungen werden häufig äußerlich produziert, d.h. ohne entsprechende Einstellung (geistige Durchdringung). Solche Übungen sind Schritte, um zum konkreten Spiel zu gelangen (ebd. 83f.).

> **Untertext:** „technisches Mittel für das Denken als Impulsgeber des sinnlich-praktischen Handelns in der Situation" (Ebert 1999, 128).

Der Untertext ist eine Kette der Motive und damit „die ureigenste Angelegenheit des Schauspielers" (Ebert 1998b, 85). Welche Wege führen zum Untertext? Mit den W-Fragen haben wir ein Instrument für die Phantasie beim Entwickeln einer Situation und deren stetiger Weiterschreibung. Es entsteht dadurch ein *„Assoziationsbild der Situation"*, was zu einer *Assoziationskette* der Situation weiterentwickelt werden kann (ebd.). Über die Frage „Was will ich?" wird der Vorgang in der Situation betrachtet, das „Für und Wider" des Handelns hinterfragt. Es sollte nichts gemacht werden, was nicht durch Gedanken (ergänzen sollte man: durch Gefühle und Empfindungen, M.H.) begründet oder verursacht wurde – sonst ergibt sich eine äußere Spielweise („Spielastik"). Die „Was will ich?"-Frage ist als Mittel zu verstehen, nicht als formulierter Gedanke, sonst entstehen „Löcher" in der Handlung und der Vorgang wird zerstört. Der Spieler/ Sprecher muss in der Situation denken, der Denkimpuls ist diese Frage. Zur Erläuterung wiederum ein Beispiel von Ebert: Situation vor dem Schaufenster einer Fleischerei: „Die mögliche Abfolge eines Untertextes ist nicht: ‚Was will ich? Fleisch kaufen! Was will ich? In die Fleischerei gehen! Was will ich? In die

Geldbörse sehen!', sondern: ‚Hab ich einen Hunger! Kauf' ich mir Wurst? Ein Stück Brot tut es auch! Hab' ich überhaupt genug Geld? Lieber mal nachsehen!'" (ebd. 129). Der Untertext entwickelt sich aus dem Empfinden der Situation, als Auseinandersetzung mit dieser. Er ist als „eine Kette von Fragen und Antworten [zu verstehen, M.H.], die zu Entscheidungen führt. ‚Lieber mal nachsehen!' wird zum entscheidenden Gedankenimpuls für sinnlich-praktisches Handeln" (ebd.). Es ist nicht genug Geld im Portemonnaie, damit wird der Impuls für den nächsten Gedanken geliefert: „Für Wurst reicht es nicht!" An dieser Abfolge wird deutlich, dass der Untertext kein „intellektueller Kommentar der Situation (...), keine theoretisch-abstrakte Auseinandersetzung über die Situation [ist], *sondern das aus dem Empfinden der Situation kommende gedankliche Werten der Einstellungen und der Haltung in der Situation*" (ebd.). Auf die Arbeit mit dem Text bezogen bedeutet das, der Spieler/Sprecher hat einen Autorentext, also einen Fremdtext und muss ihn zu seiner „eigenen", glaubhaften Äußerung machen. Technisches Mittel dafür bietet die Arbeit mit Untertexten.

F.1.6 Ausgewählte neuere Formen der Sprechkunst

F.1.6.1 Poetry Slam

Martina Haase

Poetry Slam ist eine Art moderner Dichterwettstreit, ein öffentlicher Literaturwettbewerb, eine „Literaturshow", die überwiegend in der Kneipen- und Barszene, inzwischen aber auch im institutionalisierten Kulturbetrieb stattfindet. Autoren, die *Slammer*, lesen ihre eigenen Texte, aber nicht im Sinne einer klassischen Autorenlesung, sondern eher inszeniert als Performance, allerdings nach bestimmten strengen Regeln. Vorläufer dieser *Cultural Performances* finden sich bereits in der griechischen Antike (ca. 500 v. Chr.), die sogenannten musischen *Agone* und in der *Spoken Word Bewegung* (seit den 1950er-Jahre), die als Form der kulturellen Protestbewegung begann. Gemeinsames Kennzeichen ist die Oralität als spezifische Vermittlungsform.

Das Verb *to slam* steht (seit dem 18. Jh.) für „zuschlagen, zuknallen"; das Substantiv *slam* wird u.a. im Sportbereich für Abschlag, Volltreffer verwendet (vgl. Preckwitz 2002, 19ff.). 1994 wird der Begriff Slam erstmals in einem Lexikon für die Form des literarischen Wettbewerbs gebraucht und meint „die im sportähnlichen Wettkampfstil vorgetragene Poetry" (ebd. 22).

Entstanden ist diese besondere mündliche Präsentation von literarischen Texten 1985 in Chicago (USA), ihr Begründer ist Marc Smith, ein ehemaliger Bauarbeiter. Innerhalb weniger Jahre hat sich die Slam-Bewegung weltweit ausgebreitet; in Deutschland ist sie seit ca. 1994 präsent. So ist aus einer spontanen Idee eine durchaus demokratische, internationale literarische Bewegung geworden, eine populäre Literatur außerhalb der Verlage.

Preckwitz (selbst Slammer und Veranstalter und einer der wenigen, die sich bisher wissenschaftlich mit dem Phänomen auseinandergesetzt haben) beschreibt Poetry Slam als spezifische Form der Interaktionsästhetik (vgl. Preckwitz 2005, 27ff.): Eine Kommunikation, die gekennzeichnet ist durch die direkte Interaktion zwischen Autor=Sprecher-Publikum-Jury-Moderator, ein gemeinsames literarisches Experiment von Autor und Publikum. „Dabei gehen Produktion, Distribution und Rezension von

Literatur unmittelbar auseinander hervor" (Literadio Archiv, 2006), wie auf einer Website zur Leipziger Buchmesse 2006 zu lesen ist.

Preckwitz (2005, 29ff.) differenziert kulturwissenschaftlich nach verschiedenen Ebenen der Interaktion:

a) das rituell-inszenierte literarische Veranstaltungsformat (Slam) und damit ein Bestandteil der Cultural Performance Kultur;
b) die Netzwerke der Autoren (Slam Bewegung) und damit ein demokratisch-partizipativer Ansatz;
c) die Texte und deren spezifische Präsentationsformen (Slam Poetry), d.h. kurze literarische Texte („Live-Literatur", „inszenierte Bühnenpoesie"; Christl 2009, 21), die live vom Autor vorgetragen und performed werden.

Merkmale:

- mündliche Präsentation literarischer Texte vor Publikum vom Autor selbst,
- Abstimmung durch das Publikum bzw. durch eine Jury aus dem Publikum,
- Verortung in der Eventkultur, Medienaffinität,
- Kürze der Texte (max. 5 Minuten),
- alle Genre vertreten (Lyrik, Prosa, Dramatik) – große Stilvielfalt,
- strenge Regeln: keine Hilfsmittel (keine Requisiten, keine Kostüme), nur das Sprechen und Sprechgesang sind erlaubt,
- (klangliche) Nähe zum Rap und Hip Hop (vgl. ebd. 13ff.).

Inzwischen existieren verschiedene Veranstaltungsformate, bspw. *Dead or Alive* (Schauspieler treten mit Texten „toter" Autoren gegen Slammer an), im Netz sind auf entsprechenden Plattformen *Poetry Video Clips* abrufbar (bspw. www.poetryclips.net).

Slammer sind in der Regel keine Schauspieler, meist auch keine „gelernten" Sprecher: wir haben hier ein weiteres Beispiel für eine Mischform der Künste (vgl. F.1.1) – keine „reine" Sprechkunst in Form der Rezitation, aber auch kein komplexes Schauspielen (vgl. F.1.4). Eine sprechwissenschaftliche Untersuchung zu Poetry Slam wurde 2009 an der Universität Halle durchgeführt, wobei der Schwerpunkt auf die Bewertungskriterien des Publikums gelegt wurde (vgl. Christl 2009). Diese empirische Studie anhand von teilstandardisierten Leitfadeninterviews belegt eine erstaunliche Sachkenntnis der Zuhörer, die so nicht erwartbar war.

Kritische Anmerkungen zur gegenwärtigen Situation der Slam-Kultur sind von Preckwitz (2012) in der Süddeutschen Zeitung vom 9.11.2012 zu lesen:

„Poetry-Slams sind nicht [mehr, M.H.] rebellisch und innovativ, sondern durchweg gesellschaftskonform. Es scheint, dass sie derzeit die Bedürfnisse eines jüngeren Publikums erfüllen, das sich mit dauernder Ulkkultur wegduckt vor gesellschaftlichen Umbrüchen."

Poetry Slams sind keine Subkultur mehr, sondern haben sich als gängiges Veranstaltungsformat etabliert.

F.1.6.2 Rap

Baldur Neuber

Mit Rap hat sich die Sprechwissenschaft erst in jüngerer Zeit beschäftigt. Das Genre ist für uns von Interesse, da es sich zum einen um eine spezielle Form des Sprechgesangs handelt, die zum anderen teilweise rhetorischen Charakter trägt. Rap ist in erster Linie eine Lebensart, die die genannten sprecherisch musikalischen Ausdrucksformen als Teilgröße involviert. Sprachlich besteht eine intensive soziolektale Prägung, die zahlreiche Szene-Codes enthält. Alltägliche Situationen werden durch die Rapper stilisiert, wobei Redegewandtheit inkl. artikulatorischer Virtuosität sowie sprechgestalterisches Improvisationsvermögen als besondere Qualitätsmerkmale gelten. Dabei bedient sich der Rapper sowohl formelhafter verbaler Versatzstücke wie auch neuartiger und kreativer Redeanteile. Veranstaltungen und Auftritte sind ritualisiert und tragen oftmals Wettbewerbscharakter („Battle"). Die Texte sind vor allem narrativ, enthalten aber auch Elemente der direkten Rede und des Ansprechens. Für die akzentuelle und temporale Gestaltung ist der Beat wesentlich. Er liefert die metrische Grundlage für die jeweils konkrete rhythmische Gestaltung. Werden die akzentuierten Silben gemeinsam mit dem Grundschlag realisiert, spricht man von „On Beat", liegen sie zwischen den Zählzeiten des Taktes, so wird dies als „Off Beat" bezeichnet (Kautny 2009, 141). In jedem Fall entsteht ein stark rhythmisiertes, skansionsnahes Sprechen mit stilisierten Sprechausdrucksmustern und partieller Tonhöhenbindung. Ein wesentliches künstlerisches Qualitätsmerkmal ist der sog. „Flow". Das Wort beschreibt den Eindruck des „Fließens" durch optimales Zusammenspiel von Äußerung und prosodischer bzw. prosodisch-musikalischer Realisierung, wobei alle suprasegmentalen Parameter bedeutsam sind.

Ein weiterer zentraler Begriff ist die „Realness" des Rappers. Es handelt sich dabei um ein Kontinuum inszenierter Authentizität und kohärenter Performativität, die bei den Rezipienten letztendlich den Eindruck von sich entwickelnden Individualstilen entstehen lassen.

Die rhetorische Seite des Rap offenbart sich u.a. durch das „Signifying", einer Verknüpfung unterschiedlichster sprachlicher Stilmittel, die assoziative Ketten, Ironie, Anspielungen, Hyperbeln u.v.m. in sich vereinen. Auch das Signifying enthält soziolektale Codierungen, für deren Verständnis Szenekenntnisse erforderlich sein können. Bestimmte Formen des Rap (z.B. der Polit-Rap) haben zudem einen rhetorischen Anspruch i.e.S., zielen also auf Persuasion sowie Beeinflussung des individuellen und gesellschaftlichen Handelns.

Häufige Rapformen sind „Party-Rap", „Storytelling", „Polit-Rap", „Gangsta-Rap", „Battle Rap" und „Pimp-Rap" (vgl. Lührs 2013, 126ff.).

Die eingangs beschriebenen prosodisch-rhythmischen wie auch die textgestalterischen Fähigkeiten können einen sehr hohen Professionalitätsgrad erreichen und sind in beträchtlichem Maße auf „Skills" zurückzuführen, die wiederum (auch sprechwissenschaftlich) didaktisierbar sind. Ausführliche Erörterungen zum Rap aus sprechwissenschaftlicher Sicht findet man bei Lührs (2010 und 2013).

F.1.6.3 Hörbuch

Yvonne Anders

Seit Mitte der 90er-Jahre entstand aus einem kleinen Nischenmarkt, ursprünglich für Sehgeschädigte und Senioren aufbereitet, ein respektables und breitgefächertes Marktsegment für sogenannte „Hörbücher", welches sich überproportional zur gesamten Buchbranche entwickelte.

Auch wenn eine einheitliche Hörbuch-Definition nicht existiert, finden sich in zahlreichen definitorischen Ansätzen einige übereinstimmende Merkmale: Hörbücher sind Worttonträger, die vorwiegend literarische oder nichtliterarische Texte (Sachtexte) vollständig oder unvollständig in unterschiedlichen Darbietungsformen (Feature, Hörspiel vgl. Kap. F.1.5.4, Lesung) zu Gehör bringen (vgl. Travkina 2009, 38ff).

Literatur- und theaterinteressierten Hörern werden Texte vom literarischen Erbe bis zu aktuellen Buchproduktionen (meist Prosa, daneben Lyrik und Dramatik) sprechkünstlerisch präsentiert. Das Verhältnis zwischen gedruckter Vorlage und Sprechversion kann dabei – ähnlich wie in der direkten Kunstkommunikation (vgl. Kap. F.1.1) – divergieren: entweder eng (im Sinne einer „gattungstreuen" bzw. gattungsbezogenen Gestaltung) oder weit gefasst (im Sinne einer gattungsunabhängigen, quasi inszenierten Gestaltung). Vorgelesene Texte (Lesungen) und Sprechfassungen von Gedichten und Dramen stellen den Hauptanteil der Hörbuchproduktionen dar. Laut einer Umfrage des Arbeitskreises Hörbuchverlage im Jahre 2005 (Börsenverein des Deutschen Buchhandels e.V. 2005) sind Romane und Geschichten besonders beliebt.

Diese Rückkehr zu einer *„Literatur für Stimme und Ohr"* ist insofern erstaunlich, als dass der auditive Zugang als eher überlebt angesehen wurde. Meyer-Kalkus sieht darin eines der „überraschenden Phänomene der literarischen Kultur der letzten Jahrzehnte" (Meyer-Kalkus 2001, 456).

Interessant zu beobachten ist, wie sich der sozialgeschichtliche Wandel der Interaktionsform Lesen vom autoritativen Vorlesen im bürgerlichen Haushalt des 18. Jahrhunderts über die literarische Geselligkeit in der Familie und öffentlichen Vorlesezirkel des 19. Jahrhunderts (Näheres dazu vgl. Kap. F.1.2) bis zur Verdrängung des Lesens durch audio-visuelle Medien im 20. Jahrhundert vollzog (Charlton; Neumann-Braun 1992, 28f.). Das Hören heute knüpft also an alte Traditionen des lauten Vortrages an, vollzieht sich aber nicht wie in den damals stattfindenden Vorlese-Gesellschaften in Form von geselligen Gruppenerlebnissen, sondern individuell und vereinzelt.

Sicher profitiert das Hörbuch von einer allgemeinen Sehnsucht nach Kontemplation in einer schnelllebigen Welt mit immer aufdringlicheren visuellen Reizen; die zunehmende Popularität und Eigenständigkeit gründet sich aber mit viel größerer Wahrscheinlichkeit darauf, dass sich seit ungefähr 1960 immer neuere und bessere Medien insbesondere für die Musikverbreitung etabliert haben. Rasanten technischen Entwicklungen auf dem Tonträgermarkt ist es zu verdanken, dass wir heute in einer wesentlich höheren akustischen Qualität „hören", als das vor zehn, geschweige denn vor 50 Jahren (seit 1964 gibt es Kassettentonbänder) möglich war. Aber als noch viel wichtiger ist die Eigenschaft der Handlichkeit der Tonträger anzusehen. Dieser medienspezifische Vorzug macht Tonträger wie mp3-Player und Smartphones (z.B. iPod und iPhone) und neuerdings auch iPads zu alltagsrelevanten und interessanten Hörmedien: Sie können unabhängig von stationären Wiedergabegeräten gehört und leicht transportiert werden und ermöglichen damit zu jeder Zeit den Zugriff. Dies eröffnet eine völlig neue Dimension der Nutzung. Durch die problemlose Tragbarkeit und Verfügbarkeit sind sie im Zeitalter wachsender Mobilität zeitsouverän einsetzbar. Der vergleichsweise kostengünstige Rezeptionszugang spielt natürlich auch eine große Rolle. Tonträger sind zu den bedeutungsvollsten Kunstvermittlern geworden, die nicht nur die „Weichen der Rezeption" für die Musik, sondern auch für benachbarte Kunstgattungen und -genres, wie die Sprechkunst, gestellt haben.

Der Erfolgskurs dieses neuen Mediums lässt sich in erster Linie an den steigenden Umsätzen festmachen: Das Gesamtvolumen des Hörbuchmarktes konnte nach Informationen des Börsenvereins des Deutschen Buchhandels 2010 von einer Million Euro zu Beginn der 90er-Jahre auf 173 Millionen Euro im Jahre 2006 und auf 187 Millionen Euro im Jahre 2010 gesteigert werden. Das bedeutet im Jahre 2010: 16,4 Millionen gekaufte Hörbücher und 3,8 Millionen Käufer (Börsenverein des Deutschen Buchhandels e.V., Arbeitskreis Hörbuchverlage (GfK) 2010).

Aus diesen neuen Medien ergeben sich solche Folgephänomene wie eigenständige, typische Rezeptionssituationen; neu gewonnene oder erneut gewonnene Rezipienten; neue rezipierte Werke und neue Wirkungspotenzen.

Neue Medien schaffen neue Rezeptionssituationen, d.h. neue und zeitlich bzw. organisatorisch relativ unaufwändige Hörmöglichkeiten eröffnen sich beim Literaturhören im Auto und außerhalb des Hauses. Dabei werden Bildungserwerb und ästhetischer Genuss optimal und flexibel mit den täglichen Routinearbeiten verbunden und in den Tagesablauf eingebaut. Einziger Nachteil ist, dass Ablenkungen durch Lärm und Reizüberflutung nicht auszuschließen sind und diese Aufmerksamkeitsschwankungen bedingen können.

Neue Medien schaffen neue Rezipienten, d.h. Autofahrern kommt das Hörbuch perfekt entgegen; Literaturinteressierte und eine meinungsbildende Elite sind Nutznießer; junge Hörer haben eine große Affinität: Sie finden Hörbücher und Hörspiele „trendy"(der iPod gehört zum „In-sein" und ist Statussymbol) und Hörer, die sozusagen „im stillen Kämmerlein" die Augen genießend verschließen, gehören zu den neuen Rezipienten. Wechselnde und einander überlappende Gruppenzugehörigkeiten sind erkennbar.

Neue Medien schaffen auch rezipierte Werke, d.h. durch neue Medien werden neue Rezeptionsbedürfnisse geweckt oder verloren geglaubte alte wiedererweckt – gleichsam dem Vergessen entrissen. Laut Aussagen der Sprecherin des Hörverlags München sind Hörer insbesondere an Lyrik interessiert. Es wird vermutet, dass viele Leser vor der sprachlichen Verdichtung der Lyrik zurückschrecken und die Kunstfertigkeit einer sinnrichtigen und ausdrucksvollen Sprechfassung bevorzugen. Dies erleichtert die Rezeption und vertieft die Auseinandersetzung mit dem Text. Deshalb erlebt die klassische Lyrik eine Art Renaissance. Auch die „leichtere" Literatur, Unterhaltungs- bzw. gehobene Trivialliteratur („Harry Potter"-Romane, Krimi-Hörspiele) fesseln die jüngere Generation und erleben einen Aufschwung.

Neue Medien schaffen neue Wirkungspotenzen, d.h. auch wenn Sprechfassungen Texte auf eine oder mehrere Aussagen vereindeutigen und „eine Art von Sinn-Festlegung" (Meyer-Kalkus 2001, 461) erfolgt, werden sich beim Hören Erkenntnisfreude und Wiedererkennungseffekte (wie in der Musik) einstellen. Während beim stillen Lesen der Rezeptionsschwerpunkt eher auf dem Sprachkunstwerk und dem

Textsinn liegen, handelt es sich beim Hören vermutlich eher um eine hedonistische, genusssuchende Rezeption, die sich auf die Stimme und Sprechgestaltung bezieht. Die Stimme birgt die Möglichkeit in sich, Texte zu beleben, zu vitalisieren, ihnen „ein Gesicht" zu geben. Die Entscheidung, ob eine Buch- oder Hörbuchrezeption favorisiert wird, hängt sicherlich davon ab, welche Sinnespräferenz in der jeweiligen Situation vorhanden ist oder sich als günstig erweist (Schnickmann 2007, 53).

Die erstaunliche Entwicklung dieser neuen Literaturform Hörbuch ist als Vorstoß zu neuen Darbietungsformen zu betrachten und verursacht eine gewachsene Bedeutung der Sprechkunst als eigenständige Kunstform. Das bedeutet für unser Fachgebiet, auch diese Entwicklungen genau zu beobachten und zu analysieren und sie in Forschung, Lehre und Sprechkunst-Praxis zu integrieren.

F.1.6.4 Hörspiel

Uwe Hollmach

Das Hörspiel als eigenständige Kunstform ist eng an die Entwicklungsgeschichte des deutschen Rundfunks seit den 1920er-Jahren gebunden. In dieser Tradition stehen auch die heutigen Produktionen vor allem der öffentlich-rechtlichen Rundfunkanstalten, die in Netzforen besprochen werden, archiviert einsehbar sind oder in Mediatheken zur Verfügung stehen. Spezielle Qualifikationen für die Hörspielarbeit bieten einige Hochschulen in der Ausbildung zum Schauspieler, Regisseur (z.B. Bayerische Theaterakademie) und Tonmeister (z.B. Universität der Künste Berlin) an.

Das Genre Hörspiel unterscheidet sich vom Hörbuch durch gespielte Szenen und vom Synchronsprechen durch ein ausschließlich auf das Hören ausgerichtetes künstlerisches Schaffen. In diesem Prozess entsteht aus einer Verbindung von stimmlich-sprachlichem Ausdrucksverhalten, Musik- und Geräuscheinarbeitungen ein Gesamtwerk, dessen Übergänge zur Klangkunst fließend sein können. Als integrierendes Moment wirkt hierbei die tontechnische Arbeit (Aufnahmeleitung, Schnitt). Durch sie werden fiktive Räume auf verschiedenen Wahrnehmungsebenen erschaffen, als zwischenmenschlicher Bedeutungsraum in Verbindung mit der Sprachproduktion und als virtuelle Umgebung zur Erzeugung verschiedener Atmosphären (Bauer 2012, 165ff.; Strack/Höfling 2008, 103ff.; Böhme 2008, 38). Aus der Synthese von Klangwelt einschließlich der Musik und Sprachebene, die in einer Geschichte verankert ist, imaginiert der Perzipient ein Geschehen, das er intensiv miterleben kann.

Für die Sprechwissenschaft gewinnt das Hörspiel als wissenschaftlicher Gegenstand (Sprechkunst, Wahrnehmung, Aussprachestandardisierung u.a.) und durch die Sprechbildung, etwa an einer Schauspielschule, an Bedeutung. Abgesehen von der medienqualifizierenden Zielstellung in der Schauspielerausbildung ermöglicht das Hörspiel ein genaues Arbeiten am Denk-Sprech-Prozess, an der Artikulation u.a.m. Über das ‚hörspielende' Sprechen gelingt eine direkte Verbindung zu den Schauspielfächern, wodurch ein Transfer des sprecherzieherischen Ausbildungsstandes in die Rollenarbeit verkürzt werden kann. Hierbei ist zu beachten, dass gleichlaufende und unterschiedliche Anforderungen bestehen (Hörspiel, Schauspiel).

Beispiele für gleichlaufende Qualifikationen mit dem Schauspiel:

- Textarbeit auf verschiedenen stilistischen Ebenen
- Denk-Sprech-Prozess: Sinnschritte, Haltungswechsel, Akzentuierung

- Schulung der Hörkompetenz
- Artikulationsschulung, Üben an der Standardaussprache

Beispiele für sich medienspezifische Qualifikationen:
- Ausdrucksgestaltung vor dem Mikrofon/ Funktion der Stimme
- Direkte Transformation vom Lesen zum Spielen
- Imagination eines Partners oder einer Umgebung vor dem Mikrofon
- Adressierung: Mikrofon als Medium zum Hörer
- technisches Verständnis für die Mikrofonarbeit.

Bei der Anwendung des Hörspiels als pädagogisches Instrument fungiert man häufig als Sprecherzieher, Regisseur und Tontechniker in einer Person, was als besondere Herausforderung anzusehen ist (Hollmach 2011, 129ff).

F.1.6.5 Synchronsprechen

Uwe Hollmach

Mit dem Aufkommen des Tonfilms Ende der 1920er-Jahre wurde die noch junge Kinematographie als filmisches Gesamtkonzept zu einem audiovisuellen Ereignis, ohne eine zusätzliche musikalische Aufführung wie sie bei Stummfilmen im Kinosaal üblich war. Der künstlerische Ausdruck war nun um die gesprochene Sprache erweitert worden. Es entstand aber dadurch eine kulturelle Überschneidungssituation, weil die Filme jeweils in ihrer Herkunftssprache produziert wurden, was eine Sprachbarriere erzeugte. Um sie zu überwinden, setzte man wie in Deutschland anfangs auf eine sehr aufwendige mehrsprachige Schauspielerbesetzung. Später schuf man auch in Anbetracht der nun zur Verfügung stehenden technischen Möglichkeiten ein eigenes sprechkünstlerisches Genre, das Synchronsprechen. Auch wenn der Begriff das Sprechen hervorhebt, so ist das Synchronsprechen doch vor allem eine schauspielerische Leistung, bei der die Schwerpunkte auf einer schnellen und feinen Wahrnehmung sowie stimmlichen und sprecherischen Wandlungsfähigkeit liegen. Es ist ein integratives Arbeiten, ein Einbetten der deutschen Sprache in eine bereits fertiggefasste künstlerische Vorlage, den Film, der keine neue Interpretation erfordert. Dementsprechend verantwortungsbewusst und überlegt wird bei der Dialogübersetzung und Erarbeitung der Sprechfassung vorgegangen (Pahlke 2009, 11ff.). Autor, Synchronregisseur, Tonmeister, Bearbeiter des Schnitts und die Sprecher arbeiten hierfür eng zusammen. Überwiegend sind es fremdsprachige Filme, die ins Deutsche übertragen werden. Es ist ein interkultureller Prozess, ein intuitives Abwägen zur Eigenkultur. Die Transformation muss für das deutsche Publikum nachvollziehbar sein, ohne den kulturellen Abstand dabei vollständig ausgleichen zu wollen. Unterschiede entstehen durch die Textfülle, den Sprechausdruck, die Pausierung und Sprechgeschwindigkeit oder den soziokulturell begründeten, erwarteten Stimmgebrauch (Stimmhöhe, Stimmklang) bei Mann und Frau. Amerikanische und japanische Männer neigen zu einer tieferen und dem gegenüber die Frauen zu einer höheren Stimmgebung als es deutsche Hörer erwarten würden.

Beispiel: In einer amerikanischen Filmszene – sie spielt in einer Bar – möchte eine junge Frau einen ebenfalls jungen Mann näher kennenlernen, ihn verführen. Sie versucht es mit einer körperlich-stimmlich betonten Strategie. Im Originalton hört man die Stimme etwas knarrend, nach hinten verlagert, ein durchaus typischer Gebrauch in amerikanischen Jugendserien. Das Übertragen auf deutsche Hörgewohnheiten vollzieht sich, indem die Synchronsprecherin die Körperlichkeit von der Schauspielerin für die eigenen Äußerungsimpulse aufnimmt. Der Stimmgebrauch folgt damit eher ihrem kulturellen Hintergrund.

Prominente Schauspieler behalten zumeist ihre Synchronstimme solange wie möglich. Ein Wechsel vor allem bei männlichen Stimmen, weniger bei weiblichen, würde beim deutschen Publikum zu Irritationen führen. Wie stark Reaktionen darauf ausfallen können, zeigen die Diskussionen in den entsprechenden Foren, beispielsweise als der Schauspieler Johnny Depp mit einer anderen Stimme zu hören war. Der Meinungsaustausch über eigene Foren signalisiert die Qualitätsansprüche an das Genre sowie die perzeptive Kompetenz des Publikums. Als äußerst anspruchsvoll gilt die Synchronisation im eigenen Kulturkreis, wenn die Sprache in einer Kriminalreihe (z.B. Tatort) vom originalen Schweizerdeutschen auf den deutschen Standard übertragen werden soll oder deutsche Schauspieler zu synchronisieren sind. Nachvertonungen von der eigenen Person aufgrund vorausgegangener ungünstiger akustischer Aufnahmebedingungen am Filmset stellen ebenfalls eine Herausforderung für den Schauspieler dar. Anders als bei fremdsprachigen Vorlagen wird die Sprechweise hier an die Hörgewohnheiten für deutsche Filme mit ihrer quasiauthentischen alltagsnahen Sprache angepasst. Zudem ist die emotionale soziokulturelle Bindung an die originale Vorgabe näher, eine Distanz dazu würde sofort für den Perzipienten auffällig sein. Besondere stimmliche Anforderungen kann die Synchronisation einer animierten Figur stellen, wenn sie mit einer verfremdeten Sprechweise zu hören sein soll. Nicht selten treten stimmliche Probleme auf, die durch ein entsprechendes Wissen im Vorfeld vermeidbar wären, zum Beispiel, dass nicht während der Stimmerzeugung (Primärschall) mit erhöhtem subglottischen Druck die Verfremdung entsteht, sondern durch entsprechende Einstellungen in den Ansatzräumen (Sekundärschall) erzeugt wird.

Woran orientiert sich ein Synchronsprecher, wenn er die originale Vorlage sieht und hört? Im Theater oder im Film entwickelt der Schauspieler eine Figur in einem künstlerischen Schaffensprozess aus seinem eigenen Rhythmus (Spiel- und Sprechimpulse) heraus. Beim Synchronisieren besteht die Aufgabe darin, sich der bereits entwickelten Filmfigur zur Verfügung zu stellen, den vorgegebenen Rhythmus aufzunehmen. Der Weg dazu führt über die Person aus der originalen Vorlage, also weniger über die Filmfigur selbst, was Fremdinterpretationen vermeiden hilft. Dieses personenbezogene Synchronisieren basiert auf der menschlichen Fähigkeit, beobachtetes Handeln über die Spiegelneuronensysteme nachzuvollziehen. Handlungsabläufe werden zusammen mit Empfindungssequenzen im Gedächtnis abgespeichert, die durch das Beobachten anderer Personen wieder verfügbar sind. Selbst wenn beim Beobachtungsvorgang der Filmszene nicht sämtliches Handeln abgelesen werden kann, so reichen erkannte Sequenzen aus, um ein vervollständigendes Deutungsbild herstellen zu können (Bauer 2012, 31/83ff.). Der Synchronsprecher kopiert demnach nicht den Filmschauspieler, er vollzieht seine Reaktionen nach. Es entsteht für den Zuschauer die Illusion, Synchronsprecher und Filmschauspieler wären eine Person. Die Illusion resultiert aus der Bereitschaft des Synchronsprechers, persönliche Empfindungen und Gefühle freizugeben. Für die sprachliche Umsetzung der Feinheiten eines Charakters ist zudem ein sehr differenziertes Hör- und Wahrnehmungsvermögen gefordert, um den Sprechausdruck subtil herstellen zu können.

Der Synchronsprecher erfasst einen kleinen Textabschnitt von etwa fünf Zeilen und behält dessen Inhalt in seinem Kurzzeit- bzw. Arbeitsgedächtnis (Roth 2011, 102ff.). Anschließend widmet er seine Aufmerksamkeit dem Filmschauspieler. Vor allem das Gesicht, falls es erkennbar ist, bietet eine wichtige empathische Informationsquelle. Sie wird optimal genutzt, wenn sich der Fokus zuerst auf die Augen richtet, die Anzeichen für Emotionen sind, und dann auf den Mund, was der Wahrnehmungsreihenfolge von Gesichtern entspricht (Kandel 2012, 330; Herrmann/Fiebach 2007, 117). Für die ‚Einpersonenillusion' spielt die Lippensynchronität eine entscheidende Rolle. Sie erfordert jedoch keine unbedingte Lautdeckung, mit Ausnahme labialisierter Laute wie [m], was in Anbetracht fremder Ausgangssprachen und phonetischer Systeme auch nicht realisierbar wäre. Von noch größerer Bedeutung hierfür ist die segmentierende Funktion der Lippenbewegungen für die Strukturierung der Sprache. Man erkennt Wort- und Satzgrenzen, verfolgt die Atmung, die oft mit Haltungswechseln einhergeht.

Aus den Anforderungen lassen sich folgende funktionelle Begrifflichkeiten für die Synchronarbeit ableiten (Beispiele): Sehen Sie in die Augen, nicht auf den Mund./ Nehmen Sie die Körperlichkeit wahr (Körperspannungen, Bewegungen)/Achten Sie auf die Persönlichkeit (z.B. Hinweis: Etwas mehr Kälte in die Sprechweise)./Wie atmet er?/Achten Sie auf den Spiel- und Sprechrhythmus.

Ein Synchronsprecher muss die überregionale deutsche Standardaussprache beherrschen (Segmentebene, Prosodie), um die Filmfiguren frei von regionalsprachlichen Bewertungen zu halten. Gefordert werden zudem die Fähigkeit zur phonostilistischen Variation, der Artikulationspräzision in unterschiedlichen Ausprägungen (z.B. Schwa-Realisierung; Krech et al. 2009, 98ff.) und eine hohe artikulatorische Geläufigkeit.

F.2 Vorstellungen von sprechkünstlerischen Prozessen

Baldur Neuber

F.2.1 Sprecher und Text

Unsere gegenwärtige Kunstlandschaft ist durch derartig viele Facetten gekennzeichnet, dass sich die Rolle des Textes hier nur an ausgewählten Bereichen verdeutlichen lässt. Die Zuständigkeit der Sprechkunst hat sich in den vergangenen Jahren zum einen auf Formate ausgeweitet, in denen Text keine konstante Größe sein muss. Hierzu gehören u.a. Improvisationstheater, Performances, Poetry Slam, aber z.B. auch Teile des HipHop/Rap. Zum anderen gibt es große Bereiche, in denen Text weitestgehend als Konstante gehandhabt wird, wie z.B. in der klassischen Dramenaufführung, aber auch im Spielfilm oder im reichhaltigen Markt der Hörbücher. In jedem dieser Bereiche hat künstlerischer Text eine Ästhetik, die sich in der klanglichen Umsetzung realisiert. Text schließt also aus sprechkünstlerischer Sicht das Phänomen Klang in die Präsentation und in die Rezeption ein. Interessant ist die Frage, in welchem Verhältnis sprachliche Zeichen in ihrer kognitiven bzw. konservierten (niedergeschriebenen, verbindlich abgespeicherten) Erscheinungsform gegenüber der klanglichen Realisation stehen. Hier gibt es viele graduelle Unterschiede, angefangen beim literarischen Text und seinem Wortlaut bis hin zur quasi-spontanen sprecherischen

Inszenierung im Poetry Slam. Literarische Texte in herkömmlicher (niedergeschriebener) Form eröffnen Sprechern spezifische Gestaltungspotentiale, die in der Zeichenstruktur angelegt sind und bestimmte gestalterische Realisationen nahe legen.
Hierbei spielen vor allem die folgenden Faktoren eine Rolle:

- literarisches Genre,
- metrische Bindung,
- inhaltliche und formale Spezifik des jeweiligen Textes.

Eine erste grobe Skizze literarischer Formen im Bezug zu den spezifischen Potenzialen ihrer sprecherischen Umsetzung unter Berücksichtigung der metrischen Bindung lässt sich wie folgt vornehmen:

Alle Genres weisen bekanntlich eine immense kategorielle Vielfalt auf, so dass hier nur auf wenige Grundzüge des Dualismus aus Textvorlage und sprecherischen Umsetzungspotenzialen eingegangen werden kann.

a) **Lyrik:** Typisch für den lyrischen Text ist die metrische Bindung, die erhebliche Konsequenzen für die professionelle sprecherische Umsetzung hat. Das Verhältnis von metrischer Form und sprecherischen Umsetzungspotenzialen lässt sich am besten über die Nutzung des taktgliedernden Verfahrens in Verbindung mit skandierendem Sprechen erschließen, wobei das skandierende Sprechen und die Taktgliederung von uns in erster Linie als Analyseinstrumentarium verstanden werden, nicht als künstlerische Präsentationsvariante.

Eine gute Einführung in die Metrik im hier erörterten Sinn gibt Arndt (1996), ein gelungenes Beispiel eines phonetiknahen sowie sprechkunstnahen Metrik-Verständnisses liefert Schrumpf (2011).

Die lyrische Gattung verleiht den emotionalen, stimmungshaften, seelischen Bewegungen in besonderem Maße Geltung. Dies geschieht v.a. durch sprachliche Verdichtung und durch die Erscheinungsformen und Präsenzgrade des sog. „lyrischen Ich". Obwohl es auch hier selbstverständlich größere und kleinere Formen gibt (z.B. Epos vs. Epigramm), ist doch ‚Ver-Dichtung' des Textes und die damit einhergehende Komprimierung wechselnder Emotionalitäten ein besonders charakteristisches Merkmal. Hinzu kommen oftmals gravierende Abweichungen von der konventionellen Morphologie, Syntax, Lexik und Semantik. Dies alles eröffnet der prosodischen Gestaltung durch den Sprecher besondere Spielräume, da Prosodie ein wichtiger Träger der Emotionssignalisation wie auch der lexikalisch-semantischen Disambiguierung bzw. Ambiguierung ist. Konkret bedeutet dies, dass durch die jeweilige Gestaltung sowohl eine Verengung als auch eine Erweiterung der semantisch-emotionalen Interpretation und Rezeption des Ausgangstextes ermöglicht werden. Die Palette reicht hier von gestalterischem Minimalismus bis hin zu maximaler Expressivität und vom Versuch der Gestaltung im Sinne des intensivsten Einfühlens in die Intentionen des Textes bis hin zur Extremen „Gegensinnigkeit". Dazwischen gibt es unzählige Variationen und Facetten.

b) **Dramatik:** Dramentexte sind für die Inszenierung in theatralen Prozessen geschaffen. Sie enthalten neben Monologen und Dialogen jedoch auch narrative bzw. beschreibende Anteile, die z.B. die Handlungssituationen in Szenen betreffen. Diese Texte benötigen folglich den theatralen Prozess für die vollständige Realisation, und dieses Merkmal unterscheidet sie klar von lyrischen wie auch epischen Texten, deren theatrale bzw. auch szenische Umsetzung zwar fast immer möglich, jedoch nicht zwingend erforderlich ist, um ihre volle Rezeptivität zu gewährleisten.

Auch in der Dramatik liegt eine enorme Formenvielfalt in Bezug auf Unterklassen, Darsteller, musikalisch-gesangliche Gestaltung usw. vor, so dass es schwierig ist, verallgemeinerbare Kriterien für die Sprechkunst abzuleiten.

Eine wesentliche Tendenz ist die relativ knappe, in sich verhältnismäßig geschlossene Handlung sowie deren Unmittelbarkeit und Gegenwärtigkeit. Hinzu kommt das „objektive" Moment in der Darstellung, wobei unter Objektivität die Integration von „Objekten" wie Kleidung, Maske, Requisiten usw. in die Inszenierung zu verstehen ist. Dies hat erhebliche Konsequenzen für die Sprechgestaltung, da die genannte Form von Objektivität auch die Rezeptionssituation grundsätzlich verändert: Beim Hören eines Gedichts oder auch eines Romanauszugs, in dem z.B. ein König vorkommt, können und müssen sich die Rezipienten viele seiner Eigenschaften und Merkmale selbst vorstellen, selbst wenn einige davon beschrieben werden. Die sprecherisch-stimmliche – und hier v.a. die prosodische – Gestaltung lässt also große interpretative Spielräume wie auch Assoziationen und Konfabulationen, z.B. über die Details der Gestalt, der Kleidung und vieler weiterer persönlicher Merkmale, zu. In der dramatischen Inszenierung hingegen reduzieren sich diese durch das Vorhandensein visueller, taktiler und olfaktorischer Informationen, so dass es zu einer beträchtlichen Disambiguierung kommt. Zugleich wird das innere und äußere Mitgehen der Rezipienten ermöglicht bzw. bis zu einem gewissen Grad „erzwungen". Dies wiederum führt zu relativer Straffheit und Konzentration, da eine sukzessive und individuell gesteuerte Rezeption, wie sie beispielsweise im Hörbuch häufig beobachtbar ist, i.d.R. nicht ermöglicht und auch nicht angestrebt wird.

Unter didaktischen Gesichtspunkten geht es in der Dramatik also im Kern um die gut durchdachte und künstlerisch intendierte Gestaltung der sprecherischen Leistungen in Relation zu allen anderen Elementen der schauspielerischen Handlung. Wie wichtig und sensibel diese Relation ist, lässt sich besonders gut beobachten, wenn Werke der Dramatik in andere Sprachen übertragen bzw. synchronisiert werden.

In jüngerer Zeit ist zudem zu beobachten, dass sich Regisseure zunehmende, z.T. immense, Freiheiten gegenüber den Texten nehmen, so dass engstes interdisziplinäres Zusammenarbeiten zwischen ihnen und einschlägig tätigen Sprechwissenschaftlern geboten ist.

c) **Epik:** Epik als erzählende und metrisch zumeist nicht gebundene Kunstform ist insbesondere durch die zeitliche Abgeschlossenheit der Darstellungen gekennzeichnet. Das Geschehen wird als Vergangenes vergegenwärtigt oder die zeitlichen Bezüge werden offen gehalten. Der Erzähler „vermittelt" zwischen Textgeschehen und Hörer. Dies bringt tendenziell eine erzählerische Distanz mit sich, die sich in den Merkmalen der Sprechgestaltung niederschlägt: Das Moment der „Unmittelbarkeit" weicht dem Abstand der Schilderung von bereits Vergangenem. Hierbei gibt es jedoch erhebliche Möglichkeiten im Grad der sprecherischen *Vergegenwärtigung*. Sie reichen von größter

Distanziertheit und Gelassenheit bis hin zur deutlichen Annäherung an die Signalisation aktuellen Geschehens, z.B. in der Wiedergabe von Dialogen.

In Bezug auf die zeitlichen Verläufe kann es neben der typischen Schilderung von Vergangenem zu Vagheiten in der Determinierung wie auch zu Raffungen und Dehnungen der Zeit kommen. Diese stellen u.U. besondere Herausforderungen an die Sprechgestaltung, da sie sich vom jeweiligen Umfeld absetzen und zugleich den verfremdeten Umgang mit der Kenngröße „Zeit" Rechnung tragen müssen. Im Gegensatz zur Dramatik ist jegliches Geschehen quasi-real und mittelbar, und es ist als solches zu präsentieren. Das Fehlen des unmittelbaren Beobachtens und Miterlebens von Ereignissen eröffnet zugleich Spielräume für Phantasie, Sukzessivität sowie – bedingte – Desynchronisation der Wahrnehmung. Die Rezipienten können sich von der Situation entkoppeln, sie können stärker „nach-denken" oder auch antizipieren, als dies in der Dramatik möglich ist. Durch sprecherisches Skizzieren (statt Determinieren) der Situativität, z.B. mittels geeigneter Pausengestaltung, werden derartige Rezeptionsspielräume eröffnet.

Die Ausführungen dieses Kapitels werden u.a. auch durch Hörbeispiele in unserer Internetpräsenz illustriert.

F.2.2 Gestaltungsmittel, insbesondere Prosodie und Artikulation

Der Hörer verarbeitet während der Wahrnehmung gesprochener Äußerungen neben dem Äußerungsinhalt auch *prosodische* und *artikulatorische* Merkmale, die in der Sprechkunst oftmals auch als *sprecherische Mittel* bzw. Gestaltungsmittel bezeichnet werden. Gemeint sind im Bereich der *Prosodie*: Melodieverläufe, Stimmklang, Lautstärke und Lautstärkevariation, Sprechgeschwindigkeit, Sprechgeschwindigkeitsvariation, Pausen sowie die Merkmalskomplexe Akzent und Rhythmus. Der Rhythmus wird in (vers)gebundener Rede wiederum vom Metrum beeinflusst, das dem jeweiligen Text zugrunde liegt. Für das Verständnis des Zusammenhangs zwischen Metrum und Rhythmus sind Kenntnisse in der Verslehre (Metrik) unerlässlich, die im Rahmen dieses Lehrbuchs nicht vermittelt werden können. Es wird dafür nachdrücklich die bereits unter F.2.1 genannte Ergänzungsliteratur von Arndt (1996) sowie das Skript in unserer Internetpräsenz empfohlen.

Unter den sprecherischen Mitteln im *artikulatorischen* Bereich werden in der Sprechkunst insbesondere phonostilistische Variationen, Erscheinungen der Koartikulation und Assimilation sowie die (bewusste) Verwendung regionaler phonetischer Variation betrachtet.

Alle bisher gennanten *sprecherischen Mittel* beschränken sich nicht auf sprechkünstlerische Kommunikation. Sie sind vielmehr Merkmale der phonetischen Oberfläche – also der Signalebene – jeglicher menschlicher Sprechkommunikation. Daher fällt ihre detaillierte Beschreibung nach unserer Fachauffassung in die Zuständigkeit der Phonetik (vgl. Kap. B, insbes. Kap. B.2).

Die sprecherischen Mittel erfüllen zahlreiche alltagskommunikative Funktionen, die natürlich auch künstlerisch eingesetzt werden können. So sorgen sie z.B. für die Erkennbarkeit emotionaler Regungen (wie Zorn, Freude, Angst), aber auch für die Zuweisungen von Eigenschaften des Sprechers (Alter, Geschlecht, Persönlichkeitseigenschaften u.a.m.). Für das genauere Verständnis dieser Aussagen sind Grundkenntnisse in der Sprechwirkungsforschung erforderlich, wie sie z.B. überblicksweise von Neuber (2010) dargelegt werden.

In der Sprechkunst, wie auch in der Sprechbildung, hat sich für den sehr komplexen Sachverhalt der Form-Funktions-dichothomie sprecherischer Mittel der Begriff „Sprechausdruck" etabliert. Der Sprechausdruck kann vom Sprecher intendiert und vom Hörer vielfältig gedeutet und bewertet werden. Nicht selten wird in der sprechkünstlerischen Literatur die Beschreibung prosodischer Merkmale als Erfassung von Sprechausdruck betrachtet. In keinem Fall ist hier die Textgestaltung, also Lexik, Syntax etc. im Sinne linguistischer Terminologie gemeint, sondern immer die phonetische – und z.T. auch die phonologische – Ebene. Der Begriff des Sprechausdrucks zielt v.a. auf die Subjektivität der Interpretation sprecherischer Mittel und wird daher künstlerischen Situationen durchaus gerecht.

Zudem verstehen wir sprecherische Mittel und hier insbes. die Prosodie generell als multiparametrische und polyfunktionale Erscheinung (Neuber 2002, 204), für die sich monokausale Form-Funktionszuordnungen in den meisten Fällen – zumindest in der deutschen Sprache – als nicht haltbar erweisen.

Wichtig ist in diesem Zusammenhang noch eine weitere Besonderheit der sprechkünstlerischen Kommunikation unter funktionalem Aspekt: In künstlerischen Äußerungen geht es nicht unbedingt darum, „Textsemantik" für den Rezipienten zu disambiguieren, und es ist auch nicht immer das Ziel des Künstlers, sich dem Gesagten gegenüber möglichst klar und unmissverständlich zu positionieren, wie wir dies z.B. für die rhetorische Kommunikation oder für den Fremdsprachenunterricht anstreben. Vielmehr zielen viele künstlerische Ereignisse gerade auf das Gegenteil, also auf „Verunsicherung", interpretatorische Vielfalt, Eröffnen von Auffassungsspielräumen etc. Auch hier wird Begriff des *Sprechausdrucks* produktiv, denn er zielt auf die bewusst machbare, aber zugleich auch unvermeidliche Produktion sprecherischer Signale, deren Rezeptionsergebnis eher ungewiss als vorhersagbar, aber dennoch subjektiv (und bedingt auch intersubjektiv) beschreibbar und interpretierbar ist.

F.2.3 Produzenten und Rezipienten

Das System aus Produzenten und Rezipienten in künstlerischen Sprechprozessen ist auf den Umgang mit Sinn und Form ausgerichtet. Es geht also hier um Vorgänge wie *Konstruktion* und *Dekonstruktion* von Sinn und Form, die sich letztendlich im Rahmen der Faktoren des in diesem Lehrbuch vorgestellten Sprechsituationsmodells ereignen. Das offene System des Künstlerischen hat allerdings einige funktionale Besonderheiten, die im Folgenden kurz skizziert werden sollen:

- In vielen künstlerischen Ereignissen kommt das *Werk* als Faktor hinzu. „Was" gesagt wird, hat damit eine textliche Bindung, so dass die meisten sprecherischen Gestaltungsmöglichkeiten im Bereich des „Wie" liegen. Ob und wie weit künstlerisch in den Text eingegriffen werden sollte, wurde aus sprechkünstlerischer Sicht immer wieder heftig diskutiert. Letztendlich ist das nicht nur ein künstlerisches, sondern auch ein urheberrechtliches Problem, für das es natürlich viele Lösungsansätze gibt. Zahlreiche Sprechwissenschaftler vertraten die Auffassung, dass Sprechkunst grundsätzlich an vorab vorhandene Texte aus Lyrik, Prosa oder Dramatik gebunden ist. Die Diversifizierung der künstlerischen Prozesse der Gegenwart bringt es jedoch mit sich, dass das gesprochene künstlerische Wort nicht mehr ausschließlich an starre Textvorlagen gekoppelt sein muss, man denke z.B. an aktuelle Kulturtechniken wie Sampling, Mixing, Dekonstruktion von Codes u.v.m. Die Reduktion künstlerischen Sprechens auf das ausschließlich textgetreue Vortragen literarischer Texte scheint uns damit nicht mehr haltbar.

- Wenn ein „Werk" (hier also ein künstlerischer Text) im sprechkünstlerischen Prozess enthalten ist, entsteht zwingend das Phänomen der „historischen Differenz" (Geißner 1988, 78), d.h. zur ursprünglichen und einmaligen Produktionssituation kommen eine oder mehrere weitere – wiederum jeweils einmalige – Kommunikationssituationen hinzu, die sowohl reproduktiv als auch produktiv sind. Sie „reproduzieren" Text, der vormals entstanden ist und „produzieren" all das, was die jeweils aktuellen Sprechsituationsfaktoren, insbesondere natürlich Sprecher und Hörer, einbringen. Da Text (im Sinne von Urhebertext) in diesem Fall eine Konstante ist, aber alle anderen Sprechsituationsfaktoren Variablen sind, tritt *historische Differenz* immer auf. Ihre Relevanz wird besonders markant hörbar, wenn wir ältere Aufzeichnungen sprechkünstlerischer Ereignisse hören. Beispiele hierzu befinden sich in der Internetpräsenz zu diesem Buch. Das Prinzip der historischen Differenz erstreckt sich jedoch auch auf dicht aufeinanderfolgende (aber eben doch niemals identische) Kommunikationssituationen, und zwar unabhängig davon, ob der Sprecher selbst Urheber der Textvorlage war oder nicht.
- Sinnkonstitution in sprechkünstlerischen Situationen enthält Momente des Fiktionalen und der Polysemierung. Im kommunikativen Alltagsgeschehen sind wir fast immer versucht, dem, was wir als „Realität" wahrnehmen, möglichst plausiblen „Sinn" zuzuweisen, um damit zugleich Ambiguität, Unschärfe oder auch „Sinnlosigkeit" gering zu halten oder gar zu negieren. Im künstlerischen Prozess können wir diese Grundsätze hingegen getrost aufheben. Künstlerisches Geschehen darf – z.B. semantische – Leerstellen und Unbestimmtheiten enthalten, es muss nicht „plausibel" sein, es darf, aber muss nicht „gefallen", muss also keine Norm der Konformität oder Unauffälligkeit bedienen.

(Sprach-)Handlungen, Personen, Raum und Zeit dürfen – und sollen zumeist auch – fiktional und phantasiereich bis phantastisch sein, und müssen folglich nicht kommunikative Alltagskonventionen und die ihnen zugrunde liegenden Regeln befolgen. In diesem Punkt zeichnen sich auch die Grenzen der wissenschaftlichen Erfassbarkeit künstlerischer Sprechprozesse ab.

Sogar die – nicht nur in der Sprechwissenschaft – selbstverständlich erscheinende Übertragung des (in unserem Fach wohl vor allem philologisch geprägten) Kommunikationsbegriffs ist hier zu problematisieren, denn: „Eben diese Selbstverständlichkeit nimmt wunder, mit der die Ausdehnung des Kommunikationsbegriffs auf einen Wahrnehmungsvorgang geschieht, dessen Besonderheit es gerade ist, über Kommunikativität, ihre intentionalen Verstrebungen und ihre Rationalität weit hinauszureichen in Spielräume der geistigen Existenz, die großenteils jenseits der durch Kommunikationsmittel und gängige Codes erreichbaren Erfahrungen liegen." (Meinhold 1997, 152).

F.3 Kompetenzentwicklung: Ausgewählte Lehrmeinungen und Konzepte

F.3.1 Das Prinzip des gestischen Sprechens

Martina Haase

Im Folgenden werden der Ursprung und die Weiterentwicklung einer der wesentlichen Methoden der sprecherzieherischen Arbeit vorgestellt, die an und für Schauspielschulen entwickelt wurde. Eine Adaption dieser Methode in andere Lehrbereiche der mündlichen Kommunikation und für andere Zielgruppen ist inzwischen vielfach erprobt (vgl. Kap. F.3.5 und F.3.6). Der Begriff des Gestus nach Bertolt Brecht wird in der sprechwissenschaftlichen Literatur seit Mitte der 70er-Jahre des 20. Jahrhunderts reflektiert und nutzbar gemacht. Eine Schlüsselstellung für die Erarbeitung eines umfassenden methodischen Konzeptes für Schauspielstudenten sowohl für die stimmlich-artikulatorische als auch für die Textarbeit auf der Basis der Brechtschen Intentionen nehmen dabei **Klaus Klawitter** und **Herbert Minnich**, inzwischen Emeriti der Hochschule für Schauspielkunst „Ernst Busch" Berlin ein (vgl. Klawitter/Minnich 1976; 1998; Minnich 1998). Ausgangspunkt war die Suche nach Möglichkeiten, das sprecherzieherische Funktionstraining im Sinne von isolierter Technikvermittlung zu verändern und stärker mit der Schauspielausbildung zu verbinden, d.h. die Vermittlung der sprechtechnischen Abläufe in den schauspielerischen Darstellungsprozess zu integrieren. Brechts Aussagen zum Gestus bildeten die Basis, auf der sie ihre Methode entwickelten. H.M. Ritter hat zu diesem Themenkomplex ebenfalls mehrfach schwerpunktmäßig gearbeitet (vgl. u.a. Ritter 1986; 2011). Weitere Publikationen zu dieser Thematik vgl. Haase 1985; 1997; Schmidt 2010.

F.3.1.1 Begriffsinhalt

Was heißt gestisches Sprechen, was charakterisiert diese Methode? Brecht (1898–1956) entwickelte innerhalb seiner Theaterarbeit eine bestimmte Art des Herangehens an Schauspieltexte beim Schreiben und Inszenieren, die er gestisch nannte (Substantiv Gestus). 1938 reflektiert er in dem Aufsatz *Über reimlose Lyrik mit unregelmäßigen Rhythmen*: „Man muß dabei im Auge behalten, daß ich meine Hauptarbeit auf dem Theater verrichtete; ich dachte immer an das Sprechen. Und ich hatte mir für das Sprechen (sei es der Prosa oder des Verses) eine ganz bestimmte Technik erarbeitet. Ich nannte sie gestisch." (Brecht 1993a, 359). Der Gestus ist von Anfang an ein zentraler Begriff der Brechtschen Theatertheorie und Ästhetik.

> „Unter einem Gestus sei verstanden ein Komplex von Gesten, Mimik und (für gewöhnlich) Aussagen, welchen ein oder mehrere Menschen zu einem oder mehreren Menschen richten." (Brecht 1993b, 616).

Brecht erläutert weiter: „Ein Mensch, der einen Fisch verkauft, zeigt unter anderem den Verkaufsgestus. Ein Mann, der sein Testament schreibt, eine Frau, die einen Mann anlockt, ein Polizist, der einen Mann prügelt (…) – in alldem steckt ein *sozialer Gestus*." (ebd.; Herv. M.H.). Das bedeutet, ihr Handeln erfolgt immer mit einer bestimmten Absicht, mit einem bestimmten Ziel, unter bestimmten (sozialen) Umständen. Der Gestus ist die Basis, die *Gesamthaltung* (verstanden als körperliche und geistige Haltung), die all diesen Vorgängen zugrunde liegt und alle an diesem Vorgang beteiligten Menschen betrifft. In einer anderen Belegstelle definiert Brecht den Gestus auch als

> „einen Komplex von Gesten und Äußerungen, welcher, bei einem einzelnen Menschen auftretend, gewisse Vorgänge auslöst (die zögernde Haltung des Hamlet (...)), oder auch nur eine *Grundhaltung eines Menschen* (wie Zufriedenheit oder Warten). Ein Gestus zeichnet die *Beziehungen von Menschen zueinander*. Eine Arbeitsverrichtung z.B. ist kein Gestus, wenn sie nicht eine gesellschaftliche Beziehung enthält wie Ausbeutung oder Kooperation." (Brecht 1993c, 188; Herv. M.H.).

Schlüsselbegriffe sind die *Beziehung von Menschen* zueinander, also die Beziehungsebene nach Watzlawick (vgl. Watzlawick et al. 1969) und die *Haltung*. Haltung meint nicht primär die Körperhaltung, sondern vor allem die geistige Haltung, aus der sich die körperliche ergibt. Es wird deutlich, dass der Gestus eine ästhetische und soziale Kategorie ist: In der Schrift *Kleines Organon für das Theater* definiert Brecht den Gestus wie folgt: „Den Bereich der Haltungen, welche die Figuren zueinander einnehmen, nennen wir den gestischen Bereich. Körperhaltung, Tonfall und Gesichtsausdruck sind von einem gesellschaftlichen ‚Gestus' bestimmt: die Figuren beschimpfen, komplimentieren, belehren einander usw." (Brecht 1993c, 89). Diese Zitate verweisen auf die Basis des Brechtschen Gestus-Verständnisses: es geht ihm um das *gesellschaftliche Verhalten* und damit um die *sozial determinierten Haltungen* eines Menschen. In verschiedenen Belegstellen betont Brecht ausdrücklich, dass das Gestische, der Gestus nicht im Sinne von Gestikulieren verstanden werden darf (vgl. u.a. Brecht 1993a, 329).

Jan Knopf, einer der Herausgeber der *Großen kommentierten Berliner und Frankfurter Brecht-Werke Ausgabe* (1988–2000), wertet den Gestus-Begriff „als materielle Metapher für Sprachliches, ‚Geistiges'" (Knopf 1980, 392). Für Brecht ist nach Knopf der Gestus „Ausdruck realen Verhaltens, realer Haltungen, realer Einstellungen, auf die sich Sprache, Geist, Gefühl einstellen sollen (…). Der Gestus-Begriff macht das Subjektive (subjektives Verhalten, subjektive Haltungen) über das Intersubjektive, Gesellschaftliche zugänglich und verständlich: er definiert ein *Zueinander-Verhalten*" (ebd. 392f.; Herv. M.H). Das Bestimmende für das reale Verhalten, die realen Haltungen entspringt dem „gesellschaftlichen Zusammenleben der Menschen" (ebd.) und ist damit nicht mehr rein subjektiv, sondern wird intersubjektiv und damit darstellbar und den Menschen vermittelbar.

Das Begriffsfeld des Gestus ist bei Brecht seit den 20er-Jahren des 20. Jh. in verschiedenen Belegstellen nachweisbar. Vermutlich um 1938 erläutert Brecht den Begriff zum ersten Mal näher in dem Aufsatz „Über gestische Musik" (vgl. Brecht 1993a, 329ff.). Näheres dazu vgl. Haase 1997. Brechts Ziel ist es, mit „seinem" Theater, mit seinen spezifischen Methoden des Stückschreibens und Inszenierens die Welt erklärbar und damit veränderbar zu zeigen. Die Sprache und das Sprechen sind für ihn eines der wichtigsten Werkzeuge zur Realisierung dieses Anliegens. Deshalb strebt er eine *natürliche* (nach modernem Begriff *authentische*) Sprache, ein *natürliches Sprechen* auf der Bühne an. Eine natürliche Sprache, die aber zugleich auch stilisiert ist, dem Theater als „Kunstanstalt" gemäß, vom Alltag abgehoben, über ihn hinausweisend. Brecht beschäftige zeitlebens v.a. die Frage, ob es mittels des Theaters möglich ist,

„die Abbildung der wirklichen Vorgänge zur Aufgabe der Kunst zu machen und damit die kritische Haltung des Zuschauers zu den wirklichen Vorgängen"(Brecht 1994, 404) zu erreichen. Die Aufgabe des Theaters besteht für Brecht darin, „daß die Vorgänge des wirklichen Lebens auf der Bühne so abgebildet werden, daß gerade ihre Kausalität besonders in Erscheinung tritt und den Zuschauer beschäftigt." (ebd.). Um das in seiner Theaterarbeit zu erreichen, hat er u.a. den Gestus und das gestische Sprechen entwickelt. An dieser Stelle kann nur auf seine *Theorie des epischen Theaters* verwiesen werden (u.a. in den Schriften: *Der Messingkauf; Dialog über Schauspielkunst; Kleines Organon für das Theater*).

F.3.1.2   Methode

Wie kann ein Gestus realisiert werden? Brecht führt dazu aus:

- „Ein Gestus kann allein in Worten niedergelegt werden (im Radio erscheinen)" (Brecht 1993b, 617);
- ebenso kann ein Gestus in „Gesten und Mimik", also ohne Worte, wie z.B. im Stummfilm, niedergelegt werden und „Worte beinhalten" (ebd.);
- oder es können auch nur „Gesten Worte beinhalten" wie zum Beispiel im Schattenspiel (ebd.).

Zu ergänzen ist, dass Worte oder Gesten ersetzbar sind durch andere Worte resp. Gesten, ohne eine Änderung des Gestus herbei zu führen. Die Zitate verweisen darauf, dass die Realisierung des Gestus auf vielen Ebenen und durch unterschiedliche Mittel erfolgen kann, und zwar nicht nur durch sprachliche und sprecherische, mimische und gestische. Es existieren bspw. verschiedene Belegstellen, wo Brecht vom „Gestus der Inszenierung", von gestischer Musik u.ä. spricht.

Für unser Arbeitsfeld ist Brechts Unterscheidung zwischen der **gestischen Sprache** im Sinne der segmentalen, also der sprachlichen Ebene und der sprecherischen Umsetzung (u.a. Sprechausdruck) interessant. In dem bereits erwähntem Aufsatz „Über reimlose Lyrik" beschreibt er an einem Beispiel aus der Bibel seine Kriterien für einen gestisch reichen Text, für gestische Formulierungen. Der Äußerung *„Reiße das Auge aus, das dich ärgert!"* ist der Gestus des Befehls immanent, aber nicht rein gestisch. Es gibt noch einen weiteren Gestus: *„das dich ärgert"* ist eine Begründung, warum man so handeln sollte. Das kommt aber in dieser Satzkonstruktion so nicht zum Ausdruck. In der Bibelübersetzung von Martin Luther, der „dem Volk aufs Maul sah" (Brecht 1993a, 360) sieht er einen „reinen" gestischen Ausdruck: *„Wenn dich dein Auge ärgert, reiß es aus!"*. Was ist im Vergleich zum vorigen Satz anders? Der erste Teilsatz enthält eine Annahme: *„Wenn dich dein Auge ärgert"*. Das „Eigentümliche, Besondere in ihr kann im Tonfall (…) ausgedrückt werden" (ebd.). Unter Tonfall subsummiert Brecht i.w. die Suprasegmentalia. Vor dem zweiten Teilsatz kommt nach Brecht „eine kleine Pause der Ratlosigkeit" und dann erst folgt „der verblüffende Rat": *„reiß es aus!"*. (ebd.). Es ist deutlich zu sehen, dass durch die Abfolge der Teilsätze diese Äußerung in der Nachvollziehbarkeit logischer erscheint. Merkmale einer gestisch reichen Sprache sind demzufolge u.a. in der Syntax zu finden. Auf entsprechende Untersuchungen in der Sprachwissenschaft kann hier nur verwiesen werden (vgl. Birkenhauer 1971; Lerchner 1984; Werner 1973). Brechts Beispiel aus der Bibel in der Luther-Übersetzung macht deutlich, dass die gestische Sprache den sozialen (mitteilenden) Aspekt des Sprechens akzentuiert.

„Reiße das Auge aus, das dich ärgert!"
- Gestus des Befehls, aber nicht rein gestisch
- „das dich ärgert" – noch anderer Gestus (Gestus der Begründung)
- kommt aber nicht zum Ausdruck
- rein gestisch nach Brecht und bei M. Luther:

„Wenn dich dein Auge ärgert, reiß es aus!"
- 1. Satz: Annahme (Eigentümliche, Besondere im „Tonfall")
- kleine Pause der Ratlosigkeit
- 2. Satz: verblüffender Rat

Zur sprecherischen Realisierung und damit zur Modifizierung des Gestus-Begriffs für die Sprecherziehung und Textarbeit sei auf Klawitter/Minnich verwiesen. Sie verstehen Sprechen als gesamtkörperlichen Vorgang. Jeder sprachlichen Äußerung geht eine gesamtkörperliche Handlungsbereitschaft voraus. Die Veränderung der gesamtkörperlichen Handlungsbereitschaft wird durch die Sprechabsicht und die Sprechsituation bestimmt. Die gesamtkörperliche Handlungsbereitschaft löst kontrollierbare muskuläre Empfindungen aus, die Sprechspannung. Ein Gestus ist demzufolge über folgendes Bedingungsgefüge realisierbar:

- innere Einstellung (des Sprechers),
- Partnerbezug/ Partnerorientierung,
- Situationsbezug,
- gesamtkörperliche Haltung,
- Vollzug der sprachlichen Äußerung (vgl. Klawitter/Minnich 1998, 257f.).

Wesentlich ist es, das gestische Sprechen als ganzheitlichen Prozess zu begreifen und mit dem gesamten Körper und nicht nur als „Kopfgeburt" und/oder mit isolierter Stimme und Sprechweise zu realisieren. Dabei ist Emotionalität selbstverständlich in all diese Prozesse integriert, sie ist ein wichtiger Bestandteil.

Wie kann mit diesem Prinzip gearbeitet werden? Am Beispiel eines Gedichts von Ernst Jandl soll das Vorgehen kurz erläutert werden.

---

ottos mops (Jandl 1997, 60)

ottos mops trotzt
otto: fort mops fort
ottos mops hopst fort
otto: soso

otto holt koks
otto holt obst
otto horcht
otto: mops mops
otto hofft →

> ottos mops klopft
> otto: komm mops komm
> ottos mops kommt
> ottos mops kotzt
> otto: ogottogott

Über die sogenannten **W-Fragen** (vgl. F.1.5.2) kann der Gestus erschlossen werden:

Wer → Wem
Wer bin ich, wem erzähle ich diese Geschichte bzw. für wen spreche ich, zu wem spreche ich.

Was erzähle ich, was ist der Inhalt.

Warum/Wozu
Warum erzähle ich das, aus welchem Grund, was beabsichtige ich, was möchte ich beim Partner erreichen (Motivation des Sprechenden).

Wo/Wann
Die raum-zeitliche Situation, in der es stattfindet.

Der erste Schritt ist die genaue Analyse des Textes, das Klären der **Vorgänge** (das **Was**, vgl. Kap. F.1.5.2) – das ist wohlgemerkt kein Interpretieren wie es vielfach in der Schule praktiziert wird. Wo finden **Haltungswechsel** statt. Welche (poetischen) Figuren gibt es im Text.

Vorgänge in Strophe 1: Ottos Hund ist unartig, Otto schickt ihn weg, der Hund gehorcht und geht, Otto kommentiert das Geschehen / möglicher Haltungswechsel z.B. in Strophe 2 „otto hofft": Otto möchte, dass der Hund zurückkommt (er macht sich Sorgen, dass ihm was passieren könnte) / Figuren: Otto, sein Hund und ein Erzähler.

Jetzt beginnt die eigentliche Arbeit des Sprechers, nämlich das **(Er)Finden einer Situation** (zum Begriff Situation vgl. Kap. F.1.5.2):

Bspw. ist Otto unser Nachbar von gegenüber, ich wohne in einer WG. Ich kann ihn nicht leiden, weil er sich über alles aufregt (unsere Fahrräder lehnen an seinem Haus, wir hören zu laute Musik usw.); aber die Hundehaufen seines Mops macht er nicht weg! Ich stehe zufällig an unserem Küchenfenster, sehe Otto in seiner Wohnung und verfolge das Geschehen – zunächst mäßig interessiert, im Verlaufe der Geschehnisse wird es aber zunehmend spannender und Schadenfreude (wie gesagt: wir mögen uns nicht) kommt auf. Ich berichte meinen Mitbewohnern, die am Frühstückstisch sitzen und Otto nicht sehen können, was ich sehe (Prinzip Mauerschau). Wichtig ist beim Erfinden einer Situation, an die eigenen lebensweltlichen Erfahrungen und Gefühle anzuknüpfen, d.h. so konkret und klar wie möglich zu werden. Es ist nicht hilfreich, irgendwelche abstrakten, komplizierten „Szenen", die mit der eigenen Lebenswirklichkeit nichts zu tun haben bzw. zu tun haben könnten, zu konstruieren.

Zu klären ist auch die **Beziehung der Figuren** zueinander: *warum hat Otto diesen Hund, wie behandelt er seinen Hund, hat er ihn bspw. lieb oder ist er ihm eher lästig; was ist Otto für ein Mensch (welche Wesenszüge, wie alt, wie sieht er aus u.ä.), wie verhält sich der Hund, was hat er für eine Wesensart), wie leben sie im Alltag miteinander usw.* All diese Punkte haben Einfluss auf den Gestus und damit auf die sprecherische Umsetzung. *Wenn Otto ein liebevolles Verhältnis zu seinem Hund hat, wird er mit ihm anders umgehen* *als wenn der Hund ihm vor allem lästig ist. Dazu kommt noch der Erzähler; welche Haltung hat er zu Otto (siehe Aufbau einer Situation).*

Das **Wie**

d.h. die sprecherische Umsetzung mittels Stimme, Sprechweise, Artikulation, Körper resultiert v.a. aus der Situations- und Figurenanalyse. So ergibt sich z.B. die körperliche Haltung praktisch „von allein": *ich bin gespannt was bei Otto passiert, ich verfolge das Geschehen (mit den Augen, mit dem ganzen Körper)* – dadurch entsteht eine bestimmte gesamtkörperliche Spannung. Das ist keine äußerlich aufgesetzte Spannung, sondern sie stellt sich über das Vorstellen der Situation, der Vorgänge her und überträgt sich auf das Sprechen. Das Arbeiten mit **Untertexten** (vgl. Kap. F.1.5.2) gehört natürlich als wichtiges Mittel auch dazu.

Anzumerken ist, dass die hier beschriebene Möglichkeit des Umgangs mit diesem Jandl-Gedicht *eine* von vielen denkbaren Varianten darstellt.

Schwerpunktmäßig zusammengefasst sind folgende Punkte beim Arbeiten mit dem gestischen Prinzip wichtig:

- genaue Textkenntnis (Vorgänge und Haltungswechsel), Figuren- und Situationsanalyse,
- konkrete Ansprechpartner vorstellen,
- Kreativität, Phantasie und Emotionalität nutzen,
- mit dem gesamten Körper arbeiten,
- Lust und Freude am Sprechen und Sich-Mitteilen-Wollen.

Die Eignung von literarischen Texten für ein gestisches Herangehen ist unterschiedlich. Texte, deren sprachliche Struktur gestisch ist, sind naturgemäß besser geeignet (vgl. gestische Sprache). So bieten sich z.B. Balladen an, die besonders als Einstieg in diese Methode günstig sind (Beispiel für Balladen-Erarbeitung vgl. Haase 2011). Es gibt aber auch Texte, die sich einem gestischen Zugang gegenüber sperren. Hier ist der Sprecher gut beraten, es nicht zu erzwingen und nach anderen methodischen Möglichkeiten zu suchen.

Was heißt gestisches Sprechen heute? Seit der Entwicklung dieser Methode sind mehrere Jahrzehnte vergangen. Methoden werden verändert und weiterentwickelt, in Abhängigkeit von äußeren Faktoren (z.B. der sich wandelnden künstlerischen Praxis) und durch die mit ihnen arbeitenden Menschen. So gibt es durchaus Tendenzen, das Repertoire des Gestischen Sprechens mit anderen Methoden zu kombinieren bzw. zu ergänzen. Profundes Beispiel dafür ist die Methode von Linklater (vgl. Kap. F.3.2.1). Die in diesem Kapitel vorgestellte Methode darf nicht als ein starres Konzept verstanden werden, sondern als Ansatz und Angebot. Jeder Sprecherzieher weiß, dass man sich eine Methode über die praktische Arbeit „anverwandeln" muss. Zum Schluss kann an dieser Stelle nur darauf verwiesen werden, dass das gestische Prinzip seit langem auch eine bewährte Arbeitsmethode in der Sprechbildung (im Bereich Stimme, Artikulation) ist.

F.3.2 Methodische Ansätze der Sprechbildung im sprechkünstlerischen Bereich

F.3.2.1 Die Linklater-Methode

Christian Keßler

Der Arbeitsansatz von Kristin Linklater ist inzwischen nicht nur in den USA, in Kanada und Großbritannien sehr bekannt. Er stößt in ganz Europa und insbesondere in Deutschland auf große und weiter zunehmende Resonanz. Der englische Titel ihres 1976 erschienen Lehrbuchs ist zugleich Programm: *Freeing the Natural Voice*. Die grundsätzliche Annahme des Konzeptes ist es, dass jeder Mensch über eine natürliche Stimme verfügt, die Funktion der Stimme aber Einschränkungen, Blockaden oder Verformungen unterliegen kann:

> „Die natürliche Stimme ist am deutlichsten wahrnehmbar blockiert und verformt durch körperliche Spannungen, aber sie leidet auch durch emotionale, intellektuelle und spirituelle Blocks (...). Alle diese Hindernisse sind psycho-physischer Natur. Wenn sie beseitigt sind, ist die Stimme in der Lage, die ganze Spanne menschlicher Gefühle und alle Nuancen von Gedanken mitzuteilen." (Linklater 2005, 16).

Den Übungsansatz hat K.L. bei der Schauspiellehrerin Iris Warren in London kennengelernt und, beeinflusst u.a. von der Alexandertechnik und der Feldenkraismethode, zu einem eigenständigen Konzept weiterentwickelt. Darüber hinaus bezieht sie sich ausdrücklich auf **Alice Miller** und **Antonio R. Damasio** (siehe Literaturverzeichnis). K.L. weist darauf hin, dass Iris Warren mit Schauspielern nicht in erster Linie direkt an der Stimme gearbeitet hat, sondern an der Deblockierung der Gefühle (ebd. 17). Die Frage *„Wie fühlt sich das an?"* und weniger die Frage *„Wie klingt das?"* war ein Bewertungskriterium für die Arbeitsfortschritte. Folgerichtig wird betont: *„Ich möchte dich hören, nicht deine Stimme"* (ebd.).

Die Linklater-Methode umfasst ein sehr differenziertes, umfangreiches und spezifisches Übungsprogramm zur Stimmarbeit in allen Teilbereichen: Entspannung, Körperhaltung (insbesondere Wirbelsäule und Kopf), Atmung, Stimmgebung, Resonanz und Dynamik (der Atmung, der Artikulation, der Stimme). Im Mittelpunkt steht das Zurückfinden zu den physiologischen Abläufen des Körpers und zu den genannten Teilfunktionen. Als Weg dahin spielt das Entspannen, Lösen, Loslassen oder Geschehenlassen eine zentrale Rolle: weg von immerwährender, ruheloser Aktivität, dem etwas-tun-oder-machen-**müssen**. K.L. hat dazu eine Vielzahl sehr wirkungsvoller, einprägsamer Bilder entwickelt und betont in den Arbeitsanweisungen das Passive. Dabei formuliert sie immer außerordentlich präzise, fast seismographisch genau: nicht – *„Entspanne deine Oberschenkel"* sondern *„Lass deine Oberschenkelmuskeln entspannen"*, oder *„Lass den Atem sich erneuern"* (nicht *„einatmen"*). Dies ist ein Prozess der Bewusstwerdung dessen **was ist** und der Erforschung neuer Möglichkeiten.

Die Beschäftigung mit dem eigenen Körper soll die kinästhetische Wahrnehmung entwickeln und so differenziert wie möglich werden lassen. Walter sieht dies als großen Wert der Methode, aber auch als Gefahr, sich zu lange mit sich selbst zu beschäftigen (Walter 2009, 311).

Ein zentrales Übungselement für Atem und Stimme ist der sogenannte *„Erleichterungsseufzer"*. Aus der Gelöstheit der Ruheatmung heraus sollen sich positive Bilder oder Gedanken z.B. vom Lieblingsort (Urlaub) einstellen. Der Übende will nun sein Empfinden von Wohlgefühl oder großer Zufriedenheit mit Hilfe eines tiefen, freundlichen Seufzers (zunächst tonlos) ausdrücken. Die ausströmende Luft wird später auch als Ton ausgeseufzt *(Berühren des Tons)*. Artikulatorisch ergibt sich ein „indifferenter Vokal" (hä). Dieser Erleichterungsseufzer ist immer (!) mit einem konkreten Gedanken oder Bild zu verbinden, ein rein technischer Ablauf soll vermieden werden. K.L. geht es grundsätzlich nicht darum, Techniken zu vermitteln, sondern mit den eigenen Gefühlen in Kontakt zu treten, Emotionen zuzulassen und mit ihnen umzugehen *(„Ja, ich bin aufgeregt")*. Es ist ein Weg **von innen nach außen**. Die breite Auseinandersetzung mit Emotionen brachte Linklater allerdings auch den Vorwurf ein, die Grenzen zur Psychotherapie zu überschreiten. Doch in der praktischen Arbeit der Kurse wird schnell klar, dass überschießende Gefühle unterbrochen werden und Stimmarbeit sich nicht in Stimmungsarbeit erschöpfen kann. Hinzukommt der *psychodramatische Effekt* beim Sprechen von Texten allgemein oder bei Improvisation bzw. bei der Rollenarbeit speziell im Schauspielstudium oder auf der Bühne. Stimmbildung und Textarbeit haben nicht den Zweck, heftige Gefühle zu provozieren. Dies ergibt sich nach Walter (2009, 315) jedoch häufig, wenn ein starker Stimulus auf einen durchlässigen Körper trifft. Sprecherzieher sind keine Psychologen oder Physiotherapeuten, sie müssen bei auftretenden Schwierigkeiten immer an entsprechende Fachkollegen weitervermitteln.

Das Trainingskonzept von Kristin Linklater, in den Einheiten fortschreitend als Progression aufgebaut, soll als Grundlage des täglichen Übens (der Schauspieler) dienen und zugleich Voraussetzung für die Arbeit am Text sein (Walter 2009, 302f.).

In der vorliegenden deutschsprachigen Ausgabe ihres Lehrbuches wird die **Textarbeit** im Kapitel IV (Linklater 2005, 234ff.) vergleichsweise kurz abgehandelt. Im Konzept von K.L. ist die Textarbeit jedoch das **Ziel** und stimmlicher Ausdruck kein Selbstzweck. Dies wird wieder in den praktischen Kursen deutlich: Textarbeit spielt bei allen Kursen, auch und gerade in der Anfangsphase, eine zentrale Rolle und ist als Übungsprinzip durchgehend präsent.

Der Zugang zur Textarbeit ist insofern ungewöhnlich, als am Anfang der Arbeit zunächst einzelne Wörter oder Sequenzen des Textganzen stehen können:

> „Im wesentlichen bedeutet ‚Arbeit am Text', die Worte auf sich wirken zu lassen; Wege zu finden, den Text in sich eindringen zu lassen, so dass sinnliche, emotionale, imaginative, körperliche und stimmliche Entdeckungen die Grundlage bilden, auf die der Intellekt aufbauen kann." (Linklater, 2005, 260).

So wird bspw. ein einzelnes Wort des Textes nicht „gesprochen", sondern ausgeseufzt (s.o.). Darüber sollen sich Gefühle, Assoziationen und Bewegungen ergeben. Anschließend werden dem Sprecher verschiedene Fragen zum Begriff gestellt, die er immer mit dem geseufzten Wort beantwortet. Atem und Stimme verändern sich dabei und reagieren. So wird der Text in Einzelteile „aufgebrochen", der Sprecher tritt mit den elementaren Bausteinen emotional in Kontakt. Erst später werden diese wieder zusammengefügt und in den Textzusammenhang gebracht. Die Zuhörer (die anderen Kursteilnehmer) spielen in diesem Erarbeitungsprozess auf verschiedene Weise eine sehr aktive und kritische Rolle: Sie sind aufgefordert bei Unklarheiten sofort laut nachzufragen. Bei bestimmten Übungen werden die Zuhörer auch als kommunikative

„Störfaktoren" eingebaut oder als körperliche Widerstände eingesetzt, die der Sprecher überwinden muss. Mehr zur Textarbeit und zu konkreten Übungen (wie z.B. Drop-in, Körpermünder, River-Story) siehe bei Walter (2009, 304ff.).

Zum Abschluss ist zu sagen, dass die Arbeit nach Kristin Linklater und die Methode des „Gestischen Sprechens" nicht unvereinbar sind (Walter 2009, 316). Es gibt sogar etliche Parallelen wie bspw. Stellenwert der körperlichen Entspannung, Stimmarbeit mit indifferentem Vokal, Arbeit mit Situationen, Untertexten und Bildern am Text und in den Übungen. Die Linklatermethode wurde zwar speziell für die Arbeit mit Schauspielern entwickelt, ist aber darauf nicht zu beschränken und natürlich auch bei allen anderen Zielgruppen anzuwenden.

F.3.2.2 Körperstimmtraining

Christian Keßler

Das Körperstimmtraining ist eine körperorientierte Sprechbildungsmethode, die im Bereich der Sprecherziehung des Schauspielers in den 1960er-Jahren begründet und in den 1970er-Jahren entwickelt wurde. Das bis dahin übliche **mechanistische Arbeiten**, ein rein äußerliches Techniktraining (Zungenbrecher, Wortakrobatik, Korkensprechen), hatte ausgedient. „Die alte Sprechtechnik war das Kind einer artifiziellen Theaterkunst." (Aderhold 1999, 63). Doch das Theater hatte sich gewandelt „und damit änderte sich auch die Auffassung vom Theaterspielen." (ebd.). Aderhold war einer der „Zöglinge" der Wittsack-Krechschen Sprecherziehungsausbildung an der Universität Halle, die dieser veralteten Technik den Kampf ansagten. Bereits 1962 ging er in einem fachwissenschaftlichen Artikel auf die phylogenetischen, ontogenetischen und anatomisch-physiologischen Zusammenhänge von Körpermotorik und Sprechmotorik ein. In seinem Lehrbuch zog er später daraus Schlussfolgerungen im Sinne eines ganzheitlichen Handelns für die sprecherzieherische Praxis:

> „Körperausdruck und Sprechausdruck bilden eine Einheit. Der motorische Antrieb (…) ist folglich für Sprech- und Körperausdruck der gleiche. Sprechen ist damit Teil eines gesamtkörperlichen Geschehens (…)." (Aderhold 2007, 29).
>
> „Wir können so, durch geschickte Kopplung unserer Stimmübungen mit Körperbewegungen, einen indirekten Einfluss auf das Extrapyramidalsystem nehmen. Auf diese Weise lässt sich vielfach über den Reiz einer Gesamtmotorik die Stimmgebung (…) verbessern." (ebd. 62f.).

Dies war eine ungewöhnliche Herangehensweise, ein neuer Arbeitsansatz. Seither kann von einer neuartigen Kategorie, den **Körperstimmübungen,** gesprochen werden. Darunter verstehen wir Atem-, Stimm- und Artikulationsübungen, die mit bewegungsmotorischen Abläufen zu einer Einheit verbunden werden und damit über rein gymnastische Elemente z.B. zur Erwärmung hinausgehen. Interessant ist in diesem Zusammenhang, dass 1976 die Erstauflage des Übungsbuches von Coblenzer und Muhar (vgl. Coblenzer/Muhar 1976) in Wien erschien, das ebenfalls sehr bewegungsintensive Übungen enthält. Eine Neuorientierung in der Sprecherziehungsarbeit fand offensichtlich unabhängig voneinander an verschiedenen Orten statt.

Neurophysiologische Untersuchungen und Erkenntnisse der vergangenen Jahre und Jahrzehnte im Bereich der sensomotorischen Entwicklung und der Sprachentwicklung haben diesen körpermotorischen Ansatz entscheidend gestützt.

Die konkrete Ausarbeitung des Körperstimmtrainings geht wesentlich auf **Inge Honigmann** von der Hochschule für Schauspielkunst „Ernst Busch" Berlin zurück. Sie hatte sich in den 1960er-Jahren intensiv mit dem Bewegungsunterricht von Hildegard Buchwald beschäftigt. In einer Gruppe von Sprecherzieherkollegen an der (Ost-) Berliner Schauspielschule, in der Klaus Klawitter und Herbert Minnich federführend mitwirkten, experimentierten sie gemeinsam und kreierten neue Sprecherziehungsübungen. Dies betraf alle Arbeitsbereiche bzw. Funktionskreise (Atmung, Stimme, Artikulation): von körperlich-stimmlich-artikulatorischer Lockerung, über den Aufbau körperlicher Spannung aus der Körpermitte (Zentrum), die Entwicklung körperlicher Widerstände bis zu wachsender und großer Intensität in der Aktion (Dynamik/„Kraftstimme").

> „Wir verbinden und trainieren stimmbildendes Übungsmaterial aus dem Fach Sprecherziehung mit Elementen und Übungsabläufen der körperbildenden Fächer Bewegung und Akrobatik. (...) Der theoretische Ansatz für diese Arbeitsweise liegt in der Erkenntnis, dass jede wirksame sprachliche Äußerung durch eine gesamtkörperliche Aktivierung (Haltung) vorbereitet wird." (Honigmann 1998, 274).

Nachdem Honigmann das Körperstimmtraining als Gruppenübung aufgebaut hatte, verbreitete sich die neue Arbeitsweise recht schnell unter den Sprecherziehern auch an anderen Schauspielschulen (z.B. in Leipzig und Chemnitz) über Hospitationen, Weiterbildungen, Kurse und Vorträge. Dies ist bis heute der Weg der Weitervermittlung. Ein Lehr- und Übungsbuch liegt, mit Ausnahme des Handbuchs „Schauspielen" (letzte Auflage 1998) nicht vor. Körperstimmtraining ist **kein** in sich **geschlossenes Übungssystem** und umfasst kein festes Programm. Die Bezeichnung steht für den methodischen Ansatz, für eine bestimmte Arbeitsweise. Daraus ergibt sich, dass dieses Konzept (vielleicht stärker als andere) immerwährenden Veränderungen und Erneuerungen unterliegt.

Inhaltlich dienen die Übungen zunächst dem Training der Funktionsabläufe. Wesentliche Schwerpunkte sind die Arbeit an der Körperhaltung und Atmung, die Entwicklung einer Mitte (des körperlichen Zentrums), die Erarbeitung der Stützfunktion für die Stimme (auch über körperliche Widerstände) und die optimale Einstellung der Artikulationsorgane. Außerdem befördert die Arbeit gruppendynamische Prozesse und hilft, einen Partnerbezug zu entwickeln. Von besonderer Bedeutung ist das Training der **Impulsfähigkeit**.

> „Der eine Handlung auslösende Willensakt (Impuls) bestimmt wesentlich den Handlungsverlauf, seine Geschwindigkeit, Stärke, Gewandtheit, seinen Rhythmus. Bevor der Handlungsimpuls in der sprachlichen Äußerung erkennbar werden kann, muß der Körper handlungsbereit sein." (Klawitter/Minnich 1998, 260).

Körperimpulse sauber und präzise zu setzen, ist eine ganz wesentliche Voraussetzung für die sichere Verwendung von Sprechimpulsen im Text.

Das Körperstimmtraining ist inzwischen innerhalb der Sprecherziehung ein anerkanntes Unterrichtsfach an vielen Schauspielschulen, nicht nur in Deutschland, sondern auch in Österreich und in der Schweiz. Der methodische Ansatz lässt sich aber schon lange nicht mehr auf die Sprechbildung mit Schauspielern begrenzen. In unserer zivilisatorischen Welt nehmen einseitige körperliche Belastungen in der Arbeitswelt, Bewegungsmangel, Haltungsschwächen, muskuläre Verspannungen und Blockaden, motorische Ungeschicklichkeit usw. weiter zu. Emotionale Blocks, Konditionierung im alltäglichen Verhalten, Umwelteinflüsse ect. schränken die Wirksamkeit der natürlichen Stimme darüber hinaus häufig ein. Auch in der Sprechbildung und Sprecherziehung nichtkünstlerischer Berufsgruppen (z.B. Lehrer, Pfarrer, aber auch an der Stimme interessierte Laien) bilden bewegungsorientierte Körperstimmübungen inzwischen den methodischen Kern des Unterrichts. Die „bewegungstechnische Ausgangslage" bei Schauspielern und Nicht-Schauspielern ist jedoch **grundsätzlich** verschieden. Dies muss bei der Arbeit dringend berücksichtigt werden: die fehlende Zuarbeit körperbildender Fächer und der allgemeine Bewegungsmangel haben oft zur Folge, dass Nicht-Schauspieler auch einfache Bewegungen nicht oder nicht flüssig oder rhythmisch genug nachvollziehen können. Vor einer körpermotorischen Überforderung muss ausdrücklich gewarnt werden! Viele anspruchsvolle Übungen bleiben daher dem Bereich der Schauspielausbildung vorbehalten.

Das **gestische Prinzip** im sprechbildnerischen Übungsprozess und bei der Arbeit am Text ist der Rahmen, in den das Körperstimmtraining eingebettet ist. Dieses Konzept steht im lebendigen Austausch mit einer Reihe anderer Konzepte, wie bspw. der atemrhythmisch angepassten Phonation (Coblenzer/Muhar), der Linklater-Methode oder der Arbeitsweise nach Jurij Vasiljev.

F.3.2.3 Funktionale Arbeitsweise

Uwe Hollmach, Volkhild Klose

Die funktionale Arbeitsweise (auch funktionales Stimmtraining) ist eine aus der Gesangspädagogik stammende Methode, die auch im stimmtherapeutischen Bereich und in der Sprech- und Stimmbildung für Schauspieler Anwendung findet und einem umfassenden Lehrkonzept folgt. Ziel der funktionalen Arbeit ist Beeinflussung der laryngealen Doppelventilfunktion, ebenso schließt sie pädagogische Prinzipien ein, die sich aus neurowissenschaftlichen Erkenntnissen über sensomotorische Lernvorgänge und einer mäeutischen Unterrichtsphilosophie zusammensetzen (Böhme 1997, 187). Wichtige Ausbildungsstätten sind das von Prof. Eugen Rabine gegründete Rabine-Institut in Walheim und das Lichtenberger-Institut in Fischbachtal (www.lichten berger-institut.de; www.rabine-institut.de).

Die funktionale Arbeit nach der Methode von Rabine untersucht in ihrem theoretischen Ansatz, welche ursprünglichen Funktionen der Kehlkopf bei der Integration von Bewegung und Atmung besitzt. Der pulmonale Luftdruck übernimmt demnach eine wichtige Stützfunktion des Torsos bei unterschiedlichen Bewegungsarten: Ein Unterdruck ist bei Kraftanwendungen zum Körper hin notwendig, wie zum Beispiel beim Hangeln, Klettern, Klimmzug etc., und wird durch den vollständigen Stimmlippenschluss unter Beibehaltung der Einatmungsaktivität erreicht; die Stimmlippen funktionieren dabei als Unterdruckventil der Lunge. Die Herstellung eines Überdrucks ist dagegen notwendig für die Stabilisierung des Rumpfes bei Kraftanwendungen vom Körper weg, zum Beispiel bei Schiebebewegungen; die Taschenfalten funktionieren hierbei als Überdruckventil. Eine durch Über- und Unterdruck ausgeglichene Stütze des Torsos wird für alle Aktivitäten benötigt, bei denen reflexartige und sehr fein koordinierte Bewegungen auf allen Achsen zum Körper hin und vom Körper weg notwendig sind, zum Beispiel beim Balancieren, Jonglieren oder Ballwerfen. Dementsprechend setzt die Praxis des funktionalen Stimmtrainings an Haltungs- und Bewegungsübungen an, die die Regulation von Über- und Unterdruckaktivität notwendig machen. Die Veränderung der Stimmfunktion ist als Folgeerscheinung das eigentliche Ziel der Übungen.

Aufgrund der funktionellen Abhängigkeiten bewirkt eine Innervation der Ausatmungsmuskeln immer eine, wenn auch geringe, Aktivität derjenigen Muskeln, die für die Verengung des supraglottischen Raumes und damit für eine Annäherung der Taschenfalten verantwortlich sind. Andersherum gilt: Je stärker die Einatmungsaktivität ist, desto weiter öffnet sich Rachen- und Kehlraum. Die Stimmlippen besitzen dabei aus Schutzgründen eine erhöhte Schließungsbereitschaft, weshalb Rachenweitstellung und Stimmlippenschluss unter Beibehaltung der Einatmungsaktivität besser reguliert werden können. Die feine Abstimmung von Ein- und Ausatmungsaktivität ist also nicht nur ausschlaggebend für die Regulation des subglottischen Luftdrucks und damit für die Stimmstütze, sie fördert auch die Weitung des Rachenraumes und durch einen verstärkten Trachealzug eine natürliche Tiefstellung des Kehlkopfes während der Phonation. Die so erreichte Öffnung des Resonanzraumes bis in den tiefer liegenden Teil des Ansatzrohrs führt schließlich dazu, dass sich die Stimmgebung von der Artikulation entkoppelt, wodurch störende Einflüsse auf die Stimmqualität oder die Verflachung des Sängerformanten (2 bis 5 kHz) weitgehend vermieden werden können (Böhme 1997, 165). Die Tonhöhenänderung vollzieht sich im klassischen Gesang deshalb auch nicht über eine Einstellung des Kehlkopfes, sondern ausschließlich über den Spannungsgrad der Stimmlippen. Für die Sprechstimme würde eine vergleichbare Tiefstellung des Kehlkopfes jedoch zu einem artifiziell anmutenden und tönenden Stimmklang führen, der zwar raumfüllend ist, aber keinem gestischen Gebrauch, wie er etwa im Schauspiel gefordert wird, folgen könnte. Die entsprechende Modifikation für den gestischen Stimmgebrauch ergibt sich durch ein verändertes ästhetisches Verständnis, welches – anders als im klassischen Gesang – keinem Klangideal nachstrebt. Im Vordergrund steht die dynamische Leistungsfähigkeit der Sprechstimme. Darunter wird die Fähigkeit zur emotionalen und gestischen Transparenz durch die Variation prosodischer Ausdrucksmittel bei gleichzeitigem Vorhandensein von Sprechverständlichkeit und stimmlicher Tragfähigkeit in größeren Räumen verstanden. Für die Sprechverständlichkeit insgesamt, vor allem aber für die Identifikation von Plosiven und Frikativen, spielen die Formantbiegungen der *Transienten* (Lautübergänge) eine wesentliche Rolle. Fließende Lautübergänge bewirken durch die Verstärkung der Formantbiegungen eine akustische Aufwertung der Transienten und somit eine verbesserte Sprechverständlichkeit.

Das funktionale Stimmtraining fördert durch eine besondere Verzahnung von Stimm- und Artikulationsübungen auch die Artikulationsgeläufigkeit. Ausgehend von der vokalischen Klangbildung wird vorrangig an Klangbewegungen (Vokalfolgen) anstatt an Einzelvokalen geübt, was der Produktion und Wahrnehmung gesprochener Lautsprache schließlich entgegen kommt. Eine solche Arbeit erfordert ein äußerst differenziertes Koordinationsvermögen der gesamten Sprechmuskulatur. Da die Koordinationsfähigkeit des Körpers von der Qualität der sensorischen Rückmeldung abhängig ist, wird die Fähigkeit zur willentlichen Veränderung von Bewegungsabläufen durch den Grad der sensorisch-kinästhetischen Bewusstheit bestimmt. Im Vordergrund steht daher die Sensibilisierung für Klang- und Bewegungsempfindungen. Das Verbalisieren von kinästhetischen Empfindungen stellt hier einen wesentlichen Aspekt des Lehransatzes dar.

Die Bewegungsmuster von Körper und Stimme sind in der Regel von kommunikativen Zielen und dem eigenen Selbstbild bestimmt. Sie involvieren weit vernetzte, mentale Konzepte, die mit Vorstellungen darüber verknüpft sind, was unter welchen Umständen mit welchem Ziel möglich und angemessen ist. Für den Gebrauch in der Schauspielerausbildung sollte der funktionale Ansatz nach Rabine um eine Sprechbildung nach dem gestischen Prinzip (Klawitter/Minnich 1998, 258ff.; Ritter 1986, 33) erweitert werden. So führt die funktionale Arbeitsweise zu einer optimierten Ausdrucksdifferenzierung im Partnerkontakt für die Einbettung in schauspielerische Haltungen und emotionales Erleben.

F.3.3 Chorsprechen

F.3.3.1 Geschichte und Funktion des Chorsprechens

Martina Haase

„Ein Gespenst geht um im deutschen Theater, das Gespenst der Chor-Gemeinschaft. Kaum anderthalb Jahrzehnte nachdem der kollektive Traum gescheitert ist, der Welt ein menschliches Gesicht zu geben und Brüderlichkeit (…) zur Maxime des mitmenschlichen Umgangs zu erheben, wird im Theater mit Macht an der Erneuerung des gemeinschaftlichen Lebens gearbeitet." (Heeg 2006, 19).

Chorisches Sprechen nimmt im deutschsprachigen Gegenwartstheater einen großen Stellenwert ein. Eine Vielzahl von Inszenierungen verwendet das Chorsprechen als wichtiges dramaturgisches, ästhetisches und darstellerisches Mittel. Dabei ist es eher unerheblich, ob es sich um klassische oder moderne Dramatik handelt, ob die Stückvorlage Chorsprechen vorsieht oder nicht und ob es traditionelle Inszenierungen sind oder postdramatische Regiekonzepte.

Die Ursprünge des Chorsprechens liegen im antiken griechischen Theater um 600 v. Chr. Der Sprechchor ist die eigentliche Keimzelle der heutigen abendländischen Theatertradition. Ursprünglich gab es nur den Chor, dem dann ein Schauspieler, der Protagonist, zur Seite gestellt wurde. Im Verlauf des 5. Jh. v. Chr. kamen noch zwei weitere Schauspieler (in der Tragödie) dazu. Der Chor hatte die Funktion, das Geschehen zu betrachten und zu kommentieren, aber nicht in die Handlung einzugreifen. Die Bedeutung des Chores veränderte sich bereits in antiker Zeit, er wurde immer weiter zurück gedrängt. In der Neuzeit gab es innerhalb der Klassik mit ihrer Rückbesinnung auf antike Traditionen Versuche, den klassischen Sprechchor wiederzubeleben (Schiller: Vorrede zur *Braut von Messina*), jedoch mit wenig Erfolg. Erst mit Beginn des 20. Jh. kam es wieder zu einer nennenswerten Chorbewegung: bspw. Max Reinhardt (*König Ödipus*), Erwin Piscator und Bertolt Brecht und die sogenannten Agitprop-Chöre in der Weimarer Republik. Die Funktion solcher Chöre war deutlich anders ausgerichtet. Der Chor wurde v.a. als dramaturgisches Mittel genutzt, um politische Aussagen zu transportieren. Dieser Funktion bediente sich auch das Theater und Kulturleben des NS-Staates. Nach Ende des 2. Weltkrieges gab es faktisch kein

Chorsprechen auf deutschen Bühnen, zu tief war es im kulturellen Gedächtnis mit Massenagitation und Propaganda verbunden. Einzig zu Agitprop-Zwecken wurde es in der DDR verwendet, aber eher nicht im Theater. In Inszenierungen von antiken Stücken wurden die Chöre zum großen Teil sogar weggelassen bzw. die Chortexte von einem Schauspieler übernommen.

Einar Schleef war einer der ersten Regisseure, der das Potential des Chorsprechens mit seiner Inszenierung *Mütter* 1986 am Schauspiel Frankfurt (a.M.) wieder neu für das Theater entdeckte und damit „über das westdeutsche Theater herein[brach] wie eine Naturkatastrophe" (Behrens 2003, 102; vgl. auch Kurzenberger 2009). Im Unterschied zum antiken Chor-Theater geht es heute nicht darum, „die ‚natürliche Poesie' des Chors im Leben der antiken Polis (…) zu restaurieren" (Heeg 2006, 19). So wird bspw. das Verhältnis von Chor und Individuum heute anders begriffen und erlebt. Das innovative (Chor)Theater, so Kurzenbergers Resümee (2009, 91) versucht „die Wirklichkeit theatral neu zu begreifen, anders (zu) selektieren und auf bisher nicht gewohnte Weise" darstell- und erfahrbar zu machen. So nutzt z.B. Stefan Märki in seiner Inszenierung von Schillers *Maria Stuart* (Nationaltheater Weimar 2005) Chöre, um die „kollektive Mechanik der Intrige" (Heeg 2006, 21) zu versinnbildlichen. Alle Figuren dieses klassischen Dramas agieren in Chören, nur die beiden Protagonistinnen Maria und Elisabeth werden als Einzelfigur verkörpert. In einem Gespräch (24.6.2006) erklärte die Dramaturgin der Inszenierung, Susanne Winnacker, dazu, dass die chorische Gestaltung von ursprünglichen Einzelfiguren die Möglichkeit eröffnet, die inneren Konflikte im Raum zu verteilen. Keiner handelt als Einzelner, jeder wird gesellschaftlich beeinflusst oder es gibt viele andere mit gleicher Handlung.

Stellvertretend für Regisseure des Chortheater seien wichtige Vertreter mit ausgewählten Inszenierungen genannt: Volker Lösch (Staatstheater Dresden 2006, Hauptmann: *Die Weber*), Nicolas Stemann (Thalia Theater Hamburg 2008, Schiller: *Die Räuber*), Jossi Wieler (Münchner Kammerspiele 2010, Jelinek: *Rechnitz. Der Würgeengel*).

F.3.3.2 Methodische Grundlagen des Chorsprechens

Julia Kiesler

Chorsprechen findet sich heutzutage in den Lehrinhalten der meisten Ausbildungseinrichtungen für Schauspielkunst wieder, ebenso auf der Bühne des zeitgenössischen Theaters, wie oben bereits erwähnt. Aus diesem Grund gehören methodische Grundlagen des Chorsprechens in den Erfahrungsbereich von Sprechwissenschaftlern und Sprecherziehern. Eine systematische Untersuchung zur Erarbeitung und zu methodischen Ansätzen des Chorsprechens steht jedoch aus. Die folgenden Ausführungen beziehen sich auf die Publikationen von Hans-Christian Neumann (vgl. 1991; 2004), ehemals Professor für Sprecherziehung an der Hochschule für Musik und Theater „Felix Mendelssohn Bartholdy" Leipzig und auf eigene Erfahrungen der Autorin mit Schauspielstudierenden der Hochschule der Künste Bern auf diesem Gebiet.

Der erste Arbeitsschritt besteht in der Konstitution der Gruppe, die sich aufeinander einstellt (vgl. Neumann 1991, 124). Bevor die Arbeit am Text beginnt, muss die Gruppe auf genaue Wahrnehmung sensibilisiert werden. Deshalb finden zu Beginn Übungen zur Raumwahrnehmung, Partnerwahrnehmung, zum Finden eines gemeinsamen Gruppenrhythmus, Übungen zum Finden von gemeinsamen Einsätzen sowie Körper- und Sprechimpulsen, Übungen zur geteilten Aufmerksamkeit und zum Finden eines gemeinsamen Tones statt. Es kann an dieser Stelle nicht auf einzelne Übungen eingegangen werden. Übungsbeispiele findet man u.a. bei Nübling (vgl. 1998, 63ff.) und Neumann (vgl. 2004, 138f.).

Die Arbeit am Text beginnt mit dem gemeinsamen Finden von Einsätzen. Es gibt verschiedene Strategien, wie ein Chor synchron zu sprechen beginnt. In den seltensten Fällen gibt es einen Dirigenten, oft hört man auch den Einsatz eines Chores über ein vorgegebenes Anatmen. Im besten Fall jedoch findet ein Chor seinen gemeinsamen Einsatz ohne Anatmen über die gemeinsame Konzentration, über die genaue Partnerwahrnehmung, eventuell über einen gemeinsamen Körperimpuls. Zunächst ist es sinnvoll, den Text ohne körperliches Agieren zu entwickeln. Zu Beginn bietet es sich an, dass die Gruppe im Kreis nach innen eng zusammensitzt und über den Blickkontakt eine starke Partnerbeziehung aufbaut. Das ermöglicht der Gruppe, synchrone Einsätze sowie einen gemeinsamen Rhythmus zu finden und voneinander abzunehmen (vgl. Neumann 1991, 125). Später kann es auch einen „geheimen Chorführer" geben, an dem sich die Gruppe orientiert und der gemeinsame Einsätze durch einen unmerklichen körperlichen Impuls ermöglicht. Funktionieren die gemeinsamen Einsätze gut, kann die Arbeit am Text beginnen. Zunächst liest die Gruppe den Text gemeinsam und erzählt ihn sich gegenseitig. Hierbei kommen gleich die Schwierigkeiten des Chorsprechens zum Tragen: die Gruppe ist meist viel zu langsam, zu breit und zu undeutlich, weil die Gruppenmitglieder aufeinander warten. Es gilt von Anfang an das Bewusstsein zu schärfen, dass jeder Einzelne die Verantwortung für die Gruppe trägt und nicht auf die Einsätze der anderen warten und sich auf die anderen Gruppenmitglieder verlassen sollte. „Als Einzelner in der Gruppe mache ich gleichzeitig beides: Ich führe die Gruppe und ich tauche in ihr unter, ich werde von meinen Partnern geführt" (ebd. 127). Gemeinsame Denk-Sprech-Prozesse, gemeinsame Akzente und Melodieverläufe, gemeinsame Zäsuren und Pausensetzungen werden in der Gruppe erarbeitet. Es geht zunächst um das Finden eines gemeinsamen Sprechrhythmus und einer gemeinsamen Stimme. Das mehrmalige synchrone Lesen des Textes ist bestimmt durch die Kontaktaufnahme mit den anderen Gruppenmitgliedern und das Aufeinanderhören, welches beim Chorsprechen extrem geschult wird. Die Gestaltung des Textes und der Einsatz der sprechkünstlerischen Mittel ist abhängig davon, ob der Text in eine konkrete situative Handlung eingebunden wird, aus welcher konkreten Situation heraus der Text entspringt (diese muss ebenfalls vorher gemeinsam gefunden werden), ob er gestisch und über Haltungen gestaltet wird oder ob das Experimentieren mit stimmlichen und sprechkünstlerischen Mitteln im Vordergrund steht. Es gibt zwei methodische Möglichkeiten, zu einer gemeinsamen Fassung zu kommen. Eine mögliche Arbeitsweise ist das sich wiederholende gemeinsame Lesen des Textes „mit einer suchenden Wachheit für Ausdrucksvarianten" (Neumann 2004, 139). Haltungen und Gestaltungsvarianten werden gemeinsam erarbeitet und festgelegt. Die häufiger gebrauchte Methode, die auch ein schnelleres Einstudieren des Textes ermöglicht, ist die Imitation eines Vorbildes. Die Gruppe ahmt vorgesprochene Vorschläge einzelner Gruppenmitglieder oder des „Chorleiters" nach.

Zuerst sollte der Text innerhalb der Gruppe funktionieren, bevor er an Zuschauer oder einen konkreten Ansprechpartner gerichtet wird. Kommen später körperliche Bewegungsabläufe oder die Einbindung des Textes in eine situative, physische Handlung hinzu, wird der im Sitzen gefundene Rhythmus gestört und meistens auch wieder verändert und erneuert. Aber zu diesem Zeitpunkt ist die Gruppe so gut aufeinander abgestimmt, dass diese Änderungen schnell umgesetzt und voneinander abgenommen werden können.

Harmoniert die Gruppe miteinander, kann sie sehr frei mit sprechkünstlerischen Gestaltungsmitteln wie Dynamik, unterschiedlichen Sprechgeschwindigkeiten, Akzentuierungsstärken, mit verschiedenen Klangfarben der Stimme, aber auch mit unterschiedlichen Haltungen und Ausdrucksmöglichkeiten spielen. Jedoch ist das Sprechen im Chor nicht naturalistisch. Technisch wird ein gewisses Übermaß an Artikulation von jedem Einzelnen verlangt, ohne dabei die Laute zu dehnen. Das schafft ein großes Bewusstsein für eine plastische Artikulation, welches sich positiv auf die solistische Arbeit eines Schauspielstudierenden auswirken kann. Der Einzelne darf nicht zu laut sprechen, da sich die Lautstärke in der Gruppe potenziert, alle sollten etwas heller sprechen, um einen gemeinsamen Ton herzustellen. Haltungen müssen sehr klar und eindeutig sein, damit sie sich übertragen. Hier klaffen die Selbst- und Fremdwahrnehmung oft auseinander. Deshalb ist es sinnvoll immer wieder einzelne Gruppenmitglieder von außen zuschauen zu lassen und die Wirkungen zu überprüfen. Große Freude bereitet den Mitgliedern eines Sprechchores das Experimentieren mit sprechkünstlerischen Gestaltungsmitteln. Gerade im Chor ist der Mut Einzelner zur Übertreibung, zum Ausprobieren extremer stimmlicher Mittel viel grösser als im solistischen Arbeiten.

Ein wichtiger Aspekt der Chorarbeit ist die Verbindung von Sprechchor und Choreographie bzw. Bewegung. Interessant ist weiterhin die Arbeit am Spannungsverhältnis von Individuum und Gruppe oder die Arbeit mit musikalischen Brüchen, indem beispielsweise ganz plötzlich mitten im Gedanken ein kräftiger dynamischer Akzent gesetzt wird, oder sich Lautstärke und Sprechtempo verändern. Dennoch ist das chorische Sprechen auf der Bühne immer mehr als ein Mittel oder eine Form. Warum eine Gruppe als Chor auf die Bühne tritt und als eine Stimme spricht, hängt entscheidend von der Motivation eines Regisseurs, eines Schauspielensembles oder auch einer Studierendengruppe ab, ein Thema in den Raum zu stellen oder etwas erzählen zu wollen.

F.3.4 Sprecherziehung für Gesangsstudierende

Yvonne Anders

F.3.4.1 Singen und Sprechen

Bei der Sprecherziehung für Gesangsstudierende gilt es, unser Basiswissen auf die Besonderheiten des Gesangs abzustimmen und „zuzuschneiden": Die Aufgabe besteht darin, insbesondere die Sprechstimme und Artikulation bewusst und wirkungsvoll für die Optimierung und Vervollkommnung der sängerischen Leistungen einzusetzen. Um effizient mit Gesangsstudenten der klassischen Gesangskunst (Oper/ Liedgesang) arbeiten zu können, ist es deshalb notwendig, die Unterschiede und die Gemeinsamkeiten zwischen Sprechen und Singen zu kennen. Die folgenden Ausführungen dazu stützen sich auf das Kompendium von Seidner und Wendler „Die Sängerstimme" (1997) und Arbeiten von Martienssen-Lohmann (1987; 2001).

> Gesang als musikalischer Gebrauch der menschlichen Stimme ist die älteste und ursprünglichste musikalische Äußerungsform des Menschen. Instrument des Gesanges ist der menschliche Körper selbst.

Gemeinsamkeiten zwischen Singen und Sprechen

Bei beiden Formen handelt es sich um **kommunikatives Verhalten**, das darauf gerichtet ist, anderen Menschen Informationen, Emotionen oder die eigene Verfassungen mitzuteilen. Sprechen ist dabei ein wesentlich umfassenderer Teil unseres Kommunikationsverhaltens. Gesungen oder gesprochen wird im Normalfall auf der Grundlage der Sprache. Unterschiedliche rationale, emotionale und motivationale Anteile der Sprache werden im sozialen Handeln umgesetzt: Der Mensch spricht beispielsweise, um Bedürfnisse nach Informationen, persönlicher Identität, nach Integration, sozialer Interaktion und Unterhaltung gerecht zu werden; er singt, weil er, noch bevor er zu lallen beginnt, seine Stimme spielerisch ausprobiert (Singen, Lachen, Weinen, Flüstern, Ächzen) und sich damit rational und emotional ausdrückt. Dieser Selbstausdruck beim Singen kann sich in späteren Lebensphasen fortsetzen, wenn ein Sänger zielgerichtet für ein Publikum singt oder Menschen gemeinschaftsbildend in Chören, im Kindergarten, beim Fußball, bei Demonstrationen u.a. ganz bestimmte Liedmuster singen (Ausdrucksmittel sozialer Gruppen).

Beide Formen sind feinmotorische Höchstleistungen, die anatomisch und physiologisch viele Gemeinsamkeiten aufweisen. Der stimmbildende Apparat als Organsystem (Ansatzrohr/Vokaltrakt) bestehend aus den Lungen, Kehlkopf und der Rachen-, Mund- und Nasenhöhle steht für das Singen und Sprechen gleichermaßen als **anatomische Basis** zur Verfügung. Zeitgleich finden dort die Prozesse der Laut- und Klangbildung statt.

Beide Formen sind **akustische Phänomene**, Schallsignale, die auch mit physikalischen Messverfahren erfasst und beschrieben werden können. Dieser Tatsache verdanken wir schließlich nicht zuletzt Opern- und Konzertaufnahmen und Hörbücher.

Beide Formen sind von Laien **ohne Gestaltungsansprüche** ausführbar oder aber **mit professioneller Ausbildung** zu gestalterischer – auch künstlerischer – Qualität steigerbar. Es ist daher zweckmäßig, Seidner und Wendler folgend (vgl. Seidner/Wendler 1997, 154ff.), auch im Hinblick auf die Stimmerzeugung zwischen der nicht ausgebildeten Sprechstimme und der ausgebildeten Sprecherstimme zu unterscheiden – und analog dazu empfiehlt sich eine sinngemäße Differenzierung zwischen der Sing- und einer beruflich gebrauchten Sängerstimme.

Unterschiede zwischen Singen und Sprechen formieren sich

a) hinsichtlich der **Ansprechhaltung und der kommunikativen Absicht**. Während Sänger ihre Aufmerksamkeit mehr auf die Form richten (im Vordergrund steht der Ausdruck; weniger der Inhalt), agieren Sprecher mehr inhaltsorientiert.

b) hinsichtlich **formaler Gegebenheiten**. Viele Gestaltungsmerkmale sind beim Singen durch die Komposition und Vortragsbezeichnungen viel stärker normiert als beim Sprechen.

c) hinsichtlich **physiologischer Gegebenheiten**. So wie sich die Klangergebnisse beim Singen und Sprechen hörbar stark voneinander unterscheiden, unterscheiden sich auch die für das Singen und Sprechen gemeinsamen Organe in ihren Funktionen zum Teil erheblich: Das gleiche Organsystem wird unterschiedlich genutzt. Gesang ist dabei als eine Art „Sonderleistung" zu bezeichnen, weil er eine bewusste „filigrane" Feinsteuerung, d.h. außerordentlich feine Einstellprozesse und präzise Muskelaktionen des Stimmapparates und des Ansatzrohres voraussetzt.

Diese ebengenannten physiologischen Unterschiede beziehen sich auf die Art der Artikulationsbewegung und Tonhöhenbewegung: Beim **Sprechen** treten keine „zackigen", sondern durch ständiges Ineinandergreifen dauerhaft gleitende, sich ständig verändernde Artikulationsbewegungen auf (Koartikulation): Kein Organ im Ansatzrohr ist in Ruhe und es bleibt wenig Zeit zur bewussten Laut- und Klangausformung. Ganz anders verhält es sich beim **Singen**: Um dort den Stimmklang in allen Stimmlagen hinsichtlich der Tragfähigkeit und Klangfülle so optimal wie möglich gestalten zu können, ist der Sänger immerfort bemüht, seinen **Klangfluss** zu erhalten. Er versucht ihn also einerseits so wenig wie nur möglich zu unterbrechen und den Klangraum andererseits so wenig wie nur möglich umzuformen und steuert damit ganz bewusst seine Stimmbildung und Klangformung. Es wechseln Bewegungen mit langen unveränderten Abschnitten ab, nämlich Vokalen, die lange gehalten werden. Man spricht von einer bis zehnmal längeren Dauer der Vokale. Erst diese langandauernden „quasi-statischen" bzw. konstanten Ansatzrohreinstellungen bei der Vokalbildung ermöglichen außerordentlich resonanzreiche Töne. Das geschieht dadurch, dass ausreichend viel Zeit zum Aufbau optimaler Kopplungsverhältnisse zwischen Klanggenerator und Ansatzrohr vorhanden ist. Langdauernde Vokale wechseln mit vielen schnellen, quasi „unterdrückten" Konsonanten ab. Diese Konsonanten sind für das Textverständnis äußerst wichtig und verlangen deshalb eine Artikulationspräzision. Weil das eine mit dem anderen kollidiert, spricht man von einem beständigen **Dualismus zwischen Klangbildung und Deutlichkeit:** Auf der einen Seite bemüht sich der Sänger, die nahtlose Verbindung eng aneinander gebündelter Konsonanten und Vokale, das **Legato**, nicht zu zerstören, auf der anderen Seite darf er die Textverständlichkeit nicht vernachlässigen.

Das Legato bezeichnet dabei die gebundene Singweise, bei der die Wörter lückenlos, d.h. ohne Pausen oder „Löcher", aneinandergereiht werden. Im Bestreben, den Text in diesem sängerischen Spannungsbogen, in dieser „Linie", deutlich zu singen, kommt es oft zum Zerhacken der Texte. Weil beides zugleich sehr schwer oder gar nicht zu realisieren ist, müssen Sänger sich oftmals entscheiden, welche Priorität sie setzen möchten. Der sängerischen Klangbildung in bestimmten Tonhöhen immer den Vorrang vor der Deutlichkeit zu lassen, gehört bei der Artikulationsschulung auch zum Fachverständnis eines jeden Sprecherziehers.

Neben den vielgeschmähten Konsonantenballungen (ein Drittel aller Laute sind dabei stimmlos) sind im Deutschen zahlreiche Vokal-Differenzierungen zu berücksichtigen. Viele Sprachen besitzen fünf bis sieben Vokale; 16 finden sich hingegen im deutschen Vokalsystem! Probleme in der sprecherischen und vor allem sängerischen Umsetzung – insbesondere bei Ausländern – sind vorprogrammiert: Die langgezogenen Vokale in einer musikalischen Phrase können nämlich in der Opposition sowohl lang und gespannt oder kurz und ungespannt auftreten. Das wäre an sich kein Problem, nur sind diese langen vs. kurzen Vokale bedeutungsunterscheidend. Das heißt, dass Wörter wie *Sohn – Sonn* oder *Hölle – Höhle* mit einem Qualitätsunterschied gekoppelt sind und bei Missachtung dieser Vokalqualität einen falschen Sinn ergeben. Leider passiert dies auch deutschen Sängern. Martienssen-Lohmann beschreibt, sicher nicht ganz ernst gemeint, wie das Goethe-Lied von Franz Schubert „An die Entfernte" dann gesungen klingt:

> „Noch klinkt in dänn gewonntänn Orränn
> Ein jäddäs Wort, ein jäddär Tonn." (Martienssen-Lohmann 2001, 427).

Man weiß wirklich nicht, was die Sänger mehr herausfordert: die Konsonantenhäufigkeit oder diese feinen Vokaldifferenzierungen!

Zudem sind folgende **physiologisch-physikalische Gründe** kurz zu erwähnen, derentwegen gesungene Texte generell schwerer zu verstehen sind als gesprochene: Opernsänger stehen – flankiert von Chor und Orchester – vor dem Problem, ein großes Publikum in einem großen Saal erreichen zu wollen. Ungeübte Sänger gehen beim Lauterwerden stimmlich in die Höhe und beginnen, den Klang herauspressend zu schreien. Erst ein geübter Sänger bleibt stimmlich locker und ist durch ein „Austricksen" des Stimmapparates überhaupt in der Lage, die Lautstärke und Tonhöhe unabhängig voneinander zu verändern. Ein Teil der Kunst des professionellen Singens besteht genau in dieser Fähigkeit, nämlich ein zusätzliches Klangspektrum in der Umgebung von 3000 Hz, den Sängerformanten, zu verwenden. Einem Orchestersänger ist es erst dann möglich, etwa das Hundertfache lauter gehört zu werden als die Stimme eines untrainierten Sängers bei gleicher Stimmbeanspruchung. Dabei werden Teiltöne des Primärspektrums des Kehlkopfschalls (Klanggenerator) den Resonanzmaxima des Ansatzrohres angepasst und aufeinander abgestimmt. Dieser Sängerformant als gesangstechnisch erzeugte Energiekonzentration der menschlichen Stimme verbessert auf der einen Seite Lautstärke und Tragfähigkeit der Stimme; mindert allerdings auf der anderen Seite die Deutlichkeit. Dies betrifft vor allem Männerstimmen und tiefe Frauenstimmen. Bei Sopranistinnen ist der Sängerformant weit weniger stark ausgeprägt und vokalabhängig über einen größeren Frequenzbereich verstreut. Um hier die resonatorischen Möglichkeiten optimal zu nutzen, werden Formantfrequenzen verschoben, was gesangstechnisch mit einer größeren Kieferöffnungsweite geschieht. Immer sind bestimmte „Resonanzstrategien" vonnöten, die Vernachlässigungen der Deutlichkeit zugunsten des Klangs bedingen können (vgl. Seidner/Wendler 1997, 119ff.). Das, was auf uns Hörer manchmal „unnatürlich" wirkt, ist unter bestimmten Umständen für den Sänger erforderlich und sollte unter dieser Sicht besser als „artifiziell" bezeichnet werden.

Zusammenfassend existieren folgende unterschiedliche Prinzipien in der

- **Art der Tonhöhenbewegung**: Sie verläuft beim Singen stufig und in festen Intervallen und weist bei einem großen Stimmumfang und langandauernden Ansatzrohreinstellungen keine Freiheiten auf. Beim Sprechen verläuft sie gleitend und ohne feste Intervalle und weist viele Freiheiten (aber Wort- und Satzakzentregeln) und kurzdauernde Ansatzrohreinstellungen auf.
- **Art der Artikulationsbewegung**: Sie ist beim Singen durch stärker ausgreifende Artikulationsbewegungen, stärkere Lautdifferenzierungen, meist weichere Einsätze im Anlaut und ein größeres Vokal-zu-Konsonanten-Dauerverhältnis (längere Vokaldauer) gekennzeichnet.

- **Art der Präskription formaler Merkmale**: Sie ist beim Singen viel stärker durch Komposition (Notation, Takt und Text-Metrum, Notenwerte) und Vortragsbezeichnungen festgelegt und verringert dadurch Gestaltungsspielräume bei der Lautstärke und Dauer. Beim Sprechen gibt es größere Freiheiten; dafür müssen aber Regeln der Wort- und Satzintonation und die Vokallänge bzw. -kürze berücksichtigt werden.

Was bedeuten diese Besonderheiten des Singens für die sprecherzieherische Arbeit?

Nach Ansicht der Verfasserin stellt ein **„klangorientiertes Sprechen"** eine wesentliche Voraussetzung für die sängerische Klangoptimierung dar. Das bedeutet für die konkrete Lautbildung der Vokale und Konsonanten beispielsweise, dass Nasale und „Klinger" (stimmhafte Konsonanten: Lenis-Plosive und Lenis-Frikative) als wichtiges „Klangkapital" unbedingt genutzt werden müssen und nicht „verschenkt" werden dürfen. Ihre Klangsubstanz sollte im Sinne der Klangkontinuität auf Vokale übertragen werden. Um die Resonanz zu erhöhen und immer wiederkehrende Klangunterbrechungen innerhalb der musikalischen Phrasen weitgehend zu vermeiden, sollten außerdem Lenis-Konsonanten in stimmloser Lautumgebung „verstimmlicht" werden (Krech et al. 2009, 118).

Für die Klangorientierung essentiell erscheint der Verfasserin darüber hinaus, eine **optimale Klangraumformung** in die Artikulationsschulung zu integrieren.

Was heißt das? Die Gaumenhebung korrespondierend mit der Kehlkopfsenkung stellt immer einen Kernpunkt der sängerischen Klangformung dar. Alles, was dieser Weitung des Rachens entgegensteht, gilt es zu vermeiden. Bei einer Mundraumgestaltung ohne hemmende Einengungen und Fehlspannungen kann der Klang gleichsam ohne Kraft und Druck „abströmen" oder „abfließen". Da Klangfülle und Resonanz beim Singen an die **Weitung und Verlängerung des Ansatzrohres** gebunden sind, ist es analog dazu auch im Unterricht beim Sprechen von Gesangstexten sinnvoll, sich diesen Idealen der Klangformung – so weit wie das möglich ist – anzunähern.

Dabei ist unstritten, dass die charakteristischen Merkmale zur deutschen Lautbildung eine günstige Ausgangsbasis bieten. Als sprecherisches Ideal gelten neben der Lippenrundung die Gewährleistung unterschiedlicher Mundöffnungsweiten; ein gleichbleibend lockerer Zungenspitzenkontakt mit den unteren Schneidezähnen (außer bei [n l d t] und [ʃ]) und die Kehlkopftiefstellung. Im Gegensatz zu den asiatischen oder arabischen Sprachen beispielsweise, in denen eine Rückverlagerung der Zunge typisch ist, ist der geforderte Zungenspitzenkontakt mit den unteren Schneidezähnen im Deutschen für die Klangbildung optimal; er muss nur gut trainiert werden, weil das „Vornliegen" der Zunge gleichfalls beim Singen eine sehr alte und anerkannte Gesangsvorschrift ist.

Bei vielen Gesangsstudenten lässt sich auch die Lippenrundung, insbesondere der gerundeten Vorderzungenvokale ü und ö, als „Wegweiser" für ungünstig „flache" Klangbildung bei den Vokalen i und e und auch bei tendenziell breitgezogenen Konsonanten [t d n l w] und [f] nutzen. Dadurch dass sich das Ansatzrohr verlängert und nach vorn hin verjüngt, wird der Klang fokussiert. Diese schmale Einstellung, die auch die meisten Gesanglehrer fordern, evoziert eine gute Klangentfaltung sowohl für das Sprechen selbst als auch für den Gesang.

Diese und andere muskuläre Veränderungen – ob beim Singen oder Sprechen – dürfen dabei allerdings nicht erzwungen werden, sondern müssen sich – sensibel austariert und kombiniert – der Klangverbesserung unterordnen. Neben Übungen zur

Klangformung sind Übungen zur **Lockerung** von Unterkiefer, Zunge und Lippen ein zentraler Schwerpunkt. Beispielsweise ist es hilfreich, schon die Einatmung selbst mit einem lockeren Kieferfall zu verbinden und währenddessen eine angemessene Weitung und Öffnung anzuvisieren. Konsonanten sind sprecherisch in der Kombination von Geläufigkeit und Genauigkeit zu trainieren, um sie dann in die Legato-Linie des Gesanges zu übertragen. Für diese schnellen und genauen Feinsteuerungen ist die Zungen- und des Kieferlockerheit eine Grundvoraussetzung. Eine freundliche innere Grundstimmung vermag dabei Fehlspannungen aufzulösen und ein freies und gelöstes Singen zu gewähren.

Gesangsstudenten ist es bei allem Verstehen der physiologischen Abläufe oft nicht möglich, einzelne dieser muskulären Vorgänge absichtsvoll und bewusst zu steuern. Im Gegenteil: Eine gesteigerte bewusste Aufmerksamkeit auf die Zungenlage, Kieferlockerheit, Lippenformung usw. während des Singens und Sprechens versetzt sie in eine Art Handlungsdruck, der sich hemmend auswirken kann. Fiktive „**Hilfsvorstellungen**" oder Bilder (wie z.B „Duftatmung": den Atem einatmen, als ob man genussvoll an einer Rose riecht; Caruso sagte, dass er „mit dem Nacken" singe) können helfen, sich der übergroßen Konzentration auf die Klangintention zu entziehen und dabei eine resonatorische Nutzung von bestimmten Räumen des Körpers auslösen. Das Körpergefühl und die Klangintention sind in diesen Vorstellungsbildern miteinander verbunden. Es ist oft überraschend zu sehen oder zu hören, wie schnell sie helfen, Klangvorstellungen ohne zu viel Arbeit zu verwirklichen. Vorstellungsbilder sinnvoll in die sängerische und auch sprecherzieherische Arbeit zu integrieren, macht Singen bzw. Sprechen einleuchtend und begreifbar. Werden diese Bilder aber – fern von aller Realität – zu stark in fantastische und zum Teil lächerliche Auswüchse hineingetrieben, leidet das Verständnis und damit die Wirkung. Besonders Anfänger kennen für ihre Bilder aus dem Gesangsunterricht manchmal keine richtigen physiologischen oder phonetischen Entsprechungen. Sie empfinden es dann als äußerst hilfreich, wenn diese unklaren Bestimmungen in konkrete überführt werden, indem die anatomischen, physiologischen und phonetischen Grundlagen zur Erklärung herangezogen werden. Diese terminologische Unschärfe im Gesang hat sicher auch damit zu tun, dass nicht selten ein und dasselbe Wort auf so viele unterschiedliche Klang- oder Bildungsweisen bezogen wird. Daraus resultiert ein erstaunlich großes Potential an Missverständnissen und Verwirrungen. Aus diesem Grunde ist es ratsam, Synonyme für sprech- und gesangstechnische Bezeichnungen zu diskutieren, und vor allem, Absicht und Ziel von Übungen zu klären.

Bei den Übungen geht es Sprecherziehern oder Gesanglehrern größtenteils darum, „alte" oder falsche (unerwünschte) Bewegungsmuster zu durchbrechen und diese durch „neue" (erwünschte) Muster zu ersetzen. Alte Muster werden dabei bewusst gemacht und umgebaut; neue Muster werden nicht nur aufgebaut, sondern auch automatisiert. Erfolgreich sind jene zielstrebigen Gesangsstudenten, die artikulatorisch geschickt und sensibel sind, gut hören können und die sich motiviert und zeitlich ausreichend lange in den z.T. ungewohnten Mustern sprecherisch und kommunikativ bewegen. Gerade **am Anfang**, in der ersten Phase der sängerisch-sprecherischen Fähigkeitsausbildung, treten noch viele Missverständnisse und viele unökonomische, ungeschickte, überflüssige und übertriebene Bewegungen auf. Nicht selten kommt es beim Vorsingen/Vorsprechen im Unterricht oder auch beim Vortragsabend auf der Bühne vor, dass vorhandene positive Körper- oder Artikulationsbewegungen zugunsten neu erlernter günstiger Bewegungen vernachlässigt werden. Dies kann Sänger/Sprecher sehr entmutigen. Aber diese Kopplungs- und Koordinierungsschwierigkeiten neuer und alter Bewegungen sind einfach vorprogrammiert, werden aber bei konsequentem Üben allmählich abgebaut.

Auch **im Stadium der Automatisierung** ist die bewusste Analyse und Kontrolle der Bewegungen beispielsweise unter Bühnenbedingungen immer noch nötig. Je sicherer und stabiler aber die Fertigkeiten als eine Art stimmtechnische Basis verinnerlicht sind, desto mehr Valenzen hat der Sprecher/Sänger frei für die schöpferische Umsetzung seines künstlerischen Ausdrucks, für die Ausdrucksgestaltung. Sie ist darauf ausgerichtet, bewusst schöpferisch zu handeln und eine angemessene und glaubwürdige Nähe und Distanz zur Rolle aufzubauen. Dem Zufall, der Intuition zu vertrauen, ist dabei nicht hinreichend. Authentizität ist bei Sängern auf der Bühne mehr oder weniger problematisch. Etwas ganz einfach zu sprechen, fällt schwer: Aus dem Bedürfnis, ausdrucksvoll zu agieren, entstehen eher künstliche Sprech- und Körperhaltungen, die nur mit Mühe abzustellen sind. Das liegt sicher auch darin begründet, dass genau dieser Schwerpunkt der feinabgestimmten Stimmkontrolle und Klangintention im Gesang artifiziell ist, d.h. künstlich hervorgerufen wird und damit einen Großteil der Aufmerksamkeit abschöpft.

Unterschiedliche Herangehensweisen in der Arbeit unter den Kollegen zeigen die großen Wechselwirkungen von Technik und Ausdrucksgestaltung. Viele Kollegen gehen davon aus, dass nur ein reichhaltiges Repertoire stimmlicher Möglichkeiten das künstlerische Anliegen verwirklichen lässt. Andere Kollegen setzen in ihrer Arbeit auf die Kraft der Ausdrucksgestaltung und Phantasie, über die sich viele technische Probleme lösen lassen. Vernünftig scheint es, beide Wege in unterschiedlichen Lehrphasen zu nutzen und dabei zu entscheiden, welcher der beiden Wege in dieser konkreten Lehrsituation mit diesem speziellen Studenten günstig und richtungweisend erscheint. Sänger, die auf die Gesangstechnik zu viel Aufmerksamkeit verwenden müssen, sind eingeschränkt offen für die Unmittelbarkeit des Ausdrucks im Liedgesang oder die Darstellung einer Rollenfigur. Daraus ergibt sich für den Sprecherzieher/Gesanglehrer die Notwendigkeit, isolierte gesangstechnische Übungen frühzeitig auf die szenische Handlung oder die Liedgestaltung zu übertragen und somit beides zu verbinden. Erlebnisfähigkeit und Ausdrucksvermögen sind deshalb von Anfang an in die methodischen Überlegungen einzubeziehen: Dazu muss nicht sofort der Text als Arbeitsmittel genutzt werden; schon einfache gesungene oder gesprochene Laute oder Silben können mit einer Ausdrucksintention verbunden werden (spielerisch, partnergerichtet oder in der Gruppe).

F.3.4.2 Gesangsmethodische Grundbegriffe

Um auf Grund geringer Gestaltungsspielräume nicht nur gleichsam die „Noten nachzusingen", verbleiben dem Sänger besondere stimmliche Gestaltungsmittel. Dazu gehören das Vibrato, die gezielte Feinmodulation der Klangfarbe zur Ausdrucksgestaltung, der Vokalausgleich, das „Decken", der Registerausgleich, Stimmsitz und die Intonation (vgl. Seidner/Wendler 1997).

Eine ästhetisch ansprechende Sängerstimme besitzt demnach recht stabile Merkmale. Sie wird nicht nur daran gemessen, ob sie gesund (klar und dicht) und gut in der Höhe und in der Lautstärke variabel und steigerbar ist und ob sie klangvoll, verständlich und tragfähig für den großen Raum ist, sondern sie wird auch nach ihrer stimmlichen Gestaltung eingeschätzt, nämlich ob sie hinsichtlich der Lautstärke, Höhe und Klangfarbe der Vokale ausgeglichen ist (Decken/Vokalausgleich), ob der Stimmsitz im Sinne eines Vordersitzes gelingt, ob eine regelrechte Intonation und ein kontinuierliches Vibrato vorliegen.

Aus diesen genannten Gestaltungsmerkmalen resultieren für den Gesangsunterricht ganz bestimmte gesangsmethodische Forderungen. Zwei von ihnen sind für unser Verständnis besonders wichtig, weil dabei optimierte Klangveränderungen der Vokale in bestimmten Tonlagen zulasten einer präzisen Laut- und Klangausformung gehen können. Es sind dies der „Vokalausgleich" und das „Decken". Beide dienen dazu, einer Sängerstimme die nötige Ausgeglichenheit zu verschaffen, wodurch sie in allen Lagen hinsichtlich der Vokale, Resonanzen und Lautstärkegrade gleichmäßig ansprechend ist. **Vokalausgleich** meint das Ausbalancieren, Austarieren des Klanggegensatzes zwischen Vorderzungenvokalen (einseitig helle Vokale) und Hinterzungenvokalen (einseitig dunkle Vokale). Angestrebt wird dabei eine klanglich ausgeglichene, aufeinander abgestimmte Klangfarben-Einheit der Vokale. Keine der beiden Vokaltendenzen darf im gesamten Stimmklang dominieren. Dieser Vokaldualismus wird größtenteils zu überwinden versucht, in dem über die ö- und/oder ü-Laute eine Annäherung der beiden sich gegensätzlich gegenüberstehenden Vokalreihen vorgenommen wird. Dabei fließen die Vorzüge eines jeden einzelnen Vokals für den anderen ein und werden genutzt. Ziel ist neben der Klangschönheit natürlich auch die Stimmgesundheit.

Als geringes „Abdunkeln" der Vokale in höheren Tonlagen wird unter Stimmexperten das Phänomen **Decken** beschrieben und meint das farbliche Angleichen der Vokale – mit dem Ziel, insbesondere bei großer Lautstärke eine zu grelle Klangfarbe zu vermeiden. Die Textverständlichkeit soll erhalten bleiben.

Klangoptimierung sowohl beim Sprechen als auch beim Singen ist eng an den sogenannten **„Vordersitz"** gebunden. Betrachtet man das Deutsche im Hinblick auf die Voraussetzungen zur Vornbildung oder zum Vordersitz zeigt sich, dass die meisten Lautbildungen im Ansatzrohr weit vorn gebildet werden: Bei den Vokalen liegt mit 60% eine eindeutige Dominanz der Vorderzungenvokale vor. Ähnlich sieht es bei den Konsonanten aus: Alle Konsonanten (außer [h] und Zäpfchen-R) werden weit vorn gebildet. Geht man also davon aus, dass insgesamt 57,04% aller deutschen Konsonanten im vorderen Zehntel des Ansatzrohres realisiert werden, sind die Voraussetzungen zum Vordersitz als sehr gut zu werten (vgl. Anders, L.C. 2000, 34ff.).

Allerdings sind bei den Sprechern im Alltag sehr viele Rückverlagerungen und einhergehende Undeutlichkeiten zu erkennen, die einer tragfähigen Stimme entgegenstehen. Bei Sängern ist es eine unumgängliche gesangsmethodische Forderung, dass Vokale und Konsonanten nicht „hinten sitzen": Sie müssen einerseits ihren Platz im vorderen Mundraum haben und dürfen andererseits den hinteren Rachen und Kehlrachen als eigentliche Klangräume nicht verformen und nicht stören. Es lassen sich demnach zwei verschiedene Formen von Stimmsitz differenzieren: a. der Vordersitz der Laute (im artikulatorischen Sinne), für den wir Sprecherzieher in erster Linie verantwortlich sind und b. der Klangsitz der Resonanzen (im resonatorischen Sinne). Dabei hängt die zweite Form, die Resonanz, stark von der ersten Form, dem Vorn-Artikulieren ab: Jede rückverlagerte Lautbildung zieht eine Verengung der Resonanzräume nach sich, die den freien Resonanzweg behindert. Dem Vordersitz dadurch gerecht werden zu wollen, den gesamten Klang nach vorn zu lokalisieren, ist eine irrige Annahme. Das Resultat wäre eine resonanzlose, flache Klangbildung. Eine gute Artikulation hat vorn zu geschehen, ein guter Klang der Stimme ist überall zu bewirken. Wie eng die Lautbildung an die Klangbildung gekoppelt ist und wie stark sie einander bedingen, zeigt sich am Stimmsitz sehr deutlich. Für eine wirkungsvolle Sängerstimme ist er als grundlegendes Erfordernis unentbehrlich. In der Sprecherziehung eine Sprecherstimme mit einer „gesangstauglichen" Klang- und Lautbildung herauszubilden, bedeutet wesentlichen Erfordernissen der Gesangskunst gerecht zu werden.

F.3.5 Sprechkunst in Lehramt und Schule

Ulrike Hierse

Analysieren, Interpretieren, Auswendiglernen, Gestalten, Sprechen – die Bearbeitungsmöglichkeiten von literarischen Texten im Deutschunterricht sind vielfältig und je nach pädagogischem Ziel unterschiedlich gewichtet. Aus der Sicht der Sprechwissenschaft sind in diesem Zusammenhang Methoden zur sprechkünstlerischen Auseinandersetzung mit Literatur im Deutschunterricht besonders interessant. Eigene Erfahrungen und Gespräche mit Lehramtsstudierenden, Referendarinnen und Referendaren und praktizierenden Lehrenden haben gezeigt, dass es den Lehrenden jedoch sehr häufig an Methoden und Analysewerkzeugen fehlt, um Lernenden das gestaltende Sprechen von Texten zu vermitteln und es zu beurteilen. Zwar werden in der Lehramtsausbildung sprechgestalterische Mittel und Möglichkeiten der sprecherischen Bearbeitung von Texten in der Theorie besprochen, doch nicht immer wird auch hinreichend praktisch geübt, wie Lernende eine Sprechfassung systematisch erarbeiten können (vgl. Fiukowski 1991; Wollweber 2008).

F.3.5.1 Bildungsstandards im Deutschunterricht

Im Rahmen einer Untersuchung (vgl. Hierse 2012) hat sich gezeigt, dass an manchen Universitäten die angehenden Deutschlehrenden im Rahmen ihrer Studienveranstaltungen nie auch nur einen literarischen Text gesprochen haben. In der späteren schulischen Lehrpraxis stehen sie jedoch vor der Aufgabe, ihren Schülern das Sprechen literarischer Texte zu vermitteln. Dabei wird von den Lernenden ein verhältnismäßig hohes und komplexes Maß an sprechkünstlerischer Leistung abverlangt: In den curricularen Vorgaben für Grundschulen in Sachsen-Anhalt beispielsweise stehen unter den Anforderungen an die Lerngruppen des Schuljahrgangs Zwei, sie sollten ein „vertieftes Textverständnis (...), das Gedicht als Textganzes und eine Beziehung zum Gedicht entwickelt haben." Außerdem sollen sie sprecherische Mittel, wie „Pausen, wechselnde Lautstärke und (...) unterschiedliche Sprechtempi", sinnvoll beim Textsprechen einsetzen können (Landesinstitut für Lehrerbildung, L.u.U. 2007, 14). Die Kultusministerkonferenz (KMK) beschreibt zudem länderübergreifend, schulform- und unterrichtsfachspezifische Bildungsstandards, denen auch im angewandten Literaturunterricht entsprochen werden sollen. Exemplarisch werden hierzu einige Schlagwörter aus den „Bildungsstandards im Fach Deutsch für den Primarbereich" (Ständige Konferenz der Kultusminister der Länder in der Bundesrepublik Deutschland 2004, 10ff.) genannt. So sollen Schüler u.a.

- „geschriebene und gesprochene Sprache situationsangemessen, sachgemäß, partnerbezogen und zielgerichtet (…) gebrauchen"
- Sprechen als „soziales Handeln" erfahren
- ihre „mündliche Sprachhandlungskompetenz" erweitern
- „Wirkungen der Redeweisen kennen und beachten"
- „sich mit den Äußerungen ihrer Mitschüler konstruktiv auseinandersetzen"
- „Perspektiven einnehmen" und „sich in eine Rolle hineinversetzen und sie gestalten"
- „eigene Gedanken zu Texten entwickeln, zu Texten Stellung nehmen"
- „handelnd mit Texten umgehen"
- „mit Sprache experimentell und spielerisch umgehen"

Die Texte und Methoden zum Textumgang sollen sich dabei stets an den Lernenden und deren Erfahrungs- und Erlebnisbereichen orientieren.

F.3.5.2 Das Potential des Gestischen Prinzips im Deutschunterricht

Um zu vermitteln, wie Lernende Sprechfassungen von Texten erarbeiten und dabei den beschriebenen Anforderungen gerecht werden können, müssten die Lehrenden jedoch selbst gelernt und praktisch ausprobiert haben, intensiv mit Texten sprecherisch umzugehen. Im besten Falle bietet die universitäre Lehramtsausbildung Seminare und Übungen an, in denen vielfältige Methoden zur sprechkünstlerischen Textarbeit vorgestellt und erprobt werden. Aber auch Lehrerfortbildungen können zur Erweiterung des Methodenwissens beitragen. Mit Methoden nach Brechts Gestischem Prinzip kann die Sprechwissenschaft in diesem Zusammenhang einen großen Beitrag leisten. Während der sprechkünstlerischen Bearbeitung einer Ballade mit Schülerinnen und Schülern der dritten und vierten Klassenstufe hat sich gezeigt, dass die Gestische Arbeitsweise das Potential besitzt, einen individuellen Zugang zu literarischen Texten zu verschaffen (vgl. Hierse 2010). Die Methoden während der Bearbeitung umfassten Gestische Übungen zur Körper- und Stimmarbeit und zum Sprechausdruck. Ebenso wurde die Feedbackmethode anhand von Beobachtungskriterien eingeführt. Durch die Arbeit nach dem Gestischen Prinzip konnte dabei einer Vielzahl der von der KMK festgelegten Bildungsstandards entsprochen werden. So orientierte sich die individuelle Textarbeit am Erlebensbereich der Schülerinnen und Schüler. Des Weiteren wurden sie dazu ermuntert, sich spielerisch und individuell mit Sprache und der sprecherischen Umsetzung eines Textes auseinanderzusetzen. Mit Hilfe der Sprechausdrucksübungen wurde situationsangemessenes, sachgemäßes, partnerbezogenes und zielgerichtetes Sprechen trainiert. Zudem waren die Schülerinnen und Schüler aufgefordert, sich in verschiedene Situationen und Rollen hineinzuversetzen und sie sprecherisch zu gestalten und umzusetzen. Die Feedbackmethode veranlasste die Lernenden, sich analytisch und konstruktiv mit den Äußerungen ihrer Mitschülerinnen und Mitschüler auseinanderzusetzen und eigene Eindrücke begründet zu verbalisieren.

Für diese Ausführungen wurden exemplarisch die Bildungsstandards für die Grundschule dargelegt, da sie die Grundlage für alle weiteren Standards höherer Klassenstufen bilden. Das Gestische Prinzip ist aber ein Arbeitsprinzip, welches für alle Altersstufen geeignet ist. Die Gestischen Methoden sind je nach Erfahrens- und Erlebenswelt der Schülerinnen und Schüler modifizierbar und erfüllen bis zur Oberstufe eine Vielzahl der Bildungsanforderungen (vgl. Ständige Konferenz der Kultusminister der Länder in der Bundesrepublik Deutschland 2004).

F.3.5.3 Hinweise zur Vermittlung sprechkünstlerischer Methoden an Lehrende

Lehrende haben durch die Curricula feste inhaltliche und zeitliche Vorgaben für ihre Unterrichtsplanung und -durchführung. Das Zeitkorsett ist dabei sehr eng. Lehrende brauchen daher Methoden, die effektiv sind und den angestrebten Lernzielen und Bildungsstandards entsprechen. Bei der Vermittlung der Gestischen Methoden für den Unterricht ist es deshalb empfehlenswert, sich genau auf die Zielgruppe „Lehrende" einzustellen. Dabei sollte das Potential des Gestischen Prinzips zur Erfüllung der Bildungsstandards erläutert werden. Es ist ebenfalls wichtig, didaktische und methodische Hinweise zu geben, die sich an der Schulpraxis und deren Rahmenbedingungen orientieren. Dazu gehört auch, einen Übertrag zu Ausführungen der Didaktik herzustellen und die Gestischen Methoden darin einzuordnen.

Die methodische Herangehensweise nach dem Gestischen Prinzip im Deutschunterricht stellt ein Übungsangebot dar, welches auch als solches vermittelt werden sollte. Im Mittelpunkt stehen dabei die eigene Erprobung der Übungen und somit eine intensive praktische Auseinandersetzung mit der Textarbeit nach dem Gestischen Prinzip. Dabei gelangen die Lehrenden zur Eigen-, Vermittlungs- und Analysekompetenz und erhalten ein Handwerkszeug, mit welchem sie schülernah, aktiv und individuell an der sprecherischen Auseinandersetzung mit Texten im Deutschunterricht arbeiten können. Zur Methode des Gestischen Sprechens vgl. Kap. F.3.1.

F.3.6 Sprechkunst im Bereich Deutsch als Fremd-/Zweitsprache

Martina Haase

Im Phonetikunterricht innerhalb des Fachs Deutsch als Fremd- bzw. Zweitsprache gehört die unterstützende Arbeit mit literarischen Texten seit geraumer Zeit zu den Lehrmethoden. Plädiert werden soll an dieser Stelle für den Einsatz des Prinzips *Gestisches Sprechen*. Aus den Ausführungen in Kap. F.3.1 wird deutlich, dass diese Methode auch in den DaF-Bereich übertragbar ist (Gestus wohlgemerkt nicht verstanden im Sinne von einstudierten Gesten oder Gestikulieren). Das Bedingungsgefüge, welches das gestische Prinzip konstituiert, ist strenggenommen Bestandteil jeder mündlichen Kommunikation: WER spricht zu WEM, in welcher Situation, aus welchem Grund, mit welcher Motivation. Diese „Ws" bestimmen das WIE der sprechsprachlichen Kommunikation. Ist das nicht ein zwingender Grund, es im Sprach- resp. Phonetikunterricht zu verwenden? Brecht selbst hat den Begriff Gestus von vornherein nicht auf Theater beschränkt! Die Vfn. hat viele Jahre als Phonetikerin in Internationalen Hochschulferienkursen für Germanistik gearbeitet. Im Laufe dieser Tätigkeit wurden mit fortgeschrittenen Gruppen literarische Texte nach dem gestischen Prinzip erarbeitet, mit guten Erfahrungen. Einschränkend ist anzumerken, dass diese Arbeitsweise für Anfänger weniger geeignet ist, da gewisse sprachliche und phonetische Grundkenntnisse erforderlich sind. Adaptionen der Methode sind möglich und ggf. auch nötig. Dabei muss die Arbeit nicht nur auf literarische Texte beschränkt werden. Auch in anderen Arbeitsphasen ist das Prinzip denkbar. Das soll kurz an einem Beispiel erläutert werden:

Bsp.: Ist das der Weg nach W.?

Je nach der Situationsvorgabe ändert sich die Gesamthaltung des Sprechenden und damit der Gestus der Äußerung, auch wenn der Wortlaut (das WAS) gleich bleibt. Ohne die Verwendung des Gestischen Prinzips würde man allein mit dem Satzakzent, der Sprechmelodie und der Endphasenmelodisierung arbeiten. Bei einem gestischen Herangehen wäre zunächst die Situation zu klären, z.B. *„Ich bin in Eile, habe einen Termin, bin schon einmal in die falsche Richtung geschickt worden, stehe jetzt wieder an der Weggabelung"*. Bei dieser Variante könnte das *„das"* den Satzakzent bekommen; denkbar wäre auch das Verwenden einer unterstützenden Geste dazu. Ein Vorteil des gestischen Prinzips ist es, dass nicht nur „rein technisch" phonetisch gearbeitet werden kann, sondern dass durch die Vorstellung einer konkreten Situation, einer konkreten Ansprechperson die Äußerung an die Person des Sprechers, in dem Fall des Lernenden gebunden wird. Seine Erfahrungen, sein Befinden, seine Emotionalität usw. fließen in das Sprechen ein und machen die Kommunikation in der Fremdsprache lebendiger und natürlicher. Nach den Erfahrungen der Vfn. bietet die Arbeit mit dieser Methode auch für Lernziele, die nicht direkt und vorrangig auf sprechkünstlerische Kommunikationsbefähigung gerichtet sind, eine Erhöhung des primären Lernerfolges im phonetischen Bereich und nicht zuletzt ist sie phantasieanregend und durchaus lustbetont.

F.4 Forschung im Bereich Sprechkunst

Die vier folgenden Abschnitte stehen für unterschiedliche Arbeitsstadien von Forschungsprojekten, wie sie in der Sprechkunst möglich sein können. Dadurch wird der Verlauf solcher Vorhaben, basierend auf den strukturellen Grundsätzen, wie sie Eberhard Stock im Abschnitt ‚A.2 Forschungsmethoden' vorstellt, nachvollziehbar in ihrer Anwendung dargestellt.

1. Die Konzeptionierung einer neuen oder bisher nicht beachteten Entwicklung in der Sprechkunst (Julia Kiesler).
2. Das Vorstellen einer Arbeitsvorlage für ein empirisches Forschungsbeispiel von der Problembeschreibung bis zur Interpretation (Uwe Hollmach, Maxi Grehl/Masterarbeit).
3. und 4. Ausschnitte aus fertiggestellten Forschungsarbeiten (Wieland Kranich, Martina Haase).

F.4.1 Sprechkünstlerische Tendenzen im zeitgenössischen deutschsprachigen Theater

Julia Kiesler

Jens Roselt und Christel Weiler erörtern in ihrer Publikation „Schauspielen heute. Die Bildung des Menschen in den performativen Künsten" (Roselt/Weiler 2011) konkrete Arbeits- und Spielweisen im zeitgenössischen Theater und fragen gleichzeitig nach Konsequenzen und Perspektiven für den Beruf des Schauspielers und seiner Ausbildung. Auch stellen sie die Frage nach dem spezifischen Können der Darstellerinnen und Darsteller, denn v.a. die performativen Ästhetiken des Theaters der letzten Jahre fordern von den Akteuren neue Qualitäten. „Worauf müssen und sollen sich also künftige Schauspieler konzentrieren? Welche Fähigkeiten werden ihnen abverlangt? Wie reagieren die bestehenden Ausbildungseinrichtungen auf die Ästhetiken des Performativen?" (ebd. 15). Diese Fragen waren Anlass für die Entwicklung eines Forschungsprojektes, welches die Autorin im Rahmen des Studienbereiches Theater der Hochschule der Künste Bern/Schweiz in Zusammenarbeit mit Prof. Dr. Jens Roselt und Prof. Annemarie Matzke vom Institut für Medien, Theater und populäre Kultur der Universität Hildesheim durchführen möchte. Das Forschungsprojekt mit dem Titel *„Methoden der sprechkünstlerischen Probenarbeit im zeitgenössischen deutschsprachigen Theater"* wird von einem Forschungsteam für eine Finanzierung beim Schweizerischen Nationalfond beantragt und befindet sich in der Antragsphase. In den folgenden Ausführungen geht es zum einen um die inhaltliche Beschreibung des Projektes und damit um die Positionierung der Sprechkunst in einem aktuellen Forschungsfeld, zum anderen um die methodische Herangehensweise an ein solches Vorhaben.

F.4.1.1   Fragestellung und Zielsetzung

Im ersten Schritt gilt es eine konkrete Fragestellung und eine konkrete Zielsetzung zu entwickeln. Das geplante Forschungsprojekt stellt die Frage, wie die zu beobachtenden veränderten Sprechweisen im zeitgenössischen deutschsprachigen Theater innerhalb eines Probenprozesses entstehen und wie sie in Erscheinung treten. Welche Methoden der Textarbeit lassen sich entdecken und beschreiben? Thematisch bewegt sich das Forschungsprojekt im Umfeld des postdramatischen Theaters. Die Anforderungen an Schauspieler sowohl im darstellerischen als auch im körperlichen und v.a. stimmlich-sprecherischen Bereich haben sich in den vergangenen Jahren auf der Bühne stark verändert. Neue Darstellungsformen sowie neue Sprechweisen und Sprechästhetiken haben sich etabliert. Texte werden chorisch, simultan oder monologisierend statt dialogisch gestaltet und sind nicht mehr unbedingt in die Repräsentation von Handlungen und schauspielerische Vorgänge auf der Bühne eingebunden. Ausdrucksmöglichkeiten wie Körper, Raum, Licht, Bewegung, Bild, gesprochene Sprache und Stimme treten als gleichberechtigte Mittel neben den Text. Sowohl in Inszenierungen, denen ein postdramatischer Theatertext zugrunde liegt, welcher dramatische Kategorien wie Figur, Dialog, Handlung, Raum- und Zeitgestaltung auflöst und demnach einen veränderten Umgang des Schauspielers mit dem Text erfordert, als auch in Inszenierungen klassischer Dramen wird die Sprache und ihre Erscheinungsweise auf der Bühne als gesprochene Sprache, als Stimmklang, als Rhythmus, als Melodie vom Mittel zum Thema gemacht. Durch die teilnehmende Beobachtung an insgesamt fünf Inszenierungsprozessen soll herausgefunden werden, wie der Aneignungs- und sprechkünstlerische Gestaltungsprozess eines Textes im zeitgenössischen Theater in der Zusammenarbeit von Schauspielern und Regisseuren beispielhaft erfolgt. Es ist Ziel des Forschungsprojektes, neue methodische Ansätze der Textarbeit im zeitgenössischen deutschsprachigen Theater zu formulieren, um sie für die Lehre an einer Schauspielausbildungseinrichtung nutzbar zu machen.

F.4.1.2   Untersuchungsgegenstand und Thesenbildung

Den Untersuchungsgegenstand bilden Probenarbeiten von fünf Regisseuren und den daran beteiligten Schauspielern. Die ausgewählten Regisseure (vermutlich sind es Laurent Chétouane, Volker Lösch, Michael Thalheimer, René Pollesch sowie Nicolas

Stemann) suchen den Konflikt mit traditionellen, etablierten Theaterpraktiken und arbeiten mit neuen Darstellungs- und Sprechformen. Vermutet wird, dass innerhalb dieser Probenprozesse nicht mehr nur traditionelle Texterarbeitungsmethoden wie z.B. das „Gestische Prinzip" bzw. die figurenpsychologische Herangehensweise im Vordergrund stehen, sondern andere Ansätze, die es zu untersuchen gilt.

Im geplanten Forschungsprojekt wird vermutet, dass im zeitgenössischen Theater Ansätze der Texterarbeitung hinzugekommen sind, die nicht semiotisch sind, sondern phänomenologisch. Phänomenologisch heißt in diesem Zusammenhang, dass die lautlichen Qualitäten und stimmlichen Erscheinungsweisen im Vordergrund stehen. Die sprechkünstlerischen Gestaltungsmittel wie Lautheit, Sprechgeschwindigkeit, Sprechmelodie und Stimmklang werden vermutlich nicht als Zeichen für einen bestimmten Ausdruck oder Inhalt erarbeitet und sind damit dem Inhalt der Äußerung untergeordnet, sondern sie werden als Phänomen, als Erscheinungsweise in ihrer Präsenz wahrnehmbar gemacht. Wie das geschieht, möchte die Arbeit erforschen. Eine neue Herangehensweise, gerade an zeitgenössische (postdramatische) Texte, aber auch an dramatische Texte, die mit der Wahrnehmung von Stimme und Sprache spielen wollen, könnte musikalisch, oder anders ausgedrückt phänomenologisch sein. Dabei ginge es nicht nur um das „Aushören" des Textes, also um das Herausarbeiten der musikalischen Qualitäten, die der Text selbst liefert, sondern um das Begreifen des Textes als Partitur und um ein Experimentieren mit den sprechkünstlerischen Gestaltungsmitteln wie Lautheit, Sprechgeschwindigkeit, Pausengestaltung, Melodisierung, Akzentuierung und Stimmklang, eben um ein Wahrnehmbarmachen der Phänomene Stimme und gesprochene Sprache. Denkbar ist, dass die musikalische Herangehensweise an einen Text erst einen Inhalt, einen Raum oder ein Bild eröffnet. Heiner Goebbels stützt diese These, indem er betont, dass ein konkreter „Subtext" dem Zuschauer die vielen Bedeutungsschichten eines Textes eher verschließt, statt ihn zu (er)öffnen. „Das Ausstellen von ‚Plausibilität' und ‚verstanden zu haben' durch einen souverän wirkenden Schauspieler, der den Text beherrscht (statt unter ihm, hinter ihm zu stehen und ihn nur anzubieten), kann sogar unsere Erfahrung eines Textes schmälern" (Goebbels 2010, 230). Heiner Goebbels nähert sich laut seinen eigenen Beschreibungen einem Text immer zuerst musikalisch. Auch der Regisseur Michael Thalheimer stellt das Musikalische eines Textes in den Vordergrund: „Es geht doch immer nur um eines: um den Rhythmus. Den zu finden, das ist es, worin Inszenieren besteht, egal ob bei G. Hauptmann, Tolstoi oder Verdi. Verändert man den Rhythmus nur um ein Winziges, dann verändert sich alles. Eine einzige Klangpartitur, in der sich Menschliches und Göttliches verbinden." (Thalheimer in Decker 2011, 20).

F.4.1.3   Methodische Vorgehensweise

Für die geplante Untersuchung wird auf die sozialwissenschaftliche Methode der teilnehmenden Beobachtung zurückgegriffen. Die teilnehmende Beobachtung ist eine qualitative Methode der Sozialforschung. Flick definiert sie als „eine Feldstrategie, die gleichzeitig Dokumentenanalyse, Interviews mit Interviewpartnern und Informanten, direkte Teilnahme und Beobachtung sowie Introspektion kombiniert" (Flick 2007, 287). Die Methode soll auf die Probenforschung übertragen werden. Die Theaterwissenschaft hat sich bisher mit der teilnehmenden Beobachtung als wissenschaftliche Methode nur rudimentär beschäftigt, weil die Auseinandersetzung mit Probenprozessen innerhalb der theaterwissenschaftlichen Forschung noch sehr jung ist. Hier kann die geplante Arbeit eine sozialwissenschaftliche Methode in den theaterwissenschaftlichen Diskurs einbringen und nutzbar machen.

Gemäß der Unterscheidung zwischen strukturierter und unstrukturierter Beobachtung (vgl. Lamnek 2005, 558ff.) soll im geplanten Projekt die Methode der unstrukturierten Beobachtung gewählt werden, d.h. es gibt im Vorfeld grobe Aspekte als Rahmen der Beobachtung, aber kein differenziertes System vorab festgelegter Kategorien. Leitend für die Beobachtung ist die aufgeführte Fragestellung. Die entstehenden Sprechweisen können auf elementarer Ebene dank der auditiv-phonetischen Analyse beschrieben werden. Die Sprechwissenschaft hat gegenüber der Theaterwissenschaft den Vorteil, dass ihre aufgrund eines intensiven Hörtrainings geübten Hörer in der Lage sind, auf einzelne Sprechausdrucksmerkmale des auditiv wahrnehmbaren Komplexsignals zu achten (vgl. Bose 2001, 269). Die teilnehmende Beobachtung soll offen erfolgen, d.h. die Anwesenheit der Forschenden sowie ihre Forschungsabsicht wird den Schauspielern und Regisseuren bekannt sein. Dabei geht es aber nicht um eine Teilnahme der Forschenden am Bühnengeschehen, sondern um die Beobachtung des Probenprozesses und damit um die Wahrung von Distanz. Die Beobachtungen werden innerhalb von Probenprotokollen festgehalten. Zusätzlich sollen Erkenntnisse durch die Befragung der Regisseure und Schauspieler innerhalb von Interviews gewonnen werden. Dokumente wie Konzeptpapiere, literarische Vorlagen etc. werden gesammelt und fließen in die Auswertung ein. Als Erinnerungsstütze für die Auswertungen sollen die Proben per Tonband mitgeschnitten werden. Die Aufnahmen erheben allerdings keinen Präsentationsanspruch, sondern helfen der Untersuchenden lediglich bei den Zwischenauswertungen.

Es wird insgesamt fünf Untersuchungsphasen geben. Die erste Untersuchungsphase beginnt voraussichtlich im Oktober 2013 mit einer Probenarbeit des Regisseurs Laurent Chétouane mit Masterstudierenden des Studiengangs Theater (Scenic Arts Practice/Performative Künste) der Hochschule der Künste Bern. Hierbei handelt es sich um eine Pilotuntersuchung, in welcher gleichzeitig erstmals die Untersuchungsmethode der teilnehmenden Beobachtung fokussiert auf den Umgang mit gesprochener Sprache und Text angewandt wird. Die Probenphase wird fünf Wochen umfassen. Da ein Entwicklungsprozess untersucht wird, werden die teilnehmenden Beobachtungen nicht punktuell, sondern fortwährend stattfinden. Es wird angestrebt, an jeder Probe über den gesamten Probenprozess teilzunehmen. Das gleiche gilt für alle anderen Untersuchungen. Im Anschluss an diese erste Untersuchung organisiert das Forschungsteam einen Workshop mit ausgewählten Experten aus der Soziologie, Theaterwissenschaft und Sprechwissenschaft, um die Beobachtungsmethode zu verbessern und zu verfeinern. Hier ist die Zusammenarbeit mit Prof. Dr. Jens Roselt und Prof. Dr. Annemarie Matzke hervorzuheben. Beide entwickeln aktuell am Institut für Medien, Theater und populäre Kultur der Universität Hildesheim den Forschungsschwerpunkt Probenforschung und sind mit ihren bisherigen Untersuchungen und methodischen Erfahrungen ein wichtiger Ausgangspunkt für das geplante Forschungsprojekt. Bei den weiteren vier Untersuchungsphasen handelt es sich voraussichtlich um Probenarbeiten von Volker Lösch, René Pollesch, Michael Thalheimer und Nicolas Stemann.

In der Auswertungsphase wird es darum gehen, die Erkenntnisse über den veränderten Umgang mit Texten im zeitgenössischen Theater sowie über die Entstehung neuer Sprechweisen zu verarbeiten. Bereits während der Untersuchungen und in deren Anschluss werden die Probenprotokolle und die darin beschriebenen beobachteten Herangehensweisen und Textgestaltungsmethoden der Regisseure und Schauspieler sowie die Aussagen der Beteiligten aus den Interviews ausgewertet und verschiedenen, in der Sprechwissenschaft und Sprecherziehung beschriebenen Modellen zur Texterarbeitung gegenübergestellt. Die in den Untersuchungen beobachteten und herausgearbeiteten sprechkünstlerischen Tendenzen werden beschrieben, methodische Ansätze für die Erarbeitung von Texten im zeitgenössischen deutschsprachigen Theater werden aus den ausgewerteten Beobachtungen heraus entwickelt und formuliert. Die Ergebnisse werden dokumentiert und am Ende publiziert. Im Anschluss an das Projekt ist geplant, die entwickelten methodischen Ansätze zur Textarbeit innerhalb von Projekten mit Schauspielstudierenden an der Hochschule der Künste Bern zu erproben. Davon ausgehend soll der Umgang mit neuen Sprechformen und mit neuen methodischen Ansätzen zur Erarbeitung von Texten die Studierenden innerhalb der Ausbildung ermuntern und befähigen, eigene künstlerische Formate im Umgang mit gesprochener Sprache auf der Bühne zu suchen und zu finden.

F.4.1.4 Bedeutsamkeit der Forschungsarbeit

Eine Schauspielausbildung sollte die angehenden Schauspieler auf die vielfältigen Anforderungen, die der Beruf mit sich bringt, vorbereiten. Voraussetzung dafür ist die Wahrnehmung der Theaterrealität und der Anforderungen, die auf der Bühne des zeitgenössischen Theaters gestellt werden. Sich verändernde Anforderungen machen das Überdenken und ein Erweitern bestehender Lehrinhalte nötig. Dem Forschungsprojekt kommt also eine große methodische Bedeutung zu, indem die Forschungsergebnisse direkt in die Theaterpraxis und/oder in die Lehre und Ausbildung von Schauspiel- und Regiestudierenden sowie Studierenden der Sprechwissenschaft als zukünftige Sprecherzieher an Schauspielschulen und Theatern einfließen können. Wissenschaftliche Bedeutsamkeit erlangt das Projekt durch die Erweiterung des Methodenkanons für die Theaterwissenschaft und Sprechwissenschaft. Durch die teilnehmende Beobachtungsmethode, fokussiert auf den Umgang mit gesprochener Sprache, können Aspekte des Probenprozesses, welche sich auf den Erarbeitungsprozess von Texten im zeitgenössischen Theater und die Entstehung von bestimmten Sprechweisen beziehen, untersucht werden. Dank der auditiven Analyse gelangt man auch zu einer genaueren Beschreibung von sprecherischen und stimmlichen Phänomenen. Ebenso wie es allgemein in der Methodologie der Kulturwissenschaft und Sprachphilosophie und speziell innerhalb der Theaterwissenschaft einen Perspektivwandel gegeben hat (vgl. Kolesch/Krämer 2006, 10), nimmt auch dieses Forschungsprojekt eine performative Perspektive ein und fokussiert nicht mehr allein Strukturen und Werke, sondern Ereignisse sowie Prozesse der Produktion und Rezeption. Es leistet damit einen wesentlichen Beitrag zum sich neu konstituierenden Forschungsfeld der Probenforschung innerhalb der Theaterwissenschaft. Die Sprechwissenschaft hat erst in jüngerer Zeit wieder begonnen, sich dem Gegenstand des Theaters zu widmen, ausgehend davon, dass Sprechkunst u.a. im Theater stattfindet. Das geplante Forschungsprojekt möchte als systematische sprechwissenschaftlich orientierte Untersuchung einen wesentlichen Beitrag in der Diskussion um das zeitgenössische Theater leisten.

F.4.2 Phonostile – Stilisierte Alltagssprache im Theater

Uwe Hollmach

Wissenschaftliche Fragestellungen: Die stilisierte Alltagssprache im Gegenwartstheater soll phonetisch näher beschrieben werden, um sie im Spektrum des situationsbedingten standardsprachlichen Gebrauchs phonostilistisch positionieren zu können. Die Standardaussprache wird nicht vollkommen gleich realisiert. „Sie weist vielmehr jeweils charakteristische Varianten auf, die als phonostilistische Differenzierungen bezeichnet werden" (Krech et al. 2009, 98).

Im prosodischen Bereich variieren die sprechsprachlichen Äußerungen in der Akzentuierung und Sprechgeschwindigkeit (Tempo), von deren Fluktuation die Lautungsebene ebenfalls erfasst wird (Schwa-Realisierung, Plosivaspiration, Auslautverhärtung u.a.). Es entstehen Varianten als reduzierte Formen wie die Elision des Schwa-Lautes in dem Suffix <-en>. Bezogen auf das Schauspiel wäre im Verlauf des sprechkünstlerischen Ausdrucks so im Skandieren aber auch eine Verstärkung der Formen möglich, beispielsweise bei <lassen>. Die Verschiedenheit der phonostilistischen Varianten, ihre Streuung in einer gesprochenen Passage und ihre Häufigkeitsverteilung führen zu einem sprechsprachlichen Gesamteindruck, der sich wiederum auf die Varianten zurückführen lässt. Fasst man nun die Varianten als Indikatoren für die Bestimmung der Artikulationspräzision auf, dann wird ihre Quantifizierung in verschiedenen Ausprägungsgraden möglich. Im Deutschen Aussprachewörterbuch (DAWB; Krech et al. 2009) sind dafür folgende Abstufungen vorgesehen:

1. hohe bis mittlere Artikulationspräzision (Sprechen auf der Bühne/Schauspiel, Hörspiel)
2. sehr hohe Artikulationspräzision (Sprechen auf der Bühne/Schauspiel in gebundener Sprache)
3. verminderte Artikulationspräzision (Schauspiel in bestimmten Situationen, Hörspiel u.a.; Krech et al. 2009, 98ff.).

Ausgehend von den phonostilistischen Differenzierungen, wie sie im DAWB beschrieben (z.B. Plosivaspiration) vorliegen, können dann die auditiven und akustischen Ergebnisse aus Analysen von verschiedenen Ausdrucksformen quasi von außen dazu ins Verhältnis gesetzt werden. Ein gültiger und zuverlässiger Vergleich wird möglich, wenn man über vorbestimmte Merkmale (z.B. Sprechgeschwindigkeit, Schwa-Realisierung) eine Verbindung nach der Art einer Schnittstelle schaltet. Schnittstellen verfügen über die Eigenschaft, gegenläufig zu funktionieren. Daraus ergeben sich drei Nutzungsmöglichkeiten:

1. Die phonetischen Daten werden quasi von außen angeschlossen und phonostilistisch den Vorgaben im DAWB zugeordnet (Grade der Artikulationspräzision).
2. Der Untersuchungsgegenstand, die stilisierte Alltagssprache im Gegenwartstheater, kann bei einer orthoepischen Eignung zur weiteren Aussprachestandardisierung (phonostilistische Differenzierung) im DAWB beitragen.
3. Es ergeben sich Vergleichsmöglichkeiten verschiedener Ausdrucksformen untereinander ohne direkten Bezug zum DAWB. Dazu gehören: Spontansprache (Erzählung), gebundene Sprache und das Vorlesen eines Sachtextes.

Bezogen auf den Punkt 3 wird davon ausgegangen, dass für die stilisierte Alltagssprache trennende und überlappende Eigenschaften mit den hier aufgeführten Ausdrucksformen spezifisch sind, beispielsweise eine ähnliche Lautrealisierung wie in der Spontansprache. Für die weitere empirische Aufarbeitung der wissenschaftlichen Fragestellungen werden folgende Hypothesen formuliert und auf ihren Wahrheitsgehalt hin geprüft.

Haupthypothesen
1. Die stilisierte Alltagssprache im Gegenwartstheater entspricht einer hohen bis mittleren Artikulationspräzision.
2. Die stilisierte Alltagssprache im Gegenwartstheater unterscheidet sich auf der Lautungsebene nicht von der Spontansprache.

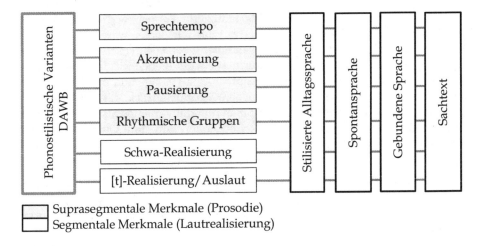

Abb. F.4.1: Versuchsentwurf

Untersuchungsmaterial: Die auditiven und akustischen Untersuchungen basieren auf 16 Sprechbeispielen von Schauspielern, deren Sprachbehandlung nach Expertenmeinung als mustergültig eingeschätzt wurde. Sie verfügen gleichermaßen über Schauspiel- und Medienerfahrungen (z.B. Hörbuch, Voice over). Sämtliche Aufnahmen erfolgten in einem akustisch dafür geeigneten größeren Raum mit einer Zuschauerbestuhlung. Die Schauspieler wurden gebeten, sich vor einem angenommenen Publikum zu äußern. Über diese Standardisierungen zur *Grundgesamtheit* erhöht man die Zuverlässigkeit der Ergebnisse.

Untersuchungsverfahren: Es wird der methodische Ansatz (empirisch) vorgestellt, der Einsatz von statistischen Verfahren entschieden und begründet.
Für die auditive und akustische Beschreibung von fließend gesprochener Sprache bietet sich folgender Arbeitsansatz an:
Beschreibung am Gesamteindruck – phonetische Merkmale – Erklärung des Gesamteindrucks

Prosodie (suprasegmentale Ebene): Die 16 Sprechbeispiele liegen nach einem standardisierten Modus verschriftet als Transkripte vor und erlauben einen ersten Überblick zur Pausierung und Akzenthäufigkeit. Eine folgende qualitative Analyse durch

Experten arbeitet die prosodische Gestaltung der Sprechbeispiele am Gesamteindruck auf. Die Hörergebnisse werden in einem Ausdruckskatalog mit einer fünfstufigen Skalierung (ordinales Skalenniveau) quantifiziert eingetragen (Bose 2003; Grehl 2011, III): Stimmhöhe und ihre Modifikation, Sprechgeschwindigkeit und ihre Modifikation, Artikulationspräzision, Akzentuierung (Häufigkeit, Stärke).

Über akustische Messungen mit einem Soundbearbeitungsprogramm werden die Pausenlänge sowie die Silben pro Sekunde als Berechnungsgrundlagen für den Pausenquotienten und die Sprechgeschwindigkeit erfasst (metrisches Skalenniveau). Aufschluss über das rhythmische Gefüge der Sprechbeispiele erhält man durch die Identifikation und nähere Bestimmung von rhythmischen Gruppen. Sie bestehen aus Silben oder Wörtern, die beim Sprechen als Einheit hervorgebracht werden, durch Pausen voneinander getrennt sind und wenigstens eine Akzentstelle besitzen (Stock 1996, 33).

Segmentebene: Die Artikulationspräzision wird in dieser Untersuchung an der Schwa-Realisierung in den Suffixen <-en, -em, -el> und an der [t]-Realisierung im Auslaut (ordinales und metrisches Skalenniveau) unterschieden (Krech et al. 2009, 98ff.):

- Schwa-Realisierung: Elisionen
- [t]-Realisierung (vereinfacht): Elision, Aspirationsgrad, frikatisiert, ohne Plosion.

Bei dem Analysevorgang steht die auditive Beurteilung an erster Stelle. Zur weiteren Objektivierung des auditiven Entscheidungsprozesses trägt eine visuelle Orientierung an einem Spektrogramm bei (sonagrafische Darstellung; Hollmach 2007, 271).

Statistische Aufarbeitung: Eine empirische Arbeitsweise schließt die statistische Aufarbeitung des Datenmaterials ein (Fragebögen, akustische Messungen). Durch die Anwendung verschiedener statistischer Verfahren wird der wissenschaftliche Gegenstand (stilisierte Alltagssprache) näher beschrieben (Akzenthäufigkeit u.a.), seine Funktionalität erklärt (z.B. Abhängigkeit von Sprechtempo und [t]-Aspiration) oder klassifiziert (Spontansprache, stilisierte Alltagssprache, gebundene Sprache). Für eine erklärungsstarke, zuverlässige und gültige Datenauswertung ist folgendes zu beachten:

- Beobachtung der Normalverteilung als Voraussetzung für die weitere statistische Datenverarbeitung (z.B.: arithmetische Mittelwertbildung ausschließlich bei annähernder Normalverteilung möglich!; Clauß/Ebner 1992, 28ff.)
Auswahl der statistischen Algorithmen unter Beachtung der Skalierung (metrisch, ordinal, nominal) und der Stichprobengröße (kleine oder große Stichprobe; http://de.statista.com/statistik/lexikonListe/letter/A/)
- Mögliche Abhängigkeiten von Variablen identifizieren (z.B. Abhängigkeit von Sprechtempo und [t]-Aspiration; Hollmach 1999, 196ff.). Unabhängige Variable (Bedingung) – abhängige Variable (Die Folge daraus.)
- Auswahl der Berechnungsprogramme (EXCEL, SPSS, PATTERN EXPERT o.a.).

Auswertung des Datenmaterials: Es ist sinnvoll, mit einem Überblick zu den Abhängigkeiten sämtlicher Variablen zu beginnen. Dadurch werden Strukturen sowie Klassifikationsmöglichkeiten erkennbar und erklärungsstarke Variablen (Trenngüte) identifiziert (z.B. Faktorenanalyse, mathematische Klassifikationsmodelle, neuronale Netze). Diese Erkenntnisse bestimmen das folgende, weiter vertiefende Vorgehen in der Auswertung. An zwei oder nur weniger mehr Variablen werden dann signifikante Abhängigkeiten geprüft (t-Test, Varianzanalyse, Kreuztabelle u.a.). Für die testenden Algorithmen ist ein Signifikanzniveau von 95% angesetzt, damit gilt bei einer Irrtumswahrscheinlichkeit von Alpha α kleiner gleich 0,05 bzw. = 5% der hypothetische Zusammenhang zweier Variablen als signifikant. Näher beschrieben wird der wissenschaftliche Gegenstand an Hand von statistischen Maßzahlen (arithmetischer Mittelwert, Median, Häufigkeiten, Streuungswerte u.a.).

Die Daten des Ausdruckskatalogs quantifizierten den auditiven Gesamteindruck durch 12 Variablen. Über den Einsatz eines lernfähigen Klassifikators (pattern expert) wird eine Zuordnung der stilisierten Alltagssprache zu folgenden vereinbarten Klassen versucht (Hollmach/Schröder 1997, 224ff.; www.pattern-expert.com):

1 stilisierte Alltagssprache, 2 Spontansprache, 3 gebundene Sprache, 4 Sachtext.

In etwa 90% der Zuordnungsversuche wurde die stilisierte Alltagssprache richtig klassifiziert. Von hoher Trenngüte erwiesen sich hierbei folgende Merkmale: Artikulationspräzision, Tonhöhenumfang, Sprechstimmlage, Geschwindigkeitsverlauf (Umfang), Sprechspannung, Akzenthäufigkeit. Aus einem Score (Vergleichswert), der die Zuordnungswahrscheinlichkeit (größer 0 bis 1) ausdruckt, geht hervor, dass die stilisierte Alltagssprache eine eigene Klasse bilden kann. Sie steht bezogen auf die prosodischen Ergebnisse (Ausdruckskatalog) zwischen der Spontansprache und der gebundenen Sprache, wobei sie hierzu eine größere Nähe aufweist.

Tab. F.4.1: Zuordnungswahrscheinlichkeit bei der Klassifikation

Ausdrucksform	stil. Alltagsspr.	Spontanspr.	gebundene Spr.	Sachtext
Wahrscheinlichkeit	**0, 562**	0,125	0,188	0,125

Eine statistisch beschreibende Datenauswertung des Ausdruckskatalogs (Häufigkeiten, Mittelwertbildung) gibt Auskunft zu den jeweiligen Besonderheiten der Merkmale: Sprechgeschwindigkeit (Tempo), Akzentuierung, Sprechspannung usw. Die Mittelwertbildung ist möglich, weil eine annähernde Normalverteilung vorliegt. In einer Beispieltabelle (s. Tab. F.4.2) sind die arithmetischen Mittelwerte aus der ordinalen Skalierung (Rangfolgeskala) für die Sprechspannung eingetragen worden.

Skalierung: 1 sehr gespannt 2 gespannt 3 mittel 4 ungespannt 5 sehr ungespannt

Tab. F.4.2: Arithmetische Mittelwerte für die Sprechspannung

Ausdrucksform	stil. Alltagsspr.	Spontanspr.	gebundene Spr.	Sachtext
Sprechspannung	**2,5**	2,7	1,8	2,5

Aus der Tab. F.4.2 geht hervor, dass die stilisierte Alltagssprache auf der Bühne trotz der räumlichen Distanz zum Zuschauer in der Sprechspannung der Spontansprache näher steht als der gebundenen Sprache. Im Interesse einer weiteren Ergebnisobjektivierung sind die Pausierung, Akzentuierung, die rhythmischen Gruppen mit akustischen Verfahren vermessen wurden. Für die ebenfalls gemessene Sprechgeschwindigkeit (Silben/Sekunde) und deren Fluktuation liegen als Beispiel die Ergebnisse in der Tabelle F.4.3 eingetragen vor (metrische Skalierung; Grehl 2011, 47ff.).

Forschung im Bereich Sprechkunst 249

Tab. F.4.3: Sprechgeschwindigkeit/Sprechgeschwindigkeitsabweichung (Fluktuation)

Ausdrucksform	stil. Alltagsspr.	Spontanspr.	gebund. Spr.	Sachtext
Sprechgeschw. Silb/sec.	**5,73**	5,6	4,28	5,4
Sprechgeschw. Abweichung in %	**17**	23	17	13

Die Besonderheit mit Blick auf die Sprechgeschwindigkeit besteht darin, dass die stilisierte Alltagssprache zwar im durchschnittlichen Tempo der Spontansprache ähnlich ist, in ihrer Fluktuation aber der gebundenen Sprache gleicht. Das erklärt auch den alltagssprachlichen Höreindruck, der jedoch durch eine prosodische Stilisierung auffällt. Solche beschreibenden Aussagen gewinnen durch Signifikanzprüfungen wie hier über Mittelwertvergleiche (z.B. t-Test) zusätzlich an wissenschaftlichem Gewicht. Im konkreten Fall unterscheidet sich in der mittleren Sprechgeschwindigkeit die stilisierte Alltagssprache zur gebundenen Sprache signifikant (p=0,000), aber nicht zur Spontansprache (p=0,063).

In der Sprechwissenschaft ergibt sich häufig die Anforderung, die prosodischen Merkmale (suprasegmentale Ebene) mit den Lautrealisierungen (segmentale Ebene) in Beziehung zu setzen. Aussagefähige Ergebnisse sind bereits durch den Einsatz der Faktorenanalyse zu erwarten. Sie erzeugt Faktoren, welche die Zusammenhänge zwischen den Variablen erklären (Wittenberg 1991, 82). In den statistischen Algorithmus werden die Variablen aus der auditiven und akustischen Analyse (Sprechgeschwindigkeit, [t]-Realisierung u.a.) eingetragen. Eine Auswertungsliste fasst folgende erklärungsstarke Variablen in Faktoren zusammen: Pausierung, Akzentuierung und Tempo mit der [t]-Realisierung. Dadurch wird der prosodische Einfluss auf die [t]-Realisierung sprecherunabhängig angezeigt (Hollmach 1998, 88). Vergleichbare Aussagen ergeben die Berechnungen zum Einfluss auf die Schwa-Realisierung (Lemke/Lüssing 1996, 220ff.). Konkrete Abhängigkeiten (Akzentuierung – [t]-Realisierung) auf signifikantem Niveau sind durch die Verwendung hypothesentestender Algorithmen (Chi-Quadrat Tests, Varianzanalyse u.a.) möglich. In einem abschließenden Berechnungsschritt können nun die Lautrealisierungen als Indikator für die Artikulationspräzision gezählt (relative Häufigkeiten) und dargestellt werden (z.B. Tabellen, Histogramme). An einem typischen Merkmal für eine verminderte Artikulationspräzision, die Elision, lassen sich die Ausdrucksformen vergleichen (Vereinfachung). Siehe dazu folgende Tabelle (F.4.4; Schwa-Realisation, [t]-Realisierung):

Tab. F.4.4: Zählung von Elisionen

Ausdrucksform	stil. Alltagsspr.	Spontanspr.	gebundene S.	Sachtext
Elision [t] %	38	50	8	4
Schwa-Laut verminderte Artikulationspräzision %	34	50	11	5

Die Prozentzahlen in der Tabelle deuten eine Ähnlichkeit von stilisierter Alltagssprache und Spontansprache an. Für eine Bestätigung oder Ablehnung von Hypothesen sind jedoch Signifikanztests notwendig, wie sie beispielsweise Varianzanalysen bieten. Die Signifikanztests führen zu folgenden Ergebnissen:

Der wissenschaftliche Gegenstand, die stilisierte Alltagssprache, unterscheidet sich signifikant von der gebundenen Sprache, jedoch nicht von der Spontansprache. Weil für die Spontansprache eine verminderte Artikulationspräzision (Krech et al. 2009, 103ff.) typisch ist, wird die folgende Hypothese (1) abgelehnt: Die stilisierte Alltagssprache im Gegenwartstheater entspricht einer hohen bis mittleren Artikulationspräzision. Für die untersuchten Lautrealisierungen (Schwa-Laut in den Suffixen <-en, -em, -el> und [t]-Realisierung im Wortauslaut) ergaben sich keine signifikanten Unterschiede von stilisierter Alltagssprache zur Spontansprache. Damit ist die folgende Hypothese (2) zumindest für die untersuchten Lautrealisierungen bestätigt worden: Die stilisierte Alltagssprache im Gegenwartstheater unterscheidet sich auf der Lautungsebene nicht von der Spontansprache.

Interpretation: Das Interpretieren geschieht stets aus einer Fachkompetenz heraus. Ein Sprechwissenschaftler kann mit seiner Sichtweise die Auswertungsergebnisse fachlich integrierender einordnen, als es etwa einem Statistiker möglich wäre. Voraussetzung hierfür sind aber Grundkenntnisse zur Statistik. Beispielgebend werden die Auswertungsergebnisse zur stilisierten Alltagssprache auf die Sprechbildung in der Schauspielerausbildung bezogen.

Der Gebrauch einer stilisierten Alltagssprache im Gegenwartstheater ist auf der Lautungsebene dem spontanen Sprechen vor einem Zuhörerkreis ähnlich, durch ihre stilisierte Prosodie jedoch nicht identisch. Statistisch ließ sich die stilisierte Alltagssprache in einer eigenen Klasse zusammenfassen. Aus diesem Grund ist ihre sprechpädagogische Beachtung bedeutsam. Tatsächlich missverstehen oft Schauspielstudenten den alltagssprachlichen Höreindruck als authentisch abgebildetes soziales Verhalten. Ihre Sprache wirkt dann privat, aber das Theater meidet die Privatheit, obgleich es sich gegenwärtig am alltäglichen Lebensverlauf von Figuren orientieren kann. Der Unterschied entsteht durch verdichtete kommunikative Prozesse (Wahrnehmung, Imagination, Partner- und Zuschauerbezug). Eine überhöhte, als unnatürlich empfundene Sprache wäre demnach ebenfalls unpassend. Für die Sprechbildung ergeben sich heraus zwei Ansätze: (1) Es werden verschiedene Stufen der Artikulationspräzision unter situativen, räumlichen und kommunikativen Vorgaben geübt. (2) Die praktische Anwendung im Rollenunterricht wird durch den Sprecherzieher begleitet.

In der phonetischen Arbeit zum Erlernen der deutschen Standardaussprache für Dialektsprecher und ausländische Studenten mit Akzent entsteht durch die Anforderungen an die stilisierte Alltagssprache folgendes Problem: Bei einem höheren Stilisierungsgrad fällt den Studenten der standardsprachliche Gebrauch deutlich leichter als bei einer alltagssprachlichen Nähe. Problemlösungen hierfür könnten sich aus der Aufarbeitung von neurowissenschaftlichem Wissen ergeben, um phonetische Verarbeitungsprozesse im Gehirn besser verstehen zu können.

F.4.3 Aktuelle Studie zum Vergleich des Bühnensprechens von Sängern und Schauspielern

Wieland Kranich

F.4.3.1 Ausgangsfrage

Szenisches Sprechen auf der Bühne ist eine besondere Kunstfertigkeit, für die Schauspieler in besonderer Weise ausgebildet sind. Aber auch Sänger müssen in Oper, Operette und Musical in zahlreichen Fällen sprecherisch agieren. Singen und Sprechen als künstlerische Ausdrucksformen bedienen sich anatomisch gleicher Strukturen und physiologisch ähnlicher Vorgänge. Trotzdem vollzieht sich der Wechsel zwischen beiden keinesfalls problemlos (vgl. Kap. F.3.5). Er stellt sogar einen hohen Grad künstlerischer Fertigkeit dar. In einer empirischen Studie wurde exemplarisch das Bühnensprechen von Sängern und Schauspielern untersucht. Dabei wurde der Frage nachgegangen, inwiefern sich deren Sprechweisen hinsichtlich ausgewählter prosodischer Merkmale unterscheiden. Der Fokus wurde auf temporale und melodische Parameter sowie das Ausmaß der Dephonierung gelegt (Kranich 2012, 33ff.). Im folgenden Artikel sollen einige wesentliche Ergebnisse dieser Studie dargestellt werden.

Tab. F.4.5: Übersicht über die Auswahl der Stücke und Darsteller

Stück	Regisseur bzw. Dirigent (Ort)	Jahr	Berücksichtigte Rollen	Darsteller
Wallenstein	Regie: Thomas Langhoff (Wien)	2009	Octavio Wallenstein Max Piccolomini Herzogin Gräfin Thekla	Dieter Mann Gert Voss Christian Nickel Kitty Speiser Petra Morzé Pauline Knof
Kabale und Liebe	Regie: Ernst Lothar (Salzburg)	1955	Miller Ferdinand Präsident Wurm Lady Luise	Ewald Balser Will Quadflieg Walter Franck Bruno Hübner Heidemarie Hatheyer Maria Schell
Freischütz	Dir.: Thomas Hengelbrock (Baden-Baden)	2009	Max Kaspar Kuno Kilian Agathe Ännchen	Steve Davislim Dimitry Ivashchenko Reinhard Dorn Matjaz Robavs Juliane Banse Julia Kleiter
Fidelio	Dir.: Otto Klemperer (London)	1961	Leonore Rocco Marzelline Jaquino Pizarro Florestan	Sena Jurinac Gottlob Frick Elsie Morrison John Dobson Hans Hotter John Vickers

Grundlage des ersten, hier auszugsweise referierten Untersuchungsteiles bilden ausgewählte Textabschnitte zweier Opern (Beethoven: Fidelio [Dir. Klemperer, 1961] / Weber: Der Freischütz [Dir. Hengelbrock, 2009]) und zweier Schauspiele (Schiller: Wallenstein [Regie: Langhoff, 2009]/Kabale und Liebe [Regie: E. Lothar, 1955]). Aufgrund der Authentizität wurden für die temporale und melodische Analyse ausschließlich Live-Aufnahmen herangezogen. Um auch diachrone Gegebenheiten zu erfassen, wurde jeweils eine ältere und jüngere Aufnahme analysiert. Für den Aspekt der Dephonierung wurden im zweiten Untersuchungsschritt aus qualitativen Gründen ausschließlich Studioaufnahmen berücksichtigt.

Für die Untersuchung wurden solche Passagen berücksichtigt, in denen die Darsteller dialogisch agierten. Um Aussagen über die Pausengestaltung machen zu können, wurden dabei die längeren Textteile bewertet. Einschränkungen zeigten sich allerdings in einigen Szenen der Opern, bei denen im Vergleich zum Libretto teils erhebliche Kürzungen vorgenommen wurden. Trotzdem konnten in nahezu allen Fällen hinreichend lange und damit vergleichbare Textpassagen für die Analyse gewonnen werden.

F.4.3.2 Temporale Parameter

Artikulationsgeschwindigkeiten
Zunächst soll mit der Betrachtung der Artikulationsrate begonnen werden. Als Extrempositionen können die Mediane der Darsteller des Kaspar (3,05 Silben/s) und des Ferdinand (6,56 Silben/s) angesehen werden, die sich in der Clusteranalyse erst spät mit den anderen Gruppen verbinden. Neben einer langsamer artikulierenden Gruppe steht das Cluster mit der mittleren Artikulationsrate. Die Zahl der schnell sprechenden Darsteller ist dagegen relativ klein.

Tab. F.4.6: Gruppenbildung hinsichtlich der Artikulationsgeschwindigkeiten

Gruppe 1: niedrige Artikulationsrate		Gruppe 2: mittlere Artikulationsrate		Gruppe 3: hohe Artikulationsrate	
Median der Artikulationsrate (Slb/s)		Median der Artikulationsrate (Slb/s)		Median der Artikulationsrate (Slb/s)	
Kaspar	3,05	Lady	4,78	Max Picc.	5,69
Max (Fr.)	3,84	Luise	4,78	Miller	5,74
Agathe	4,13	Leonore	4,88	Pizarro	5,75
Ännchen	4,18	Wurm	4,98	Ferdinand	6,56
Kilian	4,23	Jaquino	5,09		
Kuno	4,26	Rocco	5,16		
Florestan	4,28	Präsident	5,18		
Octavio	4,4	Wallenstein	5,29		
Thekla	4,47	Marzelline	5,33		
Gräfin	4,52				
Herzogin	4,59				

Forschung im Bereich Sprechkunst

Aus der Rangfolge kann vermutet werden, dass die Sänger offenbar langsamer artikulieren. Lediglich Pizarro und Rocco übersteigen die Grenze von 5,0 Silben/s. Die Ergebnisse der mittleren Artikulationsgeschwindigkeit stellen sich separiert nach dem Genre wie folgt dar:

    Sänger: 4,51 Silben/s   s = 0,7467
    Schauspieler: 5,08 Silben/s   s = 0,6488

Präziser wird die Aussage, wenn man neben dem Genre zusätzlich die Geschlechter berücksichtigt:

    Sängerinnen: 4,63 Silben/s   s = 0,578
    Sänger: 4,46 Silben/s   s = 0,849
    Schauspielerinnen: 4,63 Silben/s   s = 0,145
    Schauspieler: 5,41 Silben/s   s = 0,680

Es fällt auf, dass die Schauspieler eine deutlich höhere Artikulationsrate erzielen, während die anderen drei Gruppen in etwa gleichauf liegen. Bemerkenswert ist die geringe Streuung innerhalb der Gruppe der Schauspielerinnen.

Pausenzeitquotient (PZQ)
Das Pendant zum Sprechen als phonischen Akt ist die Sprechpause als akustisches Null-Ereignis. Diese ist jedoch für den Hörer hinsichtlich Hörverstehens ein essentielles Mittel. Ein wesentlicher Parameter, der das Verhältnis von Sprech- zur Pausenzeit darstellt, ist der Pausenzeitquotient, der in der Phonetik zur Analyse gesprochener Sprache verwendet wird. Laut Meinhold wird der Pausenzeitquotient (PZQ) als das Verhältnis von Gesamtsprechzeit (t) zur reinen Sprechzeit (t_0) mittels folgender Formel errechnet (1995, 18):

$$PZQ = \frac{t}{t_0}$$

Nach dieser Formel wurden die Pausenzeitquotienten aller Sprecher ermittelt. Die im Folgenden referierten Werte beziehen sich auf die Medianwerte aller einzeln bestimmten Pausenzeitquotienten.

Tab. F.4.7: Ermittelte Pausenzeitquotienten in aufsteigender Reihenfolge

Rolle	**Stück**	**PZQ** Medianwerte
Wurm	Kabale und Liebe	1,19
Jaquino	Freischütz	1,22
Leonore	Freischütz	1,23
Rocco	Freischütz	1,24
Ännchen	Fidelio	1,27
Kuno	Fidelio	1,29
Marzelline	Freischütz	1,29
Kaspar	Fidelio	1,34
Max	Fidelio	1,35

Kilian	Fidelio	1,36
Ferdinand	Kabale und Liebe	1,36
Miller	Kabale und Liebe	1,37
Agathe	Fidelio	1,39
Präsident	Kabale und Liebe	1,47
Pizarro	Freischütz	1,48
Lady	Kabale und Liebe	1,52
Octavio	Wallenstein	1,59
Florestan	Freischütz	1,71
Luise	Kabale und Liebe	1,74
Thekla	Wallenstein	1,79
Herzogin	Wallenstein	1,89
Gräfin	Wallenstein	1,98
Max Piccolomini	Wallenstein	2,04
Wallenstein	Wallenstein	2,13

Es zeigte sich zunächst eine große Streuung zwischen dem PZQ von 1,19 *(Wurm)* und der PZQ von 2,13 *(Wallenstein)* auf, was nahezu einer Verdoppelung entspricht. Weiter kann man eine Teilung in drei Gruppen ausmachen: Der Gruppe mit einem kleinen PZQ *(Wurm bis Marzelline)* folgt eine mit höheren Pausenanteilen *(Kaspar* bis *Octavio)*. Lange Pausen zeigen dagegen die Darsteller des *Florestan* bis zum *Wallenstein*. Abgesehen vom Darsteller des *Wurm* finden sich in der ersten Hälfte ausschließlich Opern-Sprecher, in zweiten die Schauspieler.

Diese Verteilung lässt sich auch grafisch verdeutlichen (s. Abb. F.4.2). Erkennbar ist hier zudem die wesentlich größere Streuung der PZQ im Schauspiel (Medianwert 1,67; s=0,301) im Gegensatz zu den Opernszenen (Medianwert 1,36; s=0,136).

Differenziert man weiterhin zwischen männlichen und weiblichen Darstellern, so erhält man folgende Ergebnisse:

Sängerinnen: PZQ = 1,29 s = 0,068
Schauspielerinnen: PZQ = 1,78 s = 0,174
Sänger: PZQ = 1,37 s = 0,158
Schauspieler: PZQ = 1,59 s = 0,358

Es zeigt sich tendenziell ein Zusammenhang hinsichtlich des Genres, nicht aber des Geschlechts der Rollen.

Forschung im Bereich Sprechkunst

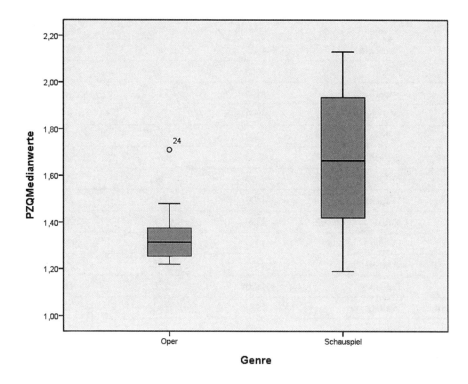

Abb. F.4.2: Gemittelte Pausenzeitquotienten nach Genre

F.4.3.3 Melodische Parameter

Mittlere Sprechstimmlage
Um eine statistische Analyse melodischer Parameter zu gewährleisten, wurde die lineare Cent-Skalierung verwendet. Hier werden für die Tonhöhe a=220 Hz 4500 Cent festgelegt und bei einem Halbtonunterschied nach oben bzw. unten 100 Cent verrechnet. Für die Ergebnisdarstellungen wurde wiederum der Medianwert aller einzeln berechneten Phrasen bestimmt.

Tab. F.4.8: Gemittelte Sprechstimmlage in aufsteigender Reihenfolge

Rolle	Stück	Median der Mittleren Sprechstimmlage (Cent)	Median der mittleren Sprechstimmlage (musikalisch)	Standard-abweichung der mittleren Sprechstimmlage
Präsident	Kabale und Liebe	3300	A	617,2
Wurm	Kabale und Liebe	3600	c	299,03
Miller	Kabale und Liebe	3650	c/cis	675,93
Wallenstein	Wallenstein	3700	cis	527,08
Rocco	Fidelio	3700	cis	419,26

Ferdinand	Kabale und Liebe	3900	dis	478,32
Kaspar	Freischütz	4000	e	454,5
Pizarro	Fidelio	4050	e/f	333,48
Kilian	Freischütz	4100	f	350,04
Octavio	Wallenstein	4200	fis	205,53
Lady	Kabale und Liebe	4200	fis	404,52
Kuno	Freischütz	4250	fis/g	342,18
Max	Freischütz	4300	g	279,57
Max	Wallenstein	4400	gis	217,48
Luise	Kabale und Liebe	4400	gis	289,03
Florestan	Fidelio	4500	a	474,96
Gräfin	Wallenstein	4550	a/b	293,72
Jaquino	Fidelio	4550	a/b	440,35
Herzogin	Wallenstein	4900	cis^1	293,47
Leonore	Fidelio	4900	cis^1	298,19
Agathe	Freischütz	5000	d^1	229,5
Thekla	Wallenstein	5100	>dis^1	320,65
Marzelline	Fidelio	5400	fis^1	242,73
Ännchen	Freischütz	5637	>gis^1	177,04

Hinsichtlich der Geschlechter zeigt sich eine interessante Überschneidung: Die Darstellerin der *Lady*, die in ihrer Rolle stets sehr ruhig und überlegen in einer tiefen Lage spricht, liegt in der Gesamtdarstellung unterhalb der Mittelwerte von fünf männlichen Rollen (4x Oper und 1x Schauspiel). Selbst der Darsteller des *Kuno*, der musikalisch als Bass ausgewiesen ist, liegt knapp über dem Medianwert der *Lady*. Alle anderen Opernsprecher über dem Medianwert der *Lady* sind Tenor-Rollen. Nur der Schauspieler des *Max Piccolomini* fällt noch in diese Gruppe. Hier handelt es sich um eine jugendliche, sehr emotional (und damit tonal tendenziell höher) realisierte Interpretation dieser Rolle. Bemerkenswert hoch liegen bei den Frauenrollen die Ergebnisse der *Marzelline* und des *Ännchens*. Beide liegen im Bereich des Kopfregisters, also über dem für Frauenstimmen üblichen Bereiches der mittleren Sprechstimmlage.

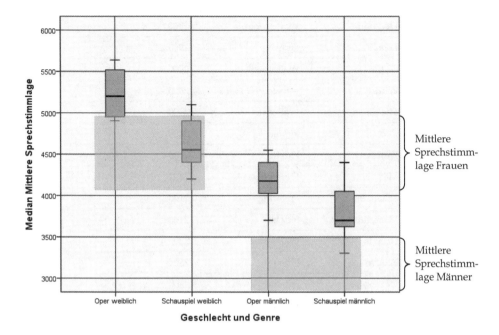

Abb. F.4.3: Gemittelte Sprechstimmlage nach Genre und Geschlecht

Es zeigt sich, dass die Sängerinnen und Sänger im Vergleich zu den Schauspielerinnen und Schauspielern einen deutlich höheren Medianwert aufweisen. Dabei trennt die Männer fast eine Quarte, die Frauen sogar eine verminderte Quinte. In der Fachliteratur wird als Obergrenze der mittleren Sprechstimmlage c (Männerstimmen) bzw. c' (Frauenstimmen) genannt (z.B. Habermann 1986, 85). Da es sich bei diesen Angaben um physiologische Maße handelt und nicht um emotionale Sprechweisen wie auf der Bühne, kann man diese Werte allerdings nur bedingt zu einem Vergleich heranziehen. Dennoch fällt die deutliche Überhöhung der Sprechweise bei Sängern im Vergleich zu den Schauspielern auf.

Modulationsbreite
Verwandt mit der eben erörterten Thematik ist die Betrachtung der Modulationsbreite. Hier wurden die tiefsten und höchsten Silben aller Darsteller in die Auswertung einbezogen.

Tab. F.4.9: Modulationsbreiten aller Darsteller aufsteigend sortiert

Rolle	Stück	Modulationsbreite in Cent
Agathe	Freischütz	1200
Ännchen	Freischütz	1400
Luise	Kabale und Liebe	1400
Max Piccolomini	Wallenstein	1700

Herzogin	Wallenstein	1900
Leonore	Fidelio	1900
Gräfin	Wallenstein	2000
Wurm	Kabale und Liebe	2000
Thekla	Wallenstein	2000
Rocco	Fidelio	2000
Florestan	Fidelio	2000
Max	Freischütz	2100
Kilian	Freischütz	2100
Marzelline	Fidelio	2100
Octavio	Wallenstein	2200
Pizarro	Fidelio	2300
Jaquino	Fidelio	2300
Lady	Kabale und Liebe	2400
Kuno	Freischütz	2600
Kaspar	Freischütz	2700
Wallenstein	Wallenstein	2800
Ferdinand	Kabale und Liebe	2900
Miller	Kabale und Liebe	3000
Präsident	Kabale und Liebe	3400

Das kleinste Intervall nutzt die Darstellerin der *Agathe* mit einer Oktave, den Maximalwert der Frauen erreicht die *Lady* mit genau 2 Oktaven. Bei den männlichen Darstellern liegt der Minimalwert bei *Max Piccolomini* mit 17 Halbtönen, während der *Präsident* mit 34 Halbtönen (ein Ganzton fehlt zur 3. Oktave!) von allen Darstellern den Höchstwert erreicht. Die tiefen Männerstimmen verwenden die hohen Tonbereiche genauso – jedoch seltener – wie die hohen Männerstimmen. Der Gebrauch tiefer Töne ist den hohen Stimmen naturgemäß verwehrt, was zu dieser großen Ausprägung der Modulationsbreite bei tiefen Männerstimmen führt. Tiefe Frauenstimmen nutzen interessanterweise die hohen Lagen längst nicht so aus. Die Verwendung des Kopfregisters bleibt bei ihnen der Ausnahmefall. Hinsichtlich der Nutzung der Modulationsbreite ist kein Unterschied hinsichtlich des Genres zu erkennen.

F.4.3.4 Schlussbemerkung

Nach den hier vorgestellten Ergebnissen ergeben sich Verschiedenheiten für ausgewählte prosodische Merkmale beim Sprechen in Schauspiel und Oper. Dabei zeigen sich die eindeutigsten Ergebnisse beim Pausenzeitquotienten: Hier steht den tendenziell kürzeren Werten der Sänger der überzufällig längere der Schauspieler gegenüber. Eindeutige Tendenzen ergeben sich auch aus der Analyse der mittleren Sprechstimmlagen: Im Vergleich zu den in der Literatur genannten Richtwerten sind fast alle Bühnendarstellungen überhöht. Jedoch erreichen hier die Sänger Spitzenwerte, die teilweise in den nächsten Oktavbereich hinaufreichen.

Die Ergebnisse der hier vorgestellten Stichprobe sind natürlich nicht repräsentativ, um allgemeingültige Aussagen hinsichtlich des Bühnensprechens in den verschiedenen Bühnengattungen ableiten zu können. Jedoch scheint der sängerische Teil der Gesangsausbildung Merkmale mit sich zu bringen, die einen deutlichen Einfluss auf das Bühnensprechen im Musiktheater ausüben. Diese Besonderheiten müssen in der sprecherzieherischen Arbeit an den Musikhochschulen explizit herausgearbeitet und berücksichtigt werden (Kranich 2014, in Vorb.).

F.4.4 Beurteilungskriterien für sprechkünstlerische Leistungen

Martina Haase

Die Beurteilung sprechkünstlerischer Leistungen ist bspw. in Ausbildungsprozessen (und nicht nur dort) unabdingbar, sie stellt ein wichtiges didaktisch-methodisches Instrument dar. Künstlerische Resultate einzuschätzen ist aufgrund der mit der Kunstproduktion und Rezeption zwangsläufig verbundenen Subjektivität bekanntermaßen schwierig. Kriterien bieten eine Möglichkeit, diesen Prozess der Urteilsbildung intersubjektivierbar und damit mitteilbar und nachvollziehbar zu machen.

Im Folgenden wird dazu schwerpunktmäßig zusammengefasst eine empirische Studie vorgestellt, die 2002 an der Martin-Luther-Universität im Rahmen einer Diplomarbeit erfolgte (vgl. Giertler 2009).

Ziel der Untersuchung war es, mit Hilfe einer Expertenbefragung Parameter für die Beschreibung und Beurteilung sprechkünstlerischer Äußerungen zu erfassen, diese Parameter zu wichten und zu hierarchisieren. Einen weiteren Schwerpunkt stellte das Erfassen der Bedeutung solcher Kriterien für das Gesamturteil dar. Besteht ein Zusammenhang zwischen dem Gefallensurteil und der Wahl der Beschreibungskriterien und deren Gewichtung?

Als **Methode** bot sich die *schriftliche Befragung* mit Hilfe eines zweiteiligen Fragebogens an. Im Rahmen einer *subjektiv-auditiven Analyse* wurde der Fragestellung der Untersuchung nachgegangen.

Zum **Untersuchungsdesign:** Das Untersuchungsmaterial bestand aus drei medienvermittelten Hörbeispielen aus Hörbüchern (Lesungen), eingesprochen von bekannten und allgemein akzeptierten Schauspielern. Jedes Beispiel wurde zweimal während der Untersuchung eingespielt, jeweils vor der Beantwortung von Teil A und B des Fragebogens. Befragt wurden 40 Probanden in drei Hörergruppen: Schauspieler, Studierende der Sprechwissenschaft, Sprecherzieher an Schauspielschulen, also Personen, die professionell mit der gesprochenen Sprache im künstlerischen Bereich arbeiten und über einschlägige Erfahrungen im Hören und Analysieren verfügen. Es handelt sich um eine sogenannte *Expertenbefragung*.

Der **Fragebogen-Teil A** enthält vor allem *offene Indikatoren* (keine Antwortvorgaben), die eine freie verbale Einschätzung des Eindrucks und des Gefallens ermöglichen. *(z.B. Frage 6 „Wie hat Ihnen die sprechkünstlerische Fassung gefallen?"; Frage 7 „Beschreiben Sie bitte Ihren Eindruck. Gehen Sie darauf ein, was Ihnen gefallen bzw. nicht gefallen hat." Giertler 2002, 78f.).* Damit werden die Antworten nicht gelenkt durch die Vorgabe bestimmter Bewertungs- bzw. Beschreibungs-Indikatoren. Ziel der Erhebung im A-Teil war es nicht, die Leistung der Sprecher beurteilen zu lassen, sondern Beschreibungsmerkmale und deren mögliche Gewichtung und Hierarchie untereinander zu erfassen.

Der **Fragebogen-Teil B** enthält ausschließlich *geschlossene Indikatoren,* d.h. die Antwort-Möglichkeiten waren vorgeben und sollten mit Hilfe einer 5er-Skala (*1=keine Bedeutung bis 5=sehr große Bedeutung*) bewertet werden. Die Ausprägung auf der 5er-Skala ist als Kontinuum zu verstehen. Gefragt wurde nach Stimmklang (*angenehm-unangenehm*), Sprechmelodie (*monoton – variierend – sehr stark variierend*), Sprechgeschwindigkeit (*schnell – langsam – zu schnell – zu langsam*), Pausen (*kurz – lang – zu kurz – zu lang*), Artikulation (*übertrieben – genau – ungenau*), Denk-Sprech-Prozess (*konkret – ungenau*) und Glaubwürdigkeit (*glaubhaft – nicht glaubhaft*). Bei jedem Item wurde zusätzlich zu dem jeweiligen Adjektiv (z.B. Stimmklang angenehm-unangenehm auf 5er Skala) noch *angemessen – nicht angemessen*, ebenfalls auf 5er Skala erfragt (vgl. ebd. 78ff.). Ziel dieses Fragebogen-Teils war es zu erfassen, wie relevant bezüglich Gewichtung und Hierarchie die einzelnen sprechkünstlerischen Beurteilungs-/Beschreibungskriterien in Bezug auf das Gesamturteil sind.

Für die **Auswertung** im A-Teil fand die Methode der *qualitativen Inhaltsanalyse* Anwendung, d.h. das sprachliche Material (die freie Beantwortung der Fragen durch die Probanden) wurde mit Hilfe des Verfahrens der Strukturierung analysiert. Im B-Teil wurde mit einem Programmsystem zur statistischen Datenanalyse (SPSS) gearbeitet.

Im **Ergebnis** liegen 120 Eindrucksschilderungen vor, „die im Hinblick auf die Fragestellung nach möglichen Beschreibungskriterien und im Zusammenhang" mit dem Gefallensurteil (Giertler 2009, 79) untersucht wurden. Im Teil A zeigte sich eine deutliche Differenzierung der Beschreibungsmerkmale in zwei Kategorien:

- Kategorie der sprecherischen Gestaltungsmittel
- Kategorie der inhaltlichen Gestaltung (künstlerisch inhaltliche Umsetzung des Textes).

Ein Zusammenhang zwischen dem Gefallensurteil und der Gewichtung der Beschreibungskriterien konnte nachgewiesen werden (durch Häufigkeitsverteilung und Ausführlichkeit der freien Antworten). Die hierarchische Reihenfolge und Gewichtung änderte sich in Abhängigkeit vom Gefallensurteil: bei *gut* bis *sehr gut gefallen* stehen inhaltliche Kriterien an erster Stelle, sprecherische Kriterien sind zweitrangig, bei *weniger gut* bis *nicht gefallen* werden die sprecherischen Kriterien wichtiger. Die Stimme blieb unabhängig vom Gefallensurteil immer wichtiges Kriterium.

In Auswertung des B-Teils lässt sich zusammenfassend sagen, dass unabhängig vom Gefallensurteil die Kriterien *Glaubwürdigkeit* und *Denk-Sprech-Prozess* eine dominierende Stellung einnahmen. Weitere Ergebnisse vgl. Giertler 2009.

Durch diese Untersuchung konnte m.E. erstmals *empirisch* nachgewiesen werden, dass es einen Zusammenhang zwischen dem Gefallensurteil und der Gewichtung und Hierarchisierung der Beschreibungskriterien gibt.

Im Ergebnis der Untersuchung entstand folgender Fragenkatalog (Giertler 2002, 85ff.; Herv. M.H.):

„I. *Fragen zur* Stimme: *Wurde die Stimme als angenehm oder als unangenehm empfunden? / Welche Empfindungen löste die Stimme beim Zuhören aus? / Klang die Person des Sprechers/der Sprecherin durch?*

II. *Fragen zum* gestischen Umgang *mit dem Text: War eine Ansprechhaltung zu erkennen? / Konnten Haltungen differenziert wahrgenommen werden? / In welcher Weise wurden Figuren gestaltet? / War die Gestaltung gestisch oder ungestisch/differenziert oder undifferenziert?*

III. *Fragen zum* Denk-Sprech-Prozess: *Konnte man der Handlung gut folgen? / War der Denk-Sprech-Prozess konkret oder allgemein?*

IV. *Fragen zur Umsetzung der* Situation *bzw. zur Entstehung einer* Bildhaftigkeit: *War eine Situation erkennbar? / Wurde eine Atmosphäre erzeugt? / Konnten Bilder wahrgenommen werden und eigene entstehen?*

V. *Fragen zur* Pausengestaltung: *Gestalteten sich die Pausen hinsichtlich ihrer Häufigkeit, Länge und Qualität dem Text und der Kommunikationssituation gegenüber angemessen oder nicht angemessen?*

VI. *Fragen zur* Sprechgeschwindigkeit: *Lag die Gestaltung der Sprechgeschwindigkeit in angemessener oder nicht angemessener Form vor?*

VII. *Fragen zur* Sprechmelodie: *Lag die Gestaltung der Sprechmelodie in angemessener oder nicht angemessener Form vor?*

VIII. *Fragen zur* Distanz zum Text: *In welcher Weise lag eine Distanz des Sprechers zum Text vor? / Gestaltete diese sich in angemessener oder nicht angemessener Form?*

IX. *Fragen zur* Artikulation: *Lag die Gestaltung der Artikulation in angemessener oder nicht angemessener Form vor?*

X. *Fragen zum* Rhythmus: *Lag die Gestaltung des Rhythmus in angemessener oder nicht angemessener Form vor, die Aussage des Textes unterstützend oder nicht unterstützend?*

XI. *Fragen zur* Akzentuierung: *Lag eine sinnrichtige oder sinnwidrige, die Aussage des Textes und das Verständnis fördernde oder störende Akzentuierung vor?*

XII. *Fragen zur* Glaubwürdigkeit, Echtheit *und* Natürlichkeit: *Hinterließ die sprechkünstlerische Fassung einen glaubhaften oder nicht glaubhaften Eindruck? / Lag eine echt oder natürlich bzw. eine unecht oder unnatürlich wirkende Sprechfassung vor?"*

Zum Abschluss wollen wir den am Seminar für Sprechwissenschaft und Phonetik der Universität Halle entwickelten Wertungsbogen für das sogenannte „Vorsprechen" im 2. Studienjahr, Bachelor Sprechwissenschaft, vorstellen.

Tab. F.4.10: **Wertungsbogen „Vorsprechen"** Autorin: M. Haase (internes Material)

Kategorie	Bewertung	Bemerkungen
Gesamteindruck *künstlerisch/ technisch* *Präsenz*	*bewertet wird mit einer Skala von 1–3 Punkten,*	
Glaubwürdigkeit	*3 Punkte sind die höchste Bewertung*	
Ansprechhaltung *Hörerbezug/Mitteilungsabsicht/Kommunikativität*		
Denk-Sprech-Prozess *Gestus*		
Textangemessenheit *Inhalt-Form-Bezug*		
Sonstiges *Stimme/Artikulation/Körperlichkeit*		
Gesamtbewertung *Punktezahl*		

Anmerkung zum Begriff Denk-Sprech-Prozess *(Martina Haase, Uwe Hollmach)*
Während des Sprechplanungsprozesses laufen im Gehirn bewusste und unbewusste Vorgänge (z.B. Planung, Ausführung, Überprüfung) ab, die teilweise dem Sprechen als wahrnehmbares Ereignis vorausgehen. Sie sind mit Emotionen verknüpft, an Handlungsvorstellungen gebunden und berücksichtigen den situativen Kontext (vgl. Herrmann/Fiebach 2007, 96+113; Bauer 2012, 76; Roth 2011, 218). In der Kunst wird in der Regel mit Autorentexten, also mit fremden Texten gearbeitet. Der Sprecher muss sich diese fremden Gedanken zu eigen machen und eine persönliche Lesart finden – Mittel dafür ist u.a. der Unter- oder Subtext. Das heißt, der Sprecher muss die Gedanken einer anderen Person/Figur „umformen", sie nacherleben bzw. sich anverwandeln, sie zu einer eigenen Lebensäußerung machen, um glaubhaft zu sein. Dieser Prozess erfolgt sowohl in der Erarbeitungs- bzw. Probenphase als auch während der Aufführung immer wieder neu. Wobei während der Aufführung auf Vorgedachtes (im Probenprozess) im Sinne einer Fixierung zurückgegriffen wird, um Kontinuität und Wiederholbarkeit entsprechend der Inszenierungskonzeption zu gewährleisten. Erarbeitet sich beispielsweise ein Schauspieler eine Figur, dann erlebt er anfangs deutlich das Aufeinanderfolgen von Gedanken und Sprechen. In einer fortgeschrittenen Arbeitsphase wird er beim Denken sprechen und beim Sprechen denken können (vgl. Roth 2011, 211). Der Prozess entspricht einer „allmähliche[n] Verfertigung der Gedanken beim Reden" (Kleist 1990, 534), wie sie Kleist um 1805 so wunderbar in einem Text beschreibt. Für die Tätigkeit in der Sprechkunst bietet sich daher ein Bezug auf das Sprechen und Denken an, der als Funktionsbegriff (Denk-Sprech-Prozess) erlebbar wird und etabliert ist.

F.5 Perspektiven und Tendenzen

F.5.1 Perspektiven auf die Sprechkunst

Uwe Hollmach

Mit einer Sichtweise aus künstlerischer, wissenschaftlicher und pädagogischer Perspektive offenbart sich das Entwicklungspotential in der Sprechkunst.

Ein Blick auf das Arbeitsgeschehen und damit auf die vorzufindenden sprechkünstlerischen Wirkungsmöglichkeiten mündet in der Einsicht, dass die Tätigkeitsfelder hierfür in ihrer Breite und Tiefe ständig neu zu erschließen sind. Mitunter ist es ein persönliches, eigenverantwortliches, bisweilen ethisches Ausloten von anzutreffenden Gegebenheiten und visionärer Erfüllung, sei es nun als eigenständiger Akteur, Sprecher in den Medien, Pädagoge an den Ausbildungsstätten für Schauspiel, Regie, Gesang und Musical oder als Begleiter von Theaterproduktionen u.a.m. Über das Erkennen dieser in die Breite gehenden Vielfalt, gebunden an die Überzeugung von einer notwendigen aktiven Teilhabe sowie Teilnahme am gesellschaftlich-kulturellen Leben, entwickeln die im Beruf Stehenden für sich und das Fach Sprechwissenschaft ein Selbstverständnis. Wie hoch hierbei die Wirkung über die Sprache anzusetzen ist, geht nicht zuletzt auch historisch begründet aus ihrer engen Bindung an die Kultur und Bildung hervor. Dieser Zusammenhang wird über den Fachausdruck ‚Sprach- und Kulturgemeinschaft' deutlich, die sämtliche deutschsprachige Mitglieder umfasst (Ammon 1995, 32). Besonders plausibel erscheint diese Feststellung für die sprechkünstlerischen Bereiche, beispielsweise durch den überwiegenden Gebrauch einer überregional anerkannten Standardaussprache, wie sie von den Schauspielern an den Theatern in Deutschland, Österreich und der Schweiz oder Südtirol gleichermaßen erwartet wird.

In der vorliegenden hohen kulturellen Wertschätzung der deutschen Sprache, die zu Ausgleichseffekten führt und sich dadurch standardisiert, verbirgt sich auch ein Dilemma, das für ständigen Diskussionsstoff sorgt, vor allem an Schauspielschulen und Theatern. Es handelt sich im künstlerisch ambitionierten sprechsprachlichen Gebrauch um die scheinbare Divergenz von Bewahren und Verändern wollen (z.B. Sprechstile). Beide Absichten variieren in einer zeitlichen Dimension durch Entwicklungen und Wendungen in der Gesellschaft. In welcher Geschwindigkeit soziale Umbrüche und Wandlungen die intuitive Wahrnehmung für ‚zeitgemäß' oder ‚unzeitgemäß' im sprechkünstlerischen Ausdruck erkennen lassen, ist kaum vorhersehbar. Rückblicke über das Hören von historischen Sprechfassungen (Tonarchiv in Halle) belegen indes einen Abstand zur gegenwärtigen Auffassung von zeitgemäß. Darüber besteht zumeist ein Konsens. Weitaus schwieriger hingegen ist es, einen fachlich und persönlich vertretbaren Weg zwischen Anpassungsdruck und Veränderungswille zu finden. In Konflikt kommt man als Sprechwissenschaftler damit beispielsweise, wenn die Stimm- und Sprechbildung im Schauspiel einem eigenen sprecherzieherischen Ideal folgen will, das sich im Ergebnis als wenig kompatibel zu den szenischen Unterrichten herausstellt. Einem Rollenlehrer erscheint die Sprechbehandlung eventuell als zu gekünstelt. Noch gravierender können die Unterschiede während eines Probenprozesses im Theater hervortreten, weil in einer Inszenierung die Regie auf eine fast filmische Alltagssprache setzen kann, die Brechungen selbst in der Metrik einfordert. Eine fachliche Positionierung hierzu vor Ort mag individuell unterschiedlich ausfallen, inwieweit man das Bewahren einer Konstruktion in der Sprache wie ihre Standardisierung oder Rhythmik mit dem konkreten theatralen Prozess für vereinbar hält. Im Blickfeld sollte bleiben, dass die sprechhandwerkliche Tätigkeit hierbei an einen künstlerischen Prozess gebunden ist, der aber mehr als eine unreflektierte Zuarbeit für die sprachliche Umsetzung theatraler Prozesse bzw. schauspielerischer Vorgänge einfordert.

Das Beispiel wirft unweigerlich die Frage auf, wie sich sprechwissenschaftliches Arbeiten in diesen Tätigkeitsfeldern positioniert, eingreifen kann, multiplikativ wirkt, weiter entwickelt und folglich ihre mögliche Sinnhaftigkeit und Notwendigkeit erklärt. In dem Spannungsfeld zwischen sprechsprachlichem Begleiten und Eingreifen, dem Zeitgeist folgen, widerstehen oder gestalten, sind die Antworten durch die Beachtung des künstlerischen und gesellschaftlich-kulturellen Umfeldes zu suchen. Faktisch ist es als Berufsauftrag zu verstehen, sich Strömungen, Entwicklungen, aber auch kurzfristigen Modeerscheinungen anzunehmen und sich damit auseinanderzusetzen und zu entscheiden, ob und inwieweit als Konsequenz daraus pädagogische Konzepte auf ihre Relevanz überprüft und angepasst werden müssen oder wissenschaftlich zu thematisieren sind. Beispielgebend hierfür sind die methodischen Konzepte wie das Körper-Stimm-Training und das Gestische Sprechen, die aus den Anforderungen des Schauspiels heraus entstanden sind.

Erkenntnisse etwa zum sprachlichen Gebrauch in sprechkünstlerischen theatralen Prozessen bieten somit eine fachliche Orientierung, die zu erneuerten Lehrauffassungen führen. Letztendlich stärken sie den sprechwissenschaftlichen Anspruch besonders im Theater, künstlerisch teilzuhaben und nicht ausschließlich korrektiv zu wirken. Einfluss, und darum geht in der sprechpädagogischen Arbeit, erlangt man nicht nur durch Forschungen, Kenntnisse und Forschungswissen, sondern weit darüber hinaus gehend durch das individuelle Engagement für das Thema Sprache. Aus diesem Grund zählt zur fachlichen Kompetenz eine positive Spracheinstellung (Attitüde). Sie leistet mit ihrer erzieherischen Wirkung etwa bei der Zielgruppe im Schauspiel einen wesentlichen Beitrag zur Persönlichkeitsbildung, die vor allem seit der Umstellung auf modularisierte Studiengänge ein ausgewiesenes Qualifikationsziel darstellt. Darunter wird die Persönlichkeit im künstlerischen Berufsgeschehen (Schauspieler), aber auch ganz allgemein im alltäglichen Leben verstanden (z.B. Dokumentationen Bachelor- und Masterstudiengänge Bayerische Theaterakademie August Everding).

Das Einflussnehmen auf die Stimme und Sprache ist ein physiologischer, aber auch ein gesamtkultureller, sozialer Auftrag, wofür es nicht ausreicht, sich ausschließlich im Kollegenkreis bzw. fachintern auszutauschen. Einblicke zu den Hintergründen von stimmlich-sprachlichen Entwicklungen, gewährt ein interdisziplinäres Fachverständnis auch für die Sprechkunst. Dazu gehören beispielsweise: Soziologie, Theaterwissenschaft, Dramaturgie, aber auch die Neurowissenschaft, Psychologie und Physiologie.

Das Suchen nach Antworten ist als eine prozesshafte Auseinandersetzung aufzufassen. Zu Erkenntnissen führt sie über das ständige Abgleichen mit Ästhetiken, Sichtweisen und Wirklichkeiten, angetrieben nicht zuletzt durch das, was man heute unter Zeitgeist versteht. Wenngleich Johann Gottfried Herder als Begriffsschöpfer das deutsche Wort noch ausschließlich negativ konnotierte, werden nunmehr die Denk- und Fühlweisen einer Epoche damit beschrieben. Der Zeitgeist dient als Inbegriff des

Wandelbaren, der historische Distanzen zum Aktuellen schafft. Es ist ein Begriff, an den die bereits erwähnte Ambivalenz von Anpassungsdruck und Veränderungswille gebunden ist und damit ein Dilemma der Sprechwissenschaft in der Sprechkunst offenbart. Den Zeitgeist, den man als solchen wahrnimmt, mit all seinen als gegenwärtig wichtig erachteten sozialen und gesellschaftlichen Reflektionen, Fragen und Bewertungen, etabliert und wandelt sich durch das soziale Handeln. Es wird in verschiedenen Theorien aufgearbeitet, um sozialisierte Lebensweisen zu erklären. An dem folgenden Beispiel wird deutlich, wie verwoben der sprachliche Gebrauch mit den gesellschaftlichen Gegebenheiten bzw. Lebensumständen ist. Eine solche theoretische Aufarbeitung menschlichen Handelns legte in den 80er-Jahren des 20. Jh. der französische Soziologe Pierre Bourdieu vor. Sein Unterscheidungsmodell basiert auf der Vorstellung von einem sozialen Raum, in der sich die Klassen einer Gesellschaft nicht nur ökonomisch (Einkommen) definieren, sondern auch kulturell (z.B. formale Bildungsabschlüsse) und sozial (soziale Netzwerke). Wie andere Modelle steht auch dieses in der kritischen Diskussion. Sie bezieht sich auf die Annahme von einer räumlichen Begrenzung oder den Fokus auf die strenge gruppale und kollektive Unterscheidung, bei der die Individualisierung kaum Berücksichtigung findet. Dennoch erlaubt diese Theorie aus sprechwissenschaftlicher Sicht erklärende Diskussionen beispielsweise über den Habitus und Lebensstil, die wiederum Einfluss auf den Sprechstil haben können. Einsichtig wird diese Vorstellung, wenn daran schauspielerische Situationen gebunden werden, in denen wie im Gegenwartstheater quasi gespieltes Leben auf der Bühne in den Sprechstilen eine Entsprechung findet.

Der Habitus eines Menschen umfasst sein Auftreten und Benehmen, mit seinen gesamten Vorlieben und Gewohnheiten, der sich auch in seiner Art zu sprechen zeigt und seinen jeweiligen Lebensbedingungen entspringt (Rössel 2011, 48f.). In den Lebensstilen präsentieren die Individuen in den verschiedenen sozialen Gruppen und Kollektiven ihre kulturelle Identität. Sie grenzen sich durch Symbole von anderen Gruppen ab (Diaz-Bone 2010, 26f.). Seitdem die Welt deutlich komplexer geworden ist, rücken in einem erweiterten Verständnis von einem sozialen Raum die handelnden Individuen unter den globalen Bedingungen in das Zentrum. Ihr Handeln wird durch eine hochgradig vernetzte (relationale) Gesellschaft bestimmt. Mit der technischen Dimension durch die elektronische Kommunikation, die ein hohes Maß an Mobilität zur Verfügung stellt, entsteht eine Ambivalenz zwischen Nähe und Distanz. Die Individuen können zwar ständig ortsungebunden über die elektronischen Medien in den sozialen Kontakt treten; eine direkte Begegnung dafür ist nicht mehr vorausgesetzt. In einer offeneren säkularisierten Gesellschaft, die dazu noch weitgehend frei von einer vordergründigen ideologischen Dominanz ist, wird eine Pluralisierung der Gesellschaft vorangetrieben. Die Ich-Zentrierung des Individuums rückt gegenüber dem Zusammenhalt innerhalb großer sozialer Gruppen in den Vordergrund. Nunmehr existieren verschiedene Lebensstile nebeneinander, die mit unterschiedlichen Strategien ihr Leben bewältigen; sie zeichnen sich durch plurale Weltsichten auf die Gesamtgesellschaft aus (Eckel 1998, 136f.; Veith 2001; Rössel 2011, 11f.). Das moderne Leben wird nicht mehr durch eine als ewig angesehene Kultur oder Religion geformt, sondern durch eine Kultur der Reflexion. Aus diesem Grund ist die moderne Gesellschaft an einen hohen Grad der individuellen Selbstregulierung gebunden (Weymann 2004, 182). Scheinbar paradox sind zwar die Abgrenzungen der sozialen Gruppen untereinander abgeschwächt worden, dafür entstehen neue Kommunikationsschranken zwischen den unabhängigeren Individuen. Gründe hierfür sind ständige Begegnungen mit fremden Lebensentwürfen, der Ich-zentrierte Schutz des Individuums als Statusfunktion u.a. Unterschieden werden können die Lebensstile durch verschiedene Determinanten, die sich zu identifizierbaren Mustern bündeln. Beispielsweise belegt eine empirische Studie, dass die Handlungsanreize für den Besuch einer Veranstaltung mit klassischer Musik von folgenden Faktoren abhängen kann: soziale Anerkennung, Abgrenzung gegenüber dem schlechten Geschmack Anderer, der pure Genuss an der Musik und der Aufbau einer eigenen Identität (Rössel 2011, 52f.).

Für die Sprechwissenschaft unterstreicht der soziologische Exkurs die Verbindlichkeit von sprachlichem Handeln als einer Kommunikationsmöglichkeit von sozialem Handeln. Die daran beteiligten Personen äußern sich mit ihren Lebenshintergründen, erzeugen durch ihr Handeln einen sozialen Raum, drücken ihren Lebensstil sprachlich aus oder vermitteln ihn, etwa um des Status willen, Anderen gegenüber. Das kann beispielsweise durch die Verwendung eines gehobenen Sprechstils geschehen oder den standardsprachlichen Gebrauch, der zumindest bisher in Deutschland über Prestige verfügt, weil er an die Vorstellung von „gebildet sein" gebunden ist. Sprechstile stehen für das kulturelle Potential einer Gemeinschaft, wie im Sprechen von poetischen Werken. Sie finden damit ihren Ausdruck in theatralen Prozessen, die unmittelbar mit einer dramatischen Aufarbeitung von sozialem Geschehen verbunden sind, das wiederum situativ determiniert ist. Es impliziert die Darstellung von Charakteren, von Archetypen, erzeugt Atmosphären oder offenbart Gefühlswelten. Grundsätzlich geschieht das ohne Rücksicht auf Epochen oder den Zeitgeist, wenn man auf die zwischenmenschlichen Themen blickt, die lyrisch verarbeitet oder dramatisch verhandelt werden. Unterschiede entstehen jedoch durch die gesellschaftlichen Dimensionen, die auch das Verständnis von Theater beeinflussen. Es ändern sich dadurch die Organisationsformen (Staats- und Stadttheater, freie Gruppen u.a.), Präsentationsarten sowie Äußerungsformen (z.B. soziales Theater, Improvisationstheater) und Ästhetiken. Ein identifizierbarer Zeitstil, der sich auf den Sprechstil beziehen lässt, wie Irmgard Weithase es rückblickend tun konnte, würde gegenwärtig eine zu große Unschärfe reflektieren (Weithase 1980). Die Sehnsüchte, Nöte u.v.a.m. in einer pluralistischen Gesellschaft, in der das Individuum, die Persönlichkeit im Vordergrund steht, führen zu pluralen Lebensstilen und damit zu vielfältigen Sprechstilen in den elektronischen Medien oder im Theater. Sie können gleichzeitig und nebeneinander in einer Inszenierung zu hören sein (griechischer Chor, stilisierte Alltagssprache). Durch die Mischung von Theater- und Medienwelt erweitert sich die stilistische Vielfalt zusätzlich. Regisseure setzen in ihren künstlerischen Entwürfen oft auf akustische Verstärkung, um eine Situation in einer fast filmischen Ästhetik möglichst lebensnah abbilden zu können. Es werden Atmosphären über Musik- oder Spracheinspielungen geschaffen. Die Schauspieler agieren mit quasi virtuellen Welten, die von außerhalb etwa über Video in den Theaterraum eintreffen.

Blickt man mit einem gewissen Abstand auf diese perspektivischen Betrachtungen zur Sprechkunst, dann werden zwei sich ergänzende Anliegen deutlich: Die ständige Aufarbeitung der Anforderungen, die an die Sprechwissenschaft zu stellen sind, und ihr Selbstverständnis sowie die Einflussnahme auf sprechkünstlerisch getragene theatrale Prozesse (Theater, Hörspiel u.a.).

Über das sprechkünstlerische Schaffen leisten diese Anliegen in ihrer komplementären Funktion einen bedeutenden Beitrag zur fortschreitenden Entwicklung der

Sprach- und Kulturlandschaft. Faktisch entsteht dadurch ein Synergieeffekt, weil es die Sprechwissenschaft und das Theater sowie die elektronischen Medien gleichermaßen sprachlich fördert. Letztendlich gilt das auch für die Zielgruppen, die Perzipienten. Sie verfolgen Geschichten, deuten darin Emotionen, verknüpfen sie mit Bildern. Vieles davon transportiert sich über gesprochene Sprache. Deren Funktion greift dabei viel weiter als das Verstehen während des aktuellen Erlebnisprozesses. Besonders bei jungen Menschen bewirkt sie einen Erziehungseffekt, formt eine innere Vorstellung vom Sprach- bzw. Aussprachegebrauch im Erzählen von Geschichten.

F.5.2 Blick aus dem Theater auf das Theater
Deborah Ziegler

Im Theaterbetrieb stellt der Schauspieler ein Mitglied eines künstlerischen Ensembles dar, dessen Leitung der Regie obliegt. Unterstützt durch eine klare hierarchische Struktur ist es Aufgabe der verschiedenen Abteilungen, einander zuzuarbeiten und im Rahmen der verfügbaren Zeit die Aufführung einer Theaterproduktion zu realisieren. Dies setzt diszipliniertes Arbeiten voraus und erwartet die Identifikation aller Beteiligten mit der Inszenierungsidee als solcher.

Die sprecherische Begleitung arbeitet in hohem Maße interdisziplinär, sie erfordert Kenntnis über die Zusammenhänge der einzelnen Berufe (Dramaturgie, Regie) und den Ablauf der Proben als theatralen Entwicklungsprozess. Dieser erfordert aufgrund seiner Komplexität ein hohes Maß an Sensibilisierung für die Inhalte der einzelnen Phasen. Auf der Probebühne liegt der Arbeitsschwerpunkt vornehmlich im kreativen Bereich, mit dem Wechsel auf die Hauptbühne hingegen rücken Szenenübergänge, das Zusammenspiel der künstlerischen und technischen Abteilungen im Ablauf sowie öffentliche Proben in den Vordergrund. Das alles geschieht im Bewusstsein des heranrückenden Premierentermins. Die Bezeichnung der einzelnen Proben wird von den Theaterschaffenden unterschiedlich gehandhabt (Konzeptions-, Umbesetzungs-, Wiederaufnahmeprobe usw.). Innerhalb dieser Phasen durchläuft der Darsteller mehrere Entwicklungsprozesse, besonders beim Übergang von Probe- auf Hauptbühne und in der Endprobenphase. Jede sprechbegleitende Arbeit hat diese Prozesse zu berücksichtigen. Sie zeigen an, wieviel Offenheit für sprecherische Vorschläge bei Regie und Schauspielern zum jeweiligen Zeitpunkt während des kreativen Prozesses gegeben ist.

Für unser Fach entscheidend sind – neben den Darstellern – die Regie und die Funktion der Dramaturgie. Letztere entwickelt als „Anwalt des Textes" die Strichfassung, die von wesentlicher Bedeutung für die sprecherische Arbeit als Textgrundlage ist. Die Strichfassung gibt bereits viele Intentionen der künstlerischen Leitung für die Inszenierung vor. Im Folgenden werden deshalb Arbeitsansätze und Anforderungen beider Berufsfelder an den begleitenden Sprecherzieher ins Blickfeld gerückt.

Die Wünsche der Regie sollten konkret formuliert sein und können sich von klarer Strukturierung des Rhythmus der Textvorlage über akustische Besonderheiten des Raums bis hin zu kreativen Ansätzen erstrecken. Dabei geht es darum, die individuelle Sprechweise des Darstellers zu analysieren und aus ihr heraus Möglichkeiten abzuleiten, die die Charakterzeichnung der zu spielenden Figur stärker hervorheben können. Es gilt dem Missverständnis entgegenzuwirken, sprecherische Begleitung ziele in erster Linie auf „schönes Sprechen" oder Deutlichkeit der Artikulation ab. Zwei wesentliche Bestandteile der sprecherischen Arbeit sind stattdessen die Analyse der Argumenationsstruktur des Textes sowie das Erschließen von Notwendigkeiten für eine konkrete sprachliche Äußerung (Ausdruckswille).

Zum einen ist die Argumenationsstruktur stark kontextabhängig. Die Dramaturgie entwickelt mit der Regie eine Strichfassung, welche je nach Umfang in die rhetorische und phonetisch-rhythmische Struktur des Textes eingreift. Die Strichfassung setzt die Struktur der Sinnbögen neu zusammen, sie beeinflusst den Textlernprozess und die Denk-Sprech-Prozesse der Schauspieler. Jeder Strich hat nicht nur inhaltliche, sondern auch sprachlich rhythmische Folgen. Desweiteren ist es nötig, die Schauspieler durch Abnahme der Sprechimpulse in ein Sprech-Handeln zu bringen. Dabei wird die Replik des Vorredners immer wieder auf ihr Kommunikationsangebot hin untersucht um die Notwendigkeit des eigenen Sprechens daraus abzuleiten. Diese Impulsabnahme erfordert ein waches, konzentriertes Aufeinanderhören und wirkt sich auf die Spiel- und Sprechgeschwindigkeit im Szenenverlauf aus.

Der Inszenierungsprozess unterliegt stets einer eigenen Dynamik, es bietet sich daher an, die sprechbegleitenden Ansätze in Form eines Konzeptes zu verschriftlichen. Es ermöglicht Regie und Darstellern, sich je nach zeitlicher Verfügbarkeit selbst mit den Vorschlägen sprecherischer Umsetzungsmöglichkeiten vertraut zu machen.

In der Theaterarbeit beschäftigen sich vier Bereiche direkt mit dem Text, der Sprache und dem Sprechen: Regie, Dramaturgie, Darsteller und Sprecherzieher. Um eine Verständigungsebene zu schaffen, welche die Zusammenarbeit von Regie und sprecherischer Begleitung begünstigt, ist es notwendig, in der Ausbildung Regiestudierender praxisbezogene Akzente im Fach Sprechen zu setzen. Die aus der Begegnung zwischen Sprecherzieher und Dramaturg resultierenden Erkenntnisse über Schnittstellen in der Arbeit gilt es im Dienste der Inszenierung umzusetzen. Zudem kommt es innerhalb dieser vier Bereiche häufig zu einem unterschiedlichen Begriffsgebrauch und -verständnis in der Formulierung und Beschreibung innerer und äußerer Spiel-Sprechabläufe. Die sprechbegleitende Arbeit nimmt hierbei zuweilen auch eine vermittelnde und moderierende Funktion ein. Dann fungiert der Sprecherzieher als Coach zwischen Regie und Darsteller, als Brücke zwischen Regiepult und Bühne.

Schlussgedanke
Mit der vorliegenden Publikation stellen wir Ihnen, liebe Leserinnen und Leser, drei von vier Kernbereichen der Sprechwissenschaft vor, die in einer umfassenden Internetpräsenz expliziert und veranschaulicht werden. Der vierte Kernbereich, die Klinische Sprechwissenschaft, erfordert durch den großen Wissensumfang eine separate Darstellung, die in einer weiteren Veröffentlichung zu leisten ist.

G Literaturverzeichnis

Ackermann, H. (2006): Neurobiologische Grundlagen des Sprechens. In: Karnath, H.-O./Thier, P. (Hrsg.): Neuropsychologie. Berlin, Heidelberg, 333–339.
Aderhold, E. (1962): Körpermotorik und Sprechmotorik. Ein Beitrag zur Sprecherziehung des Schauspielers. In: Wissenschaftliche Zeitschrift Universität Halle. Gesellschafts- und Sprachwissenschaftliche Reihe XI (12), 1529–1536.
- (1995): Das gesprochene Wort. Sprechkünstlerische Gestaltung deutschsprachiger Texte. Berlin.
- (1999): Zur Geschichte der Sprecherziehung des Schauspielers. In: Krech, E.-M./Stock, E. (Hrsg.): Sprechwissenschaft – Zu Geschichte und Gegenwart. Festschrift zum 90jährigen Bestehen von Sprechwissenschaft/Sprecherziehung an der Universität Halle. Frankfurt a.M. [u.a.], 61–69.
- (2007): Sprecherziehung des Schauspielers. Grundlagen und Methoden. Berlin.
Allhoff, D. (1984): Verständlichkeit gesprochener Sprache. Zum Stand der Forschung. In: Sprechen (2/84), 16–30.
Ames, L.B. (1986): Der hat aber angefangen. Wenn Geschwister streiten. München.
Ammon, U. (1995): Die deutsche Sprache in Deutschland, Österreich und der Schweiz. Das Problem der nationalen Varietäten. Berlin, New York.
-/Bickel, H./Ebner, J./Esterhammer, R. [u.a.] (Hrsg.) (2004): Variantenwörterbuch des Deutschen. Die Standardsprache in Österreich, der Schweiz und Deutschland sowie in Liechtenstein, Luxemburg, Ostbelgien und Südtirol. Berlin.
Anders, L.C. (2000): Konsequenzen von Koartikulation und Lautverteilung für die Klangbildung beim Sprechen und Singen: Phonetische Überlegungen. In: Pahn, J. (Hrsg.): Sprache und Musik. Beiträge der 71. Jahrestagung der Deutschen Gesellschaft für Sprach- und Stimmheilkunde e.V., Berlin, 12.–13. März 1999. Stuttgart, 34–38.
Andresen, H. (1997): Bedeutungskonstitution im Fiktionsspiel von Vorschulkindern. In: Lompscher, J. (Hrsg.): Lernen und Entwicklung aus kulturhistorischer Sicht. Was sagt uns Wygotski heute. Marburg, 516–532.
- (2002): Interaktion, Sprache und Spiel. Zur Funktion des Rollenspiels für die Sprachentwicklung im Vorschulalter. Tübingen.
Antons, K. (1973): Praxis der Gruppendynamik. Übungen und Techniken. Göttingen.
Antos, G. (1985): Proto-Rhetorik. Zur Ontogenese rhetorischer Fähigkeiten. In: Dyck, J./Jens, W./Ueding, G. (Hrsg.): Rhetorik. Ein internationales Jahrbuch, Bd. 4. Tübingen, 7–28.
Apel, H. (2009): Behalten und Verstehen von Hörfunknachrichten: medientheoretische Hintergründe und empirische Belege zum Einfluss der Prosodie. In: Anders, L.C./Bose, I. (Hrsg.): Sprach-, Sprech- und Stimmstörungen, Sprache und Sprechen von Hörfunknachrichten. Frankfurt a.M. [u.a.], 89–127.
-/Schwenke, A. (2011): Grundlagen von Sprach- und Sprechtrainings für Nachrichtensprecher im Hörfunk – empirische Validierung vorhandener Standards. In: Krafft, A./Spiegel, C. (Hrsg.): Sprachliche Förderung und Weiterbildung – transdisziplinär. Frankfurt a.M. [u.a.], 177–196.
-/Schwenke, A. (2013): "16.00 Uhr – die Themen". Aktuelle sprechwissenschaftliche Untersuchungen zu Radionachrichten. In: Ebel, A. (Hrsg.): Aussprache und Sprechen im interkulturellen, medienvermittelten und pädagogischen Kontext. Beiträge zum 1. Doktorandentag der Halleschen Sprechwissenschaft. Halle (Saale). [Online-Publikation] [im Erscheinen].
Aristoteles (1995): Rhetorik. Hrsg. v. F.G. Sieveke. München.
- (2007): Rhetorik. Hrsg. v. G. Krapinger. Stuttgart.
Arndt, E. (1971): Deutsche Verslehre. Ein Abriß. Berlin.

- (1996): Deutsche Verslehre. Ein Abriß. Berlin.
Arnheim, R. (1936/2001): Rundfunk als Hörkunst und weitere Aufsätze zum Hörfunk. Mit einem Nachwort von Helmut H. Diederichs. Frankfurt a.M.
Arnold, B.-P. (1999): ABC des Hörfunks. Konstanz.
Arnold, R./Siebert, H. (2006): Die Verschränkung der Blicke. Konstruktivistische Erwachsenenbildung im Dialog. Baltmannsweiler.
Auer, P./Uhmann, S. (1988): Silben- und akzentzählende Sprachen. Literaturüberblick und Diskussion. In: Zeitschrift für Sprachwissenschaft (7), 214-259.
Baldauf, H. (2002): Knappes Sprechen. Tübingen.
Balme, C. (2001): Einführung in die Theaterwissenschaft. Berlin.
Bamberg, M.G.W. (1987): The acquisition of narratives. Learning to use language. Berlin.
Barkowski, H./Krumm, H.-J. (2010): Fachlexikon Deutsch als Fremd- und Zweitsprache. Tübingen.
Bartsch, E. (2009): Grundlinien einer "kooperativen Rhetorik". In: Bartsch, E./Pabst-Weinschenk, M. (Hrsg.): Sprechkommunikation lehren. Gesammelte Aufsätze und Vorträge, Bd. 2. Alpen, 1984-1993.
Barz, I./Schröder, M. (2001): Grundzüge der Wortbildung. In: Fleischer, W./Helbig, G./Lerchner, G. (Hrsg.): Kleine Enzyklopädie deutsche Sprache. Frankfurt a.M. [u.a.], 178-217.
Bauer, J. (2012): Warum ich fühle, was du fühlst. Intuitive Kommunikation und das Geheimnis der Spiegelneurone. München.
Becker-Mrotzek, M. (2009): Mündliche Kommunikationskompetenz. In: Becker-Mrotzek, M./Ulrich, W. (Hrsg.): Mündliche Kommunikation und Gesprächsdidaktik. Baltmannsweiler, 66-83.
Behrens, W. (2003): Einar Schleef – Werk und Person. Berlin.
Benkwitz, A. (2004): Kontrastive phonetische Untersuchungen zum Rhythmus. Britisches Englisch als Ausgangssprache – Deutsch als Zielsprache. Frankfurt a.M. [u.a.].
Berne, E./Wagmuth, W. (2012): Was sagen Sie, nachdem Sie "Guten Tag" gesagt haben? Psychologie des menschlichen Verhaltens. Frankfurt a.M.
Bichel, U. (1973): Umgangssprache. In: Althaus, H.P./Henne, H./Wiegand, H.E. (Hrsg.): Lexikon der germanistischen Linguistik. Tübingen, 275-279.
Biere, B.U. (1978): Kommunikation unter Kindern. Methodische Reflexion und exemplarische Beschreibung. Tübingen.
Birkenhauer, K. (1971): Die eigenrhythmische Lyrik Bertolt Brechts. Theorie eines kommunikativen Sprachstils. Tübingen.
Blattner, S. (1991): Konfrontative Untersuchungen zur Ausspruchs- und Kontrastakzentuierung Deutsch sprechender Russen. Phil. Diss. Halle (Saale).
Böhme, G. (1997): Sprach-, Sprech-, Stimm- und Schluckstörungen. Stuttgart [u.a.].
Böhme, G. (2008): Atmosphären wahrnehmen, Atmosphären gestalten, mit Atmosphären leben. In: Goetz, R./Graupner, S. (Hrsg.): Atmosphäre(n). Interdisziplinäre Annäherungen an einen unscharfen Begriff. München, 31-44.
Böhme, G. (2012): "Klingt wie Sputnik". Der typische Sound von Radiomoderationen aus Sicht der Hörer. In: Rundfunk und Geschichte (3-4), 66-68.
- (2013): How listeners perceive the presenter. In: Stachyra, G. (Hrsg.): Radio – Community, Challenges, Aesthetics. Lublin. [im Erscheinen].
Bono, E. de (1987): Konflikte. Neue Lösungsmodelle u. Strategien. Düsseldorf [u.a.].
Börsenverein des Deutschen Buchhandels e.V. (2005): Ohr liest mit 2005. Ergebnisse der Umfrage. Frankfurt a.M.
Börsenverein des Deutschen Buchhandels e.V., Arbeitskreis Hörbuchverlage (GfK) (2010): Hörbuchmarkt. Persönliche Nachricht.
Bose, I. (2001): Methoden der Sprechausdrucksbeschreibung am Beispiel kindlicher Spielkommunikation. In: Gesprächsforschung – Online-Zeitschrift zur verbalen Interaktion (2), 262-303. Online verfügbar unter: http://www.gespraechsforschung-ozs.de/fileadmin/dateien/heft2001/ga-bose.pdf.

Literaturverzeichnis

- (2003): Dóch da sin ja' nur mûster. Kindlicher Sprechausdruck im sozialen Rollenspiel. Frankfurt a.M. [u.a.].
- (2006): Schulung von Gesprächskompetenz im Hörfunk. In: Gesprächsforschung – Online-Zeitschrift für verbale Interaktion (7), 248–293. Online verfügbar unter: http://www.gespraechsforschung-ozs.de/fileadmin/dateien/heft2006/ag-bose.pdf.
- (2009): Sprechwissenschaftliche Studien zu Sprache und Sprechen von Hörfunknachrichten (Vorüberlegungen). In: Bose, I./Anders, L.C. (Hrsg.): Aktuelle Forschungsthemen der Sprechwissenschaft 1. Sprach-, Sprech- und Stimmstörungen/Sprache und Sprechen von Hörfunknachrichten. Frankfurt a.M. [u.a.], 77–87.
- (2010): Stimmlich-artikulatorischer Ausdruck und Sprache. In: Deppermann, A./Linke, A. (Hrsg.): Sprache intermedial. Stimme und Schrift, Bild und Ton. Berlin, 29–68.
- /Bößhenz, K./Pietschmann, J./Rothe, I. (2012): "°hh hh° also von KUNdenfreundlich halt ich da nIcht viel bei ihnen;" – Analyse und Optimierung von Call-Center-Kommunikation (Inbound) am Beispiel von telefonischen Reklamationsgesprächen. In: Gesprächsforschung – Online-Zeitschrift zur verbalen Interaktion (13), 143–195. Online verfügbar unter: http://www.gespraechsforschung-ozs.de/fileadmin/dateien/heft2012/ag-bose.pdf.
- /Ehmer, O. (2007): Formen und Funktionen des Sprechausdrucks in geselliger Kommunikation. In: Klangsprache im Fremdsprachenunterricht. Forschung und Praxis. Hrsg. Staatliche Universität Woronesh, 32–49.
- /Gutenberg, N./Ohler, J./Schwiesau, D. (2011): Testmaterialien zur Hörverständlichkeit von Radionachrichten – Theoretische und methodische Grundlagen. In: Bose, I./Schwiesau, D. (Hrsg.): Nachrichten schreiben, sprechen, hören. Forschungen zur Hörverständlichkeit von Radionachrichten. Berlin, 15–75.
- /Hannken-Illjes, K. (2012): Protorhetorik. In: Ueding, G. (Hrsg.): Historisches Wörterbuch der Rhetorik, Bd. 10: Nachträge A–Z. Tübingen, 966–975.

Boueke, D./Schülein, F./Büscher, H. (1995): Wie Kinder erzählen. Untersuchungen zur Erzähltheorie und zur Entwicklung narrativer Fähigkeiten. München.

Braun, B. (2007): Gemeinsam ein Bilderbuch lesen – Vermitteln und Aneignen in der Kommunikation von Mutter und Kind. In: Meng, K./Rehbein, J./Vygotskij, L.S. (Hrsg.): Kindliche Kommunikation – einsprachig und mehrsprachig. Mit einer erstmals auf Deutsch publizierten Arbeit von Lev S. Vygotskij zur Frage nach der Mehrsprachigkeit im kindlichen Alter. Münster, 127–154.

Brecht, B. (1993a): Schriften 2. In: Brecht, B.: Werke. Große kommentierte Berliner und Frankfurter Ausgabe. Hrsg. v. W. Hecht/J. Knopf/W. Mittenzwei/K.-D. Müller. Berlin, Frankfurt a.M., Bd. 22.1.

- (1993b): Schriften 2. In: Brecht, B.: Werke. Große kommentierte Berliner und Frankfurter Ausgabe. Hrsg. v. W. Hecht/J. Knopf/W. Mittenzwei/K.-D. Müller. Berlin, Frankfurt a.M., Bd. 22.2.
- (1993c): Schriften 3. In: Brecht, B.: Werke. Große kommentierte Berliner und Frankfurter Ausgabe. Hrsg. v. W. Hecht/J. Knopf/W. Mittenzwei/K.-D. Müller. Berlin, Frankfurt a.M., Bd. 23.
- (1994): Journale 1. In: Brecht, B.: Werke. Große kommentierte Berliner und Frankfurter Ausgabe. Hrsg. v. W. Hecht/J. Knopf/W. Mittenzwei/K.-D. Müller. Berlin, Frankfurt a.M., Bd. 26.

Brinker, K./Sager, S.F. (2001): Linguistische Gesprächsanalyse. Eine Einführung. Berlin.

Brumark, A. (2008): "Eat your Hamburger!" – "No, I don't Want to!" Argumentation and Argumentative Development in the Context of Dinner Conversation in Twenty Swedish Families. In: Argumentation (22), 251–271.

Brüne, M./Brüne-Cohrs, U. (2006): Theory of mind – evolution, ontogeny, brain mechanisms and psychopathology. In: Neuroscience and Biobehavioral Reviews (30), 437–455.

Bruner, J.S. (1987): Wie das Kind sprechen lernt. Bern.

Bühler, K. (1933): Ausdruckstheorie. Das System an der Geschichte aufgezeigt. Jena.

- (1934/1982): Sprachtheorie. Die Darstellungsfunktion der Sprache. Stuttgart.
- (1935): Abriß der geistigen Entwicklung des Kindes. Leipzig.

Buhofer, A. (1982): Psycholinguistik. In: Burger, H./Buhofer, A./Sialm, A. (Hrsg.): Handbuch der Phraseologie. Berlin [u.a.], 168–223.

Buss, M. (2009): Theatralität – Performativität – Inszenierung. In: Buss, M./Habscheid, S./Jautz, S./Liedtke, F./Schneider, J.G. (Hrsg.): Theatralität des sprachlichen Handelns. Eine Metaphorik zwischen Linguistik und Kulturwissenschaften. Paderborn, 11–34.

Bußmann, H. (1990): Lexikon der Sprachwissenschaft. Stuttgart.

Buzan, T./Buzan, B. (2002): Das Mind-Map-Buch. Die beste Methode zur Steigerung Ihres geistigen Potenzials. Frankfurt a.M.

Charlton, M./Neumann-Braun, K. (1992): Medienkindheit – Medienjugend. Eine Einführung in die aktuelle kommunikationswissenschaftliche Forschung. München.

Chomsky, N. (1965): Aspects of the theory of syntax. Cambridge, Mass.

Christl, U. (2009): Poetry Slam. Annäherung an eine heutige Form des gesprochenen künstlerischen Wortes. Eine sprechwissenschaftliche Analyse am Beispiel des Poetry Slam in Halle/Saale. Diplomarbeit. Halle (Saale) (unveröff. Mskr.).

Cicero, M.T. (2006): De oratore. Lateinisch/deutsch = Über den Redner. Hrsg. v. H. Merklin. Stuttgart.

Ciompi, L. (1997): Die emotionalen Grundlagen des Denkens. Entwurf einer fraktalen Affektlogik. Göttingen.

Clauss, G./Ebner, H. (1992): Statistik für Soziologen, Pädagogen, Psychologen und Mediziner. Frankfurt a.M.

Coblenzer, H./Muhar, F. (1976): Atem und Stimme. Anleitung zum guten Sprechen. Wien.

Cohn, R.C. (1975): Von der Psychoanalyse zur themenzentrierten Interaktion. Stuttgart.

Dahrendorf, R. (2006): Homo sociologicus. Ein Versuch zur Geschichte, Bedeutung und Kritik der Kategorie der sozialen Rolle. Wiesbaden.

Damasio, A.R. (2002): Ich fühle, also bin ich. Die Entschlüsselung des Bewusstseins. Berlin.

– (2003): Der Spinoza-Effekt. Wie Gefühle unser Leben bestimmen. München.

Decker, G. (2011): Musiker des Untergangs. Interview mit Michael Thalheimer. In: Theater der Zeit (9), 20–23.

Delattre, P. (1965): Comparing the phonetic features of English, French, German and Spanish. An interim report. Heidelberg.

Deppermann, A. (2001): Gespräche analysieren. Eine Einführung. Opladen.

–/Schmidt, A. (2001): 'Dissen': Eine interaktive Praktik zur Verhandlung von Charakter und Status in Peer-Groups männlicher Jugendlicher. In: Sachweh, S./Gessinger, J. (Hrsg.): Sprechalter. Oldenburg, 79–98.

Diaz-Bone, R. (2010): Kulturwelt, Diskurs und Lebensstil. Eine diskurstheoretische Erweiterung der Bourdieuschen Distinktionstheorie. Wiesbaden.

Dieling, H./Hirschfeld, U. (2000): Phonetik lehren und lernen. Berlin [u.a.].

Dietrich, R. (2002): Psycholinguistik. Stuttgart, Weimar.

Döring, R. (2008): Zum Verhältnis von Mediation und Argumentation aus sprechwissenschaftlicher Perspektive. Diplomarbeit. Halle (Saale) (unveröff. Mskr.).

Drach, E. (1922): Sprecherziehung. Die Pflege des gesprochenen Wortes in der Schule. Frankfurt a.M.

– (1926/1953): Die redenden Künste. Leipzig.

Ebert, G. (1991): Der Schauspieler. Geschichte eines Berufes; ein Abriß. Berlin.

– (1998a): Ausbildung heute. In: Ebert, G./Penka, R. (Hrsg.): Schauspielen. Handbuch der Schauspieler-Ausbildung. Berlin, 15–34.

– (1998b): Schauspielen. In: Ebert, G./Penka, R. (Hrsg.): Schauspielen. Handbuch der Schauspieler-Ausbildung. Berlin, 57–137.

– (1999): Improvisation und Schauspielkunst. Über die Kreativität des Schauspielers. Berlin.

Eckel, E.M. (1998): Individuum und Stadt-Raum. Öffentliches Verhalten im Wandel. Wiesbaden.

Eckensberger, L./Lantermann, E.-D. (Hrsg.) (1985): Emotion und Reflexivität. München [u.a.].

Ehlich, K./Bredel, U./Reich, H.H. (2008): Referenzrahmen zur altersspezifischen Sprachaneignung. Forschungsgrundlagen. Hrsg. v. Bundesministerium für Bildung und Forschung

Literaturverzeichnis

(BMBF), Referat Bildungsforschung. Bonn, Berlin. Online verfügbar unter: http://www.bmbf.de/pub/bildungsforschung_bd_neunundzwanzig_zwei.pdf.

Eisenberg, P. (1991): Syllabische Struktur und Wortakzent: Prinzipien der Prosodik deutscher Wörter. In: Zeitschrift für Sprachwissenschaft (10), 37–64.

– (2006): Phonem und Graphem. In: Kunkel-Razum, K. (Hrsg.): Duden – die Grammatik. Unentbehrlich für richtiges Deutsch. Mannheim, 19–60.

Ekman, P. (2004): Gefühle lesen. Wie Sie Emotionen erkennen und richtig interpretieren. München, Heidelberg.

Elkonin, D. (1980): Psychologie des Spiels. Köln.

Engel, J.J. (1785): Ideen zu einer Mimik: Mit erläuternden Kupfertafeln. Berlin.

Europarat/Rat für kulturelle Zusammenarbeit/Bildungsausschuss „Sprachenlernen für europäische Bürger" (2001): Gemeinsamer europäischer Referenzrahmen für Sprachen. Lernen, lehren, beurteilen. Hrsg. v. Goethe-Institut Inter Nationes/Ständige Konferenz der Kultusminister der Länder in der Bundesrepublik Deutschland/Österreich. Berlin. Online verfügbar unter: http://www.goethe.de/z/50/commeuro/i0.htm.

Fiehler, R./Barden, B./Elstermann, M./Kraft, B. (Hrsg.) (2004): Eigenschaften gesprochener Sprache. Tübingen.

–/Schmitt, R. (2007): Gesprächstraining. In: Knapp, K. (Hrsg.): Angewandte Linguistik. Ein Lehrbuch. Tübingen [u.a.], 341–361.

Finke, C.L. (2012): Vorüberlegungen zur Konstanz und Varianz von Morningshow-Moderationen im gegenwärtigen Radio. In: Rundfunk und Geschichte (1–2), 90–91.

Fischer-Lichte, E. (2004): Ästhetik des Performativen. Frankfurt a.M.

– (2007): Theatralität und Inszenierung. In: Fischer-Lichte, E. (Hrsg.): Inszenierung von Authentizität. Tübingen, 9–30.

–/Roselt, J. (2001): Attraktion des Augenblicks – Aufführung, Performance, performativ und Performativität. In: Fischer-Lichte, E./Wulf, C. (Hrsg.): Theorien des Performativen. Berlin, 237–253.

Fiukowski, H. (1991): Sprechen literarischer Texte mit zukünftigen Deutschlehrern. In: Kutter, U./Wagner, R.W. (Hrsg.): Stimme. Ergebnisse der DGSS-Arbeitstagung an der Staatlichen Hochschule für Musik und Darstellende Kunst Stuttgart (27.–30.9.1990). Frankfurt a.M., 23–38.

Fleischer, W. (1982): Phraseologie der deutschen Gegenwartssprache. Leipzig.

– (2001): Phraseologie. In: Fleischer, W./Helbig, G./Lerchner, G. (Hrsg.): Kleine Enzyklopädie deutsche Sprache. Frankfurt a.M. [u.a.], 108–144.

Flick, U. (2007): Qualitative Sozialforschung. Eine Einführung. Reinbek bei Hamburg.

Foerster, H. v. (1997): Abbau und Aufbau. In: Simon, F.B. (Hrsg.): Lebende Systeme. Wirklichkeitskonstruktionen in der systemischen Therapie. Frankfurt a.M., 32–51.

– (2009): Entdecken oder Erfinden. In: Foerster, H. v. (Hrsg.): Einführung in den Konstruktivismus. München, 41–88.

Föllmer, G. (2011): Indikatoren qualitativer Identitätsmarker im Broadcast Sound Design. Theorie und Methodik der Untersuchung qualitativer Merkmale sprecherischer und anderer Sendeelemente im Radio. In: Bose, I./Schwiesau, D. (Hrsg.): Nachrichten schreiben, sprechen, hören. Forschungen zur Hörverständlichkeit von Radionachrichten. Berlin, 335–352.

Friederici, A.D. (2006/2012): Neurobiologische Grundlagen der Sprache. In: Karnath, H.-O./Thier, P. (Hrsg.): Neuropsychologie. Berlin, Heidelberg, 346–355.

– (2008): Sprache und Gehirn. In: Kämper, H./Eichinger, L.M. (Hrsg.): Sprache – Kognition – Kultur. Sprache zwischen mentaler Struktur und kultureller Prägung. Vorträge der Jahrestagung 2007 des Instituts für Deutsche Sprache. Berlin, 51–72.

Fromm, M. (1995): Repertory Grid Methodik. Ein Lehrbuch. Weinheim.

Fuhrmann, M. (2011): Die antike Rhetorik. Eine Einführung. Mannheim.

Garvey, C. (1984): Children's talk. London.

Gebauer, L. (2011): Charakteristika von Moderationen zweier Radiosender. Master-Thesis. Halle (Saale) (unveröff. Mskr.).
- (2012): Kategorien zur Beschreibung und Evaluation von Radiomoderationen aus der Hörerperspektive. In: Rundfunk und Geschichte (3-4), 68-70.
Geißner, H. (1975): Das Verhältnis von Sprach- und Sprechstil bei Rundfunknachrichten. In: Straßner, E. (Hrsg.): Nachrichten. Entwicklungen, Analysen, Erfahrungen. München, 137-150.
- (1981/1988): Sprechwissenschaft. Theorie der mündlichen Kommunikation. Königstein/Ts./Frankfurt a.M.
- (1986a): Rhetorik und politische Bildung. Frankfurt a.M.
- (1986b): Sprecherziehung. Didaktik und Methodik der mündlichen Kommunikation. Frankfurt a.M.
-/Wachtel, S. (2003): Schreiben fürs Hören. In: Muttersprache (3), 193-207.
Gethmann, D. (2006): Die Übertragung der Stimme. Vor- und Frühgeschichte des Sprechens im Radio. Zürich, Berlin.
Giertler, A. (2002): Potentielle Kriterien für die Beurteilung sprechkünstlerischer Leistungen in medienvermittelten Lesungen. Diplomarbeit. Halle (Saale) (unveröff. Mskr.).
- (2009): Potentielle Kriterien für die Beurteilung sprechkünstlerischer Leistungen in medienvermittelten Lesungen. In: Neuber, B./Hirschfeld, U. (Hrsg.): Aktuelle Forschungsthemen der Sprechwissenschaft 2. Phonetik, Rhetorik und Sprechkunst. Frankfurt a.M. [u.a.], 71-89.
Glasersfeld, E. v. (2009): Konstruktion der Wirklichkeit und des Begriffs der Objektivität. In: Foerster, H. v. (Hrsg.): Einführung in den Konstruktivismus. München, 9-39.
Goebbels, H. (2010): Wenn ich möchte, dass ein Schauspieler weint, geb' ich ihm eine Zwiebel. In: Stegemann, B. (Hrsg.): Schauspielen. Theorie. Berlin, 227-234.
Goethe, J.W. v. (1988): Regeln für Schauspieler (1803). In: Goethe, J.W. v.: Sämtliche Werke nach Epochen seines Schaffens. Münchner Ausgabe. Hrsg. v. V. Lange/K. Richter. München, Bd. 6.2.
Goffman, E. (2013): Wir alle spielen Theater. Die Selbstdarstellung im Alltag. München.
Goodman, N. (1990): Weisen der Welterzeugung. Frankfurt a.M.
Göttert, K.-H. (2009): Einführung in die Rhetorik. Grundbegriffe - Geschichte - Rezeption. Paderborn.
Grawunder, S. (2011): Die Erforschung des Sprechens mittels Nachrichtenkorpora - Die Nachrichtenarche der ARD. In: Bose, I./Schwiesau, D. (Hrsg.): Nachrichten schreiben, sprechen, hören. Forschungen zur Hörverständlichkeit von Radionachrichten. Berlin, 157-177.
Grehl, M. (2011): Untersuchung zu Phonostilen auf deutschen Bühnen. Master-Thesis. Halle (Saale) (unveröff. Mskr.).
Grimm, H. (1995): Sprachentwicklung - allgemeintheoretisch und differentiell betrachtet. In: Oerter, R./Montada, L. (Hrsg.): Entwicklungspsychologie. Ein Lehrbuch. Weinheim, 705-757.
- (2012): Störungen der Sprachentwicklung. Grundlagen - Ursachen - Diagnose - Intervention - Prävention. Göttingen [u.a.].
-/Engelkamp, J. (1981): Sprachpsychologie. Handbuch und Lexikon der Psycholinguistik. Berlin.
Günther, U./Sperber, W. (1995): Handbuch für Kommunikations- und Verhaltenstrainer. Psychologische und organisatorische Durchführung von Trainingsseminaren. München.
Gutenberg, N. (1985): Sprechspielen. Vorüberlegungen zu einer sprechwissenschaftlichen Theorie von 'Sprechen und Spielen'. In: Schweinsberg-Reichart, I. (Hrsg.): Performanz. Frankfurt a.M., 147-159.
- (1993): Mündlich - öffentlich - dialogisch. Medienrhetorik und politische Kommunikation. In: Dahmen, R./Herbig, A.F./Wessela, E. (Hrsg.): Rhetorik für Europa. Festschrift zum 25jährigen Bestehen des Instituts für Rhetorik und Methodik in der Politischen Bildung (IRM). Berlin, 53-80.

Literaturverzeichnis

- (1994): Fürs Sprechen schreiben – fürs Hören sprechen. Anmerkungen zum Sprach- und Sprechstil von Nachrichten. In: Sprechen (I/94), 26–31.
- (1998): Einzelstudien zu Sprechwissenschaft und Sprecherziehung. Arbeiten in Teilfeldern. Göppingen.
- (2001): Einführung in Sprechwissenschaft und Sprecherziehung. Frankfurt a.M. [u.a.].
- (2002): Schreiben und Sprechen von Hörfunknachrichten – Skizze eines Forschungsprojekts. In: Anders, L.C./Biege, A./Bose, I./Keßler, C. (Hrsg.): Aktuelle Facetten der Sprechwissenschaft. Bericht über das Ehrenkolloquium zum 65. Geburtstag von Eberhard Stock. Frankfurt a.M. [u.a.], 65–77.
- (2005): Projektentwurf. In: Gutenberg, N. (Hrsg.): Schreiben und Sprechen von Hörfunknachrichten. Zwischenergebnisse sprechwissenschaftlicher Forschung. Frankfurt a.M. [u.a.], 11–40.

Haase, M. (1985): Brechts Theatertheorie und -praxis unter dem Aspekt der sprecherischen Gestaltungsmittel. Phil. Diss. Halle (Saale).
- (1997): Die Genese des Begriffs Gestus bei Bertolt Brecht. In: Haase, M./Meyer, D. (Hrsg.): Von Sprechkunst und Normphonetik. Festschrift zum 65. Geburtstag von Eva-Maria Krech am 6. November 1997. Hanau, Halle (Saale), 65–73.
- (2011): Beispiel für eine sprechkünstlerische Erarbeitung. In: Pabst-Weinschenk, M. (Hrsg.): Grundlagen der Sprechwissenschaft und Sprecherziehung. München, 203–209.
-/Keßler, C. (2011): Ausbildungsprofil in den Bereichen Sprechkunst und Sprechbildung im Bachelor- und Master-Studiengang Sprechwissenschaft an der Martin-Luther-Universität Halle-Wittenberg. In: Bose, I./Neuber, B. (Hrsg.): Interpersonelle Kommunikation. Analyse und Optimierung. Frankfurt a.M. [u.a.], 109–123.

Habermann, G. (1986): Stimme und Sprache. Eine Einführung in ihre Physiologie und Hygiene; für Ärzte, Sänger, Pädagogen und alle Sprechberufe. Stuttgart.

Hagemann, C. (1929): Die Zukunft des Rundfunks. In: Die Sendung (10), 146.

Hakenes, J. (2006): Nachrichtensprecher im Formatradio. Eine Untersuchung über die Anforderungen an Nachrichtensprecher im Hörfunk und deren Einsatz bei öffentlich-rechtlichen und privaten Sendern. Diplomarbeit. Leipzig (unveröff. Mskr.).

Hall, E.T. (1966): The hidden dimension. Man's use of space in public and private. New York.

Hall, T.A. (2011): Phonologie. Eine Einführung. Berlin.

Hannken-Illjes, K. (2004): Gute Gründe geben. Ein sprechwissenschaftliches Modell argumentativer Kompetenz und seine didaktischen und methodischen Implikationen. Frankfurt a.M. [u.a.].

Hardy, J./Schamberger, C. (2012): Logik der Philosophie. Einführung in die Logik und Argumentationstheorie. Stuttgart.

Hausendorf, H. (2001): Was ist 'altersgemäßes' Sprechen? Empirische Anmerkungen am Beispiel des Erzählens und Zuhörens zwischen Kindern und Erwachsenen. In: Sachweh, S./Gessinger, J. (Hrsg.): Sprechalter. Oldenburg, 11–33.
-/Quasthoff, U.M. (1996): Sprachentwicklung und Interaktion. Eine linguistische Studie zum Erwerb von Diskursfähigkeiten. Opladen.

Häusermann, J. (1998): 'Kuck mal, wer da spricht!' Massenkommunikation als Aushandeln von Texten. In: Ueding, G./Vogel, T./Fuhrmann, M. (Hrsg.): Von der Kunst der Rede und Beredsamkeit. Tübingen, 150–166.
-/Käppeli, H. (1994): Rhetorik für Radio und Fernsehen. Regeln für mediengerechtes Schreiben, Sprechen, Informieren, Kommentieren, Interviewen, Moderieren, Reportieren. Aarau [u.a.].

Heeg, G. (2006): Sechs Miniaturen zur Wiederkehr des Chors in der Gegenwart. In: Theater der Zeit (4), 18–23.

Heilmann, C.M. (2002): Interventionen im Gespräch. Neue Ansätze der Sprechwissenschaft. Tübingen.
- (2004): Frauensprechen – Männersprechen. Attribution und Darstellung. In: Köhler, K./Skorupinski, C. (Hrsg.): Wissenschaft macht Schule. Sprechwissenschaft im Spiegel von 10 Jahren Sommerschule der DGSS. St. Ingbert, 143–150.

– (2009): Körpersprache richtig verstehen und einsetzen. München.
Henne, H./Rehbock, H. (2001): Einführung in die Gesprächsanalyse. Berlin, New York.
Herrmann, C./Fiebach, C. (2007): Gehirn & Sprache. Frankfurt a.M.
Herrmann, T. (1994): Allgemeine Sprachpsychologie. Grundlagen und Probleme. Weinheim.
– (1999): Methoden als Problemlösungsmittel. In: Roth, E./Holling, H. (Hrsg.): Sozialwissenschaftliche Methoden. Lehr- und Handbuch für Forschung und Praxis. München, Wien, 20–48.
– (2005): Sprache verwenden. Funktionen – Evolution – Prozesse. Stuttgart.
–/Grabowski, J. (1994): Sprechen. Psychologie der Sprachproduktion. Heidelberg.
Herwig-Lempp, J. (2010): Beschwerden verbessern die Zusammenarbeit. Die gelbe Karte als Methode. In: Zeitschrift für systemische Therapie und Beratung (4), 153–159.
Herzog, R. (2009): Sprechspielen – Sprechkünstlerische Kommunikation zwischen Vortragskunst und Schauspielkunst. In: Neuber, B./Hirschfeld, U. (Hrsg.): Aktuelle Forschungsthemen der Sprechwissenschaft 2. Phonetik, Rhetorik und Sprechkunst. Frankfurt a.M. [u.a.], 91–111.
Hierse, U. (2010): Gestisches Sprechen im Deutschunterricht. Konzept und Modellversuch im Grundschulbereich. Bachelor-Thesis. Halle (Saale) (unveröff. Mskr.).
– (2012): Das Gestische Prinzip als Methodenerweiterung für Deutschlehrende im Literaturunterricht. Master-Thesis. Halle (Saale) (unveröff. Mskr.).
Hirschfeld, U. (2010): Aussprachetraining in Deutsch als 2. Fremdsprache (nach Englisch). In: Barkowski, H. (Hrsg.): Deutsch bewegt. Entwicklungen in der Auslandsgermanistik und Deutsch als Fremd- und Zweitsprache; Dokumentation der Plenarvorträge der XIV. Internationalen Tagung der Deutschlehrerinnen und Deutschlehrer IDT Jena-Weimar 2009. Baltmannsweiler, 207–220.
– (2011): Phonetik im Kontext mündlicher Fertigkeiten. In: Babylonia (2), 10–17. Online verfügbar unter: http://babylonia.ch/fileadmin/user_upload/documents/2011-2/Baby2011_2hirschfeld.pdf.
–/Kelz, H.P./Müller, U. (2003 ff.): Phonetik international. Von Afrikaans bis Zulu: Kontrastive Analysen für Deutsch als Fremdsprache. Online verfügbar unter: www.phonetik-international.de.
–/Neuber, B. (2010): Prosodie im Fremdsprachenunterricht Deutsch – ein Überblick über Terminologie, Merkmale und Funktionen. In: Deutsch als Fremdsprache (1), 10–16.
–/Neuber, B. (2012): Erforschung und Optimierung der Callcenterkommunikation. Berlin.
–/Neuber, B./Stock, E. (2009): Sprach- und Sprechwirkungsforschung. In: Fix, U./Gardt, A./Knape, J. (Hrsg.): Rhetorik und Stilistik. Ein internationales Handbuch historischer und systematischer Forschung. Berlin, New York, 771–786.
–/Neuber, B./Stock, E. (2010): Phonetische Sprechwirkungsforschung im Bereich der interkulturellen Kommunikation. In: Hirschfeld, U./Stock, E. (Hrsg.): Sprechwissenschaftlich-phonetische Untersuchungen zur interkulturellen Kommunikation Russisch – Deutsch. Frankfurt a.M. [u.a.], 43–68.
–/Reinke, K. (2012): Integriertes Aussprachetraining in DaF/DaZ und der Gemeinsame europäische Referenzrahmen für Sprachen. In: Deutsch als Fremdsprache (3), 131–138.
–/Stock, E. (Hrsg.) (2010): Sprechwissenschaftlich-phonetische Untersuchungen zur interkulturellen Kommunikation Russisch – Deutsch. Frankfurt a.M. [u.a.].
Hofmann, N./Polotzek, S./Roos, J./Schöler, H. (2008): Sprachförderung im Vorschulalter. Evaluation dreier Sprachförderkonzepte. In: Diskurs Kindheits- und Jugendforschung (3), 291–300. Online verfügbar unter: http://www.ph-heidelberg.de/wp/schoeler/datein/hofmann-ua_disk308.pdf.
Höhle, B. (2010): Psycholinguistik. Ein Überblick. In: Höhle, B. (Hrsg.): Psycholinguistik. Berlin, 9–22.
Hollmach, U. (1998): Zur Realisierung der Fortisexplosive in standardsprachlichen Nachrichten und Gesprächen. In: Biege, A./Bose, I. (Hrsg.): Theorie und Empirie in der Sprechwissen-

schaft. Festschrift zum 65. Geburtstag von Eberhard Stock am 17. Juni 1998. Hanau, Halle(Saale), 85-94.

- (1999): Aufbau der phonetischen Datenbasis für die Neufassung des Wörterbuches der deutschen Aussprache am Fall der Fortisexplosive p, t, k. In: Krech, E.-M./Stock, E. (Hrsg.): Sprechwissenschaft – Zu Geschichte und Gegenwart. Festschrift zum 90jährigen Bestehen von Sprechwissenschaft/Sprecherziehung an der Universität Halle. Frankfurt a.M. [u.a.], 195-208.
- (2007): Untersuchungen zur Kodifizierung der Standardaussprache in Deutschland. Frankfurt a.M. [u.a.].
- (2011): Bühne, Medien, Film – Anforderungen an die Sprechbildung bei der Ausbildung zum Schauspieler. In: Bose, I./Neuber, B. (Hrsg.): Interpersonelle Kommunikation. Analyse und Optimierung. Frankfurt a.M. [u.a.], 125-131.
-/Schröder, O. (1997): Entwicklung eines interaktiven Moduls zur Ausspracheschulung mit einem phonetischen Experimentiersystem. In: Mehnert, D. (Hrsg.): Elektronische Sprachsignalverarbeitung. Tagungsband der siebenten Konferenz, Berlin, 25.-27. November 1996. Dresden, 224-227.

Holly, W. (1996): Stichwort Fernsehrhetorik. In: Ueding, G./Jens, W. (Hrsg.): Historisches Wörterbuch der Rhetorik, Bd. 3. Tübingen, 243-257.

Honigmann, I. (1998): Körperstimmtraining. In: Ebert, G./Penka, R. (Hrsg.): Schauspielen. Handbuch der Schauspieler-Ausbildung. Berlin, 274-283.

Huesmann, A. (1998): Zwischen Dialekt und Standard. Empirische Untersuchung zur Soziolinguistik des Varietätenspektrums im Deutschen. Tübingen.

Jampert, K./Best, P./Guadatiello, A. (2007): Schlüsselkompetenz Sprache. Sprachliche Bildung und Förderung im Kindergarten. Konzepte, Projekte, Maßnahmen. Berlin.

Jandl, E. (1997): poetische werke. Band 4. Hrsg. v. K. Siblewski. München.

Jochmann, T. (2000): Zur Einschätzung soziophonetischer Befragungen. Kontrolluntersuchung zu einem geplanten gesamtdeutschen Aussprachewörterbuch. Aachen.

Kandel, E.R. (2012): Das Zeitalter der Erkenntnis. Die Erforschung des Unbewussten in Kunst, Geist und Gehirn von der Wiener Moderne bis heute. Unter Mitarbeit von Martina Wiese. München.

Karnath, H.-O./Thier, P. (Hrsg.) (2006): Neuropsychologie. Berlin, Heidelberg.

Kautny, O. (2009): Ridin the Beat. Annäherungen an das Phänomen Flow. In: Hörner, F./Kautny, O. (Hrsg.): Die Stimme im HipHop. Untersuchungen eines intermedialen Phänomens. Bielefeld, 141-169.

Keenan, E.O. (1979): Gesprächskompetenz bei Kindern. In: Martens, K. (Hrsg.): Kindliche Kommunikation. Theoretische Perspektiven, empirische Analysen, methodologische Grundlagen. Frankfurt a.M., 168-201.

Kelly, G. (1991a): A theory of personality. London, New York.

- (1991b): Clinical diagnosis and psychotherapy. London, New York.

Kelz, H.P. (1976): Phonetische Probleme im Fremdsprachenunterricht. Hamburg.

Kindel, A. (1998): Erinnern von Radio-Nachrichten. Eine empirische Studie über die Selektionsleistungen der Hörer von Radio-Nachrichten. München.

Kirby, M. (2005): Schauspielen und Nicht-Schauspielen. In: Roselt, J. (Hrsg.): Seelen mit Methode. Schauspieltheorien vom Barock- bis zum postdramatischen Theater. Berlin, 361-375.

Kirsch-Auwärter, E. (1985): Die Entwicklung von Sprachspielen in kindlicher Kommunikation. In: Kallmeyer, W. (Hrsg.): Kommunikationstypologie. Handlungsmuster, Textsorten, Situationstypen. Düsseldorf, 154-171.

Klawitter, K./Minnich, H. (1976): Zur sprecherzieherisch-methodischen Arbeit an der Staatlichen Schauspielschule Berlin. In: Stock, E./Fiukowski, H. (Hrsg.): Ziele und Methoden der Sprecherziehung. Ein Sammelband. Halle (Saale), 161-170.

-/Minnich, H. (1998): Sprechen. In: Ebert, G./Penka, R. (Hrsg.): Schauspielen. Handbuch der Schauspieler-Ausbildung. Berlin, 257-273.

Klein, J. (1985): Vorstufen der Fähigkeit zu BEGRÜNDEN bei knapp 2-jährigen Kindern. In: Kopperschmidt, J./Schanze, H. (Hrsg.): Argumente – Argumentation. Interdisziplinäre Problemzugänge. München, 261–272.

Klein, W. (1983): Wie Kinder miteinander streiten. Zum sprachlichen Verhalten von Grundschulkindern in Konfliktsituationen. In: Boueke, D./Klein, W. (Hrsg.): Untersuchungen zur Dialogfähigkeit von Kindern. Tübingen, 139–163.

Kleist, H. v. (1990): Über die allmählige Verfertigung der Gedanken beim Reden. In: Kleist, H. v.: Sämtliche Werke und Briefe in vier Bänden. Band 3: Anekdoten, Gedichte, Schriften. Hrsg. v. I.-M. Barth/K. Müller-Salget. Frankfurt a.M., 534–540.

Kline, S.L. (1998): Influence opportunities and the development of argumentation competencies in childhood. In: Argumentation 12 (3), 367–385.

Klug, K./König, M. (2012): Untersuchung zur sprecherspezifischen Verwendung von Häsitationspartikeln anhand der Parameter Grundfrequenz und Vokalqualität. In: Hirschfeld, U./Neuber, B. (Hrsg.): Erforschung und Optimierung der Callcenterkommunikation. Berlin, 175–194.

Knopf, J. (1980): Brecht-Handbuch Theater. Stuttgart.

– (Hrsg.) (2003): Brecht-Handbuch. 4. Bd. Verlag J.B. Metzler Stuttgart und Weimar.

Kolesch, D. (2004): Szenen der Stimme. Zur stimmlich-auditiven Dimension des Gegenwartstheaters. In: Arnold, H.L./Dawidowski, C. (Hrsg.): Theater fürs 21. Jahrhundert. München, 156–165.

–/Krämer, S. (Hrsg.) (2006): Stimme. Annäherung an ein Phänomen. Frankfurt a.M.

Konopcynski, G./Tessier, S. (1994): Structuration intonative du langage emergent. In: Halford, B.K./Pilch, H. (Hrsg.): Intonation. Tübingen, 157–192.

Kraft, B. (1991): Die kommunikative Organisation praktischer Kooperation bei drei- und sechsjährigen Kindern. In: Meng, K./Kraft, B./Nitsche, U. (Hrsg.): Kommunikation im Kindergarten. Studien zur Aneignung der kommunikativen Kompetenz. Berlin, 132–216.

–/Meng, K. (2007): Streit im Kindergarten. Eine Diskursanalyse. In: Redder, A. (Hrsg.): Diskurse und Texte: Festschrift für Konrad Ehlich zum 65. Geburtstag. Tübingen, 439–457.

Kranich, W. (2003): Phonetische Untersuchungen zur Prosodie emotionaler Sprechausdrucksweisen. Frankfurt a.M. [u.a.].

– (2012): Bühnensprechen im Musiktheater und Schauspiel. Überlegungen auf der Basis einer experimentalphonetischen Untersuchung. In: Sprechen (54), 33–57.

– (2014): Besonderheiten in der sprecherzieherischen Ausbildung von Sängern. In: Sprechen (56). [im Erscheinen].

Krappmann, L./Oswald, H. (1995): Alltag der Schulkinder. Beobachtungen und Analysen von Interaktionen und Sozialbeziehungen. Weinheim.

Krech, E.-M. (1981): Standpunkte zur Vortragskunst. In: Krech, E.-M./Richter, G./Suttner, J./ Stock, E. (Hrsg.): Hallesche Standpunkte zur Gesprochenen Sprache. Ihre Grundlegung und ihr Werden. Halle (Saale), 68–113.

– (1987): Vortragskunst. Leipzig.

–/Kurka, E./Stelzig, H./Stock, E. [u.a.] (Hrsg.) (1982): Großes Wörterbuch der deutschen Aussprache. Leipzig.

–/Richter, G./Stock, E./Suttner, J. (Hrsg.) (1991): Sprechwirkung. Berlin.

–/Stock, E./Hirschfeld, U./Anders, L.C. (Hrsg.) (2009): Deutsches Aussprachewörterbuch. Berlin [u.a.].

Kröninger, K. (2009): Analyse von Hörfunknachrichten. Frankfurt a.M. [u.a.].

Kupietz, M. (2013): Untersuchung von Schulungseffekten auf das Gesprächsverhalten von Erzieherinnen. In: Kurtenbach, S./Bose, I. (Hrsg.): Gespräche zwischen Erzieherinnen und Kindern. Beobachtung, Analyse, Förderung. Frankfurt a.M. [u.a.]. [im Erscheinen].

Kurilla, R.A. (2007): Der kommunikative Aufbau authentischer Gefühlswelten. Eine sozialkonstruktivistische Remodellierung kommunikationstheoretischer Emotionsbegriffe. Aachen.

Kurtenbach, S. (2007): Spielst Du mit mir sprechen? Ein Elterntraining zur Förderung der kindlichen Sprachentwicklung. In: Bose, I. (Hrsg.): Sprechwissenschaft. 100 Jahre Fachgeschichte an der Universität Halle. Frankfurt a.M. [u.a.], 347–354.
– (2011a): Einblick in die Qualifizierungsmaßnahme des Landesmodellprojekts „Sprache fördern", Sachsen: Methoden der Sprachförderung. In: Voigt-Zimmermann, S./Sievert, U. (Hrsg.): Klinische Sprechwissenschaft. Aktuelle Beiträge aus Wissenschaft, Forschung und Praxis. Frankfurt a.M. [u.a.], 127–133.
– (2011b): Im Dialog mit kleinen Kindern – wie viel mehr als nur sprechen. Ein Plädoyer für die Entwicklung von Förderkonzepten der frühen Kommunikation im Krippenalter. In: Bose, I./Neuber, B. (Hrsg.): Interpersonelle Kommunikation. Analyse und Optimierung. Frankfurt a.M. [u.a.], 149–155.
–/Bose, I. (Hrsg.) (2013): Gespräche zwischen Erzieherinnen und Kindern. Beobachtung, Analyse, Förderung. Frankfurt a.M. [u.a.]. [im Erscheinen].
–/Bose, I./Kreft, H. (2013): Gesprächskreis im Kindergarten – Anlass zur Kommunikationsförderung? In: Kurtenbach, S./Bose, I. (Hrsg.): Gespräche zwischen Erzieherinnen und Kindern. Beobachtung, Analyse, Förderung. Frankfurt a.M. [u.a.]. [im Erscheinen].
–/Bose, I./Thieme, T. (2013): Gemeinsam ein Bilderbuch anschauen. Untersuchung zum Gesprächsverhalten von Erzieherinnen. In: Kurtenbach, S./Bose, I. (Hrsg.): Gespräche zwischen Erzieherinnen und Kindern. Beobachtung, Analyse, Förderung. Frankfurt a.M. [u.a.]. [im Erscheinen].
–/Kreutzer, F. (2013): Mythen und Legenden rund um die Sprachförderung. Erfahrungen aus einer gewachsenen Kooperation. In: Kurtenbach, S./Bose, I. (Hrsg.): Gespräche zwischen Erzieherinnen und Kindern. Beobachtung, Analyse, Förderung. Frankfurt a.M. [u.a.]. [im Erscheinen].
Kurzenberger, H. (2009): Der kollektive Prozess des Theaters. Chorkörper – Probengemeinschaften – theatrale Kreativität. Bielefeld.
La Roche, W. v./Buchholz, A. (Hrsg.) (1993): Radio-Journalismus. Ein Handbuch für Ausbildung und Praxis im Hörfunk. München, Leipzig.
Lamnek, S. (2005): Qualitative Sozialforschung. Lehrbuch. Weinheim.
Landesinstitut für Lehrerfortbildung, Lehrerweiterbildung und Unterrichtsforschung Sachsen-Anhalt (2007): Niveaubestimmende Aufgaben für die Grundschule. Deutsch. Online verfügbar unter: http://www.bildung-lsa.de/pool/RRL_Lehrplaene/nivgsdeutsch.pdf.
Langenmayr, A. (1997): Sprachpsychologie. Ein Lehrbuch. Göttingen.
Langosch, C. (2011): Die officia oratoris unter besonderer Berücksichtigung des movere in christlichen Homiletiken des 18. Jahrhunderts. Phil. Diss. Halle (Saale).
Lantermann, E.-D. (1983): Kognitive und emotionale Prozesse beim Handeln. In: Mandl, H./Huber, G.L. (Hrsg.): Emotion und Kognition. München [u.a.], 248–281.
Lanzen, C./Kraft, B. (1997): Entwicklung des Widersprechens bei Vorschulkindern. Berlin.
Lasswell, H.D. (1948): The Structure and Function of Communication in Society. In: Bryson, L. (Hrsg.): The communication of ideas. A series of addresses. New York, 32–51.
Lebede, H. (1933): Rundfunk, Schallplatte und Tonfilm im Dienste der Sprecherziehung. In: Sprechen und Singen (7/8), 77–85.
Lehmann, H.-T. (2004): Hust a word on a page and there is the drama. Anmerkungen zum Text im postdramatischen Theater. In: Arnold, H.L./Dawidowski, C. (Hrsg.): Theater fürs 21. Jahrhundert. München, 26–33.
Lemke, S./Lüssing, P. (1996): Computergestützte phonostilistische Untersuchungen zu Vokaleinsätzen und Endungen. In: Lemke, S./Thiel, S. (Hrsg.): Sprechen – reden – mitteilen. Prozesse allgemeiner und spezifischer Sprechkultur. München, 218–224.
Leont'ev, A.A. (1975): Psycholinguistische Einheiten und die Erzeugung sprachlicher Äußerungen. Berlin.
Lepschy, A. (2002): Lehr- und Lernmethoden zur Entwicklung von Gesprächsfähigkeit. In: Brünner, G./Fiehler, R./Kindt, W. (Hrsg.): Angewandte Diskursforschung. 2 Bände. Band 2: Methoden und Anwendungsgebiete. Radolfzell, 50–71.

Lerchner, G. (1984): Sprachform von Dichtung. Linguistische Untersuchungen zu Funktion und Wirkung literarischer Texte. Berlin, Weimar.

Leslie, A.M. (1987): Pretence and representation: the origins of "theory of mind". In: Psychological Review (94), 412–426.

Lessing, G.E. (1985): Hamburgische Dramaturgie. In: Lessing, G.E.: Werke und Briefe. In zwölf Bänden. Hrsg. v. K. Bohnen/W. Barner. Band 6. Frankfurt a.M., 181–649.

Levelt, W.J.M. (1989): Speaking. From intention to articulation. Cambridge, Mass.

Lindner-Braun, C. (1998): Moderatorentest für den Hörfunk. Hypothesen und Ergebnisse zur Wirkung von Moderatoren auf das Publikum. In: Lindner-Braun, C. (Hrsg.): Radioforschung. Konzepte, Instrumente und Ergebnisse aus der Praxis. Opladen, 175–190.

Linklater, K. (2005): Die persönliche Stimme entwickeln. Ein ganzheitliches Übungsprogramm zur Befreiung der Stimme. München [u.a.].

Literadio (2006): Archiv. Online verfügbar unter: http://archiv.literadio.org/get.php?id=766pr298.

Löffler, H. (2010): Germanistische Soziolinguistik. Berlin.

Luft, J. (1971): Einführung in die Gruppendynamik. Stuttgart.

–/Ingham, H. (1955): The Johari Window, a graphic model for interpersonal relations.

Luhmann, N. (1993): Soziale Systeme. Grundriß einer allgemeinen Theorie. Frankfurt a.M.

Lührs, M.-A. (2010): Ästhetisch-rhetorische Kommunikation in HipHop und Rap. Diplomarbeit. Halle (Saale) (unveröff. Mskr.).

– (2013): Rap – sprechkünstlerisches und rhetorisches Moment. In: Anders, L.C./Bose, I./Hirschfeld, U./Neuber, B. (Hrsg.): Aktuelle Forschungsthemen der Sprechwissenschaft 3. Frankfurt a.M. [u.a.], 121–145. [im Erscheinen].

Lutz, B./Wodak, R. (1987): Information für Informierte. Linguistische Studien zu Verständlichkeit und Verstehen von Hörfunknachrichten. Wien.

Lutz, L. (2010): Das Schweigen verstehen. Über Aphasie. Berlin.

Maas, U. (2006): Phonologie. Einführung in die funktionale Phonetik des Deutschen. Göttingen.

Mandl, H./Huber, G.L. (1983): Theoretische Grundpositionen zum Verhältnis von Emotion und Kognition. In: Mandl, H./Huber, G.L. (Hrsg.): Emotion und Kognition. München [u.a.], 1–60.

Mangold, M. (2005): Das Aussprachewörterbuch. Duden Bd. 6. Mannheim.

Martienssen-Lohmann, F. (1987): Ein Leben für die Sänger. Zürich.

– (2001): Der wissende Sänger. Gesangslexikon in Skizzen. Zürich.

Maturana, H.R./Varela, F.J. (2009): Der Baum der Erkenntnis. Die biologischen Wurzeln menschlichen Erkennens. Frankfurt a.M.

Mees, U. (2006): Zum Forschungsstand der Emotionspsychologie – eine Skizze. In: Schützeichel, R. (Hrsg.): Emotionen und Sozialtheorie. Disziplinäre Ansätze. Frankfurt a.M. [u.a.], 104–123.

Mehlhorn, G. (2012): Phonetik/Phonologie in der L3 – neuere Erkenntnisse aus der Psycholinguistik. In: Deutsch als Fremdsprache (4), 201–208.

Mehrabian, A. (1971): Silent messages. Belmont/Calif.

Meinhold, G. (1973): Deutsche Standardaussprache. Lautschwächungen und Formstufen. Jena.

– (1995): Zeitparameter gesprochener Sprache. Forschungsbericht. Universität Jena. Lehrstuhl für Phonetik und Sprechwissenschaft. (Manuskript).

– (1997): Vorüberlegungen zu einer Theorie der Sprechkunst. In: Krech, E.-M./Stock, E. (Hrsg.): Sprechen als soziales Handeln. Festschrift zum 70. Geburtstag von Geert Lotzmann am 17. März 1996. Hanau, Halle (Saale), 152–160.

–/Neuber, B. (2011): Irmgard Weithase – Grenzgänge. Frankfurt a.M. [u.a.].

–/Stock, E. (1981): Phonologie der deutschen Gegenwartssprache. Leipzig.

Meißner, S./Pietschmann, J. (2012): Zur Beurteilung der Gesprächsqualität im telefonischen Verkauf – Zwischenbericht über ein Forschungsprojekt. In: Hirschfeld, U./Neuber, B. (Hrsg.): Erforschung und Optimierung der Callcenterkommunikation. Berlin, 215–248.

Meng, K. (1991): Erzählen und Zuhören bei Drei- und Sechsjährigen. Eine Längsschnittstudie zur Aneignung der Erzählkompetenz. In: Meng, K./Kraft, B./Nitsche, U. (Hrsg.): Kommunikation im Kindergarten. Studien zur Aneignung der kommunikativen Kompetenz. Berlin, 20–131.

Merten, K. (1994): Wirkungen von Kommunikation. In: Merten, K./Schmidt, S.J./Weischenberg, S. (Hrsg.): Die Wirklichkeit der Medien. Eine Einführung in die Kommunikationswissenschaft. Wiesbaden, 291–328.

Meyer, D. (1997): Von der 'Lust des Beginnens'. In: Sprechen (15/2), 40–49.

– (2011): Alles nur Vermutung? Gedanken zur interpersonellen Kommunikation aus konstruktivistisch-systemischer Sicht. In: Bose, I./Neuber, B. (Hrsg.): Interpersonelle Kommunikation. Analyse und Optimierung. Frankfurt a.M. [u.a.], 39–46.

Meyer-Kalkus, R. (2001): Literatur für Stimme und Ohr. In: Meyer-Kalkus, R. (Hrsg.): Stimme und Sprechkünste im 20. Jahrhundert. Berlin, 456–464.

Miller, A. (1997): Das Drama des begabten Kindes und die Suche nach dem wahren Selbst. Eine Um- und Fortschreibung. Frankfurt a.M.

Miller, M. (1980): Zur Ontogenese moralischer Argumentation. In: Zeitschrift für Literaturwissenschaft und Linguistik (10), 58–108.

Minnich, H. (1998): Sprecherziehung an der Hochschule für Schauspielkunst "Ernst Busch". In: Marko, G. (Hrsg.): Integration von Sprecherziehung, Liedgestaltung und Körpertraining in der Ausbildung zum Schauspieler. Dokumentation der Arbeitstagung der Bayerischen Theaterakademie München, 26. bis 29. März 1998. München, 23–27.

Molcho, S. (2003): Körpersprache. München.

Moosmüller, S. (1991): Hochsprache und Dialekt in Österreich. Soziophonologische Untersuchungen zu ihrer Abgrenzung in Wien, Graz, Salzburg und Innsbruck. Wien.

Mücke, K. (2009): Probleme sind Lösungen. Systemische Beratung und Psychotherapie – ein pragmatischer Ansatz. Lehr- und Lernbuch. Potsdam.

Mücksch, J. (2012): Stimmideale von Radioschaffenden. Eine qualitative Expertenbefragung. Master-Thesis. Halle (Saale) (unveröff. Mskr.).

Müller, L. (2007): Die zweite Stimme. Vortragskunst von Goethe bis Kafka. Berlin.

Neuber, B. (2001): Prosodische Form-Funktion-Relationen: Überlegungen zur Wahrnehmung und Interpretation der 'Musik' des Sprechens. In: Deutsch als Fremdsprache (2), 99–103.

– (2002): Prosodische Formen in Funktion. Leistungen der Suprasegmentalia für das Verstehen, Behalten und die Bedeutungs(re)konstruktion. Frankfurt a.M. [u.a.].

– (2003): Gedanken über den Gegenstand der Sprechwissenschaft (unter Mitarbeit von Angela Biege, Ines Bose und Eberhard Stock). In: Krech, E.-M./Stock, E. (Hrsg.): Gegenstandsauffassung und aktuelle phonetische Forschungen der halleschen Sprechwissenschaft. Frankfurt a.M. [u.a.], 11–22.

– (2006): Phonetische und rhetorische Wirkungen sprechstimmlicher Parameter. In: Deutsch als Fremdsprache: Zeitschrift zur Theorie und Praxis des Deutschunterrichts für Ausländer 3, 151–156.

– (2010): Sprechwirkungen des Deutschen: Ergebnisse und Perspektiven prosodischer Wirkungsuntersuchungen. In: IDV-Magazin (81), 146–159. Online verfügbar unter: http://www.idvnetz.org/publikationen/magazin/IDV-Magazin81.pdf.

Neumann, H.-C. (1991): Chorsprechen in der Schauspielerausbildung. In: Kutter, U./Wagner, R.W. (Hrsg.): Stimme. Ergebnisse der DGSS-Arbeitstagung an der Staatlichen Hochschule für Musik und Darstellende Kunst Stuttgart (27.–30.9.1990). Frankfurt a.M., 123–128.

– (2004): Der Chor als Metapher für die Gruppe – die Gruppe als Metapher für das Leben. In: Köhler, K./Skorupinski, C. (Hrsg.): Wissenschaft macht Schule. Sprechwissenschaft im Spiegel von 10 Jahren Sommerschule der DGSS. St. Ingbert, 135–141.

Noll, N./Wenk, R. (2003): Russische Betonung. Hamburg.

Nossok, S. (2009): Kontrastive phonologische und phonetische Analyse Weißrussisch-Deutsch und Analyse interferenzbedingter Ausspracheabweichungen. Frankfurt a.M. [u.a.].

Nübling, S. (1998): Chorisches Spiel II. Übungsbeispiele und Strukturelemente eines theatralen Verfahrens. In: Kurzenberger, H. (Hrsg.): Praktische Theaterwissenschaft. Spiel – Inszenierung – Text. Hildesheim, 63–87.

Ortner, L./Müller-Bollhagen, E. (1991): Substantivkomposita. Deutsche Wortbildung. Typen und Tendenzen in der Gegenwartssprache. Eine Bestandsaufnahme des Instituts für Deutsche Sprache, Forschungsstelle Innsbruck. 4. Hauptteil. Berlin, New York.

Osgood, C.E./Suci, G.J./Tannenbaum, P.H. (1957): The measurement of meaning. Urbana.

Pabst-Weinschenk, M. (2011): Argumentation und Redeformen. In: Pabst-Weinschenk, M. (Hrsg.): Grundlagen der Sprechwissenschaft und Sprecherziehung. München, 114–123.

Pahlke, S. (2009): Handbuch Synchronisation. Von der Übersetzung zum fertigen Film. Leipzig.

Papoušek, M. (1994): Vom ersten Schrei zum ersten Wort. Anfänge der Sprachentwicklung in der vorsprachlichen Kommunikation. Bern.

Pawlowski, K. (1987): Wie sprechen Hörfunkjournalisten? Eine sprechwissenschaftliche Analyse. In: Geißner, H./Rösener, R. (Hrsg.): Medienkommunikation. Vom Telephon zum Computer. Frankfurt a.M., 93–111.

– (1993): Jetzt rede ich. Ein Spiel- und Trainingsbuch zur praktischen Rhetorik. Wolfsburg.

– (2004): Grundlagen der Hörfunkmoderation. Münster.

Pecher, D./Zwaan, R.A. (2006): Introduction to grounding cognition: The role of perception and action in memory, language, and thinking. In: Pecher, D./Zwaan, R.A. (Hrsg.): Grounding cognition. The role of perception and action in memory, language, and thinking. Cambridge, New York, 1–7.

Platon (1984): Phaidros – Lysis – Protagoras – Laches. Hrsg. v. F.D.E. Schleiermacher/J. Irmscher/R. Steindl. Berlin.

– (1985): Gorgias – Theaitetos – Menon – Euthydemos. Hrsg. v. F.D.E. Schleiermacher/J. Irmscher/R. Steindl. Berlin.

Preckwitz, B.N. (2002): Slam poetry – Nachhut der Moderne. Eine literarische Bewegung als Anti-Avantgarde. Norderstedt.

– (2005): Spoken Word und Poetry Slam. Kleine Schriften zur Interaktionsästhetik. Wien.

– (2012): Poetry Slams. Mehr und Mehr eine Farce. In: Süddeutsche Zeitung, 09.11.2012. Online verfügbar unter: www.sueddeutsche.de/1.1518545.

Prigatano, G.P. (2004): Neuropsychologische Rehabilitation. Berlin [u.a.].

Quintilianus, M.F. (1972–1975): Ausbildung des Redners. Zwölf Bücher/libri XII. 2 Bände. Hrsg. v. H. Rahn. Darmstadt.

Rabine, E. (2011): Bemerkungen zur Entstehung und Entwicklung des Doppelventilsystems des menschlichen Kehlkopfes. In: The Rabine Method: Ausgewählte Grundgedanken über funktionale Pädagogik und Stimmtraining. Walheim. (unveröff. Mskr.).

Ramers, K.-H. (2001): Einführung in die Phonologie. München.

Redecker, B. (2008): Persuasion und Prosodie. Frankfurt a.M. [u.a.].

Reich, K. (2008): Konstruktivistische Didaktik. Lehr- und Studienbuch mit Methodenpool [mit CD-ROM]. Weinheim, Basel.

Reinke, K. (2008): Zur Wirkung phonetischer Mittel in sachlich intendierter Sprechweise bei Deutsch sprechenden Russen. Frankfurt a.M. [u.a.].

– (2011): Fremder Akzent – von der auditiven Wahrnehmung zur Deutung der Persönlichkeit. In: Babylonia (2), 73–79. Online verfügbar unter: http://babylonia.ch/fileadmin/user_upload/documents/2011-2/Baby2011_2reinke.pdf.

– (2012): Entwicklung der rhetorischen Kompetenz durch Ausspracheschulung im DaF-Unterricht. In: Brünner Hefte zu Deutsch als Fremdsprache (1), 39–50.

Rey, A. (2011): Wirkungsmaschine Schauspieler. Vom Menschendarsteller zum multifunktionalen Spielemacher. Berlin.

Rickheit, G./Sichelschmidt, L./Strohner, H. (2007): Psycholinguistik. Die Wissenschaft vom sprachlichen Verhalten und Erleben. Tübingen.

Rijntjes, M./Weiller, C./Liepert, J. (2010): Funktionelle Bildgebung in der Neurorehabilitation. In: Frommelt, P./Lösslein, H. (Hrsg.): NeuroRehabilitation. Ein Praxisbuch für interdisziplinäre Teams. Berlin, Heidelberg, 81–92.

Ritter, H.M. (1986): Das gestische Prinzip bei Bertolt Brecht. Köln.

– (1997): Mit dem Wort bei der Sache. Anmerkungen zu Fragen der Sprechkunst. In: Krech, E.-M./Stock, E. (Hrsg.): Sprechen als soziales Handeln. Festschrift zum 70. Geburtstag von Geert Lotzmann am 17. März 1996. Hanau, Halle (Saale), 179–195.

– (1999): Sprechen auf der Bühne. Ein Lehr- und Arbeitsbuch. Berlin.

– (2011): Gestisches Sprechen. In: Pabst-Weinschenk, M. (Hrsg.): Grundlagen der Sprechwissenschaft und Sprecherziehung. München, 191–198.

Ritterfeld, U. (1999): Pragmatische Elternpartizipation in der Behandlung dysphasischer Kinder. In: Sprache, Stimme und Gehör (4), 192–197.

Roselt, J. (2005): Das Spektrum der Darstellung. Michael Kirby. In: Roselt, J. (Hrsg.): Seelen mit Methode. Schauspieltheorien vom Barock- bis zum postdramatischen Theater. Berlin, 358–360.

– (2008): Phänomenologie des Theaters. München.

–/Weiler, C. (Hrsg.) (2011): Schauspielen heute. Die Bildung des Menschen in den performativen Künsten. Bielefeld.

Röska-Hardy, L. (2011): Der Erwerb der Theory of Mind-Fähigkeit. Entwicklung, Interaktion und Sprache. In: Hoffmann, L./Leimbrink, K./Quasthoff, U.M. (Hrsg.): Die Matrix der menschlichen Entwicklung. Berlin, 96–142.

Rössel, J. (2011): Soziologische Theorien der Lebensstilforschung. In: Rössel, J./Otte, G. (Hrsg.): Lebensstilforschung. Wiesbaden, 35–61.

Roth, E./Holling, H. (Hrsg.) (1999): Sozialwissenschaftliche Methoden. Lehr- und Handbuch für Forschung und Praxis. München, Wien.

Roth, G. (1996): Das Gehirn und seine Wirklichkeit. Kognitive Neurobiologie und ihre philosophischen Konsequenzen. Frankfurt a.M.

– (2001): Fühlen, Denken, Handeln. Wie das Gehirn unser Verhalten steuert. Frankfurt a.M.

– (2009): Aus Sicht des Gehirns. Frankfurt a.M.

– (2011): Bildung braucht Persönlichkeit. Wie Lernen gelingt. Stuttgart.

Rues, B. (1993): Lautung im Gespräch. Frankfurt a.M. [u.a.].

– (2005): Varietäten und Variation in der deutschen Aussprache. In: Deutsch als Fremdsprache (4), 232–237.

Sachweh, S. (1998): "maria können = ehr de po"po mal hebe". Das Gesprächsverhalten von Altenpflegerinnen. In: Germanistische Linguistik (139/140), 302–324.

Salovey, P./Kokkonen, M./Lopes, P.N./Mayer, J.D. (2004): Emotional intelligence. What do we know? In: Manstead, A.S.R./Frijda, N.H./Fischer, A. (Hrsg.): Feelings and emotions. The Amsterdam symposium. Cambridge, New York, 321–340.

Schäfer, A. (2003): Interaktive Funktionen des Sprechausdrucks am Beispiel eines Peergroup-Gesprächs. Diplomarbeit. Halle (Saale) (unveröff. Mskr.).

Scharloth, J. (2009): Theatrale Kommunikation als Interaktionsmodalität. In: Buss, M./Habscheid, S./Jautz, S./Liedtke, F./Schneider, J.G. (Hrsg.): Theatralität des sprachlichen Handelns. Eine Metaphorik zwischen Linguistik und Kulturwissenschaften. Paderborn, 337–358.

Schenk, M. (2007): Medienwirkungsforschung. Tübingen.

Scherer, K.R. (1977): Die Funktionen des nonverbalen Verhaltens im Gespräch. In: Wegner, D. (Hrsg.): Gesprächsanalysen. Vorträge, gehalten anläßlich des 5. Kolloquiums des Instituts für Kommunikationsforschung und Phonetik, Bonn, 14.–16. Oktober 1976. Hamburg, 275–297.

– (1981): Wider die Vernachlässigung der Emotion in der Psychologie. In: Michaelis, W. (Hrsg.): Bericht über den 32. Kongreß der Dt. Ges. für Psychologie in Zürich 1980, Bd. 1. Göttingen, 304–317.

– (1990): Theorien und aktuelle Probleme der Emotionspsychologie. In: Scherer, K.R. (Hrsg.): Psychologie der Emotion. Göttingen, 1–38.
Schikora, U. (2011): Sprachförderliches Handeln von ErzieherInnen im Kita-Alltag. Ein Förderkonzept des Landesmodellprojekts "Sprache fördern". In: Bose, I./Neuber, B. (Hrsg.): Interpersonelle Kommunikation. Analyse und Optimierung. Frankfurt a.M. [u.a.], 157–164.
Schlieben-Lange, B. (1991): Soziolinguistik. Stuttgart [u.a.].
Schmidt, G. (2011): Einführung in die hypnosystemische Therapie und Beratung. Heidelberg.
Schmidt, V. (2010): Gestisches Sprechen. In: Stegemann, B. (Hrsg.): Schauspielen. Ausbildung. Berlin, 158–168.
Schnickmann, T. (2007): Vom Sprach- zum Sprechkunstwerk. Die Stimme im Hörbuch: Literaturverlust oder Sinnlichkeitsgewinn? In: Rautenberg, U. (Hrsg.): Das Hörbuch – Stimme und Inszenierung. Wiesbaden, 21–53.
Schröder, C./Höhle, B. (2011): Prosodische Wahrnehmung im frühen Spracherwerb. In: Sprache – Stimme – Gehör (35), 91–98. Online verfügbar unter: http://www.uni-potsdam.de/fileadmin/projects/babylab/assets/Schroeder_Hoehle_2011.pdf.
Schrumpf, A.-M. (2011): Sprechzeiten. Rhythmus und Takt in Hölderlins Elegien. Göttingen.
Schulz von Thun, F. (1992): Miteinander reden. Psychologie der Kommunikation. Reinbek bei Hamburg.
Schwarze, C. (2010): Formen und Funktionen von Topoi im Gespräch. Eine empirische Untersuchung am Schnittpunkt von Argumentationsforschung, Gesprächsanalyse und Sprechwissenschaft. Frankfurt a.M. [u.a.].
Schwarzenbach, R. (2005): Stichwort Radiorhetorik. In: Ueding, G. (Hrsg.): Historisches Wörterbuch der Rhetorik, Band 7. Tübingen, 549–560.
Schwarz-Friesel, M. (2007): Sprache und Emotion. Tübingen, Basel.
– (2008): Sprache, Kognition und Emotion. Neue Wege in der Kognitionswissenschaft. In: Kämper, H./Eichinger, L.M. (Hrsg.): Sprache – Kognition – Kultur. Sprache zwischen mentaler Struktur und kultureller Prägung. Vorträge der Jahrestagung 2007 des Instituts für Deutsche Sprache. Berlin, 277–301.
Schwenke, A. (2011): Einfluss einer Textvorlage auf die sprecherische Realisierung – Auditivphonetische Analyse quasiauthentischer Sprechfassungen des Testmaterials. In: Bose, I./Schwiesau, D. (Hrsg.): Nachrichten schreiben, sprechen, hören. Forschungen zur Hörverständlichkeit von Radionachrichten. Berlin, 125–145.
– (2012): Wie klingen Radionachrichten? In: Rundfunk und Geschichte (1–2), 88–90.
Schwiesau, D. (2011): Nachrichten "im Sperrfeuer" der Wissenschaft – Die große Debatte um die Hörfunknachrichten und ihre Sprache. In: Bose, I./Schwiesau, D. (Hrsg.): Nachrichten schreiben, sprechen, hören. Forschungen zur Hörverständlichkeit von Radionachrichten. Berlin, 179–213.
–/Grawunder, S./Bose, I. (2011): Die Nachrichtenarche der ARD. In: Bose, I./Schwiesau, D. (Hrsg.): Nachrichten schreiben, sprechen, hören. Forschungen zur Hörverständlichkeit von Radionachrichten. Berlin, 147–155.
Schwing, R./Fryszer, A. (2010): Systemisches Handwerk. Werkzeug für die Praxis. Göttingen.
Schwitters, K. (1998): Das literarische Werk. Hrsg. v. F. Lach. Köln.
Seidel, W. (2004): Emotionale Kompetenz. Gehirnforschung und Lebenskunst. Heidelberg.
Seidner, W./Wendler, J. (1997): Die Sängerstimme. Phoniatrische Grundlagen der Gesangsausbildung. Berlin.
Shannon, C.E. (1948): A mathematical theory of communication. In: Bell System Technical Journal (27), 379–423, 623–656. Online verfügbar unter: http://cm.bell-labs.com/cm/ms/what/shannonday/paper.html.
Siebert, H. (2005): Pädagogischer Konstruktivismus. Lernzentrierte Pädagogik in Schule und Erwachsenenbildung. Weinheim, Basel.
Siebs, T. (1931): Rundfunkaussprache. Im Auftrage der Reichs-Rundfunk-Gesellschaft. Berlin.
Siegert, S./Ritterfeld, U. (2000): Die Bedeutung naiver Sprachlehrstrategien in Erwachsenen-Kind-Dyaden. In: LOGOS Interdisziplinär 8 (1), 37–43.

Simon, F.B. (2008): Einführung in Systemtheorie und Konstruktivismus. Heidelberg.
Skibitzki, B./Vater, H. (2009): Linguistik im geteilten Deutschland. In: Convivium (17), 275-327.
Slembek, E./Geissner, H. (1998): Feedback. Das Selbstbild im Spiegel der Fremdbilder. St. Ingbert.
Spang, W. (2006): Qualität im Radio. Determinanten der Qualitätsdiskussion im öffentlich-rechtlichen Hörfunk in Deutschland. St. Ingbert, Frankfurt a.M.
-/Leibrecht, O. (2011): Monitoring-Pretest zur Forschungsstudie Verständlichkeit von Hörfunknachrichten. In: Bose, I./Schwiesau, D. (Hrsg.): Nachrichten schreiben, sprechen, hören. Forschungen zur Hörverständlichkeit von Radionachrichten. Berlin, 81-98.
Spitzer, M. (2002): Lernen. Gehirnforschung und die Schule des Lebens. Heidelberg [u.a.].
St. Lewis, E.E. (1903): Advertising Department: Catch-Line and Argument. In: The Book-Keeper (15), 124-128.
Stadie, N./Drenhaus, H./Höhle, B./Spalek, K./Wartenburger, I. (2010): Forschungsmethoden der Psycholinguistik. In: Höhle, B. (Hrsg.): Psycholinguistik. Berlin, 23-38.
Städtler, T. (1998): Lexikon der Psychologie. Wörterbuch, Handbuch, Studienbuch. Stuttgart.
Staffeldt, S. (2010): Einführung in die Phonetik, Phonologie und Graphematik des Deutschen. Ein Leitfaden für den akademischen Unterricht. Tübingen.
Ständige Konferenz der Kultusminister der Länder in der Bundesrepublik Deutschland (2004): Bildungsstandards im Fach Deutsch für den Primarbereich. (Jahrgangsstufe 4, Beschluss vom 15.10.2004.) Neuwied. Online verfügbar unter: http://www.kmk.org/schul/Bildungsstandards/Grundschule_Deutsch_BS_307KMK.pdf.
Staudte, J. (2005): Zur Auseinandersetzung der Sprechwissenschaft mit dem Medium Rundfunk von 1923 bis 1945. Diplomarbeit. Halle (Saale) (unveröff. Mskr.).
Stock, E. (1991): Grundfragen der Sprechwirkungsforschung. In: Krech, E.-M./Richter, G./Stock, E./Suttner, J. (Hrsg.): Sprechwirkung. Berlin, 9-58.
- (1996): Deutsche Intonation. Leipzig.
- (2006): Dynamik der halleschen Sprechwissenschaft. In: Hirschfeld, U./Anders, L.C. (Hrsg.): Probleme und Perspektiven sprechwissenschaftlicher Arbeit. Frankfurt a.M. [u.a.], 9-24.
-/Hollmach, U. (1996): Akzeptanzuntersuchungen zur deutschen Standardaussprache. In: Palková, Z. (Hrsg.): Charisteria viro doctissimo Přemysl Janota oblata. Phonetica Pragensia IX, Prague, 271-282.
-/Veličkova, L. (2002): Sprechrhythmus im Russischen und Deutschen. Frankfurt a.M. [u.a.].
Strack, F./Höfling, A. (2008): Von Atmosphären, Stimmungen & Gefühlen. In: Goetz, R./Graupner, S. (Hrsg.): Atmosphäre(n). Interdisziplinäre Annäherungen an einen unscharfen Begriff. München, 103-110.
Straßner, E. (Hrsg.) (1975): Nachrichten. Entwicklungen, Analysen, Erfahrungen. München.
Stude, J. (2007): The aquisition of metapragmatic abilities in preschool children. In: Bublitz, W./Hübler, A. (Hrsg.): Metapragmatics in use. Amsterdam, Philadelphia, 199-220.
Szagun, G. (2010): Sprachentwicklung beim Kind. Ein Lehrbuch. Weinheim.
Takahashi, H. (1996): Die richtige Aussprache des Deutschen in Deutschland, Österreich und der Schweiz nach Massgabe der kodifizierten Normen. Frankfurt a.M. [u.a.].
Ternes, E. (2012): Einführung in die Phonologie. Darmstadt.
Tomasello, M. (1999): The cultural origins of human cognition. Cambridge, Mass.
Toulmin, S. (1996): Der Gebrauch von Argumenten. Weinheim.
Travkina, E. (2009): Sprechwissenschaftliche Untersuchungen zur Wirkung vorgelesener Prosa (Hörbuch). Frankfurt a.M. [u.a.].
Trojan, F. (1948): Der Ausdruck von Stimme und Sprache. Eine phonetische Lautstilistik. Wien.
Trubetzkoy, N.S. (1939): Grundzüge der Phonologie. Prague.
Ueding, G. (2011): Klassische Rhetorik. München.
-/Steinbrink, B. (1994): Grundriß der Rhetorik. Geschichte, Technik, Methode. Stuttgart.
Ulich, D./Brandstätter, V./Gollwitzer, P.M. (1996): Emotion, Motivation und Volition. In: Dörner, D./Berg, D. (Hrsg.): Psychologie. Eine Einführung in ihre Grundlagen und Anwendungsfelder. Stuttgart, 115-135.

Ulich, D./Mayring, P. (2003): Psychologie der Emotionen. Stuttgart.
Unger, A. (2013): Anwendung des Continuous Response Digital Interface (CRDI) im sprechwissenschaftlichen Kontext. Eine Methodenstudie. Master-Thesis. Halle (Saale) (unveröff. Mskr.).
Valtin, R. (1991): 'Dann sage ich Entschuldigung, und dann ist der Streit weg.' Was Kinder über Streit und Konfliktlösungen denken. In: Valtin, R. (Hrsg.): Mit den Augen der Kinder. Freundschaft, Geheimnisse, Lügen, Streit und Strafe. Reinbek bei Hamburg, 102–132.
van Eemeren, F.H./Grootendorst, R./Meuffels, B. (1989): The Skill of Identifying Argumentation. In: Journal of the American Forensic Association (25), 239–245.
van Quine, W.O./Vetter, H. (1976): Die Wurzeln der Referenz. Frankfurt a.M.
Varela, F.J./Rosch, E./Thompson, E. (1993): The embodied mind. Cognitive science and human experience. Cambridge, Mass. [u.a.].
Veith, H. (2001): Das Selbstverständnis des modernen Menschen. Theorien des vergesellschafteten Individuums im 20. Jahrhundert. Frankfurt a.M.
Veith, W.H. (2002): Soziolinguistik. Ein Arbeitsbuch. Tübingen.
Vladimirova, T. (1986): Kontrastive Untersuchung zur bulgarischen und deutschen Intonation in frei produzierten Gesprächen. Diss. A. Halle (Saale) (unveröff. Mskr.).
Völzing, P.-L. (1982): Kinder argumentieren. Die Ontogenese argumentativer Fähigkeiten. Paderborn.
Vowe, G./Wolling, J. (2004): Radioqualität – was die Hörer wollen und was die Sender bieten. Vergleichende Untersuchung zu Qualitätsmerkmalen und Qualitätsbewertungen von Radioprogrammen in Thüringen, Sachsen-Anhalt und Hessen. München.
Wachtel, S. (2002): Sprechwissenschaftliche Untersuchungen zum Moderieren im Rundfunkjournalismus. St. Ingbert, Halle (Saale).
– (2009): Schreiben fürs Hören. Trainingstexte, Regeln und Methoden. Konstanz.
– (2009): Sprechen und Moderieren in Hörfunk und Fernsehen. Inklusive CD mit Hörbeispielen zusammengestellt von Reinhard Pede. Konstanz.
Wagner, R.W. (2004): Grundlagen der mündlichen Kommunikation. Sprechpädagogische Informationsbausteine für alle, die viel und gut reden müssen. Unter Mitarbeit von Karin Schmurr. Regensburg.
Walter, M. (2009): Das Konzept von Kristin Linklater im Vergleich mit der Methode des gestischen Sprechens. In: Neuber, B./Hirschfeld, U. (Hrsg.): Aktuelle Forschungsthemen der Sprechwissenschaft 2. Phonetik, Rhetorik und Sprechkunst. Frankfurt a.M. [u.a.], 297–318.
Wartenburger, I. (2010): Sprache und Gehirn. In: Höhle, B. (Hrsg.): Psycholinguistik. Berlin, 189–202.
Watzlawick, P./Beavin, J.H./Jackson, D.D. (1969): Menschliche Kommunikation. Formen, Störungen, Paradoxien. Bern.
Weidenmann, B. (2006): Erfolgreiche Kurse und Seminare. Professionelles Lernen mit Erwachsenen. Weinheim.
Weigand, E. (2004): Emotion in Dialogic Interaction. Advances in the complex. Amsterdam, Philadelphia.
Weithase, I. (1949): Goethe als Sprecher und Sprecherzieher. Weimar.
– (1961): Zur Geschichte der gesprochenen deutschen Sprache. Tübingen.
– (1980): Sprachwerke, Sprechhandlungen. Über den sprecherischen Nachvollzug von Dichtungen. Köln.
Wellmann, H. (1998): Die Wortbildung. In: Eisenberg, P./Drosdowski, G./Klosa, A. (Hrsg.): Duden – Grammatik der deutschen Gegenwartssprache. Mannheim, 408–557.
Werner, H.-G. (1973): Gestische Lyrik. In: Etudes Germanique (28/4), 482–502.
Weymann, A. (2004): Individuum – Institution – Gesellschaft. Erwachsenensozialisation im Lebenslauf. Lehrbuch. Wiesbaden.
Wieler, P. (1997): Vorlesen in der Familie. Fallstudien zur literarisch-kulturellen Sozialisation von Vierjährigen. Weinheim.

Wiener, N. (1948): Cybernetics. Or control and communication in the animal and the machine. New York, NY.
– (1950): The human use of human beings. Cybernetics and society. Boston.
Wierzbicka, A. (1999): Emotions across languages and cultures. Diversity and universals. Cambridge, England [u.a.].
Wiese, R. (2011): Phonetik und Phonologie. Paderborn.
Winkler, C. (1954): Deutsche Sprechkunde und Sprecherziehung. Unter Mitarbeit von Erika v. Essen. Düsseldorf.
Wittenberg, R. (1991): Handbuch für computerunterstützte Datenanalyse. Stuttgart.
Wittsack, R. (1935): Lerne reden! Ein Weg zum Erfolg. Praktische Redelehre. Leipzig.
Wollweber, J. (2008): Zur Kunst des Vorlesens. In: Stuck, E. (Hrsg.): Neue Ansätze im Literaturunterricht. Didaktische Grundlagen und Methoden: für die Klassen 5–10. Mülheim an der Ruhr, 98–106.
Würzburger, K. (1931): Die Erziehung zum Redner. In: Die Sendung (34), 670–671.
Wurzel, W.U. (1980): Der deutsche Wortakzent: Fakten – Regeln – Prinzipien. Ein Beitrag zu einer natürlichen Akzenttheorie. In: Zeitschrift für Germanistik (3), 299–318.
Wygotskij, L.S. (1964): Denken und Sprechen. Unter Mitarbeit von Gerhard Sewekow und Johannes Helm. Berlin.
– (1987): Ausgewählte Schriften. Arbeiten zur psychischen Entwicklung der Persönlichkeit. Berlin.
Zajonc, R.B. (1980): Feeling and Thinking: Preferences need no inferences. In: American Psychologist (35), 151–175.
Zillig, W. (2003): Natürliche Sprachen und kommunikative Normen. Tübingen.

H Rechtsnachweise

Abb. A.1.2:   Friederici, A. D. (2012): Neurobiologische Grundlagen der Sprache. In: Karnath, H.-O., Thier, P. (Hrsg.): Kognitive Neurowissenschaften (= Reihe: Springer-Lehrbuch). 3. Aufl. Heidelberg u. a.: Springer, S. 429–438, hier S. 431 (Abb. 39.1). © *2012 Springer Science & Business Media, Heidelberg.*

Abb. A.1.3:   Löffler, H. (2010): Germanistische Soziolinguistik. Berlin: Erich Schmidt. S. 79. © *Erich Schmidt Verlag, Berlin.*

Abb. A.1.4:   Lutz, L. (2011): Sprache und Gehirn. In: Dies.: Das Schweigen verstehen bei Aphasie. 4. Aufl. Heidelberg u. a.: Springer, S. 13–21, hier S. 16 (Abb. 2.1). © *2011 Springer Science & Business Media, Heidelberg.*

Abb. A.1.5:   Friederici, A. D. (2008): Sprache und Gehirn. In: Kamper, H./Eichinger, L.M. (Hrsg.): Sprache – Kognition – Kultur. Sprache zwischen mentaler Struktur und kultureller Prägung. Vorträge der Jahrestagung 2007 des Instituts für Deutsche Sprache. Berlin: W. de Gruyter, S. 51–72, hier S. 56. © *2008 W. de Gruyter, Berlin.*

Abb. D.1.3 a+b: Schulz von Thun, F. (1989): Miteinander reden. Bd. 2: Stile, Werte und Persönlichkeitsentwicklung; Differentielle Psychologie der Kommunikation. Reinbek bei Hamburg: Rowohlt. © *1989 Rowohlt Taschenbuch Verlag GmbH, Reinbek bei Hamburg.*

Katja Kessel / Sandra Reimann

Basiswissen Deutsche Gegenwartssprache

UTB 2704 M
4., durchgesehene Auflage 2012,
296 Seiten,
€[D] 16,99/SFr 24,90
ISBN 978-3-8252-3692-2

Die bewährte Einführung wendet sich an Studierende der Germanistik, die die deutsche Gegenwartssprache im wissenschaftlichen Sinne durchschauen und unter analytischen Gesichtspunkten kennen lernen wollen. Gegenstand sind die wichtigsten Teilbereiche und Methoden der neueren deutschen Sprachwissenschaft. Besonders ausführlich werden die komplexen Kapitel Syntax und Wortbildung behandelt, die zum Kanon der meisten sprachwissenschaftlichen Prüfungen gehören. Jedes Kapitel enthält Übungen mit Lösungen und weiterführende Literatur.

Narr Francke Attempto Verlag GmbH+Co. KG · Dischingerweg 5 · D-72070 Tübingen
Tel. +49 (07071) 9797-0 · Fax +49 (07071) 97 97-11 · info@francke.de · **www.francke.de**

Mark Galliker

Sprachpsychologie

UTB M
2013, X, 310 Seiten,
€[D] 22,99/SFr 31,90
ISBN 978-3-8252-4020-2

Wie entstand die Sprache des Menschen? Wie entwickelt sich das Sprachvermögen bei Kindern? Welche Vorgänge laufen beim Lesen- und Schreiben lernen ab? Mit solchen sprachpsychologischen Fragen beschäftigt sich dieses Buch. Bisher behandelte die Psychologie der Sprache ihre Gegenstände, das Sprechen und Zuhören, das Schreiben und Lesen, weitgehend individualistisch-experimentell, ohne Berücksichtigung der Evolution, Kultur und Kommunikation. Im vorliegenden Lehrbuch werden diese drei Aspekte integriert und auf der Grundlage aktueller Erkenntnisse psychologisch und auch neuropsychologisch ausdifferenziert. Die neuronale Aktivität wird nicht als eindimensionale Ursache des Sprachgebrauchs betrachtet, sondern als naturwissenschaftlich nachvollziehbarer Durchgang des kulturhistorisch aufgearbeiteten Gesamtprozesses.

Unter Berücksichtigung aktueller Forschungsresultate vermittelt dieser Band das notwendige Wissen über die Sprachpsychologie in einem gut verständlichen Überblick. Register und ein umfangreiches Glossar mit Fachbegriffen runden den Band ab.

JETZT BESTELLEN!

Narr Francke Attempto Verlag GmbH+Co. KG • Dischingerweg 5 • D-72070 Tübingen
Tel. +49 (07071) 9797-0 • Fax +49 (07071) 97 97-11 • info@francke.de • **www.francke.de**

Hanspeter Gadler

Praktische Linguistik

Eine Einführung in die Linguistik für Logopäden und Sprachheillehrer

UTB 1411 M, 4. erw. und akt. Auflage, 2006, 270 Seiten, div. Abb. und Tab., € [D] 19,90/SFR 34,90
ISBN 978-3-8252-1411-1

Die für Sprachtherapeuten, Logopäden und Sprachheillehrer konzipierte Einführung in die Linguistik vermittelt linguistische Grundkenntnisse und behandelt die verschiedenen sprachlichen Analyseebenen von der Phonetik/Phonologie bis zur Semantik. Für die Neuauflage wurden die Kapitel überarbeitet; neu sind kurze Darstellungen der Textlinguistik Pragmatik und Soziolinguistik, so dass das Buch nun im Wesentlichen dem Lehrplan für die Logopädenausbildung entspricht. Bibliographie und Glossar, das auch als Nachschlagewerk verwendet werden kann, wurden ebenfalls ergänzt und aktualisiert.

Preisänderungen vorbehalten

A. Francke